国家社会科学基金中国历史研究院重大历史问题专项重大课题
“实事求是思想发展史研究”（23VLS003）阶段性成果

湖南省社会科学院（湖南省人民政府发展研究中心）哲学社会科学创新工程资助项目

守正创新

“第一次飞跃”的伟大成果
与当代中国马克思主义理论的新发展

钟　君　汤建军　等著

当代中国出版社
Contemporary China Publishing House

图书在版编目(CIP)数据

守正创新 ："第一次飞跃"的伟大成果与当代中国马克思主义理论的新发展 / 钟君等著. -- 北京 ：当代中国出版社，2024.4

ISBN 978-7-5154-1352-5

Ⅰ. ①守… Ⅱ. ①钟… Ⅲ. ①马克思主义—发展—研究—中国 Ⅳ. ①D61

中国国家版本馆 CIP 数据核字(2024)第 066395 号

出 版 人　王　茵
责任编辑　邓颖君　李　昭　沈秋彤
责任校对　贾云华　康　莹
印刷监制　刘艳平
封面设计　鲁　娟
出版发行　当代中国出版社
地　　址　北京市地安门西大街旌勇里 8 号
网　　址　http://www.ddzg.net
邮政编码　100009
编 辑 部　(010)66572744
市 场 部　(010)66572281　66572157
印　　刷　中国电影出版社印刷厂
开　　本　710 毫米×1000 毫米　1/16
印　　张　23.25 印张　3 插页　333 千字
版　　次　2024 年 4 月第 1 版
印　　次　2024 年 4 月第 1 次印刷
定　　价　98.00 元

目　录

序　言

马克思主义中国化伟大飞跃的五重逻辑

一个民族要站在时代巅峰，一刻也离不开理论思维；一个政党要肩负起历史使命，一刻也离不开科学理论的指导。习近平总书记在党的二十大报告中指出："推进马克思主义中国化时代化是一个追求真理、揭示真理、笃行真理的过程。"①作为马克思主义中国化历史性飞跃的源头和最新理论成果，从毛泽东思想到习近平新时代中国特色社会主义思想都是把马克思主义基本原理同中国具体实际、同中华优秀传统文化相结合的光辉典范，集中彰显了马克思主义中国化伟大飞跃所蕴含的五重逻辑。

一、引领逻辑：科学理论的正确引领

恩格斯说过："一个民族要想站在科学的最高峰，就一刻也不能没有理论思维。"实践告诉我们，中国化的马克思主义为什么行，关键在于其能准确研判形势、把握时代规律、创新党的理论、确定政策策略、引领时代大势、推动各项工作。始终坚持马克思主义科学理论指导，是我们党坚定信仰信念、把握历史主动，推进马克思主义中国化的根本所在。

新民主主义革命时期，以毛泽东同志为主要代表的中国共产党人把马克思列宁主义基本原理同中国具体实际相结合，开辟了农村包围城市、武装夺取政权的正确革命道路，创立了毛泽东思想，为夺取新民主主义革命胜利指明了正确方向。新中国成立后，我们党结合新的实

---

① 习近平：《高举中国特色社会主义伟大旗帜　为全面建设社会主义现代化国家而团结奋斗——在中国共产党第二十次全国代表大会上的报告》，人民出版社2022年版，第16页。

际进一步丰富和发展毛泽东思想,提出关于社会主义建设的一系列重要思想,进一步深化了对向社会主义转变规律和社会主义建设规律的认识,为党和人民事业发展提供了科学指引。中国特色社会主义进入新时代,以习近平同志为主要代表的中国共产党人,坚持把马克思主义基本原理同中国具体实际相结合、同中华优秀传统文化相结合,创立了习近平新时代中国特色社会主义思想,不断指引当代中国以中国式现代化全面推进中华民族伟大复兴,努力走好这条强国建设、民族复兴的正确道路。

从毛泽东思想到习近平新时代中国特色社会主义思想都结合时代主题,进一步深化了对共产党执政规律、社会主义建设规律、人类社会发展规律的认识,推动科学社会主义在中国革命、建设和改革的具体实践场域中焕发出新的生机活力,必将继续指引我们实现民族复兴的伟大梦想。

二、理论逻辑:与时俱进的理论品格

每一个时代的理论思维“都是一种历史的产物,它在不同的时代具有完全不同的形式,同时具有完全不同的内容”。马克思主义的伟大之处在于,它不是故步自封的理论体系,而是发展的科学、开放的真理,具有与时俱进的鲜明品格,为人们认识真理、发展理论打通了一条前所未有的科学道路。

新民主主义革命时期和社会主义建设时期,毛泽东与长期以来盛行的把马克思主义教条化、把共产国际决议和苏联经验神圣化的错误倾向进行坚决斗争,强调:“马克思这些老祖宗的书,必须读,他们的基本原理必须遵守,这是第一。但是,任何国家的共产党,任何国家的思想界,都要创造新的理论,写出新的著作,产生自己的理论家,来为当前的政治服务,单靠老祖宗是不行的。”①正是保持和发扬这样一种理论品格,才成功找到了具有中国特色的革命道路和社会主义建设道路。党

① 《毛泽东文集》第8卷,人民出版社1999年版,第109页。

的十八大以来,以习近平同志为核心的党中央基于国内外形势新变化和实践新要求,积极推进理论探索和创新,从理论和实践的结合上深入回答了关系党和国家事业发展、党治国理政的一系列重大时代课题。仅就这一思想而言,其科学内涵也经历了从“八个明确”“十四个坚持”到“十个明确”“十四个坚持”,再到“十个明确”“十四个坚持”“十三个方面成就”的发展演进,并将随着开启第二个百年奋斗目标新征程的伟大实践而继续丰富发展。

从毛泽东思想到习近平新时代中国特色社会主义思想既没有丢掉老祖宗,又自觉运用马克思主义把握时代,以创新的精神寻找新方法、探索新路径、积累新经验、采取新举措,更好地指导中国实践。中国共产党人在马克思主义中国化的进程中,始终坚持与时俱进的理论品格,着眼解决不同时期面临的实际问题,不断回答中国之问、世界之问、人民之问,作出符合中国实际和时代要求的正确回答,得出符合客观规律的科学认识。

三、现实逻辑:时代之问的伟大答卷

马克思主义不是书斋里的学问,而是在人民求解放的实践中形成的,在人民求解放的实践中丰富和发展的。一个伟大理论必须能回答时代之问,能够解决时代赋予的历史重任。中国共产党始终把回答好时代之问、解决好历史重任作为自己的责任担当,在不断解决时代和实践的重大课题中向前发展。

中国共产党人之所以能成功推动马克思主义中国化不断取得伟大飞跃,关键就在于准确抓住时代主题,科学回答时代之问。毛泽东思想科学回答和解决了在半殖民地半封建落后的东方大国里如何实现民族解放、国家独立,如何让中国人民站起来的问题;科学回答了社会主义社会是一个很长的历史阶段,严格区分和正确处理敌我矛盾和人民内部矛盾,正确处理我国社会主义建设的十大关系,走出一条适合我国国情的工业化道路等社会主义建设的一系列问题。习近平新时代中国特色社会主义思想则深刻回答了新时代坚持和发展什么样的中国特色社会主义、怎样坚持和发展中国特色社会主义，建设什么样的社会主义现代化强国、怎样建设社会主义现代化强国，建设什么样的长期执政的马克思主义政党、怎样建设长期执政的马克思主义政党等重大时代课题。

从毛泽东思想到习近平新时代中国特色社会主义思想都在回答和解决时代课题，对关系党、国家和民族事业发展的一系列重大理论和实践问题进行科学判断和深邃思考，结合新的实践不断推进理论创新，并且善于用新的理论指导新的实践，让马克思主义和中国化的马克思主义展现出更强大、更有说服力的真理力量。

四、实践逻辑：伟大事业的接续奋斗

社会主义是干出来的，绝不是喊出来的；人民的幸福生活是奋斗出来的，绝不是等出来的。党领导人民所开创的伟大事业都需要在继往开来中不断向前推进，马克思主义中国化的伟大成就都是在实践中接续奋斗的结果。

毛泽东思想形成于中国革命与建设的伟大实践中，并指引党领导人民实现民族独立、人民解放，实现了中国从几千年封建专制政治向人民民主的伟大飞跃；完成社会主义革命，消灭一切剥削制度，实现了中华民族有史以来最为广泛而深刻的社会变革，实现了一穷二白、人口众多的东方大国大步迈进社会主义社会的伟大飞跃。正是在毛泽东思想的指引下，中国人民从此站了起来，不但破坏了一个旧世界，而且拉开了建设一个新世界的时代大幕。党的十八大以来，我们党全面贯彻习近平新时代中国特色社会主义思想，全面贯彻党的基本路线、基本方略，采取一系列战略性举措，推进一系列变革性实践，实现一系列突破性进展，取得一系列标志性成果，经受住了来自政治、经济、意识形态、自然界等方面的风险、挑战和考验，党和国家事业取得历史性成就、发生历史性变革，推动我国迈上全面建设社会主义现代化国家新征程。

从毛泽东思想到习近平新时代中国特色社会主义思想都在引领伟大事业的实践，并且强调任何一项伟大事业都不可能一蹴而就，我们需要通过锲而不舍、接续奋斗的不懈努力，推动伟大事业在继往开来中不断发展。

五、价值逻辑:初心使命的一以贯之

“为中国人民谋幸福,为中华民族谋复兴”的初心使命,是中国共产党人一以贯之不懈努力奋斗的精神坐标。中国共产党的初心使命,是贯穿马克思主义中国化始终的一个主题词和一条主线索,彰显出共产党人穿越历史、历久弥新的价值追求。

毛泽东一生都在为争取民族独立和人民解放、实现国家富强和人民幸福、“对人类有较大贡献”而不懈奋斗。青年毛泽东在《民众的大联合》中就发出了“他日中华民族的改革,将较任何民族为彻底,中华民族的社会,将较任何民族为光明”的时代最强音。他更是把“全心全意为人民服务”,确立为党的根本宗旨。这些无不是毛泽东思想精神品质和价值追求的真实写照。一脉而相承,一以而贯之。新时代以来,习近平总书记坚持人民至上原则,提出“以人民为中心”“让人民生活幸福是‘国之大者’”“江山就是人民,人民就是江山”“实现中华民族伟大复兴是中华民族近代以来最伟大的梦想”等,把中国共产党人初心使命的宏伟篇章书写得更加鲜明亮眼,彰显了习近平新时代中国特色社会主义思想的价值取向、使命担当、格局境界。

不忘初心,方得始终。一百多年来,我们党始终践行初心使命,团结带领全国各族人民绘就了人类发展史上的壮美画卷。从毛泽东思想到习近平新时代中国特色社会主义思想都是党践行初心使命的理论形态。踏上实现第二个百年奋斗目标新的赶考之路,在以习近平同志为核心的党中央的坚强领导下,中国共产党人一定能够继续考出好成绩,一定能够推动马克思主义中国化取得新的飞跃,一定能够全面建设社会主义现代化国家、全面实现中华民族伟大复兴!

导　论
习近平新时代中国特色社会主义思想与毛泽东思想的内在一致性

党的二十大报告指出："实践告诉我们，中国共产党为什么能，中国特色社会主义为什么好，归根到底是马克思主义行，是中国化时代化的马克思主义行。"①站在马克思主义的分析维度和大历史观的研究视域，可以发现，习近平新时代中国特色社会主义思想与毛泽东思想，尽管其形成的背景条件和呈现出的实践主题不同，但都是坚持和发展马克思主义的典范，以全新的逻辑起点和理论建构实现了马克思主义中国化的飞跃，既极大改变了中国，也深刻影响了世界；从思维与逻辑层面进行考察，就会发现，习近平新时代中国特色社会主义思想与毛泽东思想，两者都深刻内蕴着科学性、实践性、人民性、开放性、战略性、斗争性等思想特质，既彰显了习近平新时代中国特色社会主义思想与毛泽东思想的内在一致，也证成了马克思主义行和中国化时代化的马克思主义行两个命题之间逻辑关联上的一脉相承。

一、从科学性的维度认识把握习近平新时代中国特色社会主义思想与毛泽东思想的内在一致性

一切历史的精华最终是思想史。如果说，在20世纪人类思想星空中，毛泽东思想大放异彩，成为那个世纪最具深远影响力的科学理论，引领着中华民族从此踏上实现民族独立、国家解放、人民幸福的追梦之

① 习近平：《高举中国特色社会主义伟大旗帜　为全面建设社会主义现代化国家而团结奋斗——在中国共产党第二十次全国代表大会上的报告》，人民出版社2022年版，第16页。

路;那么,在21世纪人类思想星河中,习近平新时代中国特色社会主义思想所迸发出的璀璨真理之光和强大实践威力,则成为当今世界最具深远影响力的科学理论,引领着全国各族人民以中国式现代化全面推进中华民族伟大复兴的追梦之路,照亮着社会主义发扬光大的振兴之路,昭示着人类文明进步的光明之路。党的十九届六中全会通过的《中共中央关于党的百年奋斗重大成就和历史经验的决议》作出重要论断:毛泽东思想是马克思主义中国化的第一次历史性飞跃,习近平新时代中国特色社会主义思想实现了马克思主义中国化新的飞跃。从马克思主义中国化的“第一次历史性飞跃”到“新的飞跃”,习近平新时代中国特色社会主义思想与毛泽东思想作为引领时代的思想精华和科学理论,以其内在一致的科学性,成为时代的思想航标、精神旗帜和行动纲领。

(一)马克思主义基本原理与中国具体实际相结合、与中华优秀传统文化相结合的生动体现

理论只要彻底,就能说服人。马克思主义揭示了自然界、人类社会、人类思维发展的普遍规律,是彻底的科学的理论,不仅科学地“解释世界”,还积极地“改变世界”。世界社会主义500年的伟大历史实践充分说明,马克思的思想理论源于那个时代又超越了那个时代,既是那个时代精神的精华又是整个人类精神的精华,至今依然是具有重大国际影响的思想体系和话语体系,马克思至今依然被公认为“千年第一思想家”。

2022年10月,习近平在党的二十大报告中对中国共产党百余年来推进理论创新的基本经验作了“两个结合”的总结:“只有把马克思主义基本原理同中国具体实际相结合、同中华优秀传统文化相结合,坚持运用辩证唯物主义和历史唯物主义,才能正确回答时代和实践提出的重大问题,才能始终保持马克思主义的蓬勃生机和旺盛活力。”①2023年6月,习近平在文化传承发展座谈会上对“两个结合”的重大意义进一步作出重要论断:“在五千多年中华文明深厚基础上开辟和发展中国特色

---

① 习近平:《高举中国特色社会主义伟大旗帜　为全面建设社会主义现代化国家而团结奋斗——在中国共产党第二十次全国代表大会上的报告》,人民出版社2022年版,第17页。

社会主义，把马克思主义基本原理同中国具体实际、同中华优秀传统文化相结合是必由之路。这是我们在探索中国特色社会主义道路中得出的规律性的认识。”“历史正反两方面的经验表明，‘两个结合’是我们取得成功的最大法宝。”①可见，“两个结合”是中国共产党不断推进马克思主义中国化时代化的根本途径，既是马克思主义中国化时代化得以可能的必然条件，也是马克思主义中国化时代化的必然结果。

百年来，中国共产党一以贯之坚持“两个结合”，坚持用马克思主义立场、观点和方法观察时代、把握时代、引领时代，与时俱进发展马克思主义，结合时代特征和实践要求不断作出新的理论创造。在革命和建设时期，以毛泽东同志为核心的党的第一代领导集体围绕如何实现新民主主义革命、如何实现从新民主主义向社会主义转变和怎样建设社会主义三大基本问题进行了艰辛探索和系统回答，创立了毛泽东思想，实现了马克思主义中国化的第一次历史性飞跃；进入新时代，以习近平同志为核心的党中央围绕建设中国特色社会主义、建设社会主义现代化强国、建设长期执政的马克思主义政党等重大时代问题，从理论和实践上作了系统深刻的回答，创立了习近平新时代中国特色社会主义思想，实现了马克思主义中国化新的飞跃。中国共产党百年奋斗历程的伟大实践、伟大创造、伟大奇迹说明，毛泽东思想是中国革命和建设的科学指南，习近平新时代中国特色社会主义思想是新时代全党全国人民为实现中华民族伟大复兴而奋斗的科学指南。

历史和实践反复证明，什么时候这“两个结合”做好了，我们的事业就能蓬勃发展，就能不断取得胜利；什么时候结合得不好，我们的事业就要走弯路，就要经历磨难挫折。坚持把马克思主义基本原理同中国具体实际相结合、同中华优秀传统文化相结合，通过“两个结合”，形成科学的创新的理论，让马克思主义最终扎根中国大地、开花结果，真正融通到中国历史中并经由民族认同深度嵌入到中国人民的内心深处，中国共产党才能续写出马克思主义中国化时代化新篇章。毛泽东思想

---

① 《习近平在文化传承发展座谈会上强调　担负起新的文化使命　努力建设中华民族现代文明》，载《人民日报》2023年6月3日，第1版。

和习近平新时代中国特色社会主义思想，正是我们党坚持“两个结合”的生动体现。

（二）对三大规律的科学把握

“理论的生命力来自于对规律的科学揭示，当理论能从根本上揭示社会运行规律，就能显著地引领社会发展和变革；而对理论的掌握越彻底，就能更有效地引领和推动具体实践。”①作为一种科学理论体系，马克思主义的科学性体现在其全面系统地深刻阐释了自然界、人类社会和人的思维发展的一般规律，开辟了人类认识的新纪元。毛泽东思想和习近平新时代中国特色社会主义思想作为中国化的马克思主义，进一步深化了马克思主义对三大规律的认识，因其认识的深刻性而具有科学性。

毛泽东思想对三大规律的深化认识，突出体现为以毛泽东同志为主要代表的中国共产党人如何坚持马克思主义立场观点方法，回答好解答好以摆脱极贫极弱和内忧外患境地、解除亡国灭种危机为目的的中国革命到底是一场什么性质的革命、又该以怎样一种途径、方式或者道路进行革命，新民主主义革命胜利以后应该建立一个什么样的社会、怎样建设这样一个社会这一时代之问。毛泽东的《中国社会各阶级的分析》《湖南农民运动考察报告》《中国的红色政权为什么能够存在？》《星星之火，可以燎原》《反对本本主义》《实践论》《矛盾论》《论持久战》《〈共产党人〉发刊词》《新民主主义论》《论联合政府》等经典篇章，对关于新民主主义革命、社会主义革命和建设的时代命题作出原创性的说明和阐释。面对在一个以农民为主体的半殖民地半封建社会的东方大国进行革命，选择一条什么样的道路才能把中国革命引向胜利的首要问题，毛泽东在深刻分析中国革命的特点和中国革命的规律的基础上，正确认识中国社会各阶级多元结构状况和中国革命复杂形式，阐明中国的革命只能走自己的独特道路，形成了新民主主义革命理论，这一理论科学回答了中国革命向何处去的问题，正确阐释了中国革命的

① 钟君：《习近平新时代中国特色社会主义思想开辟了马克思主义中国化时代化新境界》，载《求索》2022 年第 6 期。

发展规律。

新中国成立后,如何实现由新民主主义革命向社会主义革命的转变,在进行社会主义革命和改造的同时,如何既“以苏为师”又“以苏为鉴”,努力探索中国自己建设社会主义的独特道路,是以毛泽东同志为主要代表的党的第一代中央领导集体面临的新课题。毛泽东作出了过渡时期总路线和总任务的顶层设计,提出了采取社会主义工业化和社会主义改造同时并举的方针、实行逐步改造生产资料私有制的具体政策、对人民内部的民主和对反动派的专政互相结合起来就是人民民主专政的理论等思想和主张。这些思想和主张是对新民主主义革命规律、从新民主主义向社会主义转变规律和社会主义建设规律的认识和深化。

习近平新时代中国特色社会主义思想坚持将马克思主义基本原理与中国实际相结合,深刻总结并充分运用党成立以来的历史经验,进一步深化了中国共产党人对“三大规律”的认识、探索和把握。其一,以对马克思主义关于社会主义发展道路多样性理论的丰富发展,深化了对社会主义建设规律的认识。提出关于以精准扶贫、精准脱贫、全面脱贫攻坚来实现全体人民共同富裕,深化了对社会主义本质的内在规律性认识;科学研判中国特色社会主义进入新时代我国社会主要矛盾发生的变化,深化对社会主义社会矛盾的内在规律性认识;提出以中国式现代化推进中华民族伟大复兴,深化了对社会主义发展战略和发展目标的内在规律性认识,等等。其二,以对马克思主义关于世界历史理论的丰富发展,深化了对人类社会发展规律的认识。围绕全球化背景下“建设什么样的世界,怎样建设世界”等问题,倡议构建人类命运共同体,深化了对人类社会如何共荣共生的发展规律认识;基于构建人类命运共同体的实然境况与面对现实各种风险与挑战时可能爆发冲突的应然境况,呼吁世界各国以全人类共同价值推动构建人类命运共同体,等等。其三,以对马克思主义政党学说的丰富发展,深化了对共产党执政规律的认识。提出要坚持和加强党的全面领导、推进党的自我革命;提出中国共产党从来不代表任何利益集团、任何执政团体、任何特权阶层的利益,这是党立于不败之地的根本所在,等等。可以说,习近平新时代中国特色社会主义思想以一系列的新观点新论断新思想进一步深化了对马克思主义三大规律的认识。

（三）对辩证唯物主义和历史唯物主义世界观和方法论的深化认识

任何一个理论背后一定有其世界观和方法论作为支撑。党的二十大报告指出：“坚持运用辩证唯物主义和历史唯物主义，才能正确回答时代和实践提出的重大问题，才能始终保持马克思主义的蓬勃生机和旺盛活力。”①世界观和方法论互为统一，以什么样的世界观为指导去认识世界和改造世界，其背后就反映为什么样的方法论。马克思主义最根本的世界观和方法论就是辩证唯物主义和历史唯物主义。毛泽东思想和习近平新时代中国特色社会主义思想，坚持辩证唯物主义和历史唯物主义的世界观和方法论，并在合目的性与合规律性有机统一的实践探索中升华了对这一世界观和方法论的认识。

毛泽东思想坚持辩证唯物主义和历史唯物主义，体现在中国革命和社会主义建设的客观实践活动中主观能动地运用其中的立场、观点和方法。毛泽东基于对世界统一于物质、物质决定意识基本原理的把握，提出党对一切工作的认识、战略部署、科学规划和政策制定都不能脱离中国的具体实际，在对中国革命形势进行科学研判后，提出中国革命的首要任务就是推翻三座大山，争取赢得民族独立和人民解放；在对新中国一穷二白的国情进行科学研判后，提出中国由农业国转变为工业国的社会主义革命和建设的一系列路线方针政策；基于生产力观点与生产力标准的认识把握，提出必须大力发展生产力，不断调整生产关系，对《论十大关系》进一步发展，提出“农、轻、重”为序的战略思想，丰富了中国工业化道路的具体内容，促进经济上实质性的提升；基于对资本主义历史时代和对社会主义社会总体性、本质性规定的认识把握，提出“要建成社会主义社会，并不是轻而易举的事”②，要在中国建设强大的社会主义经济也不是敲锣打鼓、轻轻松松就能实现的事，“五十年不

① 习近平：《高举中国特色社会主义伟大旗帜　为全面建设社会主义现代化国家而团结奋斗——在中国共产党第二十次全国代表大会上的报告》，人民出版社2022年版，第17页。

② 《毛泽东文集》第6卷，人民出版社1999年版，第390页。

行，会要一百年”，“我估计要花一百多年”①；基于辩证唯物主义认识论基本原理的认识把握，提出马克思主义的一般规律性总结必须扎根中国土壤，没有调查就没有发言权；基于矛盾观点与矛盾分析方法的认识把握，在社会主义革命和建设时期，面对新中国成立之初中国社会结构性矛盾，提出要把中国建立成为先进的工业国，提出人民实现共同富裕最需解决的是生存与温饱问题的制度性基础，等等。

习近平新时代中国特色社会主义思想既讲是什么、为什么，又讲怎么看、怎么办，彰显出自觉地坚持和运用辩证唯物主义世界观和方法论的理论自觉和政治立场。比如基于对世界统一于物质、物质决定意识基本原理的把握，提出党对一切工作的认识、战略部署、科学规划和政策制定都不能脱离我国仍处于并将长期处于社会主义初级阶段这一基点；基于对资本主义历史时代和社会主义初级阶段历史阶段的把握，提出中国特色社会主义新时代这一历史方位的科学研判；基于意识对物质的反作用原理的把握，深刻认识到物质变精神、精神变物质的辩证法力量，提出理想信念是共产党人精神上的“钙”；在把握好主要矛盾和次要矛盾、矛盾的主要方面和次要方面的关系的基础上，提出在推进“四个全面”过程中，既要注重总体谋划，又要注重牵住“牛鼻子”，等等。党的二十大报告指出，“要把握好新时代中国特色社会主义思想的世界观和方法论，坚持好、运用好贯穿其中的立场观点方法”②，并从“六个必须坚持”③对习近平新时代中国特色社会主义思想的世界观和方法论作了系统阐明。

毛泽东思想和习近平新时代中国特色社会主义思想对马克思主义科学性理论品格的坚持和发展充分说明，马克思主义这一科学的理论能在中国这一具体的实践场域中生发和壮大，有其深刻的理论基因，也

---

① 《毛泽东文集》第8卷，人民出版社1999年版，第301页。

② 习近平：《高举中国特色社会主义伟大旗帜　为全面建设社会主义现代化国家而团结奋斗——在中国共产党第二十次全国代表大会上的报告》，人民出版社2022年版，第18—19页。

③ “六个必须坚持”即：必须坚持人民至上、坚持自信自立、坚持守正创新、坚持问题导向、坚持系统观念、坚持胸怀天下。

充分彰显两种思想科学性理论品格的内在一致性，是对马克思主义的原理性继承和本土性发展，保证了方向的正确性、道路的稳定性和前行的动力性。

二、从人民性的维度认识把握习近平新时代中国特色社会主义思想与毛泽东思想的内在一致性

坚持人民性，是我们党进行理论创新始终坚持的方向。我们党在推进马克思主义中国化的进程中，始终贯穿“以人民为中心”这样一条价值主线，以解决好“为了谁、依靠谁、我是谁”这个根本问题为导向。从毛泽东思想提出的“全心全意为人民服务”的根本宗旨、创建的“群众路线”的根本工作路线，到习近平新时代中国特色社会主义思想提出的人民至上论、人民幸福论、“以人民为中心”的发展思想等，人民性被不断赋予新的时代内涵。

（一）坚守人民立场：一切为了人民

一切为了人民是关于“为了谁”这一立场问题的理论揭示。马克思强调：“共产党人不是同其他工人政党相对立的特殊政党。”①这一论断充分体现了中国共产党人一切为了人民的根本政治立场。从以毛泽东同志为核心的党的第一代中央领导集体到以习近平同志为核心的党中央，我们党始终坚持将一切为了人民作为一切工作的出发点和落脚点。

纵观毛泽东为实现民族复兴不懈奋斗的辉煌一生，其政治实践的价值选择和价值判断及其一切活动的终极目标指向，都是以人民立场为前提的。一方面，毛泽东思想彰显的“一切为了人民”的人民立场，体现为我们党全心全意为人民谋解放，强调社会主义革命的根本目的就是通过建设“一个独立、自由、民主、统一、富强的中国”②，去实现好和维护好最广大人民群众的根本利益；另一方面，毛泽东思想彰显的“一切为了人民”的人民立场，体现我们党全心全意为人民谋幸福，提出要

① 《马克思恩格斯全集》第 28 卷，人民出版社 2018 年版，第 431 页。
② 《毛泽东年谱（1893—1949）》（中），中央文献出版社 2013 年版，第 593 页。

不断发展生产力和社会主义文化，满足广大人民在物质和文化方面与日俱增的多样化需求，提高广大人民的生活水平。无论是“全心全意为人民服务”这一党的根本宗旨，还是“群众路线”这一党的根本工作路线，无不是毛泽东思想坚持人民立场的生动彰显。

习近平新时代中国特色社会主义思想强调我们党的根基在人民，血脉在人民，力量在人民，在任何时候任何情况下，都要将与人民群众同呼吸共命运的立场作为根本的价值立场、政治立场。“人民立场是中国共产党的根本政治立场”①。正因为坚守人民立场，我们打赢了人类历史上规模最大、力度最强的脱贫攻坚战，创造了人类减贫史上的奇迹；面对突如其来的疫情，统筹推进疫情防控与经济社会发展工作，实现在“两个战场”上的全胜；发展了全过程人民民主，对“为何强调共同富裕”“如何促进共同富裕”“怎样推动共同富裕”作出了根本性、方向性的透彻阐明，扎实推动实现全体人民共同富裕，等等。一系列历史性成就和历史性变革，生动彰显了我们党一切为了人民的价值情怀。

（二）坚定人民主体：一切依靠人民

一切依靠人民是关于“依靠谁”这一动力问题的理论揭示。马克思认为，在人类面前历史什么事情也没有做，“整个所谓世界历史不外是人通过人的劳动而诞生的过程”②。在战争年代，我们党之所以能够最终取得胜利，在和平年代，中国之所以日益走近世界舞台中央，最根本的就是依靠人民这个“铜墙铁壁”。

毛泽东思想在“依靠谁”的问题上，明确了人民群众在不同实践领域的历史作用。在革命与建设的不同历史时期，毛泽东反复强调人民群众是党推动一切工作从一个胜利走向另一个胜利的“不二法门”。毛泽东指出：“人民，只有人民，才是创造世界历史的动力。”③在新民主主义革命时期，毛泽东就充分肯定了农民在反帝反封建斗争中的巨大作用，强调“真正的铜墙铁壁是什么？是群众，是千百万真心实意地拥

---

① 《习近平谈治国理政》第 2 卷，外文出版社 2017 年版，第 40 页。
② 《马克思恩格斯全集》第 3 卷，人民出版社 2002 年版，第 310 页。
③ 《毛泽东选集》第 3 卷，人民出版社 1991 年版，第 1031 页。

护革命的群众”①,认为战争的伟大力量存在于人民之中,“兵民是胜利之本”②;在社会主义革命和建设时期,毛泽东号召“要团结全国人民”③,认为只有人民群众才是社会主义国家的管理者。“从群众中来,到群众中去”成为我们党最基本的领导和工作方法,党的群众路线上升到马克思主义认识论的理论高度。如何看待人民群众,如何对待人民群众,是毛泽东思想对于马克思主义人民性品格关于“依靠谁”这一动力问题一以贯之的坚持和践行。

习近平新时代中国特色社会主义强调“江山就是人民,人民就是江山”,体现出为了人民和依靠人民的辩证统一。新时代十年来,正是因为党和人民团结一心,坚持“五位一体”总体布局,推进“四个全面”战略布局,我们才打赢了脱贫攻坚战,建成了全面小康,筑起了抗击疫情的坚固防线,统筹了疫情防控和经济社会发展,构建新发展格局,推动高质量发展,④战胜了一系列重大风险挑战,解决了许多长期想解决而没有解决的难题,办成了许多过去想办而没有办成的大事。习近平新时代中国特色社会主义思想秉持了唯物史观的基本原理,强调人民群众是党的力量源泉和胜利之本,强调中国特色社会主义事业是千千万万人民群众的事业,一切依靠了人民,党将“事无所不成,业无所不兴”。

(三)坚持人民标准:一切由人民来评判

一切由人民来评判是关于“由谁评判”这一评价问题的理论揭示。在评价问题上,以什么为标准、用什么来衡量,实质上是一个对谁负责、让谁满意的问题。共产党人“没有任何同整个无产阶级的利益不同的利益”⑤。信仰马克思主义的中国共产党,决定了评判一切工作开展目的和成效的唯一价值标准就是人民。

“人民是最好的鉴定人”⑥,人民就是一切行动效果的判定标准。

---

① 《毛泽东选集》第1卷,人民出版社1991年版,第139页。

② 《毛泽东选集》第2卷,人民出版社1991年版,第477页。

③ 《毛泽东文集》第6卷,人民出版社1999年版,第329—330页。

④ 习近平:《高举中国特色社会主义伟大旗帜 为全面建设社会主义现代化国家而团结奋斗——在中国共产党第二十次全国代表大会上的报告》,人民出版社2022年版,第28页。

⑤ 《马克思恩格斯全集》第28卷,人民出版社2018年版,第431页。

⑥ 《毛泽东选集》第3卷,人民出版社1991年版,第1038页。

在毛泽东看来,党制定的一切路线方针政策正确与否,应交由人民群众的意愿来评判,“不反映人民群众的要求,哪一个人也不行”,“要在人民群众那里学得知识,制定政策”①。无论是新中国成立前,毛泽东基于近代中国面临的救亡图存历史性课题进行的追问与探寻,对旧中国社会制度与实践的批判和改造,还是新中国成立后,对一穷二白现实困境的理论与实践层面的集中思索,以“一化三改”推动社会主义改造的路径选择,“以人民来评判”始终是贯穿中国革命和社会建设中的一条红线。这一人民的标准,正是衡量党的路线方针政策制定正确与否、党的事业和工作开展成效成功与否的唯一标准。从社会主义建设时期人民高度认同事关社会主义建设事业发展策略的科学性,高度认同社会主义建设事业发展的成效性,高度具有社会主义建设的获得感幸福感等方面就可见其一斑。

以习近平同志为核心的党中央强调,“人民是我们党的工作的最高裁决者和最终评判者”②。一切价值的源泉来自人民群众的实践,人民群众既是价值创造的主体,又是价值评价的主体。“时代是出卷人,我们是答卷人,人民是阅卷人”,以习近平同志为核心的党中央始终把人民群众满意不满意、拥护不拥护、支持不支持、赞成不赞成、高兴不高兴、答应不答应、损不损害人民群众利益,作为工作中判断是非、决定取舍、制定政策的最高标准。

“治国有常,而利民为本”。“民安才能国泰”③习近平新时代中国特色社会主义思想和毛泽东思想对坚持人民性的内在一致充分说明,我们党完全没有任何自己的私利和特殊利益,我们党对坚持人民性的一以贯之并非只停留在抽象的形而上的理论说教上,“一切为了人民、一切依靠人民、一切由人民来评判”体现了目的与手段、过程与结果的有机统一,始终坚持人民性这一价值立场,不断推进理论创新,使马克思主义中国化时代化始终在正确的价值轨道上进行。

---

① 《毛泽东文集》第 8 卷,人民出版社 1999 年版,第 324 页。

② 《十八大以来重要文献选编》(上),中央文献出版社 2014 年版,第 698 页。

③ 《“老百姓的事情是最重要的事情”——习近平总书记春节前夕赴天津看望慰问基层干部群众纪实》,载《人民日报》2024 年 2 月 4 日,第 1 版。

三、从实践性的维度认识把握习近平新时代中国特色社会主义思想与毛泽东思想的内在一致性

毛泽东指出，马克思列宁主义理论和中国革命实际的互相联系，“拿一句通俗的话来讲，就是‘有的放矢’。‘矢’就是箭，‘的’就是靶，放箭要对准靶。马克思列宁主义和中国革命的关系，就是箭和靶的关系”[①]。2022年，时隔80年，习近平在省部级主要领导干部学习贯彻党的十九届六中全会精神专题研讨班开班式上的重要讲话中提出，“更好把坚持马克思主义和发展马克思主义统一起来，坚持用马克思主义之‘矢’去射新时代中国之‘的’，继续推进马克思主义基本原理同中国具体实际相结合、同中华优秀传统文化相结合，续写马克思主义中国化时代化新篇章”[②]。从“有的放矢”到“用马克思主义之‘矢’射新时代中国之‘的’”，毛泽东和习近平用“矢”喻指作为指导思想的马克思主义，用“的”喻指生动具体的中国实际，强调要更好把坚持马克思主义和发展马克思主义统一起来，坚持用马克思主义之“矢”去射中国之“的”，通过“两个结合”，续写马克思主义中国化时代化新篇章，体现了中国共产党人一以贯之地推进马克思主义中国化时代化并用以指导实践的认识和把握。

（一）理论与实践相统一的鲜明品格

离开实践的理论和离开理论的实践都不可能正确地认识和改造世界。中国共产党在百余年的奋斗历程中坚持理论与实践相统一，不断立足实践推动理论创新，实现理论创新与实践创新的良性互动，实现了马克思主义中国化的三次历史性飞跃。第一次历史性飞跃是创立了毛泽东思想，第二次飞跃是形成了中国特色社会主义理论体系，第三次飞跃是创立了习近平新时代中国特色社会主义思想，成功指导了以中国式现代化全面推进中华民族伟大复兴的新时代实践。

---

① 《毛泽东选集》第3卷，人民出版社1991年版，第819页。

② 《习近平谈治国理政》第4卷，外文出版社2022年版，第30页。

恩格斯指出:“我们的理论是发展着的理论,而不是必须背得烂熟并机械地加以重复的教条。”①理论创新最根本的规律则是“理论与实践相统一”。马克思主义中国化时代化的实践逻辑有特殊的内在规定性,究其本质,并不是一个单纯地从理论到理论、文本到文本、概念到概念的单向性的线性发展过程,而是把作为理论形态的马克思主义的“本本”同作为实践形态的中国具体实际相结合的实践理性体现。毛泽东思想和习近平新时代中国特色社会主义思想作为一个科学的理论体系,将理论思维深植于回答时代提出的问题之中。毛泽东思想是对革命时期中心问题进行理论回应的主体性需要,习近平新时代中国特色社会主义思想是对新时代中心问题进行理论回应的主体性需要。两者都是反映时代特征、时代主题的科学理论,以高度统一的理论与实践内在一致性,建构出“实践—理论—再实践—再认识”的辩证发展途径,体现了理论与实践相统一的鲜明品格。

(二)解决时代命题实践中的理论升华

理论不会凭空产生,而是来源于实践,并在实践中不断升华。马克思指出:“凡是把理论引向神秘主义的神秘东西,都能在人的实践中以及对这种实践的理解中得到合理的解决。”②正因为马克思主义强调自觉能动地认识实践和改造实践,而非生硬被动地摹写实践和复刻实践,才在生动的社会实践中得以发展和完善。

毛泽东思想形成于中国革命与建设的伟大实践土壤。在党内,在如何处理理论与实际的关系问题上曾出现过两种错误倾向,一种是机械照搬马克思主义唯“本本”至上的教条主义,另一种是忽视理论的科学指导唯“经验”至上的经验主义,这两种倾向给当时党和国家事业的发展带来了阻碍。毛泽东在深刻理解马克思主义实践性理论品格的基础上,运用马克思主义基本原理和方法深刻反思这两种错误倾向,最早在党内提出了把作为理论形态的马克思主义的“本本”同作为实践形态的中国具体实际相结合这一概念。毛泽东指出:“真理的标准只能是社

① 《马克思恩格斯选集》第4卷,人民出版社2012年版,第588页。
② 《马克思恩格斯文集》第1卷,人民出版社2009年版,第501页。

会的实践。实践的观点是辩证唯物论的认识论之第一的和基本的观点。”[①]毛泽东指出：“离开中国特点来谈马克思主义，只是抽象的空洞的马克思主义。”[②]毛泽东思想坚持马克思主义实践观，对中国革命和建设中的一系列问题进行了深入探讨和系统回答。

习近平新时代中国特色社会主义思想形成于新时代的伟大实践土壤。新时代十年来，面对新的历史方位下各种显性的和潜在的风险挑战，站在接续历史新的更高起点上，从党的十八大强调建设中国特色社会主义的总任务是实现社会主义现代化和中华民族伟大复兴，并提出“两个一百年”奋斗目标，到党的十九大作出新的顶层设计，提出新两步走战略，再到党的二十大提出团结带领全国各族人民全面建成社会主义现代化强国、实现第二个百年奋斗目标，以中国式现代化全面推进中华民族伟大复兴，等等，习近平新时代中国特色社会主义思想对关系新时代党和国家事业发展的一系列重大理论和实践问题进行了深层次的理论回答和顶层设计。

（三）经过实践检验具有实践伟力的科学指南

产生于实践的认识最终必须回到实践本身中去，即理论与实践二者要有机统一，服务于具体形而下的实践是抽象形而上的理论的最终所指，并最终通过实践检验理论是否正确、是否科学，是否是经过实践检验具有实践伟力的科学指南。毛泽东思想和习近平新时代中国特色社会主义思想是理论与实践、合目的性与合规律性的有机统一，在指引中国特色社会主义实践朝着实现其目的的方向发展，并经过中国特色社会主义实践检验确证思想的实践伟力。

中国的革命之路应该怎么走？中国的社会主义建设之路应该怎么走？毛泽东思想正是中国共产党人在解决这些时代命题的实践中所形成的独创性经验的理论升华。比如，在革命时期，毛泽东在深刻分析中国基本国情的基础上，以马克思主义阶级理论为指导对中国社会各阶级进行了科学分析，形成了符合中国实际的马克思主义中国化阶级理

① 《毛泽东选集》第 1 卷，人民出版社 1991 年版，第 284 页。
② 《毛泽东选集》第 2 卷，人民出版社 1991 年版，第 534 页。

论，为我们党制定正确的阶级政策、团结一切可以团结的力量干革命起到了根本的指导作用。毛泽东指出："在抗日时期，我们才制定了合乎情况的党的总路线和一整套具体政策。这时候，中国民主革命这个必然王国才被我们认识，我们才有了自由。"①

习近平新时代中国特色社会主义思想是中国共产党人在对新征程和国内外形势新变化和实践新发展，把握新时代主题，从新的实际出发提出的一系列新思想新观点新论断。如在经济建设上，提出贯彻新发展理念，着力推进高质量发展，推动构建新发展格局，我国经济实力实现历史性跃升，经济总量稳居世界第二位；在政治建设上，提出坚持走中国特色社会主义政治发展道路，全面发展全过程人民民主，人民当家作主更为扎实，全面依法治国总体格局基本形成，党的十八届三中全会《决定》、十九届四中全会《决定》"姊妹篇"，勾勒了"中国之变""中国之治"的路线图；在文化建设上，提出确立和坚持马克思主义在意识形态领域指导地位的根本制度，广泛传播社会主义核心价值观，创造性转化、创新性发展中华优秀传统文化，重拳整治文娱乱象清理社会风气；在社会建设上，提出深入贯彻以人民为中心的发展思想，坚持"房子是用来住的、不是用来炒的"定位，不断提升人民群众获得感、幸福感、安全感，创造了人类减贫史上的奇迹，共同富裕取得新成效；在生态建设上，提出要像爱护眼睛一样保护生态环境，坚持绿水青山就是金山银山的理念，等等。这些无不充分彰显了习近平新时代中国特色社会主义思想的实践伟力。

毛泽东思想和习近平新时代中国特色社会主义思想所彰显的实践性理论品格，正是我们党在理论与实践的"直观实践—抽象理论—指导实践"的辩证发展中，能够不断进行理论创新、不断开辟马克思主义中国化时代化新境界的根本所在。

---

① 《毛泽东文集》第 8 卷，人民出版社 1999 年版，第 300 页。

四、从开放性的维度认识把握习近平新时代中国特色社会主义思想与毛泽东思想的内在一致性

每一个时代的理论思维"都是一种历史的产物,它在不同的时代具有完全不同的形式,同时具有完全不同的内容"①。马克思主义不是封闭的理论体系,它从来没有宣称也没有终结真理,而是为人们开辟了一条通往真理的道路。马克思主义之所以在21世纪的中国依然焕发蓬勃生机活力,正是因为我们推进马克思主义中国化时代化,不是被动的而是主动的,诚如毛泽东所指出的,"自从中国人学会了马克思列宁主义以后,中国人在精神上就由被动转入主动"②;不是封闭僵化的而是开放发展的,诚如习近平所指出的,"以古人之规矩,开自己之生面"③。在面向实践和指导实践中,中国共产党人找到了马克思主义,马克思主义唤起了中国人民的主体自觉,以主动精神与创造伟力不断推进马克思主义中国化时代化。毛泽东思想和习近平新时代中国特色社会主义思想,既不丢老祖宗的脸,又讲了许多新话,彰显了开放性理论品格的内在一致。

(一)不断开辟马克思主义中国化新境界

1872年,马克思、恩格斯在《共产党宣言》德文版序言中指出,"这个《宣言》所阐述的一般原理整个说来直到现在还是完全正确的",但是,"这些原理的实际运用,正如《宣言》中所说的,随时随地都要以当时的历史条件为转移"④。马克思主义之所以永葆生机活力,其奥妙根本在于它与时代同步伐,与人民共命运,不断关注、探索和回答时代和实践提出的新课题、新挑战。

我们党的历史,是一部不断推进理论创新、进行理论创造的历史,是一部不断开辟马克思主义中国化新境界的历史。毛泽东在党的六届

---

① 《马克思恩格斯选集》第3卷,人民出版社2012年版,第873页。

② 《毛泽东选集》第4卷,人民出版社1991年版,第1516页。

③ 《十八大以来重要文献选编》(中),中央文献出版社2016年版,第136页。

④ 《马克思恩格斯选集》第1卷,人民出版社2012年版,第376页。

六中全会上正式提出了“马克思主义中国化”的命题，在《改造我们的学习》中指出“中国共产党的二十年，就是马克思列宁主义的普遍真理和中国革命的具体实践日益结合的二十年”①。党的七大上，毛泽东思想这一马克思主义中国化第一次历史性飞跃产生的理论成果，被确立为党的指导思想。习近平指出：“我们要及时总结党领导人民创造的新鲜经验，不断开辟马克思主义中国化新境界，让当代中国马克思主义放射出更加灿烂的真理光芒。”②党的十八大以来，以习近平同志为主要代表的中国共产党人，坚持和运用马克思主义基本原理，创立习近平新时代中国特色社会主义思想这一马克思主义中国化新的飞跃产生的理论成果，以无与伦比的时空贯通力、现实阐释力和实践改造力，把马克思主义中国化时代化先前推进了一大步，实现了“通向真理道路”上质的跃升。

从毛泽东思想到习近平新时代中国特色社会主义思想，我们党不断开辟马克思主义中国化的新境界，这种内在一致的开放性的理论品格，就是马克思主义作为一种科学思想在理论上自我批判、开放发展的特质呈现。

（二）不断实现中华优秀传统文化的推陈出新

“不忘本来才能开辟未来，善于继承才能更好创新。”毛泽东思想和习近平新时代中国特色社会主义思想深深扎根于中华优秀传统文化土壤，在创立发展的过程中正确处理“古与今”的关系，不断推进中华优秀传统文化与马克思主义的结合，进而实现中华优秀传统文化的推陈出新。

毛泽东提出：“从孔夫子到孙中山，我们应当给以总结，承继这一份珍贵的遗产。”③毛泽东思想批判吸收传统“大同理想”，并将之提升发展为具有科学共产主义社会状态的理想，实现了追求大同理想与实现共产主义共同富裕目标的辩证统一；批判吸收传统经世致用和知行合

---

① 《毛泽东选集》第3卷，人民出版社1991年版，第795页。

② 《习近平谈治国理政》第1卷，外文出版社2018年版，第27页。

③ 《毛泽东选集》第2卷，人民出版社1991年版，第534页。

一的思想,并将之提升发展为实事求是的党的思想路线,实现了实事求是与理论联系实际的辩证统一;批判吸收传统公正观中的“公有均平”原则,并将之提升发展为符合中国发展实际的具有社会主义性质的“公有平等”原则,实现了社会利益共有共享与公有制本质的辩证统一;批判吸收传统民本思想中“民为贵”“君为轻”等的民本主张,将之提升发展为“从群众中来,到群众中去”的群众路线,实现了一切为了群众与一切依靠群众的辩证统一;批判吸收传统义利观中的“义利之辩”精华,将之提升发展为科学的人民利益观,实现了追求国家繁荣昌盛与个人全面自由发展的辩证统一;等等。

党的十九届六中全会通过的《中共中央关于党的百年奋斗重大成就和历史经验的决议》作出了习近平新时代中国特色社会主义思想是“中华文化和中国精神的时代精华”①的重要论断。这一重要论断对习近平新时代中国特色社会主义思想在形成与发展过程中汲取了中华优秀传统文化的思想精华和道德精髓给予了明确肯定。习近平新时代中国特色社会主义思想对民为本理念中蕴含的“民惟邦本,本固邦宁”“民贵君轻”“民水君舟”“立公去私”等一系列重民、富民、贵民的思想进行提升发展,创造性地提出了“人民至上论”“人民利益论”;对“天下大同”的理想抱负、“止于至善”的品行追求、“修齐治平”的人格实践进行提升发展,创造性地提出了国家层面、社会层面和个人层面的责任情怀、责任意识与责任担当;对“和为贵”“万物并育而不相害,道并行而不相悖”“各美其美,美人之美,美美与共,天下大同”等“和而不同”思想进行提升发展,创造性地提出了构建人类命运共同体的倡议;对“修身齐家治国平天下”“天下兴亡,匹夫有责”“以国家之务为己任”“位卑未敢忘忧国”“投死为国,以义灭身”“死国,忠义之大者”等家国天下情怀进行提升发展,创造性地提出了国家富强、民族振兴和人民幸福辩证统一的思想;等等。

从“古与今”来说,就是“以古人之规矩,开自己之生面”。毛泽东思想和习近平新时代中国特色社会主义思想坚持古为今用、推陈出新,

---

① 《习近平谈治国理政》第4卷,外文出版社2022年版,第1页。

结合新的实践和时代要求进行正确取舍，坚持古为今用、以古鉴今，坚持有鉴别的对待、有扬弃的继承，深入挖掘中华优秀传统文化蕴含的思想观念、人文精神、道德规范，结合时代要求继承创新，让中华文化展现出永久魅力和时代风采。

（三）不断借鉴人类文明一切优秀成果

在推进马克思主义中国化的过程中，毛泽东思想和习近平新时代中国特色社会主义思想，正确处理"中和外"的关系，十分注重吸收借鉴包括资本主义国家在内的世界其他国家的优秀文明成果。

早在青年时期，毛泽东就提出，对于西洋历史，要"取于外"，"资于内"。1940 年，毛泽东发表《新民主主义论》，对如何学习外国、如何对待外国文化作了正确而深刻地回答："中国应该大量吸收外国的进步文化，作为自己文化食粮的原料，这种工作过去还做得很不够。这不但是当前的社会主义文化和新民主主义文化，还有外国的古代文化，例如各资本主义国家启蒙时代的文化。"①在毛泽东看来，"凡属我们今天用得着的东西，都应该吸收"②，要以开放的胸襟，"大量吸收外国的进步文化，作为自己文化食粮的原料"③。

习近平强调，"中华民族是一个兼容并蓄、海纳百川的民族，在漫长历史进程中，不断学习他人的好东西，把他人的好东西化成我们自己的东西，这才形成我们的民族特色"④。党的二十大报告强调指出，要"推进文化自信自强，铸就社会主义文化新辉煌"⑤。文明因多样而交流，因交流而互鉴，因互鉴而发展。对人类社会创造的各种文明，要采取学习借鉴的态度，坚持从本国本民族实际出发，坚持取长补短、择善而从，讲求兼收并蓄，不搞囫囵吞枣、莫衷一是，而是去粗取精、去伪存真，积极吸纳其中的有益成分，不断学习他人的好东西，把他人的好东西转化成

---

① 《毛泽东文艺论集》，中央文献出版社 2002 年版，第 41 页。

② 《毛泽东选集》第 2 卷，人民出版社 1991 年版，第 707 页。

③ 《毛泽东文艺论集》，中央文献出版社 2002 年版，第 41 页。

④ 《习近平谈治国理政》第 1 卷，外文出版社 2018 年版，第 105—106 页。

⑤ 习近平：《高举中国特色社会主义伟大旗帜　为全面建设社会主义现代化国家而团结奋斗——在中国共产党第二十次全国代表大会上的报告》，人民出版社 2022 年版，第 42 页。

自己的东西,在不断汲取各种文明养分中丰富和发展中华文化,努力创造光耀时代、光耀世界的中华文化。

从“中和外”而言,就是“独学而无友,则孤陋而寡闻”。毛泽东思想和习近平新时代中国特色社会主义思想,坚持马克思主义的立场观点方法,立足中国实践和传统文化土壤,吸收借鉴人类文明一切优秀成果,不断实现自身的开放发展和丰富完善,深刻体现了思想的开放性品格。

五、从战略性的维度认识把握习近平新时代中国特色社会主义思想与毛泽东思想的内在一致性

战略问题是一个政党、一个国家的根本性问题,战略上判断得准确、谋划得科学,就能赢得历史主动,党和国家的事业就大有希望。关于战略问题,毛泽东在《论持久战》中精辟指出要“知其大略,知其要点”①,习近平在面对“两个大局”时反复强调要“强化战略思维,保持战略定力”②。从毛泽东思想到习近平新时代中国特色社会主义思想,战略性正是两者内在一致性的彰显,进一步确证了全党对毛泽东和习近平战略家的评价。

(一)精准研判的战略思维

战略思维作为一种精神活动,是战略指导者根据实践需求,为达到一定的战略目的,从全局的计划和策略维度对事物发展的趋势、方向和方略进行分析、综合、判断、推理、权衡、抉择等认识活动的过程。战略思维在毛泽东和习近平的思想方法和工作方法中,占有十分突出的地位。

毛泽东的战略思维在中国革命战争和社会主义建设的实践中得到充分体现。比如,坚持原则性和灵活性的统一,在当前的运动中代表运动的未来,以革命的两手反对反革命的两手,战略上藐视敌人、战术上重视敌人,团结一切可以团结的力量,正确处理两类不同性质的矛盾,

① 《毛泽东选集》第2卷,人民出版社1991年版,第490页。
② 《十九大以来重要文献选编》(中),中央文献出版社2021年版,第831页。

等等。他的这种战略思维能力突出表现在对于事物全局性和预见性的把握、判断和抉择上。1935年12月，在为中共中央政治局起草的关于军事战略问题的决议中，毛泽东提出："拿战略方针去指导战役战术方针，把今天联结到明天，把小的联结到大的，把局部联结到全体，反对走一步看一步。"①就是以全局性的眼光和敏锐的预见性去决策具体的战役战术、战略方针。在《中国革命战争的战略问题》《论反对日本帝国主义的策略》《整顿党的作风》《反对党八股》《实践论》《矛盾论》《抗日游击战争的战略问题》《论持久战》《战争和战略问题》《改造我们的学习》《新民主主义论》等名篇中，战略是个高频词。

习近平特别重视从战略层面思考和谋划党和国家的事业，强调战略思维"永远是中国共产党人应该树立的思维方式"②，强调领导干部必须具备战略思维、历史思维、辩证思维、创新思维、法治思维和底线思维能力，将战略思维位于思维方式之首的地位。习近平从全局、长远和大势上对新时代党和国家事业作出判断和决策，在一系列重要讲话和论述中，多次提及"战略思想""战略意识""战略思维""战略眼光""战略全局""战略目标""战略定力""战略耐心""战略地位""战略需要""战略预判""战略研判""战略抉择""战略契机""战略主动仗""战略导向作用"等主题词，提出了一系列重大战略布局和战略部署，构建了加强战略研判、掌握战略主动、保持战略定力、强化战略支撑、防范战略风险、用好战略机遇期等一整套"战略方法论"，构成了新时代马克思主义战略观中国化的"创新链"，形成了习近平新时代中国特色社会主义思想这一当代中国马克思主义、21世纪马克思主义的"战略链"。

（二）宏大缜密的战略部署

战略部署是结合客观条件，根据战略目标、战略任务、战略方向、战略企图及其他方力量对比在人力、财力、物力等方面作出的布置和安排。

毛泽东注重把战略与策略、理论和实践相结合，他的战略思想萌发

---

① 《毛泽东军事文集》第1卷，军事科学出版社、中央文献出版社1993年版，第418页。

② 《习近平谈治国理政》第2卷，外文出版社2017年版，第9页。

于对中国革命向何而去的思考与谋略，并把其运用推广到中国革命和建设各方面的部署中。在革命时期，在面对大革命失败中国革命处于命悬一线的危难时刻、秋收起义原定计划严重受挫的紧要关头、红军第五次反“围剿”失败和红军长征初期严重受挫的历史关头、抗日救亡的重大关头，以毛泽东同志为主要代表的中国共产党人确定了土地革命和武装起义的总方针、建立了井冈山革命根据地、召开遵义会议、作出实现“停止内战，一致抗日”建立全民族抗日民族统一战线的战略决策，果断发起辽沈、淮海、平津三大战役；在社会主义建设时期，提出了工业现代化、农业现代化、科学技术现代化、国防现代化的“四个现代化”发展目标，并谋划了“两步走”的战略。

党的十八大以来，以习近平同志为核心的党中央，把“两个一百年”奋斗目标的战略部署提升到了一个新的历史高度，对“两个一百年”作出了具体的目标设计：第一阶段，从 2020 年到 2035 年，在全面建成小康社会基础上，基本实现社会主义现代化；第二阶段，从 2035 年到本世纪中叶，把我国建成富强民主文明和谐美丽的社会主义现代化强国。同时，以“五位一体”勾勒中国特色社会主义建设总布局，以“四个全面”战略布局全面吹响党治国理政的“集结号”。从毛泽东到习近平，中国共产党人以宏大缜密的战略部署，使我国经济社会发展取得历史性成就、发生历史性变革。

（三）从容自信的战略定力

战略定力是指在错综复杂形势下和实践中，为实现战略意图、战略目标所具有的一种自信、意志和毅力。

拥有强大持久、从容自信的战略定力，是党总是能够在重大历史关头和危难时刻，从战略上认识、分析、判断面临的重大历史课题，制定正确的政治战略与策略，不断从一个胜利走向另一个胜利的一个特殊优势。毛泽东的《星星之火，可以燎原》，是大革命失败之后，年幼的中国共产党在遭受第一次严重挫折、党内一些同志流露“红旗到底能打多久”的悲观疑惑之时，给全党树立信心的一根“定海神针”；毛泽东的《论持久战》批驳了“亡国论”和“速胜论”，科学地预见了抗日战争将经过战略防御、战略相持、战略反攻三个阶段。1946 年 8 月，毛泽东和美国记者安娜·路易斯·斯特朗谈话，提出“一切反动派都是纸老虎”的著名论点。这一论点增强了中国人民的必胜的信念和革命到底的定力，是毛泽东战略定力的形象表达。

党的十八大以来，以习近平同志为核心的党中央立足“两个大局”同步交织的时代背景，提出并深刻阐述保持和增强战略定力的问题。新时代以来党的战略定力表现在推进经济社会发展、推动改革开放、防范化解重大矛盾和突出问题、处理国际关系、维护国家安全、全面从严治党等各个方面，集中体现在“集中精力办好自己的事”，实现中华民族伟大复兴战略目标不动摇；牢牢把握社会主义的方向，坚定不移走中国特色社会主义道路；适应新常态，应对新常态，保持经济发展战略定力；走和平发展道路，倡议构建人类命运共同体，把握好大国关系演变的特点，保持战略清醒和定力，牢牢掌握战略主动权的国际战略定力；以自我革命的政治担当，坚定不移地推进全面从严治党；等等。

从毛泽东到习近平，中国共产党人一以贯之保持战略定力，在革命、建设、改革和新时代一系列紧要关头、重大考验面前，“不畏浮云遮望眼”，“乱云飞渡仍从容”，推进党和国家事业不断发展。

六、从斗争性的维度认识把握习近平新时代中国特色社会主义思想与毛泽东思想的内在一致性

“敢于斗争是我们党的鲜明品格。我们党依靠斗争走到今天，也必然要依靠斗争赢得未来。”①中国共产党的斗争精神立足于特定的历史阶段、社会环境和实践基础，是中国共产党人准确认识矛盾运动规律，团结带领全国各族人民在中国革命、建设和改革的斗争实践中形成的独特精神样态。毛泽东指出：“什么叫工作，工作就是斗争。”②习近平指出：“发展中国特色社会主义是一项长期的艰巨的历史任务，必须准

① 《习近平在中央党校（国家行政学院）中青年干部培训班开班式上发表重要讲话强调 立志做党光荣传统和优良作风的忠实传人在新时代新征程中奋勇争先建功立业》，载《人民日报》2021年3月2日，第1版。

② 《毛泽东选集》第4卷，人民出版社1991年版，第1161页。

备进行具有许多新的历史特点的伟大斗争。”①在斗争中，中国共产党不断推进新的创新理论成果，正如党的七大所指出的，“百余年来，灾难深重的中国民族和中国人民，为了自己的解放而流血斗争，积有无数丰富的经验，这些实际斗争及其经验，不可避免地要形成自己的伟大的理论”②。作为党的创新理论成果，毛泽东思想和习近平新时代中国特色社会主义思想在斗争中创立、在斗争中发展，又进一步指导斗争。尽管两者创立的历史方位不同，但其中所内蕴的敢于斗争、勇于斗争、善于斗争等基本内核不变。

（一）对矛盾运动规律的准确认识

斗争是矛盾运动规律的集中体现。习近平指出，要“善于从纷繁复杂的矛盾中把握规律，不断积累经验、增长才干”③，强调“要注重策略方法，讲求斗争艺术”④。这些重要论断阐明要赢得斗争就必须掌握矛盾运动的规律，科学把握善于斗争的方式方法，讲求斗争方法，就是要善于把握和抓住主要矛盾和矛盾的主要方面。

中国的革命、建设和改革史，就是一部斗争史。毛泽东在 1938 年撰写的《中国共产党在民族战争中的地位》一文中首次使用“伟大斗争”一词，认为“对立的统一是有条件的、暂时的、过渡的，因而是相对的，对立的斗争则是绝对的”⑤，共产党人要善于运用这一规律去观察问题、分析问题和解决问题，才有可能战胜一切艰难险阻，创造新的局面。如在新民主主义革命时期，斗争的焦点在准确划分“谁是我们的敌人？谁是我们的朋友”，我们团结了一切可以团结的力量对付共同的敌人，最终取得斗争的胜利。新中国成立后，矛盾聚焦在“先进的工业与落后的农业国”“人民的需求与落后的经济文化”间，斗争的焦点随之转移至经济领域，同时为争取稳定的发展环境，在政治、文化、社会等领域开展

① 《十八大以来重要文献选编》（上），中央文献出版社 2014 年版，第 82 页。

② 《建党以来重要文献选编（1921—1949）》第 22 册，中央文献出版社 2011 年版，第 389 页。

③ 《习近平谈治国理政》第 3 卷，外文出版社 2020 年版，第 223 页。

④ 同上书，第 227 页。

⑤ 《毛泽东文集》第 7 卷，人民出版社 1999 年版，第 213 页。

民主政治建设、思想上的正本清源、和平外交等一系列工作。

新时代以来,习近平站在推进中华民族伟大复兴历史进程的高度,指出"社会是在矛盾运动中前进的,有矛盾就会有斗争"①。矛盾的普遍性决定了斗争的长期性,习近平指出,"我们面临的各种斗争不是短期的而是长期的,至少要伴随我们实现第二个百年奋斗目标全过程"②;矛盾的特殊性决定了斗争的复杂性、艰巨性,习近平强调,"进行伟大斗争形势的复杂性,都是前所未有的"③。新时代社会主要矛盾的转变,既表明社会发展水平与质量提高到了一个新阶段、新程度,也表明要实现社会发展水平与质量的新发展、新飞跃就"必须进行具有许多新的历史特点的伟大斗争"④。习近平指出要善于抓住主要矛盾和矛盾的主要方面,在政治、经济、文化、社会、生态文明等方面系统部署全面从严治党、坚持马克思主义在意识形态领域的指导地位、全面深化改革、推进供给侧结构性改革、推动高质量发展、消除金融领域隐患、保障和改善民生、打赢脱贫攻坚战、治理生态环境、应对重大自然灾害、全面依法治国、处理群体性事件、打击黑恶势力、维护国家安全等一系列"伟大斗争"。

(二)对辨识斗争方向、明确斗争目的的系统把握

中国共产党作为无产阶级政党,自成立之日起的初心和使命就是为中国人民谋幸福、为中华民族谋复兴。中国共产党在不同的历史阶段团结带领全国各族人民进行一切斗争,尽管主要内容、部署、形式不同,但目的都是围绕党一直以来的初心和使命开展。

以毛泽东同志为主要代表的中国共产党人,在革命时期领导人民进行革命斗争的目的就是为了民族和人民的解放,使中华民族和中国人民从被帝国主义、封建主义和官僚资本主义的奴役和压迫下解放出来,摆脱国家蒙辱、人民蒙难、文明蒙尘的悲惨境况,成立新中国,让人民成为新社会的主人。毛泽东强调,革命的目的是"为了使中华民族得

---

① 《十九大以来重要文献选编》(上),中央文献出版社2019年版,第11页。
② 《习近平谈治国理政》第3卷,外文出版社2020年版,第226页。
③ 《十九大以来重要文献选编》(上),中央文献出版社2019年版,第559页。
④ 《习近平关于总体国家安全观论述摘编》,中央文献出版社2018年版,第38页。

到解放，为了实现人民的统治，为了使人民得到经济的幸福”①。在建设时期，领导人民进行革命斗争的目的就是为了让中华民族尽快改变一穷二白的落后面貌，屹立于世界民族之林，解决人民的温饱问题，让老百姓尽快过上富足、充裕的好日子。党的十八大以来，习近平反复强调，共产党人斗争的目的是实现人民对美好生活的向往，是为了实现中华民族伟大复兴，而说到底是为了人民的根本利益，“我们讲的斗争，不是为了斗争而斗争，也不是为了一己私利而斗争，而是为了实现人民对美好生活的向往、实现中华民族伟大复兴知重负重、苦干实干、攻坚克难”②。“为中国人民谋幸福、为中华民族谋复兴”，既是中国共产党人奋斗的初心和使命，更是中国共产党人斗争的目标与使命。在此目标和使命下，以习近平同志为核心的党中央统筹推进“五位一体”总体布局、协调推进“四个全面”战略布局，坚持和完善中国特色社会主义制度、推进国家治理体系和治理能力现代化，坚持依规治党、形成比较完善的党内法规体系，战胜一系列重大风险挑战，实现第一个百年奋斗目标，明确实现第二个百年奋斗目标的战略安排，推动党和国家事业取得历史性成就、发生历史性变革。

（三）对弘扬斗争精神、提高斗争本领的高度强调

“斗争精神、斗争本领，不是与生俱来的。”③中国共产党人始终强调应弘扬斗争精神，提高斗争本领。1957 年 3 月，毛泽东在中国共产党全国宣传工作会议上的重要讲话中指出，彻底的唯物主义者是无所畏惧的，必须保持顽强的斗争精神，能够勇敢地负起责任，克服困难，不怕挫折，“‘舍得一身剐，敢把皇帝拉下马’，我们在为社会主义、共产主义而斗争的时候，必须有这种大无畏的精神”④。习近平强调，要战胜前进道路上的各种风险挑战，没有斗争精神不行，广大干部特别是年轻干部要经受严格的思想淬炼、政治历练、实践锻炼，发扬斗争精神，增强斗争本领，要敢于担当，面对大是大非敢于亮剑，面对矛盾敢于迎难而上，面

① 《毛泽东文集》第 1 卷，人民出版社 1993 年版，第 21 页。

② 《习近平谈治国理政》第 3 卷，外文出版社 2020 年版，第 542 页。

③ 同上书，第 227 页。

④ 《毛泽东文集》第 7 卷，人民出版社 1999 年版，第 276 页。

对危机敢于挺身而出，面对失误敢于承担责任，面对歪风邪气敢于坚决斗争[①]。2019年，习近平在秋季学期中央党校（国家行政学院）中青年干部培训班开班式上的重要讲话中指出，"领导干部要经受严格的思想淬炼、政治历练、实践锻炼，在复杂严峻的斗争中经风雨、见世面、壮筋骨，真正锻造成为烈火真金"[②]。

比如，面对如何跳出历史周期率的时代之问，1945年毛泽东的窑洞对，就给出了跳出历史周期率的第一个答案，即人民监督，"只有让人民来监督政府，政府才不敢松懈"[③]；经过党的十八大以来新的实践，习近平又给出了第二个答案，即自我革命，"勇于自我革命，是我们党最鲜明的品格，也是我们党最大的优势"[④]。从第一个答案到第二个答案，是我们党在不同历史条件下对马克思主义政党如何更好地实现党的建设和党的长期执政的深刻回应与与时俱进，是共产党人坚持斗争精神的生动体现。又如，在新中国成立之初和新时代新征程，面对我们应该以什么样的精神状态行进在赶考之路上的时代之问，毛泽东在党的七届二中全会上提出"两个务必"，即"务必使同志们继续地保持谦虚、谨慎、不骄、不躁的作风，务必使同志们继续地保持艰苦奋斗的作风"[⑤]；习近平在党的二十大提出"三个务必"，即"务必不忘初心、牢记使命，务必谦虚谨慎、艰苦奋斗，务必敢于斗争、善于斗争"[⑥]。从"两个务必"到"三个务必"，就是我们党在不同历史条件下关于斗争精神的深刻阐发与生动呈现。

正是有了中国共产党人对斗争精神始终如一的坚守和弘扬，才有了中国革命、建设和改革的伟大胜利。然而，"一代人有一代人的奋斗，

---

① 《十八大以来重要文献选编》（上），中央文献出版社2014年版，第338页。

② 《习近平谈治国理政》第3卷，外文出版社2020年版，第227页。

③ 《毛泽东年谱（1893—1949）》（中），中央文献出版社2013年版，第611页。

④ 《十八大以来重要文献选编》（下），中央文献出版社2018年版，第589页。

⑤ 《毛泽东选集》第4卷，人民出版社1991年版，第1438—1439页。

⑥ 习近平：《高举中国特色社会主义伟大旗帜　为全面建设社会主义现代化国家而团结奋斗——在中国共产党第二十次全国代表大会上的报告》，人民出版社2022年版，第1页。

一个时代有一个时代的担当”①。每个时代斗争的形势、内容和性质不一样，必须以发展的眼光分析和看待各种矛盾、问题和斗争，除了培育和弘扬斗争精神，还需要不断提高斗争本领。毛泽东指出，“我们要建设大党，我们的干部非学习不可”②，要让学习成为像穿衣吃饭那样的迫切需要，认为“我们队伍里边有一种恐慌，不是经济恐慌，也不是政治恐慌，而是本领恐慌”③。习近平历来重视本领问题，多次提及着力解决“本领恐慌”的问题，要解决好时代中出现的各种问题，“唯一的途径就是增强我们自己的本领”④，要增强本领只能依靠学习，“全党同志特别是各级领导干部，都要有本领不够的危机感，都要努力增强本领，都要一刻不停地增强本领”⑤。党的十九大报告中提出的全党要全面增强的八大本领，增强学习本领位列首位。认真学习马克思主义理论，是我们做好一切工作的看家本领，也是领导干部必须普遍掌握的工作制胜的看家本领。毛泽东曾说：“如果我们党有一百个至二百个系统地而不是零碎地、实际地而不是空洞地学会了马克思列宁主义的同志，就会大大地提高我们党的战斗力量。”⑥习近平认为，学习马克思主义理论，学习贯彻其中的立场观点方法，依然是摆在我们党面前的一个现实问题。此外，党员和领导干部要加强关于党的路线方针政策和国家法律法规，经济、政治、历史、文化、社会、科技、军事、外交等方面的知识的学习和把握。

建立中国共产党、成立中华人民共和国、实行改革开放、推进新时代中国特色社会主义事业，都是在斗争中诞生、在斗争中发展、在斗争中壮大，这正是毛泽东思想和习近平新时代中国特色社会主义思想内在一致的斗争性理论特质的体现。

概言之，毛泽东思想和习近平新时代中国特色社会主义思想作为

---

① 习近平：《在中国科学院第十九次院士大会、中国工程院第十四次院士大会上的讲话》，人民出版社 2018 年版，第 22 页。

② 《毛泽东文集》第 2 卷，人民出版社 1993 年版，第 179 页。

③ 同上书，第 178 页。

④ 《习近平谈治国理政》，外文出版社 2014 年版，第 402 页。

⑤ 同上书，第 403 页。

⑥ 《毛泽东选集》第 2 卷，人民出版社 1991 年版，第 533 页。

党的创新理论成果，具有科学性、实践性、人民性、开放性、战略性、斗争性等内在一致的理论品格和理论特质，在不同的历史方位谱写了马克思主义中国化时代化的新篇章、开辟了马克思主义中国化时代化的新境界，在中国共产党人推进理论创新的整体红线中，实现了对马克思主义理论的创造性建构和整体性升级。

第一章
实践高于认识的地方正在于它是行动

——习近平对毛泽东实践观的守正创新

毛泽东继承和发展了马克思恩格斯创立的科学的实践观，系统构建以实践为基础和核心的认识论体系，详细论述实践的定义、社会的基本矛盾及其实践本质、实践主体以及实践与认识的关系，明确指出“人的正确思想，只能从社会实践中来”①，形成了自己的实践观，成为毛泽东思想的重要组成部分。党的十八大以来，面对百年未有之大变局，习近平要求“一切从实际出发，着眼解决新时代改革开放和社会主义现代化建设的实际问题，不断回答中国之问、世界之问、人民之问、时代之问，作出符合中国实际和时代要求的正确回答，得出符合客观规律的科学认识，形成与时俱进的理论成果，更好指导中国实践”②。习近平继承和坚持马克思主义，丰富与发展毛泽东实践观，应时代之变迁，就推进中国式现代化提出了一系列新的理念和主张，形成了习近平实践观。

一、毛泽东的实践观及其实践探索

毛泽东系统阐述马克思主义实践观，明确了实践的科学内涵、基本内容、基本类型、社会实践的主体和社会实践的出发点等。

（一）“实践是主体作用于客体的活动”，明确实践的科学内涵

抗日战争初期，“亡国论”“速胜论”在国内有不少倡导者、附和者，

---

① 《毛泽东文集》第8卷，人民出版社1999年版，第320页。

② 习近平：《高举中国特色社会主义伟大旗帜　为全面建设社会主义现代化国家而团结奋斗——在中国共产党第二十次全国代表大会上的报告》，人民出版社2022年版，第17页。

使得国人思想混乱、行动散乱，严重影响抗日力量的凝聚，需要有正确的理论去统一全民族的思想，既要驳斥“亡国论”“速胜论”的谬误，又要客观分析战争的必然发展态势，增强中华民族的抗战信心。为此，毛泽东在《论持久战》中透彻分析了中国为何最终能够取得抗日战争胜利以及如何进行持久战等战略问题，并进一步指出：“思想等等是主观的东西，做或行动是主观见之于客观的东西，都是人类特殊的能动性。”①“一切根据和符合客观事实的思想是正确的思想，一切根据于正确事项的做或行动是正确的行动。我们必须发扬这样的思想和行动，必须发扬这种自觉地能动性。”②这样一来，毛泽东对抗战主观能动作用的强调，不仅唤起了中华民族抗战热情，还在马克思对实践是“现实的、感性的活动”的认知基础上，进一步强调实践的客观性，系统地揭示了实践的科学内涵，既把实践作为认识论的范畴，又把实践作为历史观的范畴；既使实践获得本体论的意义，又使实践获得辩证法的意义。

毛泽东对“实践是主体作用于客体的活动”的正确认知，具有重要意义，为中国革命实践提供了指引。每当革命陷入困境找不到出路时，就深入实际展开细致的调查，在调查中探寻破解难题的方法。毛泽东强调：“民主革命阶段，要进行调查研究，社会主义革命和社会主义建设阶段，还是要进行调查研究，一万年还是要进行调查研究工作。这个方法是可取的。教条主义这个东西，只有原理原则，没有具体政策。”③并一直强调：“我们要学的是属于普遍真理的东西，并且学习一定要与中国实际相结合。”④

进入社会主义革命和建设时期后，面临一个很大的未被认识的必然王国，需要通过调查研究，找出固有规律，以为社会主义革命和建设服务。为此，毛泽东用人害病从而获得免疫力的形象说法，指出苏联的经验是他们碰了钉子后形成的经验，但那是苏联的经验，我们自己还是要碰一碰钉子，才会有自己的经验。毛泽东强调：“对工作中的成功经

---

① 《毛泽东选集》第2卷，人民出版社1991年版，第477页。
② 同上。
③ 《毛泽东思想年编：1921—1975》，中央文献出版社2011年版，第910页。
④ 《毛泽东文集》第7卷，人民出版社1999年版，第42页。

验和失败经验，作历史的考察，才能找出客观事物所固有的而不是人们主观臆造的规律，才能制定适合情况的各种条例。”①在毛泽东看来，社会主义建设事业是一项伟大斗争，有着不同于以往时代各项斗争的特点，务必将马克思列宁主义的普遍真理同中国社会主义建设的具体实际较好地结合起来，对于社会主义建设规律的认识还有一个过程，要做好长期战斗的准备，要做好会因盲目性进而遭受挫折和失败的准备，才能“克服盲目性、认识客观规律、从而获得自由”②。

（二）“改造客观世界”“改造主观世界”，明确实践的基本内容

“十月革命一声炮响，给我们送来了马克思主义。”③同时也提出了马克思主义中国化的现实问题。革命早期，右倾机会主义和“左”倾教条主义都使中国革命遭受极大损失，险些葬送中国革命，这些主义的错误就在于“主观和客观相分裂”，都是“以认识和实践相脱离为特征的。”④抗日战争爆发后，面对中日民族矛盾上升为主要矛盾的新变化，中国共产党迫切需要在思想上、政治上总结经验，统一全党认识，促使中国革命走向正确的轨道。为此，毛泽东在《实践论》中总结了马克思主义中国化的历史经验，坚持马克思主义关于实践改造世界的基本观点，并进一步指出改造世界的实践内容是双重的，即“改造客观世界，也改造自己的主观世界——改造自己的认识能力，改造主观世界同客观世界的关系”⑤。毛泽东要求将向客体进军和向主体进军统一起来，即“通过实践而发现真理，又通过实践而证实真理和发展真理。从感性认识而能动地发展到理性认识，又从理性认识而能动地指导革命实践，改造主观世界和客观世界”⑥。

历史事实证明毛泽东“两个改造”的思想是正确的，也表明正确的结论要在实际斗争中去获得，要求善于深入总结实践经验教训，经验来

① 《毛泽东著作选读》(下)，人民出版社 1986 年版，第 832 页。
② 同上书，第 826 页。
③ 《毛泽东选集》第 4 卷，人民出版社 1991 年版，第 1470—1471 页。
④ 《毛泽东选集》第 1 卷，人民出版社 1991 年版，第 295 页。
⑤ 同上书，第 296 页。
⑥ 同上。

自实践,又指导实践。为此,毛泽东在《反对本本主义》中明确指出:“共产党的正确而不动摇的斗争策略,决不是少数人坐在房子里能够产生的,它是要在群众的斗争过程中才能产生的,这就是说要在实际经验中才能产生。”①例如,具体到土地改革等工作中,毛泽东鲜明地指出,领导者的责任就是“必须总结具体的经验,向群众迅速传播这些经验,使正确的获得推广,错误的不致重犯。”②毛泽东在1962年1月的扩大的中央工作会议上进一步提出:“在民主革命时期,经过胜利、失败,再胜利、再失败,两次比较,我们才认识了中国革命这个客观世界。在抗日战争前夜和抗日战争时期,我写了一些论文,例如《中国革命战争的战略问题》、《论持久战》、《新民主主义论》、《〈共产党人〉发刊词》,替中央起草过一些关于政策、策略的文件,都是革命经验的总结。那些论文和文件,只有在那个时候才能产生,在以前不可能,因为没有经过大风大浪,没有两次胜利和两次失败的比较,还没有充分的经验,还不能充分认识中国革命的规律。”③毛泽东“两个改造”相互推动,统一于实践过程中,推动中国革命走向胜利起了积极作用,对于当前的社会实践活动仍具有指导意义。

(三)“社会实际生活的一切领域都是社会的人所参加的”,明确实践的基本类型

马克思在《关于费尔巴哈的提纲》中提出:“旧唯物主义的立脚点是‘市民’社会,新唯物主义的立脚点则是人类社会或社会化了的人类。”④“到现在为止,我们主要只是考察了人类活动的一个方面——人改造自然。另一方面,是人改造人……”⑤由此看出,马克思主义明确提出实践的基本形式——“人改造自然”和“人改造人”。《实践论》进一步研究了实践的基本类型,毛泽东指出:“马克思主义者认为人类的生

---

① 《毛泽东选集》第1卷,人民出版社1991年版,第115页。
② 《毛泽东文集》第5卷,人民出版社1996年版,第80页。
③ 《毛泽东文集》第8卷,人民出版社1999年版,第299页。
④ 《马克思恩格斯选集》第1卷,人民出版社1995年版,第18—19页。
⑤ 同上书,第88页。

产活动是最基本的实践活动,是决定其他一切活动的东西。”①但“人的社会实践,不限于生产活动一种形式,还有多种其他的形式,阶级斗争,政治生活,科学和艺术的活动,总之社会实际生活的一切领域都是社会的人所参加的”②。毛泽东将人类实践活动从生产领域拓展到社会生活的方方面面。在《人的正确思想是从哪里来的?》一文中,毛泽东进一步指出,人的正确思想“只能从社会实践中来,只能从社会的生产斗争、阶级斗争和科学实验这三项实践中来”,并明确从理性的认识到革命的实践的飞跃中,“抓着了世界的规律性的认识,必须把它再回到改造世界的实践中去,再用到生产的实践、革命的阶级斗争和民族斗争的实践以及科学实验的实践中去”③。毛泽东对人类实践活动三大类型的概括,是对马克思主义认识论的创新性发展,在改造客观世界和主观世界的斗争中,特别是对推动科学技术的发展有重要的指导意义。

(四)“人民,只有人民,才是创造世界历史的动力”,明确社会实践的主体

中国革命就如同过河,如果不解决方法问题,就如同没有解决船或桥的问题,过河就是空谈。走群众路线就是基本的领导方法。延安时期,一些领导干部喜欢发表脱离实际的空泛议论,不注重总结群众斗争的鲜活经验。为此,毛泽东于 1943 年 6 月 4 日在《解放日报》发表《关于领导方法若干问题》,明确提出“在我党的一切实际工作中,凡属正确的领导,必须是从群众中来,到群众中去”④。毛泽东在党的七大报告中进一步明确:“我们共产党人区别于其他政党的又一个显著的标志,就是和最广大的人民群众取得最密切的联系。全心全意地为人民服务,一刻也不脱离群众;一切从人民的利益出发,而不是从个人或小集团的利益出发;向人民负责和向党的领导机关负责的一致性;这些就是我们的出发点。”⑤

---

① 《毛泽东选集》第 1 卷,人民出版社 1991 年版,第 282 页。

② 同上书,第 283 页。

③ 同上书,第 292 页。

④ 《毛泽东选集》第 3 卷,人民出版社 1991 年版,第 899 页。

⑤ 《毛泽东著作专题摘编》,中央文献出版社 2003 年版,第 1884 页。

在社会主义建设时期，毛泽东更加强调要全心全意地依靠人民群众，充分调动和发挥人民群众的主人翁精神和生产积极性，在《书记动手，全党办社》按语中，就举了遵化县合作化运动中王国藩合作社的成功案例：一个只有二十三户贫农、三条驴腿的"穷棒子"社，齐心协力用三年时间，从山上获取大批的生产资料。毛泽东据此认为，"难道六万万穷棒子不能在几十年内，由于自己的努力，变成一个社会主义的又富又强的国家吗？社会的财富是工人、农民和劳动知识分子自己创造的。"[①]正是基于这种思想，毛泽东通过编撰《中国农村的社会主义高潮》的形式，推荐各地农民群众创造的经验，而不是简单的发布一系列合作化方案。毛泽东还认为，人民既创造了社会物质财富，还创造了精神财富，他《在延安文艺座谈会上的讲话》中指出，"人民生活中本来存在着文学艺术原料的矿藏"，"是一切文学艺术的取之不尽、用之不竭的唯一的源泉"[②]。为此，他要求"有出息的文学家艺术家，必须到群众中去"，"到唯一的最广大最丰富的源泉中去，观察、体验、研究、分析一切人，一切阶级，一切群众"[③]。

显然，在毛泽东看来，社会主义革命和建设事业是人民的事业，必须放手发动群众，没有什么救世主，如果说有，"就是全中国的人民大众"[④]。毛泽东关于"人民，只有人民，才是创造世界历史的动力""相信群众和依靠群众"等认知和主张，不断教育武装着全党，鼓舞着人民战胜困难，取得一个又一个胜利。

（五）"讨论问题，应当从实际出发，不是从定义出发"，明确社会实践的出发点

在中国抗日战争进入战略相持阶段后，日本侵略军调整侵华策略，对国民党进行政治诱降。国民党党内投降、分裂活动日益严重，既有国民党亲日派的公开投敌、建立伪中央政权，又有国民党亲英美派推动的消极抗日、积极反共政策，这些对中国团结抗战局面产生了极为恶劣的

---

① 《建国以来重要文献选编》第 7 册，中央文献出版社 1993 年版，第 201 页。

② 毛泽东：《在延安文艺座谈会上的讲话》，人民出版社 1964 年版，第 15—16 页。

③ 同上书，第 19 页。

④ 《毛泽东选集》第 3 卷，人民出版社 1991 年版，第 1102 页。

影响,使人民感到迷茫,对抗日战争能否获胜产生怀疑。在这危急存亡时刻,毛泽东于1940年1月9日,在陕甘宁边区文化协会第一次代表大会上做了题为《新民主主义的政治与新民主主义的文化》的讲演,同年2月20日以《新民主主义论》这一标题在《解放》杂志发表。在《新民主主义论》中,毛泽东不仅回答了“中国向何处去”的重大历史问题,对新民主主义革命给予了科学的理论指导,让共产党员对未来有了清醒的认知,让人民重拾了信心,还明确提出解决问题的科学的态度是“实事求是”。毛泽东指出:“惟有科学的态度和负责的精神,能够引导我们民族到解放之路。真理只有一个,而究竟谁发现了真理,不依靠主观的夸张,而依靠客观的实践。只有千百万人民的革命实践,才是检验真理的尺度。”①在毛泽东看来,唯有坚持“社会实践是检验真理的唯一标准”,在实践中求真知、探索中找规律。因此,在新民主主义革命时期,但凡是陷入困境找不到出路时,毛泽东就深入实际展开细致的调查,在调查中探寻破解难题的方法。

在社会主义革命和社会主义建设阶段,还是要进行调查研究。毛泽东指出:“社会主义谁也没有干过,没有先学会社会主义的具体政策而后搞社会主义的。”②并强调:“我们要学的是属于普遍真理的东西,并且学习一定要与中国实际相结合。”③即使是向外国学习自然科学,毛泽东也要求批判的学,不能盲从。对于来自人民群众的经验,更是抱着一种开放谦虚的态度去接纳。毛泽东指出:“总结群众中的这一类先进经验,发展下层单位和群众的这一类有利于社会主义建设的创举,建议主管机关给以批准,停止原有的规章制度中某些规定在这个单位实行,并且把这个单位的先进经验推广到其他单位试行。”④毛泽东提出的“从实际出发,实事求是”的实践原则,使得实践的唯物论与实践的辩证法实现有机的统一,成为全党同志开展实践活动的基本准则。

---

① 《毛泽东选集》第2卷,人民出版社1991年版,第663页。
② 《毛泽东文集》第8卷,人民出版社1999年版,第276页。
③ 《毛泽东文集》第7卷,人民出版社1999年版,第42页。
④ 同上书,第353页。

二、习近平的实践观及其实践探索

习近平在治国理政的理论探索和实践探索中，坚持"把马克思主义基本原理同中国具体实际相结合、同中华优秀传统文化相结合"，坚持实践第一的观点，明确摸着石头过河就是摸规律，指出"知行合一，贵在行动"，强调人民是力量源泉，要求从基层实践找到解决问题的金钥匙。习近平实践观为正确回答时代和实践提出的重大问题提供了科学指引。

(一)"坚持实践第一的观点，不断推进实践基础上的理论创新"，强调实践的基础性地位

当前，中国处于一个崭新的时代，党情国情世情发生深刻变化。就党情而言，"四大考验"和"四大风险"依然存在；就国情而言，中国开启全面建设社会主义现代化国家新征程；就世情而言，世界百年未有之大变局正在加速演变。面对错综复杂的时代境遇，"中华民族伟大复兴，绝不是轻轻松松、敲锣打鼓就能实现的。全党必须准备付出更为艰巨、更为艰苦的努力。"①唯有实现理论和实践相结合，才能系统解决新时代改革开放和社会主义现代化建设的实际问题。为此，习近平始终强调："谋事要实，就是要从实际出发谋划事业和工作，使点子、政策、方案符合实际情况、符合客观规律、符合科学精神，不好高骛远，不脱离实际。"②在党的二十大报告中，习近平更是告诫全党，一些党员、干部"实干精神不足，形式主义、官僚主义现象仍较突出"③，要求全党全军全国各族人民"紧密团结在党中央周围，牢记空谈误国、实干兴邦"④。同时，习近平还强调，"马克思主义基本原理是普遍真理，具有永恒的思想

---

① 习近平：《决胜全面建成小康社会 夺取新时代中国特色社会主义伟大胜利——在中国共产党第十九次全国代表大会上的报告》，人民出版社 2017 年版，第 15 页。

② 《习近平关于协调推进"四个全面"战略布局论述摘编》，中央文献出版社 2015 年版，第 136 页。

③ 习近平：《高举中国特色社会主义伟大旗帜 为全面建设社会主义现代化国家而团结奋斗——在中国共产党第二十次全国代表大会上的报告》，人民出版社 2022 年版，第 14 页。

④ 同上书，第 71 页。

价值，但马克思主义经典作家并没有穷尽真理，而是不断为寻求真理和发展真理开辟道路”[①]，为了有效应对各种困难和风险，务必“不断推进实践基础上的理论创新”[②]。在这个过程中，还必须坚持“一切为了群众，一切依靠群众，从群众中来，到群众中去，把党的正确主张变为群众的自觉行动，把群众路线贯彻到治国理政全部活动之中”[③]。正是习近平坚持一切从实际出发来研究和解决问题，从而科学地回答了中国之问、世界之问、人民之问、时代之问。

（二）“摸着石头过河就是摸规律”，强调实践发展永无止境

中国式现代化建设是前无古人的崭新事业，不可能从老祖宗那里获得现成答案，就是马克思也不能“为未来的食堂开出调味单”[④]。唯有立足新的实践，依靠新的不懈探索，从中总结经验，从而推动中国式现代化建设走实走深。为此，习近平明确提出：“摸着石头过河就是摸规律，从实践中获得真知。”[⑤]

习近平一贯坚持尊重规律、尊重科学。在浙江主政时，习近平就明确提出要有“求真”精神，要“自觉地认识规律、遵循规律、运用规律，使我们的各项工作进一步体现时代性，把握规律性，富于创造性”[⑥]。习近平还提出“要善于发现人民群众在生产生活实践中的创造，善于总结他们解决实际问题的新举措新经验，注重积累、注重发展，把总结经验同指导工作、推动经济社会发展结合起来”[⑦]。

党的十八大以来，习近平多次引用人民群众熟知的“石头论”论述对规律的认识。在广东考察时指出：“对看得还不那么准、又必须取得突破的改革，可以先进行试点，摸着石头过河，尊重实践、尊重创造，鼓

① 习近平：《在纪念毛泽东同志诞辰120周年座谈会上的讲话》，人民出版社2013年版，第17页。

② 同上。

③ 同上。

④ 马克思：《资本论》第1卷，人民出版社2004年版，第19页。

⑤ 《习近平谈治国理政》第1卷，外文出版社2018年版，第68页。

⑥ 习近平：《干在实处 走在前列——推进浙江新发展的思考与实践》，中共中央党校出版社2006年版，第320页。

⑦ 《中国特色社会主义学习读本》，学习出版社2013年版，第83页。

励大胆探索、勇于开拓，在实践中开创新路，取得经验后再推开。”[①]在十八届中央政治局第二次集体学习时，习近平强调摸清规律的重大意义，“实行改革开放，发展社会主义市场经济，我们的老祖宗没有讲过，其他社会主义国家也没有干过，只能通过实践、认识、再实践、再认识的反复过程，从实践中获得真知”[②]。在十八届三中全会第二次全体会议上，习近平进一步阐述对规律的认识，“摸着石头过河也是有规则的，要按照已经认识到的规律来办，在实践中再加深对规律的认识，而不是脚踩西瓜皮，滑到哪里算哪里”[③]。在庆祝中国共产党成立 100 周年大会上，习近平强调，“要用历史映照现实、远观未来”[④]，并用“十个坚持”讲透了“过去我们为什么能够成功、弄明白未来我们怎样才能继续成功”的宝贵历史经验。

（三）“知行合一，贵在行动”，强调注重实干、实践行动和实际效果

中国共产党在拥有 14 亿多人口的大国执政，面对极其复杂的国内外环境，迫切需要加强党的思想政治建设。但是，在干部队伍中依然存在知行不一的情况。对于中国式现代化，有些领导干部不研究问题、浑浑噩噩；有些领导干部一知半解；有些领导干部讲起来“头头是道”，文章写得“入木三分”，但真要做起来，或是“喊口号”，或是热衷当“甩手掌柜”，或是畏首畏尾，不敢探索。显然，如果不能切实把“知”与“行”统一于中国式现代化建设实践之中，中国式现代化建设将是空中楼阁。为此，党的十八大以来，习近平多次倡导“知行合一”。习近平指出：“要通过学习掌握马克思主义立场、观点、方法，提高战略思维能力、综合决策能力、驾驭全局能力，做到知行合一，增强工作的科学性、预见性、主动性，避免陷入少知而迷、不知而盲、无知而乱的困境。”[⑤]理论内化于心的关键就是自觉落实到行动上，认为如果不能以“行”促“知”，就难以

---

① 《习近平关于全面深化改革论述摘编》，中央文献出版社 2014 年版，第 33 页。

② 同上书，第 34 页。

③ 同上书，第 43 页。

④ 习近平：《在庆祝中国共产党成立 100 周年大会上的讲话》，学习出版社 2013 年版，第 10 页。

⑤ 习近平：《在纪念朱德同志诞辰 130 周年座谈会上的讲话》，人民出版社 2016 年版，第 13 页。

真正实现知行合一。因此，习近平强调“知行合一，贵在行动”[①]，明确“一分部署、九分落实”[②]，认为“不抓实，再好的蓝图只能是一纸空文，再近的目标只能是镜花水月”[③]，明确反对“讲得头头是道、做起来轻轻飘飘”[④]，要求年轻干部“坚持知行合一、真抓实干，做实干家”[⑤]“要做起而行之的行动者、不做坐而论道的清谈客”[⑥]。

党的十八大以来，以习近平同志为核心的党中央，沿着既定的经济和社会发展路线图，带领全国各族人民，拿出了抓铁有痕的劲头，如期打赢脱贫攻坚战，现行标准下 9899 万农村贫困人口全部脱贫，832 个贫困县全部摘帽，128000 个贫困村全部出列，区域性整体贫困得到了解决[⑦]，并出台了国民经济和社会发展第十四个五年规划纲要，实施了《区域全面经济伙伴关系协定》，用实际行动回答了中国经济能否持续增长、中国改革开放能否进行下去等诸多问题。

（四）“人民是力量源泉”，强调尊重群众的实践主体地位

新中国成立 70 多年以来，由“一穷二白”发展成为世界上第二大经济体，中华民族迎来从站起来到富起来到强起来的伟大飞跃，是人民群众奋斗、创新的结果，是在“做一颗永不生锈的螺丝钉”的雷锋精神、“立下愚公移山志，决心劈开太行山”的红旗渠精神、“一日三餐有味无味无所谓，爬冰卧雪冷乎冻乎不在乎”的塞罕坝精神、“敢闯敢试、敢为人先、埋头苦干”的特区精神等的引领下拼搏进取的结果。在新时代，人民的美好生活需要日益广泛，既有对物质文化生活标准的高要求，也有对民主、正义、环境等方面的新要求，成为新时代中国发展进步的“牵引力”。就此，习近平明确指出：“人民是历史的创造者，是决定党和国家前途命

---

① 《习近平关于全面深化改革论述摘编》，中央文献出版社 2014 年版，第 151 页。

② 习近平：《论把握新发展阶段、贯彻新发展理念、构建新发展格局》，中央文献出版社 2021 年版，第 521 页。

③ 同上书，第 105 页。

④ 同上。

⑤ 《习近平关于“不忘初心、牢记使命”论述摘编》，党建读物出版社、中央文献出版社 2019 年版，第 244 页。

⑥ 同上书，第 245 页。

⑦ 习近平：《论把握新发展阶段、贯彻新发展理念、构建新发展格局》，中央文献出版社 2021 年版，第 507 页。

运的根本力量。”①

党的十八大以来，以习近平同志为核心的党中央坚守人民立场、尊重人民主体地位。2012 年 11 月 15 日，在当选中共中央总书记后的记者招待会上，习近平旗帜鲜明地指出：“人民是历史的创造者，群众是真正的英雄。人民群众是我们的力量源泉。”②在党的二十大报告中，习近平进一步明确提出：“发挥人民群众积极性、主动性、创造性。”③以习近平同志为主要代表的中国共产党人明确提出坚持“以人民为中心”的发展思想，既体现马克思主义人民观的新时代价值取向，又赋予人民观新时代内涵，是对毛泽东实践观的继承、运用与发展。

习近平要求“我们的思想和行动更加符合客观规律、符合时代要求、符合人民愿望。”④比如，国家五年规划编制涉及方方面面，与人民群众密切相关，习近平明确要求：“需要把加强顶层设计和坚持问计于民统一起来，鼓励广大人民群众和社会各界以各种方式建言献策。”⑤随着经济发展水平的提高，人民群众对青山、绿水、蓝天、净土有更多新需求、新期盼，习近平明确指示：“把推动发展的着力点转到提高质量和效益上来，下大气力推进绿色发展、循环发展、低碳发展。”⑥“更加自觉地推动绿色发展、循环发展、低碳发展，决不以牺牲环境为代价去换取一时的经济增长。”⑦加强网上正面宣传，可以凝聚亿万网民，更好凝聚社会共识，投入社会主义建设事业，习近平强调：“坚持人民性，就是要把实现好、维护好、发展好最广大人民根本利益作为出发点和落脚点，坚持以民为本，以人为本。”⑧综观习近平关于经济社会发展各领域的重要

① 《习近平关于“不忘初心、牢记使命”论述摘编》，党建读物出版社、中央文献出版社 2019 年版，第 52 页。

② 《习近平谈治国理政》第 1 卷，外文出版社 2018 年版，第 5 页。

③ 习近平：《高举中国特色社会主义伟大旗帜　为全面建设社会主义现代化国家而团结奋斗——在中国共产党第二十次全国代表大会上的报告》，人民出版社 2022 年版，第 37 页。

④ 习近平：《在纪念毛泽东同志诞辰 120 周年座谈会上的讲话》，人民出版社 2013 年版，第 16 页。

⑤ 习近平：《在基层代表座谈会上的讲话》，人民出版社 2020 年版，第 3 页。

⑥ 《习近平谈治国理政》第 1 卷，外文出版社 2018 年版，第 114 页。

⑦ 《习近平关于全面建成小康社会论述摘编》，中央文献出版社 2016 年版，第 165 页。

⑧ 《习近平谈治国理政》，外文出版社 2014 年版，第 154 页。

讲话,都强调以人民为中心、体现人民性的价值取向。

(五)“从基层实践找到解决问题的金钥匙”,强调加强基层实践锻炼

习近平一步一个脚印从基层做起,是踏踏实实干出来的,经历了多年的基层锻炼,对百姓的疾苦与期盼有着深刻的体会,懂得了“什么叫实际,什么叫实事求是,什么叫群众”①。为此,习近平反复强调领导干部要到基层一线进行调研。在福建工作时,习近平就开展“进万家门、知万家情、解万家忧、办万家事”活动②,并提出四条具体要求,第一条就是“要深入扎实,不搞形式主义,要真心实意地深入群众,与群众交朋友,而不是为下基层而下基层”③。在浙江主政时,习近平要求领导干部“身入心入,不要蜻蜓点水”,并语重心长地指出:“基层跑遍、跑深、跑透了。我们的本领就会大起来,我们的认识就会产生飞跃,我们的工作就会做得更好。”④在浙江富阳调研时,习近平还用“亲口吃一吃梨子”的生动比喻,提醒领导干部只有“通过深入基层、深入实际、深入群众,我们可以了解群众在想什么、盼什么、最需要我们党委、政府干什么”⑤。

党的十八大以来,习近平反复强调基层锻炼的重要性,“基层是一切工作的落脚点”⑥“基层实践是培养锻炼干部的‘练兵场’”;“农村是一个大舞台,基层是一个大课堂,农民是一名好老师”;“宰相必起于州郡,猛将必发于卒伍”。习近平要求“领导干部要深入基层一线,增强同人民群众的感情,学会做群众工作的方法,从基层实践中找到解决问题的金钥匙”⑦;要求青年干部“培养担当实干的工作作风,不尚虚谈、多务实功,勇于到艰苦环境和基层一线去担苦、担难、担重、担险,老老实

---

① 曲青山:《从五个维度认识把握“两个确立”》,人民出版社 2022 年版,第 91 页。

② 《闽山闽水物华新 习近平福建足迹(上)》,人民出版社、福建人民出版社 2022 年版,第 91 页。

③ 同上。

④ 习近平:《干在实处 走在前列——推进浙江新发展的思考与实践》,中共中央党校出版社 2006 年版,第 534 页。

⑤ 同上。

⑥ 《党的十九大报告辅导读本》,人民出版社 2017 年版,第 369 页。

⑦ 习近平:《论坚持党对一切工作的领导》,中央文献出版社 2019 年版,第 315 页。

实做人,踏踏实实干事”①。习近平指出,基层实践是创新的源头活水,扎实做好抓基层工作要“身入”“心入”“情入”,切不可生“无实事求是之意,有哗众取宠之心”,不能靠作秀去博取廉价的掌声。习近平凸显基层导向的实践要求,鼓舞了广大干部把脚步真正落在基层,更好地服务了人民群众。

三、习近平对毛泽东实践观的守正创新

习近平实践观与毛泽东实践观是既一脉相承又与时俱进的关系。习近平始终坚持“把马克思主义基本原理同中国具体实际相结合、同中华优秀传统文化相结合,用马克思主义观察时代、把握时代、引领时代”②,立足实际,发展毛泽东实践观,丰富马克思主义哲学实践观,为推进中国式现代化提供科学指引。

(一)坚持毛泽东的“没有调查就没有发言权”,鲜明地提出“没有调查,就没有发言权,更没有决策权”

毛泽东针对当时的环境及面临的历史任务,提出要用马克思主义这根“矢”去射中国革命和东方革命的这个“的”,提出“没有调查就没有发言权”,认为夸夸其谈的乱说和简单的一二三四的罗列解决不了实际问题,提出任何部门要有好的处理结果,就必须先了解情况,将调查研究作为转变党的作风的基础一环。进入新时代,面对形势复杂多变、重大任务多的情况下,习近平坚持认为“调查研究是谋事之基、成事之道”③,提出“没有调查,就没有发言权,更没有决策权”④,明确要求制定政策不能刻舟求剑、闭门造车,而是要有的放矢,要让人民群众满意。

在新时代,经济发展水平提高了,人民群众生活改善了,发展起来

---

① 习近平:《在庆祝中国共产主义青年团成立100周年大会上的讲话》,人民出版社2022年版,第12页。

② 习近平:《在庆祝中国共产党成立100周年大会上的讲话》,人民出版社2021年版,第13页。

③ 《习近平总书记系列重要讲话读本》,学习出版社、人民出版社2016年版,第289页。

④ 同上。

后出现的问题并不比发展起来前少。习近平指出：“发展中国特色社会主义是一项长期而艰巨的历史任务，必须准备进行具有许多新的历史特点的伟大斗争。当前和今后一个时期，我们在国际国内面临的矛盾风险挑战都不少，决不能掉以轻心。”①“新形势下，如果利益关系协调不好、各种矛盾处理不好，就会导致问题激化，严重的就会影响发展进程。”②面对世情、国情、党情的深刻变化，以习近平同志为核心的党中央，坚持从国内、国际实际情况出发，明确指出：“中国特色社会主义进入新时代，我国社会主要矛盾已经转化为人民日益增长的美好生活需要和不平衡不充分的发展之间的矛盾。”③习近平强调这是关系全局的历史性变化。在党的二十大报告中，习近平进一步强调：“紧紧围绕这个社会主要矛盾推进各项工作，不断丰富和发展人类文明新形态。”④

面对新时代我国社会主要矛盾的变化，习近平提出了“中国梦”“要让人民群众有获得感”“绿水青山就是金山银山”等系列思想论断，要求紧紧围绕满足人的全面需要及全方位提高人的生活质量的目标，实现经济与社会、环境协调发展，在大力发展经济的基础上，要把提高居民收入水平、改善居民生活质量作为经济工作的着眼点，使人民小康生活更加富裕，同时要求党和国家机构改革也要顺应人民对美好生活的向往、围绕集中力量解决社会主要矛盾来谋划。习近平实践观实现了马克思主义矛盾论和实践论的统一，实现了马克思主义中国化时代化新的飞跃。

（二）坚持毛泽东的“全心全意为人民服务”，鲜明地提出“以人民为中心”

党的百年奋斗历程就是不断认识和解决社会主要矛盾的过程，不

---

① 习近平：《在省部级主要领导干部学习贯彻党的十八届五中全会精神专题研讨班上的讲话》，人民出版社 2016 年版，第 39 页。

② 习近平：《论把握新发展阶段、贯彻新发展理念、构建新发展格局》，中央文献出版社 2021 年版，第 50 页。

③ 习近平：《决胜全面建成小康社会　夺取新时代中国特色社会主义伟大胜利——在中国共产党第十九次全国代表大会上的报告》，人民出版社 2017 年版，第 11 页。

④ 习近平：《高举中国特色社会主义伟大旗帜　为全面建设社会主义现代化国家而团结奋斗——在中国共产党第二十次全国代表大会上的报告》，人民出版社 2022 年版，第 7 页。

断满足人民对美好生活的向往,始终是党的奋斗目标。毛泽东明确指出:“共产党就是要奋斗,就是要全心全意为人民服务,不要半心半意或者三分之二的心三分之二的意为人民服务。”①毛泽东明确革命是为建设扫清道路,目的在于发展生产,以更好地供给人民生活的需要。进入新时代,习近平明确“坚持以人民为中心的发展思想,坚持发展为了人民、发展依靠人民、发展成果由人民共享,才会有正确的发展观、现代化观。”②以人民为中心成为新时代坚持和发展中国特色社会主义根本立场。

不能脱离人民群众,这是审视古今中外历史获得的规律。东欧剧变时,为何强大的苏联红军没有捍卫政权?究其根本,脱离群众就是苏联解体的一个重要原因。历史告诫我们,一切脱离了人民的政治力量会失去人民的支持,进而走向失败。面对百年未有之大变局,推进中国式现代化要依靠人民,人民是中国共产党执政的最大底气。习近平明确要求尊重地方、基层、群众首创精神,“拜人民为师,把政治智慧的增长、治国理政本领的增强深深扎根于人民的创造性实践之中”③。这对新时代工作重心下移,深入人民群众,充分调动人民群众的积极性,真正做到知民情、听民意、解民忧,起到了很好的引领作用。

“发展成果由人民共享”是“以人民为中心”实践的出发点。共产党打江山就是要让人民过上幸福的日子,全方位推动经济高质量发展,要让人民群众从经济高质量发展中受益,要让人民群众生活品质得到改善,才能真正获得人民群众发自内心的认可和拥护。习近平特别强调:“要随时随刻倾听人民呼声、回应人民期待,保证人民平等参与、平等发展权利,维护社会公平正义,在学有所教、劳有所得、病有所医、老有所养、住有所居上持续取得新进展,不断实现好、维护好、发展好最广大人民根本利益,使发展成果更多更公平惠及全体人民,在经济社会不

① 《毛泽东著作选读》(下),人民出版社 1986 年版,第 800 页。

② 习近平:《论把握新发展阶段、贯彻新发展理念、构建新发展格局》,中央文献出版社 2021 年版,第 479 页。

③ 《习近平关于社会主义政治建设论述摘编》,中央文献出版社 2017 年版,第 70 页。

断发展的基础上，朝着共同富裕方向稳步前进。”①特别是在我国脱贫攻坚战取得了全面胜利后，习近平殷殷嘱托：“脱贫摘帽不是终点，而是新生活、新奋斗的起点”②，在党的二十大报告中明确强调要“坚持尽力而为、量力而行，深入群众、深入基层，采取更多惠民生、暖民心举措，着力解决好人民群众急难愁盼问题，健全基本公共服务体系，提高公共服务水平，增强均衡性和可及性，扎实推进共同富裕”③，让“共享”“共同富裕”的实践价值贯穿中国式现代化的整个进程。

习近平坚持以人民为中心的发展思想，明确回答了新时代社会主义现代化建设为了谁、发展成果由谁共享等重大理论和实践问题，是对马克思主义唯物史观的坚持，是对毛泽东坚持人民群众主体地位实践观的继承与发展。

（三）坚持毛泽东的“辩证唯物论的知行统一观”，鲜明地提出“知信行统一”

毛泽东坚持辩证唯物主义的知行统一观，要求“通过实践而发现真理，又通过实践而证实真理和发展真理”④，认为“实践、认识、再实践、再认识的循环往复”才使得改造主观世界和客观世界成为可能。毛泽东积极倡导“理论联系实际”，坚持用马克思列宁主义理论这支箭瞄准中国革命这个靶，规避“知”“行”两张皮困境，纠正党内“左”倾错误，挽救了党和中国革命事业。

党的十八大以来，国际国内形势发生深刻变化，习近平多次强调“知信行统一”，要求“学而信、学而用、学而行，坚定道路自信、理论自信、制度自信，更好用科学理论武装头脑、指导实践、推动工作”⑤。在实践中，习近平把政治建设摆在党的建设首位，创新性地提出了知行的自觉性，强调增强在大局下行动的自觉性，要求领导干部切实做到“两个

---

① 习近平：《在第十二届全国人民代表大会第一次会议上的讲话》，人民出版社 2013 年版，第 6 页。

② 习近平：《论“三农”工作》，中央文献出版社 2022 年版，第 322 页。

③ 习近平：《高举中国特色社会主义伟大旗帜 为全面建设社会主义现代化国家而团结奋斗——在中国共产党第二十次全国代表大会上的报告》，人民出版社 2022 年版，第 46 页。

④ 《毛泽东选集》第 1 卷，人民出版社 1991 年版，第 296—297 页。

⑤ 习近平：《在全国党校工作会议上的讲话》，人民出版社 2016 年版，第 19 页。

维护”，自觉做知行合一者。习近平大力开展党的群众路线教育实践，明确指出“贯彻党的群众路线，‘知’是基础、是前提，‘行’是重点、是关键。必须以知促行、以行促知，做到知行合一，既是解决认识提高问题，又解决行动自觉问题，使群众路线落地稳、扎根深，融入经济社会发展全过程，贯穿到党的全部工作中”①。习近平还提出“必须突出重点、聚焦问题”“必须领导带头、以上率下”“必须以知促行、以行促知”“必须严字当头、从严从实”“必须层层压紧、上下互动”“必须相信群众、敞开大门”②，以期以实际行动杜绝行动与思想脱节的行为。习近平对党的政治建设“知行合一”的要求，丰富发展了毛泽东知行观。

习近平注重文化发展层面的知行合一，将知行合一运用到社会主义核心价值观培养实践中，指出：“道不可坐论，德不能空谈。于实处用力，从知行合一上下功夫，核心价值观才能内化为人们的精神追求，外化为人们的自觉行动。”③在习近平知行观中，知识升华为德性进而转化为德行，实现了人们道德文化水平的提升。可见，习近平对毛泽东知行观赋予了新的时代内容。

（四）坚持毛泽东的“不务空名，会干实事”，鲜明地提出“实干兴邦、实干惠民”

毛泽东在抗日战争时期提出，工人阶级要得到解放，要有一大批“不务空名，会干实事”的干部，并明确指出：“一切空话都是无用的，必须给人民以看得见的物质福利。”④因此，毛泽东重视通过实际行动去解决问题。无论是革命时期，还是建设时期，毛泽东总是依靠人民群众，实事求是地解决问题，充分展现了毛泽东“实事求是，力戒空谈”的实践品格。

党的十八大以来，尽管社会主义现代化建设取得了历史性成就，但

---

① 《习近平新时代中国特色社会主义思想学习纲要》，学习出版社、人民出版社 2023 年版，第 74 页。

② 《习近平在党的群众路线教育实践活动总结大会上的讲话》，载《人民日报》2014 年 10 月 8 日。

③ 习近平：《青年要自觉践行社会主义核心价值观——在北京大学师生座谈会上的讲话》，人民出版社 2014 年版，第 11 页。

④ 《毛泽东文集》第 2 卷，人民出版社 1993 年版，第 467 页。

仍面临不少困难和问题。实践是不断发展的,我们的认识和工作也要与时俱进。习近平明确指出:“很多时候,有没有新面貌,有没有新气象,并不在于制定一打一打的新规划,喊出一个一个的新口号,而在于结合新的实际,用新的思路、新的举措,脚踏实地把既定的科学目标、好的工作蓝图变为现实”①。为此,习近平号召全党“坚持实干富民、实干兴邦”,强调“空谈误国、实干兴邦”,要“发扬求真务实、真抓实干的作风,以钉钉子精神担当尽责,树立‘功成不必在我’的境界,一件事情接着一件事情办,一年接着一年干,脚踏实地把既定的行动纲领、战略目标、工作蓝图变为现实”②。实干兴邦的想法要落地,既不能漫无目的乱飞,也不能往漩涡里钻,更不能搞脱离实际的盲目攀比,不能搞劳民伤财的“形象工程”“政绩工程”。当前,我国经济社会发展、民生改善等领域面临许多要解决的现实困境,比如,农业方面,面源污染较重,农业一些关键性技术还得依靠国外;能源资源方面,石油对外依存度还比较高。为此,习近平强调:“坚持需求导向和问题导向”,瞄准国家急迫需求和长远需求,实施有针对性的措施,有效地解决问题。习近平强调“空谈误国、实干兴邦”的实践观,是对实践秉性的继承发扬,是对毛泽东实践观的时代化阐释和创新发展,是真正做到对历史和人民负责。

---

① 《习近平关于全面从严治党论述摘编》,中央文献出版社2016年版,第240页。

② 《习近平关于“不忘初心、牢记使命”论述摘编》,党建读物出版社、中央文献出版社2019年版,第240页。

第二章
实现中华民族伟大复兴是中华民族近代以来最伟大的梦想

——习近平对毛泽东民族复兴观的守正创新

《中共中央关于党的百年奋斗重大成就和历史经验的决议》指出，中国共产党百年奋斗的五大历史意义之一就是“党的百年奋斗开辟了实现中华民族伟大复兴的正确道路”①。党的二十大报告明确大会的主题是“为全面建设社会主义现代化国家、全面推进中华民族伟大复兴而团结奋斗”②，提出新时代新征程中国共产党的使命任务是“团结带领全国各族人民全面建成社会主义现代化强国、实现第二个百年奋斗目标，以中国式现代化全面推进中华民族伟大复兴”③。中国共产党自诞生伊始，就主动肩负起民族复兴的重任，开启民族复兴的伟业。毛泽东、习近平作为中国共产党的领航人，顺应人民群众实现民族复兴的强烈愿望，不断为实现民族复兴创造条件、开辟道路、指引航向，彰显了中国共产党“为中国人民谋幸福，为中华民族谋复兴”④的初心和使命。

一、毛泽东的民族复兴观及其实践探索

毛泽东在致力于改造中国和进行革命的过程中，虽未明确提出“中

---

① 《中共中央关于党的百年奋斗重大成就和历史经验的决议》，载《人民日报》2021 年 11 月 17 日。

② 习近平：《高举中国特色社会主义伟大旗帜　为全面建设社会主义现代化国家而团结奋斗——在中国共产党第二十次全国代表大会上的报告》，人民出版社 2022 年版，第 1 页。

③ 同上书，第 21 页。

④ 《习近平谈治国理政》第 3 卷，外文出版社 2020 年版，第 182 页。

华民族复兴”或“民族复兴”的概念，但相关思想充贯其言行，并初步形成了鲜明的民族复兴观。毛泽东民族复兴观是马克思主义理论体系中有关民族解放的理论与中国近代救亡图存实践相结合的必然产物。

（一）“俄式系诸路皆走不通了新发明的一条路”，社会主义引领实现民族复兴的航向

只有社会主义才能够救中国，只有社会主义才能发展中国，这是中国近代历史发展的必然。青年时期的毛泽东就认识到“俄式系诸路皆走不通了新发明的一条路”，“是可以预计效果的，故最宜采用”①。在领导推翻以大地主、大资产阶级为代表的旧中国统治阶级的过程中，毛泽东坚持一切从实际出发，运用“具体问题具体分析”这一马克思主义活的灵魂，对中国社会和中国社会的阶级关系进行了深入分析，明确了中国社会的性质与中国革命的性质，阐明了中国革命的对象、动力和步骤等一系列基本问题，独立开创了以农村包围城市、最后夺取全国政权的中国式革命道路，创立了新民主主义革命理论，科学阐明了“民主主义革命是社会主义革命的必要准备，社会主义革命是民主主义革命的必然趋势”②，在新民主主义与社会主义之间架起直达的桥梁，赢得了民族独立和以工农大众为主体的人民解放，领导创建了新中国，为当代中国社会的一切发展进步创造了根本的政治前提。

新中国成立后，毛泽东和老一辈革命家，确立了工人阶级领导的、以工农联盟为基础的人民民主专政国体，完善了以民主集中制为灵魂的人民代表大会制度政体，以及中共领导的多党合作政治协商制度和民族区域自治制度，制定了第一部“社会主义性质的”宪法；开创了一条具有中国特色的社会主义改造道路，确立起以生产资料公有制为主体的社会主义制度，为当代中国社会的一切发展进步奠定了根本的制度基础。社会主义制度确立后，毛泽东率先开始探寻适合中国的社会主义建设道路，建立独立、比较完整的工业体系和国民经济体系，为改革开放时期中国人民加快建设中国特色社会主义、努力实现中华民族的

---

① 《毛泽东文集》第 1 卷，人民出版社 1993 年版，第 1—2 页。

② 《毛泽东选集》第 2 卷，人民出版社 1991 年版，第 651 页。

伟大复兴,积累了重要的社会制度基础和物质条件。

(二)“社会主义革命的目的是为了解放生产力”[①],通过解放和发展生产力推进社会主义现代化

毛泽东指出:“我们不但善于破坏一个旧世界,我们还将善于建设一个新世界。”[②]在党的七大会议上,毛泽东就发出把落后的农业国变成先进的工业国、建设近代化农业的伟大号召,提出工作重点、工作方针准备转变的战略思想。他指出,“如果我们对于工业问题,对于大城市问题,对于经济问题,对于军队正规化问题,不能解决,那共产党就要灭亡。”[③]新中国成立前夕,毛泽东明确地指出,党的工作重点已经由农村转到了城市。而城市中的各项工作,“都是围绕着生产建设这一个中心工作并为这个中心工作服务的”[④]。社会主义制度确立后,毛泽东在《论十大关系》中开宗明义地提出,要调动一切积极因素建设社会主义强国。他认为:“我们的根本任务已经由解放生产力变为在新的生产关系下面保护和发展生产力。”[⑤]因此,他号召全党:“团结全国各族人民进行一场新的战争——向自然界开战,发展我们的经济,发展我们的文化,使全体人民比较顺利地走过目前的过渡时期,巩固我们的新制度,建设我们的新国家。”[⑥]1957 年后,毛泽东认识到单有生产资料所有制方面的社会主义改造,社会主义制度还不巩固,还必须大力发展社会主义生产力,“社会主义革命的目的是为了解放生产力”。毛泽东以马克思主义关于生产力与生产关系的理论为指导,始终紧扣中国革命和建设各个时期的实际,在多个重要的历史时期,提出以解放和发展生产力为根本任务的重要思想,制定了相应的应对措施,从而极大地推动了中国革命和建设的历史进程,为推进中国社会主义现代化、争取最终实现中华民族的伟大复兴,指明了正确的前进方向。

---

① 《毛泽东文集》第 7 卷,人民出版社 1999 年版,第 1 页。
② 《毛泽东选集》第 4 卷,人民出版社 1991 年版,第 1439 页。
③ 《毛泽东在七大的报告和讲话集》,中央文献出版社 1995 年版,第 202 页。
④ 《毛泽东选集》第 4 卷,人民出版社 1991 年版,第 1428 页。
⑤ 《毛泽东文集》第 7 卷,人民出版社 1999 年版,第 218 页。
⑥ 同上书,第 216 页。

（三）“要团结一切可以团结的力量”，凝聚实现民族复兴的中国力量

团结一切可以团结的力量，振兴中华，这是贯彻毛泽东革命生涯始终的政治主张。为了中华民族的根本利益和人类的共同进步，毛泽东倡导民众的大联合，坚信“人民，只有人民才是创造世界历史的动力”①。毛泽东始终以自己是人民群众的一员为荣，将人民群众作为自己的依靠和力量的源泉，甘当小学生，将为最大多数人民群众的利益奋斗终生作为自己的理想。

毛泽东不主张无原则的团结，将马克思主义关于阶级分析的方法，广泛运用于对各个时期中国社会各阶级、阶层的科学分析，从而确定“谁是我们的敌人？谁是我们的朋友？”②这个中国革命的首要问题。从参加创建中国共产党起，毛泽东始终以党在各个时期的政治路线作为根本指南和号召群众的旗帜，从实际出发确定具体的方针和政策措施，在倡导和坚持实行工农联盟的基础上，“团结一切可以团结的力量”，带领群众围绕党在不同时期的政治路线而奋斗。

毛泽东根据不同时期的奋斗目标，提出并实施统一战线理论。他领导创建了工农民主统一战线、抗日民族统一战线、人民民主统一战线和爱国统一战线，并结合党的具体实践，提炼和阐述了关于统一战线的战略策略和原则，使“统一战线”成为党夺取革命和建设事业辉煌胜利的三大法宝之一。毛泽东在长期的革命与建设生涯中，摸索和总结出作为党一切工作出发点和归宿的群众路线——“一切为了群众，一切依靠群众，从群众中来，到群众中去”③，使之成为团结凝聚实现民族复兴中国力量的强大思想武器。

（四）提出“两步走”“四个现代化”思想，描绘实现民族复兴的战略目标与步骤

新中国的成立标志着中国革命或中华民族复兴伟业第一个阶段的

---

① 《毛泽东选集》第3卷，人民出版社1991年版，第1031页。

② 《毛泽东选集》第1卷，人民出版社1991年版，第3页。

③ 《历次全国代表大会中央全会重要文件选编》（上），中央文献出版社1997年版，第204页。

任务圆满完成,毛泽东为之作出了巨大贡献,其后他把主要精力放在了领导中国人民完成中华民族复兴伟业第二个阶段的任务上。1955 年,毛泽东提出,中国要“超英赶美”,至少要五六十年,“也许七十五年”,或者更长的时间[①]。但受一些社会主义国家快速发展方针的影响,毛泽东也缩减了“超英赶美”的时间。“大跃进”运动后,毛泽东开始反思此前的急于求成,又重新回到了以前比较理性的“超英赶美”时间表上来。1961 年 5 月,毛泽东在同来华访问的英国元帅蒙哥马利的谈话中表示:“在我国,要建设起强大的社会主义经济,我估计要花一百多年。”[②]

1963 年 8 月下旬,毛泽东在审阅《关于工业发展问题(初稿)》时,第一次提出了“两步走”的战略构想,即“在三年过渡阶段之后,我们的工业发展可以按两步来考虑:第一步,搞十五年,建立一个独立的完整的工业体系,使我国工业大体赶上世界先进水平;第二步,再用十五年,使我国工业接近世界的先进水平”[③]。并明确提出“四个现代化”战略安排:我们要“在一个不太长的历史时期内,把我国建设成为一个农业现代化、工业现代化、国防现代化和科学技术现代化的伟大的社会主义国家”[④]。毛泽东所提出的“四个现代化”很快被全党和全国人民所接受,1964 年 12 月,周恩来在三届全国人大一次会议郑重宣布:“从第三个五年计划开始,我国的国民经济发展,可以按两步来考虑:第一步,建立一个独立的比较完整的工业体系和国民经济体系;第二步,全面实现农业、工业、国防和科学技术的现代化,使我国经济走在世界的前列”[⑤],将“两步走”战略构想和“四个现代化”思想有机联系起来。毛泽东的“超英赶美”思想、“四个现代化”思想和“两步走”发展战略思想及其实践,体现了毛泽东对实现民族复兴目标和步骤的认识,反映了中国共产党人对社会主义条件下的中国国情及其建设规律的阶段性认识,为新时期党精准描绘实现中华民族伟大复兴的宏伟蓝图,提供了重要的实

① 《毛泽东文集》第 6 卷,人民出版社 1999 年版,第 500 页。
② 《毛泽东文集》第 8 卷,人民出版社 1999 年版,第 301 页。
③ 《建国以来毛泽东文稿》第 10 册,中央文献出版社 1996 年版,第 347 页。
④ 同上书,第 346—347 页。
⑤ 《周恩来选集》(下),人民出版社 1984 年版,第 439 页。

践依据和思想借鉴。

（五）“中国应当对于人类有较大的贡献”，以改造中国与世界为实现民族复兴的着眼点

中国共产党自成立伊始，就肩负着两大历史使命：实现民族独立、人民解放和国家富强、人民幸福，即“为中国人民谋幸福，为中华民族谋复兴”的初心和使命。毛泽东认识到，中国共产党肩负的两大历史使命与推动世界和平进步融为一体。1921 年，毛泽东在新民学会新年大会上的发言中就指出：“中国问题本来是世界的问题，然从事中国改造不着眼及于世界改造，则所改造必为狭义，必妨碍世界。”①毛泽东把自力更生和中国与世界密不可分都作为中国共产党人的立脚点。他在党的六届六中全会《论新阶段》的报告中明确指出：“中国无论何时也应以自力更生为基本立脚点。但……中国与世界紧密联系的事实，也是我们的立脚点，而且必须成为我们的立脚点。”②

毛泽东一再强调中国应该对世界作出更大贡献。早在 1936 年夏，在与美国记者斯诺对话时，毛泽东坚信：“一个独立自由的中国，对全世界将有伟大的贡献。”③新中国成立后，毛泽东多次阐述了他的观点：中国幅员辽阔，人口占世界 1/4，又实行社会主义制度，这样的大国，应该对人类作出更大贡献。作为有深厚爱国情怀的国际主义者，毛泽东对世界上殖民地、半殖民地人民被奴役的痛苦有切身的体会，因此，毫不犹豫地声援一切被压迫民族的反抗事业，反对一切霸权主义，主张大国和小国一律平等，期盼世界永久和平与进步。毛泽东的民族复兴观，发扬光大了中华民族“世界大同”情怀，展示了马克思主义者“无产阶级只有解放全人类才能最后解放自己”的博大胸襟。

二、习近平的民族复兴观及其实践探索

实现中华民族伟大复兴是历代中国人的共同梦想，也是全体中华

---

① 《毛泽东文集》第 1 卷，人民出版社 1993 年版，第 1 页。

② 《毛泽东外交文选》，中央文献出版社、世界知识出版社 1994 年版，第 16 页。

③ 《毛泽东年谱（1893—1949）（修订本）》（上），中央文献出版社 2013 年版，第 558 页。

儿女的共同期盼。党的十八大以来,以习近平同志为主要代表的中国共产党人立足新的实践,顺应新的趋势,提出了关于民族复兴的一系列重要论述,包括系统论述民族复兴的生成逻辑、所处方位、宏伟蓝图、科学内涵、实现路径和领导力量等,科学回答了实现什么样的民族复兴、怎样实现民族复兴等一系列重大问题。习近平的民族复兴观具有鲜明的时代性、创新性、实践性等特点,蕴含着科学的世界观和方法论,是指引我们实现民族复兴伟业的思想指南和精神灯塔。

(一)实现中华民族伟大复兴是人心所向、大势所趋,系统阐析民族复兴的生成逻辑

中华民族的伟大复兴有其深厚的历史渊源、充分的现实依据,是顺应人民意愿和时代潮流而来,深刻体现了人心所向、大势所趋。一是人民的夙愿。中华民族有着辉煌的历史、灿烂的文明,但鸦片战争后,中华民族历尽屈辱、受尽磨难,一度面临亡国灭种的严重危机。因此,"实现中华民族伟大复兴,就是中华民族近代以来最伟大的梦想。这个梦想,凝聚了几代中国人的夙愿。"[①]无数中华儿女不断探寻挽救民族危亡的出路,但只有中国共产党使民族复兴事业在屡遭碰壁后"柳暗花明"。一百多年来,中国共产党勇于探索、不懈奋斗,团结带领中国人民朝着民族复兴的伟大目标奋勇前进,在民族复兴进程中作出了卓越贡献,写下了光辉篇章。二是事业的呼唤。走向现代化是时代潮流和大势所趋,是世界人民的共同追求与愿望,也寄托着中华民族伟大复兴的希望。实现民族复兴与建设现代化强国是紧密相连、融通互动的:建设社会主义现代化强国是实现民族复兴的内在要求和重要目标,而实现民族复兴则为建设社会主义现代化强国提供目标指引和强大动力。习近平在党的十九大报告中明确提出,坚持和发展中国特色社会主义的总任务,就是实现社会主义现代化和中华民族伟大复兴。三是初心所向。诞生于严重民族危机中的中国共产党,自成立伊始就把实现民族复兴作为自己的奋斗目标和历史使命,"中国共产党人的初心和使命,就是

① 《习近平关于"不忘初心、牢记使命"论述摘编》,党建读物出版社、中央文献出版社2019年版,第4页。

为中国人民谋幸福,为中华民族谋复兴。”①实现民族复兴贯穿于中国共产党的全部历程,体现在其全部活动中,习近平深刻指出:“一百年来,中国共产党团结带领中国人民进行的一切奋斗、一切牺牲、一切创造,归结起来就是一个主题:实现中华民族伟大复兴。”②无论是何时代,中国共产党人实现民族复兴的信念、信心从未动摇,奋斗步伐从未停歇。党的性质宗旨、初心使命决定了中国共产党人在实现民族复兴的伟大征程中初心如磐,有着坚定的意志和强大的动力,以此不断开创民族复兴新局面、开拓民族复兴新境界。

(二)中国特色社会主义进入新时代,世界面临百年未有之大变局,揭示民族复兴所处方位

时空背景、历史方位的变化,是时代和实践发展变化的重要标志。深刻揭示民族复兴所处历史方位,分析我们所处的时空坐标系,有利于厘清我们在民族复兴过程中的使命和任务。一是“两个大局”相互交织激荡。习近平强调:“领导干部要胸怀两个大局,一个是中华民族伟大复兴的战略全局,一个是世界百年未有之大变局,这是我们谋划工作的基本出发点。”③中华民族伟大复兴是国内大局,世界百年未有之大变局是国际大局,两个大局所构成的时空坐标系,清晰标示了当代中国在世界发展大势与民族复兴进程中的历史经纬,是对世情、国情变化的统筹把握和对世界大势、时代潮流的精准判断。实现中华民族伟大复兴,既要依托于世界大变局,又要保持战略定力,在世界大变局中勇于进取、积极作为,不断实现自身由大到强的转变。二是进入中国特色社会主义新时代。党的十九大报告指出:“经过长期努力,中国特色社会主义进入了新时代,这是我国发展新的历史方位。”④新时代是民族复兴进程中的一个重要阶段。随着全面小康社会的建成,我们进入了全面建设

① 《习近平关于“不忘初心、牢记使命”论述摘编》,党建读物出版社、中央文献出版社2019年版,第11页。

② 习近平:《在庆祝中国共产党成立100周年大会上的讲话》,载《求是》杂志2021年第14期。

③ 《习近平谈治国理政》第3卷,外文出版社2020年版,第77页。

④ 习近平:《决胜全面建成小康社会 夺取新时代中国特色社会主义伟大胜利——在中国共产党第十九次全国代表大会上的报告》,人民出版社2017年版,第10页。

社会主义现代化国家的新发展阶段，“进入新发展阶段，是中华民族伟大复兴历史进程的大跨越”①。三是进入更接近、更有信心和能力实现的阶段。实现民族复兴是一个逐步接近、渐次达到的过程。习近平在党的十九大报告中指出：“今天，我们比历史上任何时期都更接近、更有信心和能力实现中华民族伟大复兴的目标。”②当前，我国正日益迎来“梦想照进现实”的光辉时刻，中国从来没有像今天这样接近民族复兴的伟大梦想。在这“行百里者半九十”的关键阶段，我们要牢记“国之大者”，在实现民族复兴的接力跑中，跑好属于我们这代人的一棒，力争为下一代人跑出一个好成绩。四是进入不可逆转的历史进程的阶段。在庆祝中国共产党成立 100 周年大会上，习近平明确指出：“中华民族迎来了从站起来、富起来到强起来的伟大飞跃，实现中华民族伟大复兴进入了不可逆转的历史进程！”③这一重要论断，既理性总结了中国共产党百年发展历程和道路，又充分肯定了现实发展成就，也表明了对未来发展的强大信心和底气，充分彰显了中国共产党的道路自信、理论自信、制度自信、文化自信。

（三）“两个一百年”的奋斗目标，“两个十五年”的战略安排，擘画民族复兴宏伟蓝图

实现民族复兴是历史、现实和未来的有机统一，需要科学擘画民族复兴的宏伟蓝图，明确实现民族复兴的奋斗目标和发展前途等。一是“两个一百年”奋斗目标。“两个一百年”奋斗目标，始见于党的十五大报告。在党的十八大报告中，其内涵被进一步拓展、表述更加完整。到建党一百周年时，“经过全党全国各族人民持续奋斗，我们实现了第一个百年奋斗目标，在中华大地上全面建成了小康社会，历史性地解决了绝对贫困问题，正在意气风发向着全面建成社会主义现代化强国的第

---

① 习近平：《论中国共产党历史》，中央文献出版社 2021 年版，第 302 页。

② 习近平：《决胜全面建成小康社会　夺取新时代中国特色社会主义伟大胜利——在中国共产党第十九次全国代表大会上的报告》，人民出版社 2017 年版，第 15 页。

③ 习近平：《在庆祝中国共产党成立 100 周年大会上的讲话》，载《求是》杂志 2021 年第 14 期。

二个百年奋斗目标迈进”①。习近平关于“两个一百年”奋斗目标的话语，总是与实现民族复兴的中国梦紧密联系在一起，两者是相辅相成、融通互动的关系，已成为新时代全体人民的共同奋斗目标。二是“两个十五年”战略安排。为在建成社会主义现代化强国基础上实现中华民族的伟大复兴，党的十九大对全面建成小康社会后的发展作了新的顶层设计，即第一个阶段，从 2020—2035 年的 15 年，在全面建成小康社会的基础上，基本实现现代化。第二个阶段，从 2035 年到本世纪中叶的 15 年，在基本实现现代化的基础上，把我国建成富强民主文明和谐美丽的社会主义现代化强国。“两个十五年”战略安排是对党的“三步走”发展战略的继承和发展，是对后者第三步的进一步细化和具体化，它既为建设社会主义现代化强国、实现民族复兴提供了方向标、路线图，又明确了任务书、施工图，是统筹兼顾、科学缜密的战略规划，深刻体现了社会主义现代化建设阶段性与连续性的统一。

（四）实现中华民族伟大复兴的中国梦、亚洲梦、世界梦，阐释民族复兴科学内涵

实现民族复兴是当代中国最具有感染力、号召力和吸引力的时代话语，“中国梦……核心内涵是中华民族伟大复兴，可以适当拓展，但不能脱离中华民族伟大复兴这个主题”②。一是从国内维度看，民族复兴是国家梦、民族梦与个人梦的有机统一。实现中华民族伟大复兴的中国梦，是以习近平同志为核心的党中央提出的重大战略思想，其基本内涵体现为国家、民族、人民的“三位一体”。习近平强调：“实现中华民族伟大复兴……基本内涵是实现国家富强、民族振兴、人民幸福。”③具体而言，中国梦包括：从整体上使我国综合国力进一步增强，使中华民族再次处于世界领先地位，每一个中国人共同享有人生出彩、梦想成真的

---

① 习近平：《在庆祝中国共产党成立 100 周年大会上的讲话》，载《求是》杂志 2021 年第 14 期。

② 《习近平关于实现中华民族伟大复兴的中国梦论述摘编》，中央文献出版社 2013 年版，第 10 页。

③ 《习近平关于“不忘初心、牢记使命”论述摘编》，党建读物出版社、中央文献出版社 2019 年版，第 5 页。

机会，"中国梦是国家的、民族的，也是每一个中国人的。"①人民幸福是国家富强、民族振兴的根本出发点和落脚点，国家富强、民族复兴之梦实际上是无数个体美好梦想的集合。二是从国际维度看，中国梦、亚洲梦与世界梦是融通互动的。习近平不仅深刻阐释了民族复兴中国梦的科学内涵、实现路径、精神支撑和动力源泉等，还创造性地提出和阐释了亚洲梦、亚太梦、世界梦等，科学阐明了中国梦与它们之间息息相通、高度契合的关系，赋予了中国梦更为深远的世界意涵。中国梦是亚洲梦、世界梦的重要组成部分，亚洲梦、世界梦是中国梦的国际表达，民族复兴中国梦是以自身发展推动世界共同发展的和平崛起梦、造福世界梦。习近平多次强调："中国梦是和平、发展、合作、共赢的梦，与世界各国人民的美好梦想息息相通，中国人民愿意同各国人民在实现各自梦想的过程中相互支持、相互帮助。"②

（五）坚持走新时代中国特色社会主义道路，探索民族复兴实现路径

习近平的民族复兴观不仅阐释了"是什么""为什么"，更明确回答了"怎样做"的问题，指明了实现民族复兴的具体路径和方法。一是坚持走中国特色社会主义道路。道路问题是事关一个国家、一个政党前途命运的根本性问题。几十年来，中国共产党领导中国人民在改革开放的伟大实践中，走出了一条符合中国国情、契合时代潮流的发展道路，即中国特色社会主义。这条道路是马克思主义基本原理与中国实际和时代特征相结合的产物，这是一条实现中华民族伟大复兴的光明大道，具有鲜明的中国特色和厚实的实践根基。习近平在庆祝中国共产党成立100周年大会上指出："中国特色社会主义是党和人民历经千辛万苦、付出巨大代价取得的根本成就，是实现中华民族伟大复兴的正确道路。"③二是弘扬中国精神。实现中华民族伟大复兴，不仅需要有丰

---

① 《十八大以来重要文献选编》（上），中央文献出版社2014年版，第277页。

② 《习近平总书记系列重要讲话读本》，学习出版社、人民出版社2016年版，第15—16页。

③ 习近平：《在庆祝中国共产党成立100周年大会上的讲话》，载《人民日报》2021年7月2日，第2版。

厚的物质基础,更需要有强大的精神支柱。习近平强调:“实现中国梦必须弘扬中国精神,这就是以爱国主义为核心的民族精神和以改革创新为核心的时代精神。”①一百多年来,中国共产党不断发扬百折不挠、自力更生、锐意进取、敢于斗争等精神品格,特别是在长期奋斗中形成的以伟大建党精神为源头的中国共产党人精神谱系,激发了实现民族复兴的强大精神力量。实现民族复兴的历程是一部不断孕育、锻造和生成伟大精神的历史,也是一部不断继承、发扬和升华伟大精神的历史。三是凝聚中国力量。实现民族复兴事关中华民族的整体利益和广大人民的根本利益,需要最大范围、最大限度地聚众心、集众智、合众力。广大人民群众是实现民族复兴的主体力量、根本力量,人民群众中蕴藏着“大智慧”“真智慧”,实现中国梦,必须凝聚中国力量,要用14亿多中国人的智慧和力量,一代又一代中国人不懈努力,把我们的国家建设好,把我们的民族发展好。四是坚持贯彻新发展理念。党的十八大以来,习近平提出“创新、协调、绿色、开放、共享”的新发展理念,如何完整、准确、全面贯彻新发展理念?习近平强调,要扎实贯彻新发展理念,将之贯彻到经济社会发展全过程和各领域;要落实以人民为中心的发展思想,更加注重全体人民共同富裕问题;要继续深化改革,为完整、准确、全面贯彻新发展理念提供体制机制保障;要坚持系统观念,统筹国内国际两个大局,统筹“五位一体”总体布局和“四个全面”战略布局,加强前瞻性思考、全局性谋划、战略性布局、整体性推进;善于从政治上看问题,始终保持党和国家事业发展的正确政治方向②。

(六)坚持中国共产党的领导,勇于自我革命,凸显民族复兴核心力量

中国共产党是民族复兴事业的坚强领导核心,是实现民族复兴的最坚实依靠和最重要保证。一是党的坚强领导是实现民族复兴的重要保证。我国民族复兴事业在近代遭受一系列挫折后,中国共产党勇敢

① 《习近平谈治国理政》,外文出版社2014年版,第40页。

② 习近平:《论把握新发展阶段、贯彻新发展理念、构建新发展格局》,中央文献出版社2021年版,第500—506页。

承担起了这一历史重任，使之“重现曙光”。事实证明，中国共产党是实现民族复兴的中流砥柱，是中华民族迎来从站起来、富起来到强起来历史性飞跃的坚强领导核心。习近平强调：“历史已经并将继续证明，没有中国共产党的领导，民族复兴必然是空想。”①中国共产党是实现中华民族伟大复兴的根本保证。二是党的自我革命是实现民族复兴的重要法宝。勇于自我革命是中国共产党的鲜明品格，也是其区别于其他政党的显著标志。实现民族复兴关键在党，关键在党要管党、全面从严治党。“党要团结带领人民进行伟大斗争、推进伟大事业、实现伟大梦想，必须毫不动摇坚持和完善党的领导，毫不动摇把党建设得更加坚强有力。”②面对民族复兴进程中的各种重大挑战、重大风险、重大阻力、重大矛盾，更需要我们始终保持赶考的清醒，坚守初心使命，勇于自我革命，永葆旺盛的生命力和强大的战斗力。

三、习近平对毛泽东民族复兴观的守正创新

毛泽东民族复兴观和习近平民族复兴观是对一百多年来中国共产党坚持实现中华民族伟大复兴宝贵经验的全面总结，既一脉相承又创新发展，为我们早日实现中华民族伟大复兴指明了方向。

（一）始终高举马克思主义的伟大旗帜

中国共产党只有以马克思主义武装头脑，才能始终保持思想统一和旺盛战斗力，毛泽东曾经多次用“靠马克思列宁主义的真理吃饭”“靠实事求是吃饭”③“靠解决问题正确吃饭”④等，深刻揭示中国共产党不断取得胜利的成功密码，有力说明了“打铁必须自身硬”⑤的道理。毛泽东民族复兴观与习近平民族复兴观，始终把马克思主义作为行动

---

① 习近平：《决胜全面建成小康社会　夺取新时代中国特色社会主义伟大胜利——在中国共产党第十九次全国代表大会上的报告》，人民出版社 2017 年版，第 16 页。

② 同上书，第 61 页。

③ 《毛泽东选集》第 3 卷，人民出版社 1991 年版，第 836 页。

④ 《毛泽东文集》第 7 卷，人民出版社 1999 年版，第 287 页。

⑤ 《习近平著作选读》第 2 卷，人民出版社 2023 年版，第 50 页。

指南，始终坚持用马克思主义中国化最新成果武装全党，奠定了共产党人改变世界的底气；始终坚持实事求是的思想路线，把马克思主义基本原理生动运用于中国革命、建设和改革实践，使马克思主义在中国得以落地、扎根、开花、结果，成为战无不胜的锐利武器，增强了共产党人实现民族复兴的志气；毫不动摇地坚持马克思主义和共产主义信仰，马克思主义是在揭示社会发展规律、探求人类自由解放道路的基础上构建的科学理论，为中国共产党人提供了坚强的思想武器，提升了共产党人战略定力的骨气。

习近平民族复兴观进一步发展了毛泽东民族复兴观，与时俱进地提出“不断谱写马克思主义中国化时代化新篇章”①，忠实履行了当代中国共产党人的庄严历史责任。强调恪守正道，坚持马克思主义基本原理不动摇，坚持党的全面领导不动摇，坚持中国特色社会主义不动摇，为我们从事前无古人的伟大事业指明了方向。强调守正道而开新局，创理论探索之新、创实践发展之新，“敢于说前人没有说过的新话”“敢于干前人没有干过的事情”②，不断实现马克思主义中国化时代化新的飞跃，不断推动党和国家事业迈上新台阶。强调坚持守正创新，充分借鉴和汲取世界社会主义事业发展中的经验教训，深刻回答了“为何守正创新”“守何之正、创何之新”“如何守正创新”等一系列重大命题，取得了中国特色社会主义事业的巨大成功，开辟了当代中国马克思主义、21 世纪马克思主义的新境界。

（二）始终弘扬伟大建党精神

在庆祝中国共产党成立 100 周年大会上，习近平精辟概括了以“坚持真理、坚守理想，践行初心、担当使命，不怕牺牲、英勇斗争，对党忠诚、不负人民”③为内涵的伟大建党精神，鲜明指出“这是中国共产党的精神之源”④。毛泽东民族复兴观与习近平民族复兴观都始终坚持弘扬

---

① 习近平《高举中国特色社会主义伟大旗帜 为全面建设社会主义现代化国家而团结奋斗——在中国共产党第二十次全国代表大会上的报告》，人民出版社 2022 年版，第 18 页。

② 《习近平著作选读》第 1 卷，人民出版社 2023 年版，第 17 页。

③ 《习近平著作选读》第 2 卷，人民出版社 2023 年版，第 480 页。

④ 同上。

伟大建党精神，团结带领人民创造了一系列伟大成就，铸就了一系列伟大精神；始终集中体现了中国共产党的性质宗旨、优良作风和伟大品格，深刻揭示了中国共产党最鲜明的特质和特点，充分展示了中国共产党人精神谱系的本质内容和精神实质，是贯通中国共产党人精神谱系的一条红线，是中国共产党不断发展壮大的基因密码；始终把实现共产主义作为远大理想和崇高追求，理想之光不灭，信念之光不灭；始终把自己的前途命运同中国人民和中华民族的前途命运紧密联系在一起，为争取民族独立、人民解放和实现国家富强、人民幸福不懈奋斗；始终保持"为有牺牲多壮志，敢教日月换新天"[①]的大无畏奋斗精神，在中国革命、建设、改革的各个时期，不畏强敌、不惧风险、敢于斗争、勇于胜利，创造了一个又一个人间奇迹，展现了强大的精神优势。

习近平民族复兴观进一步发展了毛泽东民族复兴观，继承弘扬伟大建党精神，"坚持真理、坚守理想"，已成为激励全党全国人民在新时代新征程不断攻坚克难、从胜利走向胜利的强大精神动力。弘扬伟大建党精神，要切实学懂、弄通、做实习近平新时代中国特色社会主义思想，坚定信仰、信念、信心；弘扬伟大建党精神，要继续推进新时代党的建设新的伟大工程，坚守共产党人的初心和使命，把党的自我革命推向深入，坚决防范一切违背初心和使命、动摇党的根基的危险，把党建设成为始终走在时代前列的马克思主义执政党；弘扬伟大建党精神，要勇于进行具有许多新的历史特点的伟大斗争，随时准备为党和人民牺牲一切，在关键时刻敢于挺身而出，甘于奉献，不断夺取伟大斗争新胜利；弘扬伟大建党精神，要真正把对党忠诚作为共产党人首要的政治品质，始终把人民放在心中最高位置，始终同人民想在一起、干在一起，从最困难的群众入手，从最突出的问题抓起，从最现实的利益出发，不断实现人民对美好生活的向往。

（三）始终高度凝聚团结奋斗的磅礴力量

"能用众力，则无敌于天下矣；能用众智，则无畏于圣人矣"。[②] 团

---

① 《毛泽东年谱（1949—1976）》第4卷，中央文献出版社2013年版，第81页。

② 《三国志 · 吴志 · 孙权传》注引《江表传》。

结奋斗是马克思主义政党融入血脉的优良基因，中国共产党从诞生之日起就把团结奋斗鲜明地写在自己的旗帜上。毛泽东将“坚持统一战线”总结为党事业成功的一大法宝，强调加强党内团结和党同人民的团结，同心同德，共创伟业。毛泽东民族复兴观与习近平民族复兴观都始终坚持永葆团结奋斗的昂扬精神，勇于进行具有许多新的历史特点的伟大斗争，在面对重大挑战、抵御重大风险、克服重大阻力、解决重大矛盾时，能做到乱云飞渡仍从容、不惧风雨勇向前；始终坚持在党和人民事业滚石上山、爬坡过坎的吃劲关头，不松劲、不懈怠，坚持踔厉奋发、笃行不怠的精神，保持众志成城、攻坚克难的坚强意志；时刻保持解决大党独有难题的清醒和坚定，以政治建设为统领，不断推进党的建设新的伟大工程，不断增强全党团结统一和创造活力，不断增强全党执政本领，把党建设得更加坚强、更加有力。

习近平民族复兴观进一步发展了毛泽东民族复兴观，把握团结奋斗的时代要求，始终坚决维护党中央权威和集中统一领导，“在党的旗帜下团结成‘一块坚硬的钢铁’”①，把党的领导落实到党和国家事业各领域各方面各环节，使党始终成为风雨来袭时全体人民最可靠的主心骨，确保全党全国拥有团结奋斗的强大政治凝聚力、发展自信心，集聚起万众一心、共克时艰的磅礴力量；巩固全体人民团结奋斗的共同思想基础，坚持马克思主义在意识形态领域的指导地位，牢牢掌握党对意识形态工作领导权，坚持以社会主义核心价值观引领文化建设，加强全媒体传播体系建设，使之成为增强“向心力”的最大增量；发展全过程人民民主，健全人民当家作主的制度体系，完善协商民主体系，积极发展基层民主，充分发挥网络信息技术作用，建立广泛集民意、汇民智、聚民心的网络平台载体等，找到“最大公约数”；坚持完善党委统一领导、统战部门牵头协调、有关方面各负其责的大统战工作格局，形成全党上下一齐动手、有关方面协同联动的工作局面，画出“最大同心圆”，形成实现中华民族伟大复兴的磅礴力量。

---

① 《习近平著作选读》第 2 卷，人民出版社 2023 年版，第 555 页。

(四)始终坚持完善社会主义现代化宏伟蓝图

社会主义革命和建设的伟大成就,集中体现为确立起社会主义基本制度,实现了中华民族有史以来最为广泛而深刻的社会变革,为实现中华民族伟大复兴奠定了根本政治前提和制度基础。毛泽东是中国式现代化道路的先行探索者,最早提出了"四个现代化"的设想,他深邃的理论思考和高超的领导艺术为中国的社会主义现代化指明了方向、擘画了蓝图、奠定了基础。毛泽东民族复兴观与习近平民族复兴观都始终坚持根据事业的发展和人民的意愿,把现代化建设的长期性与发展的阶段性相结合,分阶段、有步骤地积小步为大步,以累进求突破,从局部到全面,全力推进伟大而波澜壮阔的现代化进程和民族复兴伟业;坚持把"四项基本原则"作为改革开放和现代化建设沿着正确方向前进的根本保证,坚定地将社会主义大旗扛在肩上,又推出了建设社会主义市场经济等一系列新理念,激发起中国人民同心同德建设社会主义现代化强国的不竭动力,成就了一条实实在在的发展道路;坚持用全面深化改革去突破新的历史隘口,坚决破除一切不合时宜的思想观念和体制机制弊端,为矢志驶向现代化的中国航船寻找更为开阔的水域;坚持健全总揽全局、协调各方的党的领导制度体系,把党的领导落实到国家治理各领域各方面各环节,确保党始终成为中国特色社会主义事业的坚强领导核心。

习近平民族复兴观进一步发展了毛泽东民族复兴观,坚持和发展中国特色社会主义,推动物质文明、政治文明、精神文明、社会文明、生态文明协调发展,以中国式现代化全面推进中华民族伟大复兴。习近平强调,中国要实现的现代化,是人口规模巨大的现代化,脱贫攻坚是底线任务,推进城镇化是必由之路,致力于实现人的全面发展、社会全面进步;是全体人民共同富裕的现代化,凸显了中国式现代化的社会主义性质,丰富了人类现代化的内涵,为解决人类问题贡献了中国智慧和中国方案;是物质文明和精神文明相协调的现代化,"物质财富要极大丰富,精神财富也要极大丰富"①,为推动"两个文明"协调发展、全面建设

① 《习近平关于社会主义文化建设论述摘编》,中央文献出版社 2017 年版,第 10 页。

社会主义现代化国家指明了前进方向;是人与自然和谐共生的现代化,坚定不移走生态优先、绿色发展之路,实现经济收入和生态环境保护双赢;是走和平发展道路的现代化,坚持在维护世界和平中谋求自身发展,又以自身发展更好维护世界和平,通过合作共赢实现共同发展、和平发展的现代化道路,打破“国强必霸”的大国崛起传统模式,提供通向现代化的新选择。

总之,毛泽东民族复兴观与习近平民族复兴观是在中国革命、建设、改革不同历史发展阶段,总结中华民族伟大复兴实践的理论成果,凸显了中国共产党人初心使命的价值追求和寻求中华民族伟大复兴的执政理念,夯实了党的领导的深厚群众根基。在强国建设、民族复兴新征程上,党带领人民群众以中国式现代化全面推进中华民族伟大复兴,必将进一步传承、践行、弘扬民族复兴观的伟大真理力量和实践力量。

第三章
始终把人民放在心中最高的位置
——习近平对毛泽东人民观的守正创新

群众史观是马克思主义理论体系的重要内容和历史唯物主义的基本原理和立场标识,深刻展现了人民群众是历史的创造者的基本观点。党在百年实践探索中深刻理解把握群众史观的丰富内涵,把群众史观的理论自信转化为鲜活的实践智慧,极大地彰显了人民至上的唯物史观。《中共中央关于党的百年奋斗重大成就和历史经验的决议》指出,中国共产党百年奋斗的十条历史经验之一就是“坚持人民至上”①。党的二十大报告又强调“必须坚持人民至上”摆在了“六个必须坚持”的首位,提出要“站稳人民立场、把握人民愿望、尊重人民创造、集中人民智慧”②。中国共产党根基在人民、血脉在人民。以毛泽东同志、习近平同志为主要代表的中国共产党人把人民放在心中最高位置,鲜明彰显了马克思主义政党的人民性品格。毛泽东和习近平的人民观都是马克思主义中国化时代化成果结晶,启示我们各项工作开展必须始终坚持全心全意为人民服务的根本宗旨、必须始终保持党同人民群众的血肉联系、必须始终坚持全部工作由人民来监督评判。

一、毛泽东人民观及其实践探索

人民观是毛泽东思想的重要组成部分,是毛泽东在革命年代和新

---

① 《中共中央关于党的百年奋斗重大成就和历史经验的决议》,载《人民日报》2021 年 11 月 17 日,第 1 版。

② 习近平:《高举中国特色社会主义伟大旗帜 为全面建设社会主义现代化国家而团结奋斗——在中国共产党第二十次全国代表大会上的报告》,载《人民日报》2022 年 10 月 26 日。

中国建设时期形成重大理论、作出重大战略决策的基本出发点。毛泽东的人民观从“为什么人”的问题、怎么样处理与人民群众关系问题、依靠什么来检验成绩的角度，明确提出就是“要站在无产阶级的和人民大众的立场”①，要彻底地为人民的利益工作。

（一）强调“我们是为人民服务的”的宗旨思想

“为什么人”的问题，是一个根本性、原则性的问题。共产党人深刻地认识到权力是人民赋予的，要有服务人民、献身使命的政治意识，这是思想觉悟先进的表现。毛泽东的一生都在为党和国家事业、为人民福祉做奉献，为人民全心全意、鞠躬尽瘁。《中华苏维埃共和国宪法大纲》中明确，苏维埃全部政权是属于工人、农民、红军兵士及一切劳苦民众的。毛泽东在 1934 年召开的第二次全国工农兵代表大会上着重强调了“关心群众生活，注意工作方法”的问题，并强调指出：“要使广大群众认识我们是代表他们的利益的，是和他们呼吸相通的。”②新中国成立前夕，毛泽东反复强调国家政权的人民性，他指出：“我们是人民民主专政，各级政府都要加上‘人民’二字，各种政权机关都要加上‘人民’二字。”③新中国成立后，中南海新华门的影壁墙上，就是毛泽东题写的“为人民服务”五个大字。

党的干部是人民的公仆，这是对其本质特征的高度概括。毛泽东认为：“我们一切工作干部，不论职位高低，都是人民的勤务员。”④“我们所做的一切，都是为人民服务。”⑤在领导中国革命和建设的过程中，毛泽东始终把当好人民公仆作为共产党人的品格特质。苏区瑞金时期，毛泽东给自己的粮食定量只是一线普通战士的 3/4。埃德加·斯诺眼中的陕北苏区，“我看到毛泽东住在简陋的窑洞里，穿的是打了补丁的衣服，吃的是小米饭和辣椒土豆丝；周恩来睡在土炕上；彭德怀穿的

① 《毛泽东选集》第 3 卷，人民出版社 1991 年版，第 848 页。
② 《毛泽东选集》第 1 卷，人民出版社 1991 年版，第 138 页。
③ 《毛泽东文集》第 5 卷，人民出版社 1996 年版，第 135 页。
④ 《毛泽东文集》第 3 卷，人民出版社 1996 年版，第 243 页。
⑤ 同上。

背心是用缴获敌人的降落伞做的……"①,"只见公仆不见官",就是斯诺眼中的"东方魔力""兴国之光"。新中国成立前夕,毛泽东亲自主持起草《中国人民政治协商会议共同纲领》,明确指出一切国家机关都要"厉行廉洁的、朴素的为人民服务的革命工作作风"②。新中国成立后,毛泽东的子女没有享受到任何特权;亲友想进京谋事,被毛泽东劝回。毛泽东用自己的实际行动充分诠释一代伟人的公仆意识。

共产党生根于人民之中,成长于人民之中,壮大于人民之中的群众观点。毛泽东将有无群众观点看作我们党同国民党的根本区别,他着重指出:"共产党员是一种特别的人,他们完全不谋私利,而只为民族与人民求福利。"③毛泽东对人民的深厚情感和为人民尽心尽力的崇高志向,影响着广大党员干部绝对不能半心半意或者三分之二的心三分之二的意为人民服务,必须是全心全意为人民服务,主动舍去个人利益而服从于民族的和人民群众的利益。1945 年,毛泽东在党的七大报告中深入论述了"全心全意地为人民服务,一刻也不脱离群众;一切从人民的利益出发,而不是从个人或小集团的利益出发"④。新中国成立后,毛泽东多次告诫全党和全体干部:"我们的人民政府是真正代表人民利益的政府,是为人民服务的政府。"⑤

(二)坚持走"一切为了群众,一切依靠群众,从群众中来,到群众中去"的群众路线

密切联系群众是党在革命、建设和改革各个历史时期取得成功的根本经验。毛泽东把"和最广大的人民群众取得最密切的联系"⑥作为党的三大优良作风之一。毛泽东高度重视干群关系,强调要努力培育和保持共产党员的群众本色,"我们共产党人好比种子,人民好比土地。我们到了一个地方,就要同那里的人民结合起来,在人民中间生根、开

① 《任仲平十年精选》,人民出版社 2016 年版,第 112 页。
② 《建国以来重要文献选编》第 1 册,中央文献出版社 1992 年版,第 6 页。
③ 《毛泽东文集》第 3 卷,人民出版社 1996 年版,第 47 页。
④ 《毛泽东选集》第 3 卷,人民出版社 1991 年版,第 1094—1096 页。
⑤ 《毛泽东文集》第 7 卷,人民出版社 1999 年版,第 205 页。
⑥ 《毛泽东选集》第 3 卷,人民出版社 1991 年版,第 1094 页。

花”①，并且强调只有密切联系群众，我们才有可能实践正确的任务、政策和工作作风。正如毛泽东在党的七大上所说的：“二十四年的经验告诉我们，凡属正确的任务、政策和工作作风，都是和当时当地的群众要求相适合，都是联系群众的；凡属错误的任务、政策和工作作风，都是和当时当地的群众要求不相适合，都是脱离群众的。”②毛泽东也强调党员干部始终以廉洁之风和人民群众保持密切联系。毛泽东对贪污腐败严惩不贷，1932 年支持了处决贪官瑞金县叶坪村苏维埃政府主席谢步升，1940 年支持了陕甘宁边区政府对肖玉璧死刑的判决，1951 年直接督办了刘青山、张子善案件。这一系列的举措使人民群众看到了党和政府与贪污腐败现象、贪污腐败分子作斗争的决心，使党风政风更加清朗，维护和人民群众的亲密关系。

推崇人民力量，是中国共产党不断取得成功的奥秘所在。毛泽东指出“群众是真正的英雄”③。人民的力量是无穷无尽的，我们党始终相信人民、依靠人民，凝聚人民群众发展合力。在《论联合政府》一文中，毛泽东强调：“人民，只有人民，才是创造世界历史的动力。”④毛泽东深刻认识到只有人民才能改变半殖民地半封建的困境，积极引导人民群众投身革命。革命战争年代，涌现出人民群众“最后一碗米送去做军粮，最后一尺布送去做军装，最后一件老棉袄盖在担架上，最后一个亲骨肉送去上战场”⑤的感人场景，淮海战役等战役的胜利是人民群众用小推车推出来的，党依靠人民实现了民族独立、人民解放。新中国开国大典上，毛泽东在天安门城楼上一遍又一遍地高呼“人民万岁”，共和国的巍峨大厦是人民群众用一砖一瓦砌起来的，社会主义革命和建设的成就是靠人民群众奋斗出来的。

强调从群众中来、到群众中去的工作方法。毛泽东强调“凡属正确

---

① 《毛泽东选集》第 4 卷，人民出版社 1991 年版，第 1162 页。
② 《毛泽东选集》第 3 卷，人民出版社 1991 年版，第 1095 页。
③ 同上书，第 790 页。
④ 同上书，第 1031 页。
⑤ 《十八大以来重要文献选编》（下），中央文献出版社 2018 年，第 814—815 页。

的领导,必须是从群众中来,到群众中去"①,调查研究是我们党的传家宝,是做好各项工作的基本功。只有制定科学的路线方针政策,党的各项决策才能从根本上得到群众认可和贯彻执行。而只有深入基层、深入实际、深入群众,才能充分了解和掌握实际情况,制定出科学的路线方针政策。"没有调查,就没有发言权"②就是毛泽东关于群众工作的一个重要论断。毛泽东曾多次深入工人运动和农民运动中进行调研,在调查研究的实践总结中,《中国社会各阶级的分析》和《湖南农民运动考察报告》等重要的调查研究成果陆续被发表,"农村包围城市""枪杆子里面出政权"等具有中国特色的正确革命道路与革命理论相继被提出。新中国成立后,面对国民经济出现的严峻形势,毛泽东和中共中央专门就经济建设问题听取国务院 34 个部门和国家计委的汇报,并对经济建设问题进行大量调查研究,在此基础上,毛泽东形成了《论十大关系》,提出了一整套符合中国实际的方针政策。

要善于总结好的群众实践经验。人民群众富有无穷的创造力,共产党正确的斗争策略一定是要在人民群众的实践经验中才能产生。毛泽东曾专门指出要向群众的实践学习,强调:"我们应该走到群众中间去,向群众学习,把他们的经验综合起来,成为更好的有条理的道理和办法。"③在毛泽东的指导下,中共闽西一大总结了人民群众在闽西土地斗争中的经验,通过了《土地问题决议案》,为根据地建设提供了"抽多补少"等方针政策。在领导社会主义教育运动过程中,毛泽东亲笔批示,对于"枫桥经验"要"各地仿效,经过试点,推广去做"④,逐步把"枫桥经验"推向全国。

脱离群众是十分危险的。优良作风始终是我们党保持先进性和纯洁性,凝聚人心、汇聚力量的关键所在。毛泽东强调,"所谓纸老虎,就是说美国、苏联脱离了群众"⑤,"无论是官僚主义倾向或军阀主义倾

---

① 《毛泽东选集》第 3 卷,人民出版社 1991 年版,第 899 页。
② 《毛泽东选集》第 1 卷,人民出版社 1991 年版,第 109 页。
③ 《毛泽东选集》第 3 卷,人民出版社 1991 年版,第 933 页。
④ 《建国以来毛泽东文稿》第 10 册,中央文献出版社 1992 年版,第 416 页。
⑤ 《毛泽东文集》第 8 卷,人民出版社 1999 年版,第 373 页。

向，其毛病的性质都是一样，就是脱离群众”①，同人民群众相结合，就必须要做到反对特殊化，警惕和批判官僚主义等脱离群众的危险行为。1939年初秋，延安马列学院专门派四人到杨家岭去接毛泽东来作报告，在途中被毛泽东指出这样做是要不得的，万万不能沾染官僚习气。1941年6月，毛泽东用1.5元招待陈嘉庚率领的“南洋华侨回国慰劳视察团”，与蒋介石花800银圆宴请陈嘉庚形成鲜明对比，感染着全体党员干部群众。毛泽东严厉告诫党员领导干部，要警惕资产阶级物质或精神糖衣炮弹的袭击，反对浪费，禁止贪污。领导干部应自觉抵制外界不良诱惑以维护干部队伍的纯洁性，应严于律己拉近党和人民群众的距离。新中国成立后，毛泽东更是把不脱离群众作为治国理政的基本理念，将其贯穿于党的建设、国家建设和干部队伍建设之中。

（三）遵循“共产党是为民族、为人民谋利益的政党”的评判标准

群众的事情无小事，要始终把事关群众生活的问题当做是大事、要事去办。毛泽东指出柴米油盐、衣食住行、生老病死等“一切群众的实际生活问题，都是我们应当注意的问题”②。毛泽东强调：“对于广大群众的切身利益问题，群众的生活问题，就一点也不能疏忽，一点也不能看轻。”③革命战争时期，毛泽东将“组织革命战争，改良群众生活”④看作是共产党人的两大任务。1933年，在瑞金时，为解决百姓饮水问题，毛泽东亲自带领红军战士勘探水源、垫沙石、铺木炭，为群众挖了一口被亲切地称为“红井”的水井，当地也留下了“吃水不忘挖井人，时刻想念毛主席”的金句。新中国成立后，毛泽东对群众生活问题时时牵挂在心。1953年，毛泽东收到沈钧儒反映血吸虫病流行的信件后，复信指出：“血吸虫病危害甚大，必须着重防治。”他多次派人前往灾区调查研究，最终全面消灭了血吸虫病。1975年，针对粤剧表演艺术家红线女来信中反映的一些地区食盐价格高昂，影响群众生计的问题，毛泽东将来信批示后送交党中央研究，群众吃盐贵问题迅速得到解决。

---

① 《毛泽东选集》第3卷，人民出版社1991年版，第934页。
② 《毛泽东选集》第1卷，人民出版社1991年版，第137页。
③ 同上书，第136页。
④ 同上书，第139页。

强调人民群众是最高评价者。人民群众是最好的老师，党的领导干部要虚心向人民学习，群众提的不同的建议和意见，哪怕是尖锐的批评，都要诚恳地接受，这是每位党员干部都应该树立的正确的工作态度。在《论联合政府》中，毛泽东指出："共产党人的一切言论行动，必须以合乎最广大人民群众的最大利益，为最广大人民群众所拥护为最高标准。"①1933 年查田运动中，毛泽东指出不得到群众的赞助与同意，都不能收获成绩。对于运动中迅速发展的"左"倾错误问题，苏区中央局主动承认错误并责成临时中央政府予以纠正。1942 年，陕甘宁边区老农的一句发泄怨气的话，让毛泽东高度重视。在自查后发现是由于边区政府征收公粮过重，使得农民过度负荷，引起了群众的不满。党中央和边区政府立刻作出了减少公粮的政策改变，同时开展大生产运动，以实际行动赢取群众拥护。

强调交出赶考的好成绩。党的七届二中全会上，毛泽东把进驻北平、完成新中国建国大业，形象地称为进京"赶考"，并提醒全党绝不当李自成，进京"赶考""我们都希望考个好成绩"。以毛泽东同志为主要代表的中国共产党人领导中国人民浴血奋战、百折不挠，将一个饱受列强欺凌和宰割、被称为"东亚病夫"的旧中国，变成一个人民当家作主、屹立在世界东方的新中国，彻底结束了旧中国半殖民地半封建社会的历史，彻底结束了近代以来中华民族的屈辱历史，实现了中国从几千年封建专制政治向人民民主的伟大飞跃。新中国成立后，以毛泽东同志为主要代表的中国共产党人领导人民完成社会主义革命，消灭一切剥削制度，实现了中华民族有史以来最为广泛而深刻的社会变革，实现了一穷二白、人口众多的东方大国大步迈进社会主义社会的伟大飞跃。实践证明，中国人民从此站起来了，我们党在这场历史性考试中取得了优异成绩。

---

① 《毛泽东选集》第 3 卷，人民出版社 1991 年版，第 1096 页。

二、习近平人民观及其实践探索

习近平强调人民始终是心中“更重要的”和“最重要的”,把为了人民、依靠人民、服务人民作为治国理政的亮丽主线、也是唯一主线。习近平人民观强调“以人民为中心”①“始终坚持人民至上”②,是对历史唯物主义关于人民群众创造历史基本原理的丰富和发展,进一步丰富深邃了以人民为中心的执政理念。

(一)强调“以人民为中心”的发展思想

执政为民是习近平首要的政治品格。习近平在当选总书记后的首次公开讲话中指出,“人民对美好生活的向往,就是我们的奋斗目标”③,就鲜明宣示了他执政为民的坚定决心。习近平强调:“全党同志要时刻牢记,我们的权力是党和人民赋予的,是用来为党和人民做事的,只能用来为党分忧、为国干事、为民谋利。”④反贫困是古今中外治国理政的要事大事,在以习近平同志为核心的党中央坚强领导下,中华民族解决了千百年来存在的绝对贫困问题,展现的就是中国共产党人为了人民的责任担当。2013 年 11 月,习近平在湖南省十八洞村首次提出“精准扶贫”重要理念。到 2021 年 2 月 25 日,习近平在全国脱贫攻坚总结表彰大会上宣布:“我国脱贫攻坚战取得了全面胜利,现行标准下 9899 万农村贫困人口全部脱贫,832 个贫困县全部摘帽,12.8 万个贫困村全部出列,区域性整体贫困得到解决,完成了消除绝对贫困的艰巨任务,创造了又一个彪炳史册的人间奇迹!”⑤新冠疫情发生的 3 年多来,以习近平同志为核心的党中央始终坚持人民至上、生命至上,坚决打赢

---

① 《十九大以来重要文献选编》(中),中央文献出版社 2021 年版,第 86 页。

② 《习近平谈治国理政》第 4 卷,外文出版社 2022 年版,第 51 页。

③ 习近平:《十八届中央政治局常委同中外记者见面时的讲话》,载《人民日报》2012 年 11 月 16 日。

④ 习近平:《在纪念刘少奇同志诞辰 120 周年座谈会上的讲话》,载《人民日报》2018 年 11 月 24 日,第 2 版。

⑤ 习近平:《在全国脱贫攻坚总结表彰大会上的讲话》,载《人民日报》2021 年 02 月 26 日,第 2 版。

疫情防控人民战争、总体战、阻击战，最大限度保护了人民生命安全和身体健康。特别是“2022 年 11 月以来，我们围绕‘保健康、防重症’，不断优化调整防控措施，较短时间实现了疫情防控平稳转段，2 亿多人得到诊治，近 80 万重症患者得到有效救治，新冠死亡率保持在全球最低水平，取得疫情防控重大决定性胜利，创造了人类文明史上人口大国成功走出疫情大流行的奇迹。”[①]以习近平同志为核心的党中央不断践行着“治国有常，利民为本”的执政理念，在发展中保障和改善民生，紧紧抓住并实现了人民最关心最直接最现实的利益问题，铿锵有力地兑现了对人民的执政承诺。

强调忠于人民公仆角色。习近平提出“永远做人民公仆”“我将无我，不负人民”的重要论断的延续，公仆情怀始终是共产党人的政治本色。习近平指出：“中国共产党的性质决定了我们党的各级干部都是人民公仆”[②]，“心无百姓莫为‘官’”[③]。20 世纪 60—70 年代，习近平在陕西梁家河插队时，为增加农田面积，在寒冬农闲时节，每次都带头赤脚站在冰中凿冰清理坝基；习近平把北京奖励给先进知青的三轮摩托车换成手扶拖拉机等农用工具供乡亲们使用。在谈及知青生活时，习近平说道：“作为一个人民公仆，陕北高原是我的根，因为这里培养出了我不变的信念：要为人民做实事！无论我走到哪里，永远是黄土地的儿子。”[④]党的十八大以来，习近平高度重视“人民公仆”角色定位问题。2012 年 12 月，习近平当选总书记后首次离京视察时，指示工作人员沿途不封路、不清场，不铺红毯，下车后与群众结伴而行，入住普通酒店普通套房，吃自助餐，为践行八项规定作出表率。2013 年在湖南十八洞村，习近平向石爬专老人介绍自己时讲到“我是人民的勤务员”。习近平在新当选的十九届中共中央政治局常委同中外记者见面会上强调，我们要永葆蓬勃朝气，永远做人民公仆、时代先锋、民族脊梁。习近平展

---

① 《中共中央政治局常务委员会召开会议　听取近期新冠疫情防控工作情况汇报》，载《人民日报》2023 年 2 月 17 日，第 1 版。

② 习近平：《摆脱贫困》，福建人民出版社 1992 年版，第 154 页。

③ 习近平：《之江新语》，浙江人民出版社 2007 年版，第 26 页。

④ 赵成：《永远保持公仆本色》，载《人民日报》2022 年 11 月 8 日，第 13 版。

示出的都是始终与人民风雨同舟、与人民心心相印,想人民之所想、行人民之所嘱,“我将无我,不负人民”的公仆情怀和赤子之心。

强调区别于其他政党的根本标志。习近平十分注重要把人民群众放在首位、把群众利益的维护放在首位。习近平强调:“党章明确规定,我们党没有自己特殊的利益,党在任何时候都把群众利益放在第一位。这是我们党作为马克思主义政党区别于其他政党的显著标志。”①能够得到人民群众的赞赏和拥护,是共产党人得以长期执政的稳固根基。习近平在纪念红军长征胜利 80 周年大会等讲话中多次讲到“半条被子”的故事,“什么是共产党?共产党就是自己有一条被子,也要剪下半条给老百姓的人”②。习近平号召全体党员都要向雷锋、郭明义、罗阳,焦裕禄、谷文昌、杨善洲等优秀党员干部学习,向“八一勋章”“共和国勋章”“七一勋章”等为党和人民事业一辈子孜孜以求、默默奉献,贡献突出、品德高尚的国家荣誉获得者学习,用行动践行共产党人“全心全意为人民服务”的本质特征。

(二)强调群众路线是“我们党的生命线和根本工作路线”

强调党的最大政治优势是密切联系群众。新时代,统筹中华民族伟大复兴战略全局和世界百年未有之大变局,习近平充分认识到密切联系群众的重要性,“我们党是在同人民群众的密切联系中成长、发展、壮大起来的。人民是党的力量之源和胜利之本。没有人民的支持,党就不可能生存和发展,就一事无成。因此,密切联系群众是我们党的最大优势。我们任何时候都不能削弱和丢掉这个优势,否则党的一切工作就会成为无源之水、无本之木,就会招致挫折和失败”③,“密切党群、干群关系,保持同人民群众的血肉联系,始终是我们党立于不败之地的根基”④。党的十八大以来,全党先后组织开展党的群众路线教育实践活动、“不忘初心、牢记使命”主题教育等教育活动引导广大党员一定要做到密切联系群众。新时代的中国共产党人“面对面”倾听民情民意,

① 《习近平谈治国理政》第 4 卷,外文出版社 2022 年版,第 53 页。
② 《习近平谈治国理政》第 2 卷,外文出版社 2017 年版,第 52 页。
③ 《十七大以来重要文献选编》(下),中央文献出版社 2013 年版,第 1024—1025 页。
④ 《习近平谈治国理政》第 1 卷,外文出版社 2018 年版,第 15 页。

“点对点”解决急难愁盼问题，让“门好进、脸好看、事好办”成为常态，广大群众的获得感成色更足、幸福感更可持续、安全感更有保障。同时，习近平将坚定不移推进党风廉政建设和反腐败斗争，以习近平同志为核心的党中央以“得罪千百人、不负十四亿”的使命担当，刀刃向内、刮骨疗毒，取得反腐败斗争压倒性胜利并全面巩固，使党群、干群关系更加密切。

强调人民群众是真正的英雄。习近平提出“人民是历史的创造者，人民是真正的英雄”①的重要论断，强调人民群众始终是共产党人事业不断取得成功的推动力量。习近平深刻继承了毛泽东关于人民力量的观点方法，强调“人民是创造历史的动力，我们共产党人任何时候都不要忘记这个历史唯物主义最基本的道理”②。英雄，是民族最闪亮的坐标。习近平在不同场合缅怀纪念英烈，讲述英雄事迹，向英雄致敬。2014 年，全国人大常委会通过决定将 9 月 30 日设立为“烈士纪念日”，每年这一天习近平都会参加向人民英雄敬献花篮的隆重仪式。中华民族能够经历磨难仍不断发展壮大，主要是因为在大灾大难前有千千万万个人民群众挺身而出、勇毅前行，不管是我们经历的疫情，还是面对的地震、洪水、干旱、山火等自然灾害和一些安全事故，千千万万普通的人民群众都成为真正的英雄。“前进道路上，无论是风高浪急还是惊涛骇浪，人民永远是我们最坚实的依托、最强大的底气。”③人民是真正的英雄，我们更加要站稳人民立场、把握人民愿望、尊重人民创造、集中人民智慧，在中国式现代化的推进过程中、在实现第二个百年奋斗目标的新征程上创造新辉煌。

时代变化了，但从群众中来、到群众中去的工作方法不能变。习近平深刻继承了毛泽东关于调查研究的作用、目的、态度等调研工作思想，强调调查研究始终是共产党人制定方针政策的基本工作方法，也是最好的工作方法。每到任一个地方，习近平要做的第一件事情就是深入

---

① 《习近平谈治国理政》第 3 卷，外文出版社 2020 年版，第 139 页。

② 《习近平总书记系列重要讲话读本(2016 年版)》，人民出版社 2016 年版，第 128 页。

③ 习近平：《在二十届中央政治局常委同中外记者见面时的讲话》，载《求是》杂志 2022 年第 22 期。

调研。习近平强调:“要求我们的各级领导干部要深入实际,深入群众,坚持从群众中来到群众中去。不懂得或不坚持这样做,没有这样一套基本功,就不是一个称职的领导干部。”①习近平在正定走遍所有乡村,在宁德提出“四下基层”,在浙江用一年多时间跑遍了全省 90 个县市区。党的十八大之后,中央出台《十八届中央政治局关于改进工作作风、密切联系群众的八项规定》的首要规定就是要改进加强调查研究。脱贫攻坚战打响后,为更好掌握基层实际情况,进而制定科学正确的扶贫战略,习近平走遍了全国 14 个集中连片特困地区,先后深入河北阜平县骆驼湾村等 24 个贫困村考察调研,直接听取贫困地区干部群众意见。为了更好地起草《中华人民共和国国民经济和社会发展第十四个五年规划和 2035 年远景目标纲要》,坚持发扬民主、开门问策、集思广益的原则,习近平先后主持召开企业家座谈会、扎实推进长三角一体化发展座谈会、经济社会领域专家座谈会、科学家座谈会、基层代表座谈会、教育文化卫生体育领域专家代表座谈会,当面听取各方面对制定“十四五”规划的意见和建议。随着互联网的高速发展,网络群众路线成为新时代领导干部运用从群众中来、到群众中去工作方法在网络平台的重要体现。2022 年,党的二十大相关工作网络征求意见活动累计收到网民建言超过 854.2 万条。② 习近平就研究吸收网民对党的二十大相关工作意见建议作出重要指示强调:“要总结这次活动的成功做法,走好新形势下的群众路线,善于通过互联网等各种渠道问需于民、问计于民,更好倾听民声、尊重民意、顺应民心,把党和国家各项工作做得更好。”③习近平强调要大兴调查研究之风,2023 年中共中央办公厅印发了《关于在全党大兴调查研究的工作方案》,对新时代新征程大兴调查研究之风的总体要求、调研内容、方法步骤等作出了明确部署。

始终善于从群众实践中总结经验,并将其逐步推广。习近平继承了毛泽东思想中在人民群众实践中总结提炼经验的科学方法,强调:

---

① 习近平《摆脱贫困》,福建人民出版社 1992 年版,第 14 页。

② 《善于通过互联网等各种渠道问需于民问计于民　更好倾听民声尊重民意顺应民心》,载《人民日报》2022 年 6 月 27 日,第 1 版。

③ 同上。

“我们党一步步走过来，很重要的一条就是不断总结经验。”[①]，我们要“把‘枫桥经验’坚持好、发展好，把党的群众路线坚持好、贯彻好。”在福建任职期间，习近平六年七访晋江，深入调研晋江由“高产穷县”踏上“再造新晋江”快速发展道路的成功经验。党的十八大以来，习近平对“枫桥经验”的创新发展给予更高度的关注，进一步总结提升新的历史条件下“枫桥经验”的时代内涵，“枫桥经验”已成为坚持和完善发展中国特色社会主义制度、推进国家治理体系和治理能力现代化的重要组成部分，成为新时代解决人民内部矛盾的行之有效的社会治理方案。2023年，习近平对浙江省的“千万工程”和“浦江经验”作出重要批示，关注了20年来浙江“千万工程”“浦江经验”的发展成绩和重要经验，让“千万工程”和“浦江经验”在新时代新征程更加直抵人心、熠熠生辉。新时代，在庆祝改革开放40周年大会上提出的“九个必须坚持”、十九届五中全会提出的“五个坚持”、在庆祝中国共产党成立100周年大会重要讲话提出的“九个必须”，还有在脱贫攻坚总结表彰大会、抗击新冠肺炎疫情表彰大会上强调的“七个坚持”和“六个再次证明”，《中共中央关于党的百年奋斗重大成就和历史经验的决议》概括的十条历史经验，党的二十大报告中的“五个必由之路”和“五条重大原则”“六个必须坚持”，这些理论创新都是建立在将人民群众的实践经验和实践智慧总结好的基础之上的。

强调党执政后的最大危险是脱离群众。作风建设始终是共产党人的永恒课题，习近平把提升党群、干群关系作为长期的奋斗目标，强调“我们党来自人民，失去人民拥护和支持，党就会失去根基”[②]，“要坚定不移反对腐败，坚持不懈反对和克服形式主义、官僚主义，防止发生因脱离群众而最终失去群众的现象”[③]。2012年12月，习近平召开政治局会议审议出台《十八届中央政治局关于改进工作作风、密切联系群众的八项规定》。2022年10月，二十届中央政治局第一次会议审议通过

① 习近平：《在党史学习教育动员大会上的讲话》，人民出版社2021年版，第16页。
② 《十八大以来重要文献选编》（下），中央文献出版社2018年版，第427页。
③ 习近平：《坚持人民至上》，载《求是》杂志2022年第20期。

《中共中央政治局贯彻落实中央八项规定实施细则》，强调必须始终把中央八项规定作为长期有效的铁规矩、硬杠杠。新时代十年，中央纪委国家监委立案审查调查553名中管干部，全国纪检监察机关共立案审查调查各级“一把手”20.7万人。全面从严治党使党以优良党风优良作风拉近与人民群众的联系。

（三）坚持“人民对美好生活的向往就是我们的奋斗目标”的评判标准

强调解决人民群众最实际的利益问题。习近平强调“着力解决好人民群众急难愁盼问题”①，一以贯之地继承了毛泽东为人民解决最实际利益问题的思想观点，强调要时刻把群众安危冷暖放在心上，及时准确了解群众所思、所盼、所忧、所急，把群众工作做实、做深、做细、做透。每到一个地方考察，习近平都要看看当地人民群众的生活过得怎么样。1991年，得知平潭渔业资源枯竭，渔民打不到鱼、揭不开锅，生活困难，习近平立即召开民政等有关部门下拨60多万斤粮食给平潭，解决百姓的温饱问题。党的十八大以来，习近平高度关注和关心群众生活，要求各级领导干部把更多精力用于关心群众生产生活中，努力“使改革发展成果更多更公平惠及全体人民”②。以习近平同志为核心的党中央深入贯彻以人民为中心的发展思想，“在幼有所育、学有所教、劳有所得、病有所医、老有所养、住有所居、弱有所扶上持续用力，建成世界上规模最大的教育体系、社会保障体系、医疗卫生体系，人民群众获得感、幸福感、安全感更加充实、更有保障、更可持续，共同富裕取得新成效”③。

把人民至上落实到决策部署和各项工作中，必须而且只能由人民来评判执政水平和工作成效。习近平强调“人民是我们党的工作的最

① 习近平：《高举中国特色社会主义伟大旗帜 为全面建设社会主义现代化国家而团结奋斗——在中国共产党第二十次全国代表大会上的报告》，载《人民日报》2022年10月26日。

② 《习近平谈治国理政》第4卷，外文出版社2022年版，第134页。

③ 习近平：《高举中国特色社会主义伟大旗帜 为全面建设社会主义现代化国家而团结奋斗——在中国共产党第二十次全国代表大会上的报告》，载《人民日报》2022年10月26日。

高裁决者和最终评判者”[1]，将人民评价作为我们工作绩效检验的根本要求。习近平强调：“检验我们一切工作的成效，最终都要看人民是否真正得到了实惠，人民生活是否真正得到了改善，这是坚持立党为公、执政为民的根本要求，是党和人民事业不断发展的重要保证。”[2]2015年，习近平在贵州花茂村考察时指出，党中央的政策好不好，要看乡亲们是笑还是哭。在谋划“十四五”时期经济社会发展规划时，习近平在湖南长沙召开基层干部群众代表座谈会听取基层代表意见，专门听取了村支书、乡村教师、扶贫干部、农民工、货车司机、快递小哥、餐馆店主等基层代表的发言。习近平时刻把人民装在心中，遵循为人民的方向、顺应人民的意愿去干事创业。

从交出合格答卷到交出优异答卷，“人民”认可始终是共产党人的奋斗方向。从在十八届中共中央政治局常委同中外记者见面时，习近平强调要“努力向历史、向人民交出一份合格的答卷”[3]，到在新的赶考之路上“努力向历史、向人民交出新的更加优异的答卷”[4]，党的十八大以来，习近平始终坚持以人民为中心的发展思想，历史性地解决了绝对贫困问题，实现了小康这个中华民族的千年梦想。从合格到满意、优异，一词之变的背后，是以习近平同志为核心的中国共产党人“勤勉敬业、求真务实、真抓实干、精益求精”[5]才创造出来的经得起实践、人民、历史检验的实绩。在二十届中央政治局常委同中外记者见面时，习近平指出，一路走来，我们紧紧依靠人民交出了一份又一份载入史册的答卷，面向未来，我们仍然要依靠人民创造新的历史伟业。

---

① 《习近平谈治国理政》第1卷，外文出版社2018年版，第28页。

② 《习近平关于社会主义经济建设论述摘编》，中央文献出版社2017年版，第19页。

③ 习近平：《在十八届中共中央政治局常委同中外记者见面时的讲话》，载《人民日报》2012年11月16日。

④ 习近平：《在庆祝中国共产党成立95周年大会上的讲话》，人民出版社2016年版，第28页。

⑤ 《十八大以来重要文献选编》（上），中央文献出版社2014年版，第338页。

三、习近平对毛泽东人民观的守正创新

从毛泽东为劳苦大众谋解放、为中国人民谋幸福,“我们是为人民服务的”,带领中国人民开启第一个百年征程;到习近平以“我将无我,不负人民”的坚定决心“践行以人民为中心的发展思想”,带领中国人民实现了第一个百年奋斗目标,并开启了实现党的第二个百年奋斗目标的新征程。毛泽东人民观和习近平人民观既是对一百多年来中国共产党坚持人民至上宝贵经验的深刻总结,又丰富发展了马克思主义人民观的内容,给予了我们重大经验启示,为我们做好未来的工作指明了方向。

(一)必须始终坚持全心全意为人民服务的根本宗旨不动摇

“与天下同利者,天下持之;擅天下之利者,天下谋之。”中国共产党是以全心全意为人民服务为宗旨的马克思主义政党,党的全部活动和全部工作都是始终代表最广大人民群众的根本利益,而没有任何自己特殊的利益。习近平人民观与毛泽东人民观都始终坚持把人民放在心中最高位置,始终和人民同呼吸、共命运、心连心,共产党人始终以人民群众心为心,与人民群众有福同享、有难同当,有盐同咸、无盐同淡;始终坚持马克思主义唯物史观和群众史观的根本立场,始终坚信权力从人民而来,号召全党上下始终坚持“人民至上”的宗旨为民思想和根本立场,站在人民立场开展各项工作,坚定执行了执政为民的誓言;始终倡导和践行“人民公仆”和“人民勤务员”思想,都认为我们党的干部不管担任什么职务,不论对人民有多大的贡献,都是人民的勤务员,必须坚定履行好人民公仆的职责;始终坚定为人民服务思想,都把为人民服务思想作为区别于其他一切政党的根本价值立场,强调弘扬先进模范精神,号召全党同志始终把人民利益和诉求放在第一位,都能够在强国建设、民族复兴新征程中为党和人民建功立业。

习近平人民观又进一步发展了毛泽东人民观,“以人民为中心”是党的根本宗旨在新时代的话语表达,进一步丰富和发展了“为人民服务”的科学内涵与政治地位。人民主体地位更加突出,强调人民群众既

是历史的“剧中人”,也是历史的“剧作者”,我们一切工作的开展都要围绕和服从人民这个“中心”,时刻不能偏离这个“中心”;为人民谋利益的要求更高,进入中国特色社会主义新时代,社会主要矛盾已转变为人民日益增长的美好生活需要和不平衡不充分的发展之间的矛盾,人民利益的内涵不断丰富和发展,我们为人民谋利益的奋斗历程永无止境;作为党的执政理念的意味更强,“以人民为中心”这句话表明,“人民”是我们党制定一切路线、方针、政策所围绕的中心,是我们党领导改革发展稳定、内政外交国防、治党治国治军的基准所在。

(二)必须始终保持党同人民群众的血肉联系

人民群众是历史的创造者,是推动历史发展的根本力量。这是历史唯物主义最基本的观点之一。习近平人民观与毛泽东人民观都始终坚持群众观点、践行群众路线,将人民群众看做我们党从胜利走向新的更大胜利的最大政治优势和根本政治基础,人民群众对党和政府的认同程度、密切程度不断攀升;都始终遵循唯物史观关于人民群众是历史的创造者这一基本原则和根本要求,都在执政理念中展露出对人民作用的坚信,都注重依靠人民力量取得事业成功;都坚持充分发扬民主,始终坚持实事求是这一根本原则,主张通过调查研究尽可能搜集到丰富而真实的材料,要求修炼好调查研究这个做好工作的基本功,为在治国理政中解决复杂问题提供了科学的方法指引;都深刻认识到人民的创造性实践是产生宝贵经验的不竭源泉,尊重人民首创精神,从群众中获得源源不断的智慧,并善于总结提炼群众实践中好的做法、宝贵经验,并将其进一步上升为全国性指导意见;都强调要正确处理好党和群众的关系,切实转变工作作风,以身垂范长抓党内作风建设,坚决反对形式主义和官僚主义,既不脱离实际,也不空喊口号,始终保持共产党员的纯洁本色。

习近平人民观又进一步发展了毛泽东人民观,习近平总书记对群众路线作出新论断“群众路线是我们党的生命线和根本工作路线”,由此推动了群众路线进入新境界,开创了实践的新格局。以密切联系群众为主题的活动频繁开展,党在 2013 年开展了历史上第一次大规模的群众路线教育实践活动,2019 年开展了旨在继续教育引导广大党员干部努力保持党同人民群众的血肉联系的“不忘初心、牢记使命”主题教育，2023 年开展的习近平新时代中国特色社会主义主题教育期间印发了《关于在全党大兴调查研究的工作方案》推动调查研究这个党的传家宝与群众路线这个党的生命线和根本工作路线的充分结合；开辟了新的群众路线实践方式，习近平总书记提出“网络群众路线”的新概念，要求运用网络新形式走好群众路线，通过网上听民声了解民意和线下办实事解难题相结合，党实现了群众路线的新突破和新发展；强调继续推进党的理论创新必须走好群众路线，注重从人民的创造性实践中总结新鲜经验，提炼出新的理论成果，着力让党的创新理论深入亿万人民心中，成为接地气、聚民智、顺民意、得民心的理论。

（三）必须始终坚持全部工作由人民来监督评判

“为民造福是立党为公、执政为民的本质要求。”[①]中国共产党是一切以人民的利益为根本出发点的马克思主义政党，党的全部活动和全部工作都是为了实现好保护好发展好人民的利益。从毛泽东强调“共产党是为民族、为人民谋利益的政党”[②]，到党的十八大以来习近平总书记提出“人民对美好生活的向往就是我们的奋斗目标”[③]，我们党始终“把为民办事、为民造福作为最重要的政绩，把为老百姓办了多少好事实事作为检验政绩的重要标准”[④]。“人民利益标准”是人民评判我们党和国家一切工作的根本标准、最高准绳。习近平人民观与毛泽东人民观都非常注重为人民群众谋取实惠、增进福祉，他们始终把最广大人民群众的冷暖安危放在心上，以实干精神为人民群众解难题、增福祉、享公平；都把群众放在第一位，倾听人民群众的呼声，用人民群众的利益和拥护来评判党的一切工作成效，而不是由我们党自己来衡量成效；都始终科学认识、准确把握、正确解决时代问题，通过艰苦奋斗从根本

① 习近平：《高举中国特色社会主义伟大旗帜　为全面建设社会主义现代化国家而团结奋斗——在中国共产党第二十次全国代表大会上的报告》，载《人民日报》2022 年 10 月 26 日。

② 《毛泽东选集》第 3 卷，人民出版社 1991 年版，第 809 页。

③ 《习近平谈治国理政》第 1 卷，外文出版社 2018 年版，第 101 页。

④ 习近平：《坚持人民至上》，载《求是》杂志 2022 年第 20 期。

上改变中国人民的前途命运，开辟实现中华民族伟大复兴的正确道路，书写人民满意的时代答卷。

习近平人民观又进一步发展了毛泽东人民观，从考出好成绩到新时代交出了更加优异更加满意的答卷。以三个务必的要求提高了考评的标准，务必不忘初心、牢记使命，务必谦虚谨慎、艰苦奋斗，务必敢于斗争、善于斗争，坚定历史自信，增强历史主动，为人民群众谱写新时代中国特色社会主义更加绚丽的华章；以更精准的问题意识回应了人民的诉求，以习近平同志为核心的党中央出台一系列重大方针政策，推出一系列重大举措，推进一系列重大工作，战胜一系列重大风险挑战，解决了许多长期想解决而没有解决的难题，办成了许多过去想办而没有办成的大事，推动党和国家事业取得历史性成就、发生历史性变革；以实际的成绩赢得了人民的信任拥护，国外机构、学者在中国所作的多次民调显示我们党和政府在人民群众中的信任度、满意度和支持率高居世界榜首，加拿大约克大学的研究人员于 2021 年 5 月 5 日刊发在《华盛顿邮报》上的调查报告显示，高达 98% 的中国受访者信任中国政府。

总而言之，在中国革命、建设、改革发展不同历史时期，以毛泽东同志、习近平同志为主要代表的中国共产党人，将马克思主义群众史观的普遍原理运用于中国实践，形成了系列人民观。毛泽东人民观是群众史观在中国实践的落地和生根，习近平人民观是群众史观在中国新时代的延续与升华，彰显了群众史观的价值意蕴，凸显中国共产党人初心使命的价值追求和人民利益至上的执政理念，夯实了党的领导深厚的群众根基。在强国建设、民族复兴新征程上，党带领人民群众以中国式现代化全面推进中华民族伟大复兴，必将进一步传承、践行、弘扬人民观的伟大真理力量和实践力量。

第四章
劳动创造世界

——习近平对毛泽东劳动观的守正创新

中国共产党百年创业，带领全国人民一代接续一代劳动奋斗，创造中华民族发展史上的奇迹。作为杰出的人民领袖，毛泽东、习近平在继承马克思主义劳动观的基础上，立足所处时代经济社会发展和劳动领域新变化新特征，创造性地提出一系列关于劳动的重要论断，形成内涵丰富的劳动观，充分调动和激发人民的劳动热忱，用劳动开拓伟大的民族复兴之路。两位领袖劳动观一脉相承，又各具鲜明特色，共同开辟马克思主义劳动观的新境界。

一、毛泽东劳动观及其实践探索

劳动是人的本质特征，是人类社会前进和发展的动力基础。劳动价值论是马克思主义政治经济学理论基础，也是整个马克思主义理论体系的基石。毛泽东深刻认识劳动对人类社会发展的决定性作用，结合马克思主义基本原理，提出劳动光荣、在生产实践中进行劳动教育、保护好劳动者合法权益等系列重要思想，创造性地发展了马克思主义劳动观。

（一）以“劳动光荣”改变几千年歧视劳动的社会理念，劳动者真正成为国家的主人

马克思主义揭示劳动在人和人类社会形成和发展过程中起决定作用，强调“任何一个民族，如果停止劳动，不用说一年，就是几个星期，也要灭亡[1]”。1937 年,毛泽东的《实践论》旗帜鲜明地指出:“马克思主义者认为人类的生产活动是最基本的实践活动,是决定其他一切活动的东西。”[2]无论革命战争还是社会主义建设时期,无论在思想还是实践上,毛泽东都高度重视劳动,推动了中华民族劳动史上的伟大变革。

实现从“劳动低贱”到“劳动光荣”的根本转变。在中华民族几千年的阶级社会,统治阶级不劳而获、好逸恶劳,认为劳动是低贱的活动,劳动者尤其是体力劳动者长期处于受歧视、被压迫被奴役的地位。毛泽东深刻把握劳动的伟大作用,深切同情劳动人民,下大力气改变轻视劳动的陈腐之气。青年时代,毛泽东所拟定的“新村”计划就主张人人都要参加劳动,重视脑力劳动和体力劳动均衡发展;在领导中国革命和建设的进程中,毛泽东领导劳动人民翻身解放,使劳动者成为国家的主人,在 1954 年他亲自主持制定的新中国第一部《宪法》中,响亮地提出“劳动是中华人民共和国一切有劳动能力的公民的光荣的事情”,营造全社会尊重劳动、热爱劳动和劳动人民的时代新风。

史无前例地开创了干部参加劳动的时代。这颠覆了“劳心者治人,劳力者治于人”的阶级社会秩序,标志着中国历史翻开新的篇章,具有极其重大的政治意义。干部参加劳动,体现官民平等、劳动光荣的价值观,有利于扭转几千年来轻视劳动的风气,发挥干部在劳动中的带头作用;有利于纠正部分干部想“当官做老爷”的错误思想,使干部确立甘当人民公仆的正确定位,避免官僚主义、形式主义的历史惯性。井冈山时期,毛泽东就倡导干部参加体力劳动。抗日战争时期,面对国民党封锁和日军破坏形成的物资严重短缺局面,党中央号召陕甘宁边区军民开展大生产运动,毛泽东提出“自己动手,丰衣足食”的口号,自己亲自参加劳动、开荒种菜。新中国成立后,毛泽东始终不渝地强调干部参加劳动。1949 年 10 月,他在同绥远负责人谈话时指出:“干部要参加生产指挥和劳动。劳动可以改造思想,改造人。”1957 年 4 月他所起草的《中央关于整风和党政主要干部参加劳动的指示》,提倡“县区乡三级党政

---

① 《马克思恩格斯选集》第 4 卷,人民出版社 1995 年版,第 624 页。

② 《毛泽东选集》第 1 卷,人民出版社 1991 年版,第 302 页。

主要干部，凡能劳动的，每年抽一部分时间下田参加生产，从事一小部分体力劳动。县以上各级党政军主要干部（不是一般干部），凡能劳动的，也要这样做，每年以一部分时间，分别下田、下工场、下矿山、下工地或者到其他场所和工人农民一道从事可能胜任的一小部分体力劳动（哪怕是很少一点）”①；经毛泽东修改的中共中央《关于整风运动的指示》强调，“应该在全党提倡各级党政军有劳动力的主要领导人员以一部分时间同工人农民一起参加体力劳动的办法，并且使这个办法逐步地形成为一种永久的制度”②。1958 年 5 月，毛泽东、周恩来、刘少奇、朱德等到十三陵水库工地参加义务劳动。在中央的率先垂范下，各级领导干部积极参加劳动，激发起广大干部热爱劳动人民的情感，加强了执政党的作风建设，增强了党在全国人民中的凝聚力和感召力。

（二）走“生产劳动与教育相结合”的道路，推动新中国生产力与人的共同发展

毛泽东借鉴和吸收马列经典作家关于劳动与教育相结合的思想，提出中国革命和社会主义建设要将生产劳动与教育结合起来，在提高社会生产力的同时，提升劳动者的素质，促进人与社会的共同进步。

积极推动生产劳动与教育相结合。毛泽东立足中国社会实际情况，高度重视对劳动人民的教育，以提高全民科学文化知识水平，增进劳动者生产技能，并使劳动群众能够参与到国家的政治文化建设当中。例如，革命战争时期，根据地广大劳动群众多不识字，党和政府在根据地多种方式办学，利用工余农闲时间对群众开展扫盲和文化教育，提高群众政治觉悟和文化水平。社会主义建设时代，毛泽东更加重视劳动人民的文化与技术教育。新中国成立之初，全国 5.5 亿人口中 80% 是文盲；1964 年第二次全国人口普查显示，15 岁以上人口文盲率由解放初期的 80% 下降到 52%，十几年间 1 亿多成年人摘除了文盲的帽子。这堪称人类文化教育史上的奇迹。与此同时，城市乡村在劳动实践中

---

① 《中共中央文件选集（1949. 10—1966. 5）（第 25 册）》，人民出版社 2013 年版，第 315 页。

② 同上书，第 320 页。

注重技能培训教育，种田能手、技术工人、能工巧匠大量涌现。

发挥劳动在学校教育中的重要作用。毛泽东认为，教育的目标是培养有社会主义觉悟、有文化的劳动者。基于马克思主义揭示的人类认识规律，毛泽东向来提倡在学校教育中，学生既要学习也要参加劳动，将在学校所学到的文化知识运用到实际的生产生活当中，并在社会实践中检验知识的科学性。毛泽东反对脱离实际的传统教育模式，指出“按照当前的教育办法，学生只在学校学习书本知识，未曾到过农村田间地头，根本不知道粮食是怎么生产出来的，甚至从未见过生长在地里的庄稼，这样是不行的”。毛泽东强调，无论理科生还是文科生都要走出学校进行社会实践。实践证明，教育与劳动相结合的教育改革具有多方面的积极效果。学生走出校门参加劳动，有利于从小养成崇尚劳动、热爱劳动的良好习惯，从劳动中亲身体会到劳动成果来之不易，同人民群众保持密切联系；有利于改变只注重学校教育而忽视劳动教育的弊端，使得脑力劳动与体力劳动有机结合，书本知识与实际经验有机结合，促进人的全面发展。改革开放后，数量众多的高素质劳动力形成巨额“人口红利”，成为我国经济快速发展的根本保障。回顾历史，文化与劳动教育的有效结合，正是我国“人口红利”形成的重要原因。

（三）发扬劳动模范、劳动英雄的榜样作用，营造了崇尚劳动、尊重劳动的良好社会风尚

劳动是人类最基本的实践活动。劳动的发展和进步，直接影响着社会的发展和进步。这就决定，人类最伟大的精神，必然是劳动中培养和发展起来的；崇高的劳动精神，是人类最宝贵的财富。作为伟大的思想家，毛泽东总结人民的劳动实践、提炼伟大的劳动精神，以此激励亿万人民的勤劳奋斗，一代代劳动英模不断涌现，成为全国人民的榜样。

将人类劳动精神升华到新的境界。毛泽东深深热爱着劳动人民，深刻感悟人民在劳动中创造历史的精神“密码”，将其凝练成经典的著作，作为教育全党和全国人民的精神食粮。“老三篇”就是人类崇高劳动精神的结晶。《为人民服务》是为了纪念一位普通的烧炭战士张思德，他的为人民服务的精神，成为共产党人永恒的宗旨；《纪念白求恩》，是为了纪念牺牲在工作岗位的医生白求恩同志，他毫不利己专门利人、对工作极端地负责任、对同志对人民极端地热忱、对技术精益求精，他的精神教育人们如何做“一个高尚的人，一个纯粹的人，一个有道德的人，一个脱离了低级趣味的人，一个有益于人民的人[①]”；《愚公移山》，愚公是中国神话传说中的普通劳动者，他不顾年迈，率领全家挖山不止而移走两座大山，毛泽东用“愚公精神”教育党员干部，只要团结起来、敢于斗争、坚持不懈，就一定能实现我们的奋斗目标。1949 年 9 月，毛泽东在为《新华月报》创刊号题词时，将“爱劳动”列为“全体国民的公德”之一，认为“爱劳动”应该成为新社会新公民的“道德”“公德”。毛泽东所总结出来的这些精神，永远激励中华民族奋发向上。

坚持发挥劳动模范的榜样作用。典型带动，是毛泽东的重要工作方法。劳动模范，是劳动实践中的先进典型。毛泽东对他们的精神充分肯定，对他们的事迹广泛弘扬，在全社会形成劳动光荣、比学赶超的创业作风。例如，抗战时陕甘宁边区的大生产运动，开展过规模较大的劳模运动和劳动竞赛等活动。1945 年 1 月，在边区劳动英雄和模范工作者大会上，毛泽东称赞劳动英雄模范有三个作用：第一，“带头作用”——“你们特别努力，有许多创造，你们的工作成了一般人的模范”；第二，“骨干作用”——“你们已经是群众中的骨干，群众中的核心，有了你们，工作就好推动了”；第三，“桥梁作用”——“你们是上面的领导人员和下面的广大群众之间的桥梁”[②]。通过开展劳模运动和表彰劳动模范，激发了人们的劳动热情，抗日根据地成功度过经济困难期，为抗日战争最后胜利提供了保障。1950 年 9 月，在全国战斗英雄和劳动模范代表会议上，毛泽东再次强调，“你们是全中华民族的模范人物，是推动各方面人民事业胜利前进的骨干，是人民政府的可靠支柱和人民政府联系广大群众的桥梁”。正是这种大力弘扬，使新民主主义革命和社会主义建设时期，中华大地劳动英模辈出，例如延安时期，农业生产战线涌现出吴有满、马杏儿，工业生产战线涌现出赵占魁、温贤良、沈鸿等一批劳模英雄；社会主义建设时期，“高炉卫士”孟泰、“铁人”王进喜、“宁

① 《毛泽东选集》第 2 卷，人民出版社 1991 版，第 336 页。

② 《毛泽东选集》第 3 卷，人民出版社 1991 年版，第 240 页。

肯一人脏、换来万人净”的时传祥、“扎根农村典型”邢燕子、“为人民做好事”的雷锋等，在共和国创业的时空中灿若群星，激发广大劳动者以饱满的劳动热情和奉献精神，全身心地投入社会主义现代化建设。

（四）“关心群众生活”，激发广大劳动者的积极性和创造性

在推动社会生产力发展的过程中，毛泽东领导下的党和政府，通过各种方式增进劳动者福利、保障劳动者权益，激发广大劳动者的积极性和创造性。

高度重视劳动者福利改善。对于劳动者的福利，毛泽东强调既要有精神鼓励，还要改善物质待遇，明确要求“工人的劳动生产率提高了，他们的劳动条件和集体福利就需要逐步有所改进”①，“随着整个国民经济的发展，工资也需要适当调整”②。对于劳动者的学习教育、技能培养，毛泽东要求“各类各级中等技术学校应有计划地吸收有相当文化程度的产业工人、参加革命多年的干部和农民劳动模范入学，培养他们成为国家生产建设的技术干部，对他们的入学应给以种种便利和必要的优待”③。对于劳动与休息的平衡，毛泽东明确指出：“如果专搞劳动强度，不休息，那怎么行呀？”“要有生产节奏”，“苦战和休整也有同一性”。对于妇女参加劳动，毛泽东强调“必须实行男女同工同酬的原则”④。正是基于对这些指示和相应的劳动保护政策的贯彻落实，新中国的劳动群众真切感受到自己是国家和社会的主人，劳动是最受国家和社会尊重的事情，从而以极大的积极性和创造性投身国家的社会主义建设事业。

切实保护好劳动者合法权益。革命战争年代，毛泽东就开始注重保护劳动者合法权益。新中国成立后，党中央更加重视保障工人阶级的利益，出台了一系列政策措施。例如，新中国成立之初，针对工人的失业问题，政府就出台相应政策，要求有关劳动部门做好失业人员培训再上岗工作，提高劳动者再就业能力；制定相关劳动标准体系，在劳动

---

① 《建国以来重要文献选编》第8册，中央文献出版社1994年版，第262页。
② 同上。
③ 《建国以来重要文献选编》第3册，中央文献出版社1992版，第162页。
④ 《毛泽东文集》第6卷，人民出版社1999年版，第476页。

者工资、工时方面国家有关部门作出相应规定，如“要求同地区同行业，工资标准大体一致；男女同工同酬；公私企业实行 8 小时至 10 小时工作制；建立女工特殊保护制度；废除童工等”。

二、习近平劳动观及其实践探索

进入新时代，习近平以马克思主义与时俱进的实践品格，立足新阶段新特点，弘扬中华传统劳动美德，创造性地提出“劳动创造幸福”等一系列新思想新观点，科学回答新时代应当树立什么样的劳动观、培育什么样的劳动者等一系列问题，进一步丰富和发展了马克思主义劳动学说，谱写了马克思主义中国化时代化新篇章。

（一）实现中国梦，需要我们每一个人继续付出辛勤劳动和艰苦努力

中华民族是勤于劳动、善于创造的民族。中华民族几千年来创造的伟大成就，背后都凝聚着人民群众的辛勤劳动和汗水。新中国成立以后，中华大地发生的历史巨变，更是依靠劳动人民的艰苦奋斗和无私奉献所取得。习近平指出，“劳动创造了中华民族，造就了中华民族的辉煌历史，也必将创造出中华民族的光明未来”①。

党的十八大以来，实现中华民族伟大复兴的中国梦，引领着中华巨轮的前进方向。习近平强调，“实现中国梦，创造全体人民更加美好的生活，任重而道远，需要我们每一个人继续付出辛勤劳动和艰苦努力”②；“实现我们的奋斗目标，开创我们的美好未来，必须紧紧依靠人民、始终为了人民，必须依靠辛勤劳动、诚实劳动、创造性劳动”③。新时代以来，我国实现全面建成小康的宏伟目标，经济社会发展取得历史性成就，离不开千千万万劳动者的辛勤付出。习近平指出，“社会主义中国发展到今天，取得的成就不是天上掉下来的，更不是别人恩赐施舍

---

① 《习近平总书记系列重要讲话读本》，人民出版社 2014 年版，第 48 页。

② 《在第十二届全国人民代表大会第一次会议上的讲话》，人民出版社 2013 年版，第 10 页。

③ 《习近平著作选读》第 1 卷，人民出版社 2023 年版，第 132 页。

的，而是广大人民群众在党的领导下用勤劳、智慧、勇气干出来的！”①

党的二十大提出，从现在起，中国共产党的中心任务就是团结带领全国各族人民全面建成社会主义现代化强国、实现第二个百年奋斗目标，以中国式现代化全面推进中华民族伟大复兴。这是以习近平同志为核心的党中央对人民群众的庄严承诺，为实现中华民族伟大复兴指明了实践路径。劳动仍将是实现这一历史伟业的根本动力，14 亿多人整体迈进现代化社会的宏伟事业，只有依靠全体人民的共同奋斗。“人世间的美好梦想，只有通过诚实劳动才能实现；发展中的各种难题，只有通过诚实劳动才能破解；生命里的一切辉煌，只有通过诚实劳动才能铸就。”②

（二）劳动最光荣、劳动最崇高、劳动最伟大、劳动最美丽

无论时代条件如何变化，我们始终都要崇尚劳动、尊重劳动者，始终重视发挥工人阶级和广大劳动群众的主力军作用。习近平强调：“一切劳动，无论是体力劳动还是脑力劳动，都值得尊重和鼓励；一切创造，无论是个人创造还是集体创造，也都值得尊重和鼓励。”“全社会要崇尚劳动、见贤思齐，加大对劳动模范和先进工作者的宣传力度，讲好劳模故事、讲好劳动故事、讲好工匠故事，弘扬劳动最光荣、劳动最崇高、劳动最伟大、劳动最美丽的社会风尚。”③“必须牢固树立劳动最光荣、劳动最崇高、劳动最伟大、劳动最美丽的观念，崇尚劳动，造福劳动者，让全体人民进一步焕发劳动热情、释放创造潜能，通过劳动创造更加美好的生活。”习近平的这些重要论述，铿锵有力，奏响劳动光荣、创造伟大的时代强音，为实现伟大梦想凝聚起劳动创造的磅礴力量。

劳模精神、劳动精神、工匠精神是以爱国主义为核心的民族精神和以改革创新为核心的时代精神的生动体现，是鼓舞全党全国各族人民勇毅前行的强大精神动力。在新时代，劳动精神、劳模精神、工匠精神，焕发出更加灿烂的光彩。习近平深刻阐述并号召全社会大力弘扬劳动

---

① 习近平：《在基层代表座谈会上的讲话》，人民出版社 2020 年版，第 12 页。

② 《习近平著作选读》第 1 卷，人民出版社 2023 年版，第 134 页。

③ 习近平：《在全国劳动模范和先进工作者表彰大会上的讲话》，人民出版社 2020 年版，第 9 页。

精神、劳模精神、工匠精神，推动诚实劳动、勤勉工作蔚然成风。2020 年 11 月，习近平在全国劳动模范和先进工作者表彰大会上，正式将劳模精神归纳为“爱岗敬业、争创一流、艰苦奋斗、勇于创新、淡泊名利、甘于奉献”，将劳动精神归纳为“崇尚劳动、热爱劳动、辛勤劳动、诚实劳动”，将工匠精神归纳为“执着专注、精益求精、一丝不苟、追求卓越”。通过号召全社会弘扬劳模精神、劳动精神、工匠精神，为决胜全面小康、决战脱贫攻坚、实现经济社会发展目标提供强大的思想和精神引领。2021 年 9 月，劳模精神（劳动精神、工匠精神）被党中央第一批纳入中国共产党人精神谱系。

（三）坚持“五育并举”，培养高素质社会主义劳动者

劳动者素质对一个国家、一个民族发展至关重要。当今世界，综合国力的竞争归根到底是人才的竞争、劳动者素质的竞争[①]。劳动教育是“中国特色社会主义教育制度的重要内容，直接决定社会主义建设者和接班人的劳动精神面貌、劳动价值取向和劳动者技能水平”，对培养高素质的劳动者至关重要。纵观党在各个历史时期的教育方针，劳动教育一贯在教育体系中占有举足轻重的地位。

针对劳动教育在学校教育中有所弱化的苗头，习近平坚持教育与生产劳动相结合的优良传统，结合我国劳动教育现状和时代发展的需要，首次将“劳动教育”纳入“培养什么人”这一党的教育方针之中，把劳动教育的地位和意义提升到前所未有的高度。在 2018 年全国教育大会上，习近平指出，“要努力构建德智体美劳全面培养的教育体系”，“要在学生中弘扬劳动精神，教育引导学生崇尚劳动、尊重劳动，懂得劳动最光荣、劳动最崇高、劳动最伟大、劳动最美丽的道理，长大后能够辛勤劳动、诚实劳动、创造性劳动。”[②]党中央提出“五育并举”的人才培养体系，为新时代弘扬劳动精神、培育高素质的社会主义劳动者提供了根本保障。

---

① 习近平：《在全国劳动模范和先进工作者表彰大会上的讲话》，人民出版社 2020 年版，第 11 页。

② 《习近平著作选读》第 2 卷，人民出版社 2023 年版，第 218 页。

（四）构建和谐劳动关系，促进劳动者权益保障和生活水平提高

劳动关系是最基本的社会关系。习近平高度重视和谐劳动关系，指出构建和谐劳动关系是建设社会主义和谐社会的重要基础，是增强党的执政基础、巩固党的执政地位的必然要求，是坚持中国特色社会主义道路、贯彻中国特色社会主义理论体系、完善中国特色社会主义制度的重要组成部分。习近平始终心系劳动者，新时代我国劳动关系保持良好态势。

保护劳动者权益，提高劳动报酬。就业是民生之本，党中央将促进劳动者就业、增进劳动者权益有机结合。2015 年，在庆祝“五一”国际劳动节暨表彰全国劳动模范和先进工作者大会上，习近平指出，“党和国家要实施积极的就业政策，创造更多就业岗位，改善就业环境，提高就业质量，不断增加劳动者特别是一线劳动者劳动报酬。”“要最大限度增加和谐因素、减少不和谐因素，发展和谐劳动关系，促进社会和谐。”“要坚决履行维护职工合法权益的基本职责，把竭诚为职工群众服务作为工会一切工作的出发点和落脚点，帮助职工群众通过正常途径依法表达利益诉求，把党和政府的关怀送到广大劳动群众心坎上，不断赢得职工群众的信赖和支持。”这些重要论述为保障劳动者权益提供指南，有力地激发了人民群众的劳动热情。

构建新就业形态劳动者和谐劳动关系。近年来，在交通出行、生活服务、知识技能、医疗分享等领域，出现了一些新的就业形态。第九次全国职工队伍状况调查结果显示，全国新就业形态劳动者已占职工总数的 21%。新就业形态具有雇佣关系灵活化、工作内容碎片化、工作方式弹性化、创业机会互联网化等特点，也给从业者的权益保障造成一定困难。加强新就业形态劳动者权益保障，成为新时代新征程上需要解答的民生考题。围绕维护好快递员、网约车司机、货车司机等新就业群体的合法权益，习近平反复强调“要完善多渠道灵活就业的社会保障制度”，指出“相配套的法律法规政策措施也不能姗姗来迟”，同时提醒要“做好新就业群体的思想引导和凝聚服务工作”。2021 年 7 月出台的《关于维护新就业形态劳动者劳动保障权益的指导意见》，将新就业群体纳入劳动保障基本公共服务范围。党的二十大报告要求“加强灵活

就业和新就业形态劳动者权益保障”。2023年3月,人社部发布的《新就业形态劳动者劳动合同和书面协议订立指引(试行)》,明确将职业伤害保障制度写入文件,解决新就业群体的职业隐忧。这些举措,让新就业形态劳动者群体有尊严、有保障,更有发展。

三、习近平对毛泽东劳动观的守正创新

作为伟大的马克思主义政党,中国共产党深刻把握马克思主义劳动观,坚持劳动价值论,坚定地依靠工人阶级和广大劳动群众,用勤劳的双手改造世界,为人民谋幸福,为民族谋复兴,建立人民当家作主的新中国,奋力推进社会主义现代化国家。作为杰出的人民领袖,从毛泽东到习近平,在不同的历史时期,将马克思主义劳动观与中国的具体实际相结合,团结带领亿万人民创造了革命和建设的奇迹。两代领袖的劳动观既一脉相承又与时俱进。

(一)在践行劳动创造世界的思想上一脉相承,不断推进劳动本身的发展和升级

中国共产党创业百年,筚路蓝缕,紧紧依靠全体人民,用勤劳与智慧一步步改变中国的面貌。从一穷二白的艰难岁月到丰衣足食的发展时期,人民生活条件不断改善,但劳动光荣的价值观一以贯之;劳动的热忱与干劲始终高涨,而劳动本身演绎深刻的历史巨变。

回望百年党领导下的劳动史,社会生产力从极为落后到加速追超世界先进水平,直接体现在劳动的进步。在半殖民半封建社会的旧中国,现代工业微乎其微,经济仍以传统小农经济与手工业主导;在社会主义建设时期,国家加速推进工业化,但从全社会看机械化、自动化水平仍然低下。在此条件下,劳动方式仍以手工劳动为主,中国人民充分发挥“人多力量大”的优势,以自己的双手苦干实干,逐步为新中国发展创造强大的基业,为改革开放后的经济腾飞积蓄力量。进入中国特色社会主义新时代,以习近平同志为核心的党中央高瞻远瞩,推动社会生产力飞速进步,社会主义劳动的发展呈现全新面貌。

加快提高劳动者素质,不断提升就业质量。习近平指出,面对日趋

激烈的国际竞争,一个国家发展能否抢占先机、赢得主动,越来越取决于国民素质特别是广大劳动者素质。在前进道路上,我们要始终高度重视提高劳动者素质,培养宏大的高素质劳动者大军。在新时代,我国着力构建德智体美劳全面培养的教育体系,大中小学一体化推进劳动教育;有效推进现代职业教育体系建设改革,促进职业教育高质量发展,大力培养高素质技术技能人才、能工巧匠、大国工匠。劳动者素质的提升推动就业结构的优化。我国 1952 年三次产业就业结构为 83.5∶7.4∶9.1,城镇就业人员占 12%;2022 年三次产业就业结构为 24.1∶28.8∶47.1,城镇就业人员占 62.6%。就业结构变化体现就业质量的提升,越来越多的劳动者进入现代产业体系产业链和价值链的中高端,劳动收入不断增长。

推动劳动技术进步,不断提高劳动生产率。劳动工具是体现人类生产力水平的关键要素。在新中国成立之初,除部分工业部门,多数劳动者使用的还是传统的手工劳作工具,劳动生产率不高,劳动强度极大。在新时代,习近平高度重视我国各行业技术进步,国家积极推动关键核心技术攻关,加速技术新陈代谢。我国工业、农业、建筑业等各部门已普遍实现机械化、电气化,部分领域自动化程度也达到很高水平。劳动工具的进步带动劳动生产率跃升,使我国成为世界最大的制造业强国,"中国制造"造福世界,成为享誉全球的"基建狂魔"。

把握劳动方式智能化浪潮,创新驱动成为根本动力。科技是第一生产力,是劳动力的放大器。党的十八大后,我国信息化加快发展,"互联网+"推动产业生态、劳动方式的重塑,人工智能逐步渗透运用于生产技术,成为全球生产力竞争的前沿领域。时代的发展,使人类劳动形态逐步演进,脑力劳动地位越来越重要,体力劳动越来越多地被机器所取代,以科技创新为重点的创造性劳动成为生产力发展的关键。以习近平同志为核心的党中央把科技创新摆在国家发展全局的核心位置,坚持走中国特色自主创新道路,带领我国成功进入创新型国家行列,在关键核心技术领域中国正大踏步追赶世界先进水平,中国人民的勤劳精神、创新智慧转化为经济发展的强大动力。

（二）在为人民谋幸福上一脉相承，推动中国人民的幸福之路越走越宽广

为人民谋幸福的奋斗是循序渐进的。新民主主义革命时期，人民为翻身解放而斗争。在毛泽东的领导下，中国人民终于推翻“三座大山”，建立以工人阶级领导的、以工农联盟为基础的、人民民主专政的新中国，劳动人民成为国家的主人，中国历史开创人民当家作主的新纪元。新中国成立后，国家走上社会主义道路。翻身解放的人民发扬主人翁精神，以前所未有的劳动热情和冲天干劲，建设社会主义新社会，彻底改变了旧中国积贫积弱的面貌，人民物质文化生活水平不断提高。进入中国特色社会主义新时代，习近平强调，“人民对美好生活的向往就是我们的奋斗目标”。党和人民团结奋斗，不断开创国家发展、人民幸福的新天地，中国人民的幸福感、民族自豪感空前提高。

以人民为中心的发展思想引领历史方向。从黄土地的艰苦劳动中成长起来的习近平，以深厚的人民情怀，将马克思主义的人民史观凝练为新时代以人民为中心的发展思想。习近平深刻指出，“以人民为中心的发展思想，不是一个抽象的、玄奥的概念，不能只停留在口头上、止步于思想环节，而要体现在经济社会发展各个环节。要坚持人民主体地位，顺应人民群众对美好生活的向往，不断实现好、维护好、发展好最广大人民根本利益，做到发展为了人民、发展依靠人民、发展成果由人民共享”。因此，以人民为中心的发展思想，是对社会主义劳动的主体、目标、要求、原则的高度概括，为党和政府工作提供根本遵循，为全体劳动者提供价值航标。

高度重视并切实保障劳动者权益。党的十八大以来，我们党在就业、收入分配、社会保障等方面推出一系列重大举措，有效增强人民群众获得感、幸福感。习近平强调“就业是最基本的民生”，国家不断强化就业优先政策，健全就业促进机制，促进高质量充分就业；完善青年、大学生等重点群体就业支持体系，加强困难群体就业兜底帮扶，消除影响就业的不合理限制和就业歧视。我国经济增长的就业带动力保持较高水平，同步实现就业量的扩大和质的提升。分配制度是关系人民收入、共同富裕的大问题。我国努力建设体现效率、促进公平的收入分配体

系，坚持按劳分配为主体、多种分配方式并存，坚持多劳多得，鼓励勤劳致富，促进机会公平，增加低收入者收入，扩大中等收入群体，规范收入分配秩序，规范财富积累机制。我国的分配制度，有力地调动了劳动者积极性，使各种创造财富的源泉充分涌流，同我国社会主义初级阶段社会生产力发展水平相适应。我国建成世界上规模最大的教育体系、社会保障体系、医疗卫生体系，基本民生保障标准不断提高。

向共同富裕目标稳步迈进。党的百年奋斗，使中国人民生活水平逐步提高，从旧中国的饥寒交迫，到社会主义建设时期逐步解决温饱问题，到世纪之交达到总体小康。新时代以来，我国坚持高质量发展，经济发展取得历史性成就，经济发展成果不断惠及全体人民，终于实现全面小康这一中华民族千年梦想。面对新的征程，以习近平同志为核心的党中央把握发展阶段新变化，把逐步实现全体人民共同富裕摆在更加重要的位置上，坚定不移地走共同富裕的道路。习近平强调，"共同富裕是中国特色社会主义的根本原则"，"中国式现代化是全体人民共同富裕的现代化"。党的十九大报告把全体人民共同富裕的社会主义本质外化为具体奋斗目标，提出到 2035 年基本实现社会主义现代化时，全体人民共同富裕迈出坚实步伐；到本世纪中叶，把我国建成富强民主文明和谐美丽的社会主义现代化强国时，全体人民共同富裕基本实现。

（三）在践行初心、实干兴邦上一脉相承，推动民族复兴的历史车轮滚滚向前

中华民族凭自己的勤劳智慧，创造生生不息的五千年文明。但近代以后，因反动统治阶级的腐败无能，中华民族遭受外敌蹂躏，陷入亡国灭种的深重危机。面对山河破碎、人民苦难，中国共产党作为工人阶级的先锋队，矢志为中华民族伟大复兴而奋斗。从毛泽东到习近平，一代代人民领袖在担当复兴使命中一脉相承，引领国家民族走向光明未来。

毛泽东所处的时代，是人民翻身解放、勤俭建国的时代，为民族复兴奠定坚实基础。在艰苦卓绝的革命斗争中，共产党将亿万劳动群众拧成一股绳，在敌人的重重封锁中自力更生、艰苦奋斗，将工农子弟兵

打造成最强大的文明之师、威武之师，终于打败国内外反动派，建立人民当家作主的新中国。新中国成立后，人民群众发奋图强、忘我劳动，在不到三十年的时间，建立起比较完整的工业体系和国民经济体系，建立以“两弹一星”为龙头的强大国防体系，战胜帝国主义、社会帝国主义的封锁打压，我们的朋友遍天下，中华民族巍然屹立于世界民族之林。

新时代是人民实干拼搏、开拓奋进的时代，民族复兴伟业进入不可逆转的历史进程。党中央坚持以人民为中心，擘画全面建设社会主义现代化国家的宏伟蓝图，团结带领全国人民奋进强国建设、民族复兴的新征程。劳动的汗水，汇集成发展的强大动力。习近平指出，“实现中华民族伟大复兴的中国梦，要靠各行各业人们的辛勤劳动”，“历史赋予工人阶级和广大劳动群众伟大而艰巨的使命，时代召唤工人阶级和广大劳动群众谱写壮丽而崭新的篇章。我国工人阶级和广大劳动群众一定要以国家主人翁姿态，积极投身经济社会发展的火热实践，为共同创造我们的幸福生活和美好未来作出新的贡献”。以工人阶级为代表的广大人民群众，不负总书记的殷殷厚望，把实现党和国家确立的发展目标变成自己的自觉行动，立足岗位、创新创造，为党和国家事业取得历史性成就、发生历史性变革作出重大贡献。人民的劳动创造，推动民族复兴的历史车轮滚滚向前，也给世界带来和平发展的光明前景。

在党的二十大，习近平总结新时代推进现代化的经验，提出中国式现代化的宏大命题。中国式现代化是人口规模巨大的现代化，是全体人民共同富裕的现代化，是物质文明和精神文明相协调的现代化，是人与自然和谐共生的现代化，是走和平发展道路的现代化。与西方现代化显著不同，中国式现代化坚持和平发展，不走西方侵略殖民、霸权主义、强权政治的道路，现代化的动力来自人民的劳动创造。因此，中国式现代化是以“劳动创造世界”的人间正道，蕴含马克思主义劳动观发展观的深厚力量，符合全人类共同价值，开创不同于西方的现代化模式，为中华民族复兴鼎定航向、为人类文明进步提供新的动力，具有不可阻挡的真理伟力与极其深远的世界意义。

第五章
实事求是是中国化马克思主义活的灵魂

——习近平对毛泽东实事求是观的守正创新

实事求是是马克思主义中国化的理论成果。实事求是不仅是毛泽东思想的精髓,也是习近平新时代中国特色社会主义思想的精髓①。党的十八大以来,以习近平同志为核心的党中央坚持和发展了实事求是的思想路线,在新时代中国特色社会主义的伟大实践中赋予了实事求是以鲜明的时代特色,是对毛泽东实事求是思想的守正创新。

一、毛泽东的实事求是观及其实践探索

毛泽东的实事求是观是在中国共产党革命和社会主义建设初期形成的,他以实事求是为思想武器,推进马克思主义与中国具体实际相结合,解决了中国革命的理论和实践问题。

(一)“一切从实际出发”的唯物立场

实事求是作为我们党的思想路线,其基本含义是要一切从实际出发来研究和解决问题。而一切从实际出发,是物质第一性、意识第二性的唯物主义原则的具体体现。毛泽东实事求是观提出一切从实际出发,是从全面的实际出发,不是片面的、个别的事实或现象。毛泽东在探索马克思列宁主义普遍真理和中国革命具体实践的结合中,选择从实际出发,以此作为出发点。一切从实际出发不仅是一个彻底的唯物

① 张磊:《实事求是:习近平新时代中国特色社会主义思想的精髓》,载《党建》2022年第7期。

主义的原则,而且也是一个彻底的辩证法原则。它既反对主观地看问题,也反对片面地看问题。毛泽东的实事求是观是从全面的实际出发,是从事物之间的联系去把握事实。这样才能防止主观主义、真正做到从实际出发。

毛泽东的实事求是观主要反映在《反对本本主义》(1930 年 5 月)、《实践论》(1937 年 7 月)和《矛盾论》(1937 年 8 月)、《改造我们的学习》(1941 年 5 月)等论述著作中。毛泽东在 1930 年初发表的《反对本本主义》(又名《调查研究》)文章中开篇第一句话就是“没有调查,没有发言权”①。这是在当时中国革命斗争频频失败,而党内思想观念混乱的背景下发出的振聋发聩的呐喊。文章明确表达出反对“本本主义”,也就是后来的“教条主义”。并且对“怎样纠正这种本本主义”给出了答案,那就是“向实际情况作调查”②。这实质上就是要求一切从实际出发。

毛泽东在《实践论》中从认识和实践的关系上对实事求是进行了哲学论证,探讨实践与认识的相互影响和相互作用,即“实践—认识—再实践—再认识”,这样循环往复以至无穷的认识发展过程。毛泽东认为,人们不仅要将在实践中已经获得的理性认识再回到实践中去检验,而且要在往复不断的实践中去发展,这样才能保证知行统一。正是这种往复不断的实践要求,实事求是永远在路上,我们既要坚持实事求是的思想路线,也要创新路径方法来实现这一目标。

毛泽东在《矛盾论》中探讨了一种实践的唯物辩证法,从共性和个性的关系、一般与特殊的关系,矛盾的普遍性和特殊性等关系上对实事求是进行了哲学论证。在毛泽东看来,要真正坚持实事求是,就必须坚持矛盾分析方法。这是毛泽东实事求是观的重要贡献。坚持矛盾分析的特殊性,就必须做到具体问题具体分析,“研究问题,忌带主观性、片面性和表面性”。只有做到客观地、全面地和深入地研究问题,才能做到实事求是。但这同时也对实践者提出了更高的要求,那就是必须增强实事求是的本领。

---

① 《毛泽东选集》第 1 卷,人民出版社 1991 年版,第 109 页。

② 同上书,第 112 页。

在数年的革命实践和理论反思基础上，针对党内对马克思主义的“本本主义”错误态度，毛泽东1941年5月在《改造我们的学习》一文中给出了对待马克思列宁主义的正确态度：不是仅凭一腔热情，而是要像斯大林说的那样，“把革命气概和实际精神结合起来”。对待马克思主义，要有实事求是的态度。毛泽东在这里首次对“实事求是”进行了中国化的阐释：“‘实事’就是客观存在着的一切事物，‘是’就是客观事物的内部联系，即规律性，‘求’就是我们去研究。”[①]毛泽东在将实事求是的涵义进行改造时，最大的创造是用马克思主义认识论对“是”的含义进行改造。在汉代的古文经学家和清代的汉学家那里，“实事求是”中的“是”一般都是指“是非”，并不包含规律的意思。“求是”就从单纯地分清是非这一层面，延伸到把握客观事物的内部联系，即规律性。毛泽东对“实事求是”含义的改造，是将马克思主义的社会实践思想与中国传统文化相结合的典范。正因为如此，“实事求是”是马克思主义中国化的理论成果。此外，毛泽东对“是”的科学界定，不仅对“实事求是”思想史层面的意义，而且对实际工作都有着现实指导意义。这一界定引起了人们对把握内部联系和客观规律的重视，防止犯经验主义的错误，真正地具有唯物主义认识论立场[②]。

“一切从实际出发”是唯物辩证法的出发点，就是从发展变化的实际出发。一切事物不仅是普遍联系的，又是无限发展的。正因为如此，实事求是是永无止境的。而规律是客观事物本身固有的内在联系，是不以人的主观意志为转移的。坚持实事求是，就是要求人民从不断运动、变化、发展的实际出发，找出客观事物固有的规律性，作为我们工作的向导[③]。习近平也继承了毛泽东的这一唯物立场，提出“实事求是永无止境”，推动实事求是理论在实践中不断创新发展。

（二）“理论联系实际”的求是路径

坚持实事求是的根本途径，就是理论联系实际，而人民群众作为历

---

① 《毛泽东选集》第3卷，人民出版社1991年版，第801页。

② 王兴国：《实事求是论——马克思主义“实事求是”命题与中国传统文化》，湖南人民出版社1998年版，第183页。

③ 张孝岳：《实事求是论纲》，湖南师范大学出版社1999年版，第12页。

史的创造者，就成为理论联系实际的践行者。毛泽东改造实事求是命题，最为突出地表现在将群众观点和群众路线与实事求是统一起来。这是因为，人民群众是社会实践的主体，是实事求是的主体，也是实事求是的价值旨归。

毛泽东以群众观点作为理论联系实际的出发点。毛泽东早就认识到群众路线和实事求是的内在统一关系。他在探索中国革命道路、做农村调查期间发现了依靠人民群众的重要性。毛泽东在中共七大《论联合政府》的报告和《愚公移山》的闭幕式讲话中，就着重阐释了群众路线问题。而后，在八大党章中，首次出现"群众路线"明确提法，并在七大党章提出的"为人民服务"的基础上，增添了采取"从群众中来，到群众中去"的工作方法。毛泽东在七届二中全会上提出要将重点转换到经济建设上来。这表明他已经认识到当时的中国社会实际情况和党的任务已经与革命战争时期有所不同，但仍然还得依靠人民群众，因此明确提出"一切为了人民，一切依靠人民，从群众中来，到群众中去"的群众路线，就是因为群众路线是实事求是的出发点和方法路径。1981 年党的十一届六中全会通过的《关于建国以来党的若干历史问题的决议》首次把"实事求是、群众路线、独立自主"概括为毛泽东思想活的灵魂，"实事求是"和"群众路线"都是毛泽东思想的首创。

调查研究是理论联系实际的纽带和手段，因此调查研究是实事求是的手段。实事求是中的"求"，指的就是研究、探求。这个"求"的过程就是调查研究的过程，是人发挥主观能动性的用武之地。时代不同，"实事"也不同，"是"肯定也会随之变化。怎样把握这种变化，怎样把握变化的规律，都需要"求"，需要调查研究。只有全面掌握"实事"，认真地"求"，才能找到不以人的主观意志为转移的客观规律"是"。坚持"实事求是"，基础在于搞清楚"实事"，就是了解实际、掌握实情；关键在于"求是"，就是探求和掌握事物发展的规律①。

调查研究首先有助于感性认识上升为理性认识。从感性认识而能

---

① 《习近平新时代中国特色社会主义思想学习纲要》(2023 年版)，学习出版社、人民出版社 2023 年版，第 293 页。

动地发展到理性认识的全部过程，就是“从群众中来”的过程，也就是党的政策或领导意见的形成过程。离开这个过程，任何天才的领导者也不可能进行正确领导。毛泽东说，“中央领导之所以正确，主要是由于综合了各地供给的材料、报告和正确的意见。如果各地不来材料，不提意见，中央就很难正确地发号施令。”正因为如此，毛泽东要求领导干部力戒骄傲，要甘心当小学生，把群众当作先生，不耻下问。

而理性认识指导具体实践就必须依赖方针政策的落实。“从群众中来”的过程，是认识世界的过程；而更重要的是改造世界，因此还必须“到群众中去”。政策的制定要依靠群众，政策的落实更要依靠群众，甚至后者更重要。要把制订的政策化为群众的行动，依据政策去组织群众实践。不仅要制订好政策，还要把好事办好。可见，实事求是与群众路线是相辅相成、内在统一的。

（三）“坚持在实践中检验真理和发展真理”的真理观

马克思和恩格斯早就指出，理论应该是随着时间发展而发展的，对于相同的无产阶级革命理论，由于所处时空不一样，它的实际运用并不是千篇一律的。正确的做法应该是与各国具体的实际相结合，不断丰富和发展理论①。毛泽东领会到马克思主义中的精髓，提出中国的革命要符合中国的实际，通过血泪教训放弃了欧洲“从城市到农村”的路径，选择“从农村到城市”的路径。这才是学深学透了马克思的唯物辩证法，是实事求是精神的真正体现。

毛泽东早在 1930 年《反对本本主义》中就一针见血地指出：“我们说马克思主义是对的，绝不是因为马克思这个人是什么‘先哲’，而是因为他的理论，在我们的实践中，在我们的斗争中，证明了是对的。”②他还说，“判定认识或理论之是否真理，不是依主观上觉得如何而定，而是依客观上社会实践的结果如何而定。真理的标准只能是社会实践。”③

毛泽东在随后的《实践论》中进一步阐释了实践作为真理检验标准

① 胡建华、覃翠生主编：《图说马列》，中共中央党校出版社 2012 年版，第 24 页。

② 《毛泽东选集》第 1 卷，人民出版社 1991 年版，第 111—112 页。

③ 同上书，第 284 页。

的理由,“通过实践而发现真理,又通过实践而证实真理和发展真理”①,“人类认识的历史告诉我们,许多理论的真理性是不完全的,经过实践的检验而纠正了它们的不完全性。许多理论是错误的,经过实践的检验而纠正其错误。”②

毛泽东在1942年《整顿党的作风》中根据长期的革命实践中总结经验教训,得出结论:“真正的理论在世界上只有一种,就是从客观实际抽出来又在客观实际中得到了证明的理论。……马克思列宁主义是从客观实际产生出来又在客观实际中获得了证明的最正确最科学最革命的真理。”③但如果把马克思列宁主义看成死的教条,就会产生巨大的危害。毛泽东把马克思主义与中国实际、把理论与实际的关系比作“矢”与“的”的关系,“矢”就是马克思列宁主义,“的”就是中国革命。他认为,主观主义的错误在于不是为了要解决中国革命的理论问题、策略问题而去学习研究马克思列宁主义,而是为了单纯地学理论而去学理论。不是有的放矢,而是无的放矢④。正确的应该是马克思列宁主义的态度。即应用马克思列宁主义的理论和方法,对周围环境做系统的周密的调查和研究,这就是实事求是的态度。中央党校大礼堂落成时,毛泽东亲笔为中央党校题写了“实事求是”的校训,警示对马克思主义理论的教学要以实事求是的科学态度,防止主观主义和教条主义。

二、习近平的实事求是观及其实践探索

习近平在探索中国特色社会主义道路时,面对深化改革和改革攻坚中的新问题,提出“实事求是永无止境”“守正创新”“没有调查,就没有发言权,更没有决策权”“实事求是,不只是思想方法问题,也是党性强不强问题”等观点,不仅要求以实事求是原则指导实际工作中面对的新问题,也要以实事求是原则来纠正党员干部的不良作风。

---

① 《毛泽东选集》第1卷,人民出版社1991年版,第296—297页。
② 同上书,第293页。
③ 《毛泽东选集》第3卷,人民出版社1991年版,第817页。
④ 《习近平谈治国理政》第3卷,外文出版社2020年版,第799页。

(一)提出“实事求是永无止境”“守正创新”,应对改革攻坚中的新问题

习近平在探索新时代中国特色社会主义建设道路时指出,按照实事求是的理念,发展是一个不断变化的进程,发展环境不会一成不变,发展条件不会一成不变,发展理念自然也不会一成不变①。正因为如此,习近平根据我国经济社会发展的实际情况,作出了进入新时代的判断,提出了新阶段、新发展理念等与时俱进的理论观点,指导着党和全国人民对发展理念和思路作出及时调整,引导我国经济、社会发展取得了许多重大的历史性成就。习近平多次强调:“客观实际是不断发展变化的,我们对客观事物及其规律的认识是不断深化的。实事求是永无止境,解放思想也永无止境。”②这里的“实事求是永无止境”包含了“变”和“不变”两个维度的含义:“不变”的是,实事求是是毛泽东思想活的灵魂,更是中国化马克思主义活的灵魂,是我们必须坚持的原则和思想方法。也就是说,坚持实事求是的态度,或者说走实事求是的路线永远不会改变。而“变”的是,探求在新的历史条件下如何坚持实事求是思想路线的具体方法路径是永无止境的,因为实践的发展是永无止境的,所以我们为了适应实践需要不断探索新的方法和路径。正因为如此,坚持实事求是,关键在于“求是”,既要有“求”的决心和勇气,又要有“求”的智慧。正因为实事求是和解放思想都是永无止境的,所以习近平号召广大人民群众不仅“要守正创新、开拓创新,大胆探索自己未来发展之路”③,还“要坚守正道、追求真理,立足我国国情,放眼观察世界,不妄自菲薄,不人云亦云”④。

实践是以人民为主体的社会活动,“求是”要求我们必须坚持一切从人民根本利益出发,深入倾听人民心声,使思考、决策既符合实际情

---

① 《习近平谈治国理政》第 4 卷,外文出版社 2022 年版,第 167—172 页。

② 习近平:《坚持实事求是的思想路线》,载《学习时报》2012 年 5 月 28 日。

③ 习近平:《论把握新发展阶段、贯彻新发展理念、构建新发展格局》,中央文献出版社 2021 年版,第 374 页。

④ 习近平:《在知识分子、劳动模范、青年代表座谈会上的讲话》,载《人民日报》2016 年 4 月 30 日。

况和客观规律,又必须符合人民意愿。因此,领导干部要自觉坚定实事求是的信念、增强实事求是的本领,时时处处把实事求是牢记于心、付诸于行。虽然我国改革开放取得了巨大的经济成就,其中1978—2009年GDP和人均GDP的年均增长率分别为9.8%和8.8%,2010年更是超越日本成为世界第二大经济体。但经济的高速发展却让人们忽视了人的全面需要,产生了经济社会发展路径对于快乐幸福发展路径的偏离。当收入增长到一定程度,社会发展仍然以GDP为中心,而不是以人的全面发展为中心时,国民幸福指数也就难以提升,“财富悖论”现象就形成了,诸如“上学难,看病难,住房难”等客观实际的变化让我们需要作出发展方式、发展目的、发展路径的调整。习近平把握实际发展变化,经过科学研判,在党的十九大报告中旗帜鲜明地提出:“中国特色社会主义进入新时代,我国社会主要矛盾已经转化为人民日益增长的美好生活需要和不平衡不充分的发展之间的矛盾。”这是党根据我国社会主义初级阶段不断变化的新特点作出的重大战略判断。习近平在探索新时代中国特色社会主义建设道路时指出,按照实事求是的理念,发展是一个不断变化的进程,发展环境不会一成不变,发展条件不会一成不变,发展理念自然也不会一成不变①。正因为如此,习近平根据我国经济社会发展的实际情况,提出了新时代、新阶段、新发展理念、高质量发展等与时俱进的理论观点,指导着党和全国人民对发展理念和思路作出及时调整,引导我国经济、社会发展取得了许多重大的历史性成就。例如,习近平指出:“我们既要绿水青山,也要金山银山。宁要绿水青山,不要金山银山,而且绿水青山就是金山银山。”②这一新发展理念体现了实事求是原则,既是我国经济发展转型、推进现代化建设的现实需要,也是满足人民对美好生活的现实需要。“绿水青山就是金山”体现了发展为了人民的价值遵循,体现了问题导向和忧患意识的发展理念。过去我国支柱产业长期依赖资源禀赋,粗放式发展模式带来很多环境

① 《习近平谈治国理政》第4卷,外文出版社2022年版,第167—172页。

② 《习近平新时代中国特色社会主义思想学习纲要》(2023年版),学习出版社、人民出版社2023年版,第224页。

问题。生态环境问题归根到底是发展方式和生活方式问题，要从根本上解决生态环境问题，必须贯彻创新、协调、绿色、开放、共享的发展理念①。这就要求我们积极探索推广绿水青山转化为金山银山的途径，利用自然优势发展特色产业，因地制宜壮大“美丽经济”，让资源变资产、资金变股金、农民变股东，把绿水青山蕴含的生态产品价值转化为金山银山②。湖南十八洞村的脱贫就是运用“绿水青山就是金山银山”这一理念的成功典范。而当前通过乡村振兴战略与“绿水青山就是金山银山”发展模式的结合，还有利于解决我国城乡差距变大的问题，化解社会不稳定的风险，实现经济社会双收益。

（二）提出“没有调查就没有发言权，没有调查也没有决策权”，提高科学决策水平

习近平认为，“没有调查就没有发言权，没有调查也没有决策权”③。在研究、思考、确定全面深化改革的思路和重大举措时，调查研究是谋事之基、成事之道。

调查研究是实事求是的根本途径，也是唯物辩证法的必然要求。习近平鼓励领导干部运用辩证唯物主义指导工作，“学习和运用辩证唯物主义，就要掌握世界统一于物质、物质决定意识的原理，坚持从客观实际出发制定政策、推动工作”④。从客观实际出发，就必须认识中国国情，通过人民群众获得对客观的国情的认识，然后研判问题和制订政策。从实际出发，是理论联系实际的基础。离开调查去谈从实际出发，就会使得理论失去客观的事实基础，结果只能是无的放矢，制订的政策缺乏针对性，也就难以落实。正因为如此，习近平多次对领导干部提出要求，“我们作决策、办事情、谋发展，都要认识规律、遵循规律。从这个意义上说，能否坚持实事求是，能否按客观规律办事，这是决定我们的

① 《习近平谈治国理政》第3卷，外文出版社2020年版，第361页。

② 《习近平新时代中国特色社会主义思想学习纲要》（2023年版），学习出版社、人民出版社2023年版，第226页。

③ 习近平：《坚持实事求是的思想路线》，载《学习时报》2012年5月28日。

④ 习近平：《掌握马克思主义思想方法和工作方法》，载《经济日报》2019年8月18日。

工作特别是领导工作有无主动权和得失成败的关键所在"①。

当前,我国最大的实际,就是仍然并将长期处于社会主义初级阶段。虽然我们已经完成脱贫攻坚的任务实现小康,正从"富起来"向"强起来"迈进。但仍须保持清醒的头脑,"富起来""强起来"是个动态的现象,也有个发展的过程,从"富起来""强起来"到真正的"富"、真正的"强",从发展中国家到发达国家,还有不小的距离,还有很长的路要走②。我们必须认识到这个最大的实际,改革与发展的一切战略都应置于这个发展阶段的制约之下。而要跨越社会主义初级阶段,必须解决人民群众日益增长的对美好生活的需要和不平衡不充分之间发展的矛盾。我国复杂多变的地理环境以及改革开放初期的倾斜性政策使得目前的经济发展呈现多个方面的不均衡态势,经济的不均衡发展引发社会的不均衡发展,这一系列问题的解决都要求全面深化改革。而全面深化改革通常牵一发而动全身,因此政策出台之前必须经过广泛调研、反复论证和科学评估,力求切合实际、行之有效、行之久远。③ 2023 年 3 月,中共中央办公厅印发了《关于在全党大兴调查研究的工作方案》,目的就是运用好调查研究这个我们党的传家宝,把全面深化改革中把握事物的本质和规律,找到破解难题的办法和路径。④

(三)提出"实事求是,不只是思想方法问题,也是党性强不强问题",着力提高党员干部的党性修养

习近平尤其重视实事求是的思想作风和工作作风,强调新时代党的实事求是作风建设的重点是"说老实话、办老实事、做老实人",将党的实事求是的作风建设视为新时代共产党人党性修养的重点内容⑤。可见,习近平总书记的实事求是观点具有提高党性修养的目标导向。

习近平指出,"坚持从实际出发、实事求是,不只是思想方法问题,

---

① 习近平:《坚持实事求是的思想路线》,载《学习时报》2012 年 5 月 28 日。

② 庄电一:《实事求是宣传中国国情国力》,载《青年记者》2019 年第 1 期。

③ 《习近平关于调查研究论述摘编》,党建读物出版社、中央文献出版社 2023 年版,第 4 页。

④ 《中办印发〈关于在全党大兴调查研究的工作方案〉》,载《共产党员》2023 年第 7 期。

⑤ 汪信砚:《习近平的实事求是论》,载《重庆大学学报》(社会科学版)第 3 期。

也是党性强不强问题”[①]。正是因为认识到实事求是对于党性的重要性，习近平要求党员干部在调查研究中要有问题意识。不仅要认识到调查研究是实事求是的手段和方法，更要明白解决问题才是实事求是的目标。调查研究如果只是形式主义，没有问题意识，那么就不可能解决问题。习近平指出：“要防止为调研而调研、防止搞‘出发一车子、开会一屋子、发言念稿子式’的调研，防止扎堆调研、‘作秀’式调研。”[②]这三个防止都指向一个关键：调查研究要有问题意识，要对准问题，走进问题，解决问题，而不是走形式、走过场。为了预防形式主义、官僚主义这些与实事求是背道而驰的做法，习近平要求各级领导干部要“努力做到知行合一，理论联系实际，实实在在地做事情，尽心尽力地干工作，而不是热衷于追求热闹，只摆花架不种花，只摆谱架不弹琴”[③]。正所谓“空谈误国，实干兴邦”，要多干实事、干出实绩来取信于民。

现代社会随着通信技术的发达，人们利用互联网和微信、微博等社交平台多种方式了解社会现状。但不管科学技术多么发达，信息渠道多么广泛，都不能代替领导干部亲自深入基层更能了解真实的情况[④]。深入基层，不仅能够了解实情，还能增进群众感情。现在实行的乡村振兴战略，很多干部下到基层挂职，更能将基层的真实情况反映到上级决策机构，同时，还能通过干部与群众的互动，增进人民群众对党的信任和感情，从而起到凝聚人心的作用，为党的方针政策的顺利推广奠定基础。与此同时，对于领导干部来说，坚持实事求是，一个重要的要求就是敢于讲真话、讲实话。既要掌握实情，敢于为民请愿，也要有一说一，不刻意评功摆好，也不回避和掩饰问题。

习近平要求党员干部要把说老实话、办老实事、做老实人作为党性修养和锻炼的重要内容。可见，对实事求是的坚持，不仅考验领导干部

---

① 《习近平谈治国理政》第 4 卷，外文出版社 2022 年出版，第 527 页。

② 《习近平关于力戒形式主义官僚主义重要论述选编》，中央文献出版社 2020 年版，第 93 页。

③ 习近平：《之江新语》，浙江人民出版社 2007 年版，第 271 页。

④ 李丽、陈健：《习近平关于调查研究重要论述的主要内容及时代价值》，载《湖北社会科学》2023 年第 4 期。

的能力水平，也考验领导干部的党性。面对新时代新征程，走好新的赶考之路，领导干部要把实事求是作为一种品质去追求，作为一种本领去掌握，作为一种责任去担当，求真务实、真抓实干，努力为人民创造实实在在的业绩。习近平在浙江担任省委书记时就指出，“涉及群众的切身利益时，一定要妥善处置，把好事办好”。但当前仍然一定程度上存在形式主义的不良作风。例如，一些基层单位并不是按照上级要求请第三方评估单位对污水整治效果进行评估，而是提前向参与测评的居民提出填写“满意及以上选项”的倾向性建议，或者代替居民填写公众测评表格①。这种弄虚作假、形式主义的工作作风就违背了我们党对干部实事求是的党性要求。

为了预防和整治形式主义、官僚主义这些与实事求是背道而驰的做法，从 2012 年年底开始，中央政治局审议通过关于改进工作作风、密切联系群众的八项规定，力戒形式主义、官僚主义是落实八项规定应有之义。根据中央纪委国家监委网站统计，党的十九大以来，截至 2022 年 8 月底，全国纪检监察机关共查处形式主义、官僚主义问题 27.3 万个，批评教育帮助和处理 41.0 万人，其中给予党纪政务处分 24.3 万人②。国家统计局 2022 年社情民意电话调查结果显示，98.2% 的被调查群众对党中央带头贯彻执行中央八项规定精神情况表示满意。“八项规定”不仅是我们党自我革命的有力举措，也营造了干事创业的良好氛围，有助于广大党员多干实事、干出实绩来取信于民。正所谓“空谈误国，实干兴邦”。

三、习近平对毛泽东实事求是观的守正创新

习近平对毛泽东的实事求是观既有继承，又有创新发展，这种继承

① 《武汉市硚口区人民政府“关于 7 起形式主义和官僚主义典型案例的通报”》，载 https://www.qiaokou.gov.cn/xxgk/jbxxgk/qtzdgkwj/jjjc/jdbg/202008/t20200810_1418325.shtml。

② 《党的十九大以来全国共查处形式主义官僚主义问题 27.3 万个》，载 https://www.ccdi.gov.cn/toutiaon/202210/t20221009_222903.html。

和发展主要体现在三方面:坚持通过调查研究来解决理论如何联系实际的问题;通过坚持实事求是原则来纠正党内不良作风;坚持以科学的态度对待马克思主义。

(一)坚持通过调查研究来解决理论如何联系实际的问题

调查研究是实事求是的根本方法,也是以人民为中心的工作出发点,只有深入人民群众,倾听人民呼声,反映人民意愿,及时发现、总结、概括人民创造的新鲜经验,才能使得党的决策从人民利益出发。调查研究不仅要深入、全面,还要将调研中发现的经验和问题上升为立场、观点和方法论,形成理性认识,达到了解国情、提高世界观的目的。①

毛泽东在革命斗争中发出"没有调查就没有发言权"的倡议,江泽民在改革开放初期强调决策的科学化和民主化,提出"没有调查就没有发言权,没有调查就更没有决策权"②,习近平在新时代中国特色社会主义建设中同样也认为,"没有调查就没有发言权,没有调查也没有决策权"。毛泽东提出,调查就是解决问题,并形象地做了一个比喻:调查就像"十月怀胎",解决问题就像"一朝分娩"。习近平更是强调要提高调查研究能力,坚持问题导向,才能使得决策"有的放矢"。坚持以问题为导向,就是承认问题的客观性,坚持解决问题要从现实出发,必须实事求是。③

毛泽东在大量扎实的调查和革命失败的血泪教训中放弃了欧洲"从城市到农村"的路径,选择"从农村到城市"的路径。这才是学深学透了马克思的唯物辩证法,是实事求是精神的真正体现。党的十八大以后,习近平站在新的历史起点,既坚持了仍然处于社会主义初级阶段的判断,又创新性作出社会主要矛盾发生改变的判断,并随之作出"三新一高"的战略部署。而党的重大决策和重要文件都在出台前,

① 博悦、何馨:《实事求是抓住重点完成好国情调研任务》,载《中国社会科学院院报》2005年8月4日。

② 《江泽民文选》第1卷,人民出版社2006年版,第308页。

③ 张磊:《实事求是:习近平新时代中国特色社会主义思想的精髓》,载《党建》2022年第7期。

要求相关部门进行深入调研和广泛征求意见。重大改革方案都要经过部门讨论、各有关中央领导小组讨论、国务院讨论，然后才拿到中央政治局常委会、中央政治局会议审议。虽然程序比较烦琐，但这样做的目的，就是为了充分发扬民主，广泛听取意见和建议，做到科学决策，从而使得制订的方针政策能够切合实际，最终达到发现问题、解决问题的目的。

（二）坚持以实事求是原则来纠正党内不良作风

调查研究是我们党的传家宝。调查研究不仅有利于了解实情，还是连接党员干部和人民群众的桥梁。中国共产党始终代表最广大人民的利益，要做到实事求是，就必须敢为人民讲真话、讲实话，干实事、求实效。正因为如此，实事求是的落实关系到干部的党性修养。毛泽东在《中共中央关于调查研究的决定》中，将“自以为是”的主观主义作风视为“党性不纯的第一个表现”，而习近平则旗帜鲜明地指出“实事求是是最大的党性”。

实事求是原则的坚持关涉到党内作风，这是因为坚持实事求是的思想路线与坚持群众路线是内在统一的。只有坚持一切以人民根本利益出发，才能听取群众意见制订政策，使得各项方针政策的制订符合实际情况和人民意愿；也才能依靠群众落实政策，使得各方面工作能够顺利开展，把好事办好。毛泽东在《反对本本主义》中批评了落实政策中出现的形式主义问题，为了应对上级检查，不是真抓实干，而是在写材料上下功夫。毛泽东认为这种形式主义的作风和做法是“反对上级指示或者对上级指示怠工的最妙方法”。他还给出了正确的做法，那就是“迈开你的两脚，到你的工作范围的各部分各地方去走走……问题就是这样子解决了”①。落实政策还要充分调动群众的积极性，依靠群众。实事求是的内在含义中包含坚持主观能动性，坚持实事求是，必须将尊重客观规律性与发挥群众主观能动性紧密结合。这是因为人民群众是社会实践的主体，在社会实践中要依靠人民群众，调动人民群众积极性。各地在落实中央政策时，应充分考虑当地的实际情况，并为解决现

---

① 《毛泽东选集》第3卷，人民出版社1991年版，第110页。

实问题出台实施细则。例如,实施乡村振兴战略各地就要因地制宜,根据本地的资源禀赋选择合适的发展路径,而不是笼统地搬用别的省份和地区的经验。

党的二十大报告指出,全面建设社会主义现代化国家,必须充分发挥亿万人民的创造伟力。只有把群众中获得的意见和办法,拿到群众中去实践和验证,才能最终实现改造世界的目标,而这都依赖群众才能完成。而我们党对实事求是路线的贯彻成效,也要深入到人民群众中才能真正看到。党中央部署了大兴调查研究的工作,其中的一个重要原因是,新征程上国际形势不确定因素增多,国内改革发展稳定面临不少深层次矛盾躲不开、绕不过,各种风险挑战、困难问题比以往更加严峻复杂,迫切需要我们拿起党的传家宝,找到解决难题的“金钥匙”。尤其是要解决“本地区本单位长期未解决的老大难问题”,回应人民群众的期待。这些问题的解决以及解决方案是否合理,要以人民是否满意为标准。

习近平引用古语“知屋漏者在宇下,知政失者在草野”来表明人民是我们党的工作的最高裁决者和最终评判者。只有人民群众,才对制订的方针政策的效果有着切身的体会,才能提出改进的最佳方案。只有人民,才能对党员干部发挥监督作用。依靠人民,不仅体现在制订政策和执行政策方面,还体现在对政策执行和制度的监督方面。这种监督,必须给予人民群众参与的权利。湖南省开展“走找想促”活动,目的也是为了通过调查研究,最大程度地发挥人民群众参与决策、监督干部权力的作用。既要问政于民、问计于民,又要让人民评判,真正践行我们党“全心全意为人民服务”的宗旨。

(三)坚持以科学的态度来对待马克思主义

毛泽东对“实事求是”含义的改造是在总结我们党对“什么是马克思主义,怎样对待马克思主义问题”上的经验教训完成的,并对党内的教条主义或本本主义进行了批评。教条主义本质上还是一种主观主义,是当时党内一种对待马克思主义的错误态度。毛泽东在这种背景下改造“实事求是”的含义,不仅仅是为了树立一种科学的研究马克思主义理论的态度,更重要的是为了替中国革命寻找到合适的道路。实践证明:“实事求是”的含义改造不仅是“把马克思主义基本原理同中国具体实际相结合、同中华优秀传统文化相结合”的典范,中国革命和建设也通过“两个结合”找到了正确的道路。中国具体实际内在地包含着中国的现实实际和历史文化实际,马克思主义与中国具体实际相结合的过程,本身也是马克思主义和中国传统文化相结合的过程①。正是中华五千年文明,使得马克思主义的发展有了中国特色。

新时代习近平提出“守正创新”与“实事求是”是一脉相承的,其中“守正”意味传承,“守正才能不迷失方向、不犯颠覆性错误。”②“创新”意味着要发挥人民群众的主动性,具体情况具体分析。习近平提出“守正创新”,表明了坚持马克思主义和发展马克思主义的双重目标,根本上就是要表明新时代中国共产党人对待马克思主义的科学态度和政治定力。③ 习近平指出:“我们通过守正创新形成了中国特色社会主义理论体系,守正就不能偏离马克思主义、社会主义,但不是刻舟求剑,还要往前发展、与时俱进,否则就是僵化的、陈旧的、过时的。”④这是对待马克思主义的科学态度,是马克思主义中国化时代化的内在需求。

习近平在省部级主要领导干部学习贯彻党的十九届六中全会精神专题研讨班开班式上明确提出“坚持解放思想、实事求是、守正创新,更好把坚持马克思主义和发展马克思主义统一起来”,从而将“守正创新”与“解放思想”“实事求是”放在同等重要的位置。守正创新和实事求是一样,都是马克思主义世界观与方法论的高度统一,突出地体现了唯物主义的科学态度与辩证方法的统一。⑤ 习近平经常劝诫领导干部学好马克思主义哲学,不仅是为了提高思想方法和工作方法,更重要的是解决好世界观方面的问题。例如,片面追求 GDP,而不顾及人民群众利

---

① 宋友文:《推进马克思主义中国化时代化的根本途径》,载《学习时报》2023 年 08 月 21 日。

② 习近平:《高举中国特色社会主义伟大旗帜 为全面建设社会主义现代化国家而团结奋斗——在中国共产党第二十次全国代表大会上的报告》,人民出版社 2022 年版,第 20 页。

③ 付莉萍:《哲学思维方式发展视域下“守正创新”论析》,载《中共云南省委党校学报》2023 年第 4 期。

④ 习近平:《论党的宣传思想工作》,中央文献出版社 2020 年版,第 377 页。

⑤ 汪信砚:《习近平的实事求是论》,载《重庆大学学报》(社会科学版)2023 年第 3 期。

益，不注意保护自然环境的做法，从根本上说，都是没有正确的世界观使然。按照马克思主义哲学的要求，把握事物内在联系和普遍联系，在统筹全局中坚持实事求是，才能树立正确的世界观、政绩观，不仅要提高 GDP，更要坚持人民为中心的发展观。

第六章
独立自主是中华民族精神之魂

——习近平对毛泽东独立自主观的守正创新

习近平指出:“独立自主是我们党从中国实际出发、依靠党和人民力量进行革命、建设、改革的必然结论。”[①]《中共中央关于党的百年奋斗重大成就和历史经验的决议》强调:“独立自主是中华民族精神之魂,是我们党立党立国的重要原则。”[②]上述“必然结论”和“重要原则”充分表明,在发展原则上,习近平新时代中国特色社会主义思想和毛泽东思想坚持独立自主既一脉相承,又与时俱进。

一、毛泽东独立自主观及其实践探索

独立自主作为毛泽东思想活的灵魂三个基本方面之一,强调一切从中国实际出发,正确认识中国国情,把握中国革命和建设的规律,制定符合我国国情的路线、方针和政策。

(一)“外因是变化的条件,内因是变化的根据,外因通过内因而起作用”,坚持内因外因辩证法,从哲学上回答了为什么要独立自主

独立自主的内涵非常丰富,其中很重要的一点,就是强调每一个主体都必须始终依靠自己的力量、通过自力更生为主,来实现自身为之奋斗的目标。坚持自力更生为主,是中国革命和建设的制胜法宝。

在中国发展基点上,毛泽东一以贯之强调要始终依靠自己的力量。

---

① 《习近平谈治国理政》第1卷,外文出版社2018年版,第29页。

② 《中共中央关于党的百年奋斗重大成就和历史经验的决议》,人民出版社2021年版,第67页。

不仅如此,毛泽东还深刻论证了依靠自己、自力更生、独立自主的哲学依据。他指出,“外因是变化的条件,内因是变化的根据,外因通过内因而起作用”①。依据这一哲学原理,一个国家革命的发生、发展和胜利,起决定性作用的是内因,是本国客观条件和革命政党及其领导的人民的主观努力。毛泽东在《抗战与外援的关系——〈论持久战〉英译本序言》中向世人指出:“在伟大抗战中,基本的依靠中国自力胜敌,中国的力量也正在发动,不但将成为不可战胜的力量,且将压倒敌人而驱之,这是没有疑义的。”②在抗日根据地发展问题上,毛泽东就明确主张,必须主要依靠自己的力量来获得发展。比如,在抗战相持阶段,国民党消极抗日、积极反共,陕甘宁边区经济财政困难重重。面对困难,毛泽东强调自己动手、丰衣足食,搞大生产运动。正是因为贯彻了自力更生的路线,抗日根据地即使在艰苦的环境下,也得以巩固并不断壮大。抗战胜利后,蒋介石依仗美国的支持,悍然发动内战。毛泽东精辟分析抗战胜利后的中国革命形势,强调:“我们的方针要放在什么基点上?放在自己力量的基点上,叫做自力更生。”③

革命取得成功主要靠自己,建设顺利推进同样主要靠自己。在第一个五年计划时期,我国现代化建设得到了苏联的援助,但我们党还是强调坚持自力更生,不认同苏联主张社会主义国家在经济上的“国际分工”论。毛泽东明确提出,要“自力更生为主,争取外援为辅,破除迷信,独立自主地干工业、干农业、干技术革命和文化革命,打倒奴隶思想,埋葬教条主义”④。正是因为贯彻了自力更生为主、争取外援为辅的路线,在西方对中国进行封锁、中苏关系破裂的困难外部环境下,以毛泽东同志为主要代表的中国共产党人带领中国人民实施几个五年计划,建立起独立的比较完整的工业体系和国民经济体系,成功研制“两弹一星”,为巩固新生政权、维护民族尊严打下坚实基础。

---

① 《毛泽东选集》第1卷,人民出版社1991年版,第302页。
② 《毛泽东文集》第2卷,人民出版社1993年版,第146页。
③ 《毛泽东选集》第3卷,人民出版社1991年版,第1016页。
④ 《毛泽东文集》第7卷,人民出版社1999年版,第380页。

（二）“中国革命斗争的胜利要靠中国同志了解中国情况”，坚持自己情况要靠自己掌握，从现实上回答了为何要独立自主的问题

中国革命的胜利是中国共产党领导中国人民自己掌握自己命运的胜利。中国共产党的光辉发展史，是一部由小到大、由弱变强的光辉发展史。中国共产党在领导中国革命的过程中，曾经得到共产国际和苏联的帮助。中国共产党还是共产国际的一个支部。但毛泽东从来不把外来帮助当作解决中国问题的依靠，相反一直强调中国的事情要靠中国人民自己来办，自己来解决。

早在1930年的《反对本本主义》一文中，毛泽东就明确指出：“中国革命斗争的胜利要靠中国同志了解中国情况。”[①]中国国情本就十分复杂，中国人自己了解自己的情况都需要一个不断深入的漫长过程，远在千里之外的莫斯科当然不可能什么都比中国人自己了解得更清楚、更深入。因此，把中国革命的前途完全寄希望于共产国际的指示是一种彻头彻尾的教条主义、本本主义，是无法取得中国革命的胜利的。

正是基于对中国国情的深入把握，毛泽东带领中国共产党人走出了一条农村包围城市武装夺取政权的革命新道路，取得了一个又一个胜利。但中国共产党作为抗战中流砥柱领导中国人民取得抗日战争胜利以后，中国面临两种命运、两种前途的大决战。斯大林基于对战后形势的悲观判断，高估了美帝国主义的力量，高估了美帝国主义支持下蒋介石的力量，低估了中国人民的革命力量，主张中国共产党必须和国民党讲和，不准中国共产党人革命。毛泽东坚持中国的命运由中国人民自己掌握的原则，坚持以革命的两手反对国民党反革命的两手。当蒋介石悍然发动全面内战时，中国共产党领导中国人民坚定不移以革命战争战胜反革命战争，坚持“打倒蒋介石，解放全中国”。中国革命的胜利是中国人民自己掌握自己命运的伟大胜利，是独立自主原则的伟大胜利。

---

① 《毛泽东选集》第1卷，人民出版社1991年版，第115页。

（三）“使马克思主义在中国具体化”，坚持马克思列宁主义和中国实际相结合，回答了如何独立自主的问题

中国共产党在领导中国革命的过程中，在究竟应该走一条什么样的道路的问题上，经历了一个漫长曲折的探索过程。在领导革命的早期，由于实践经验不足、理论准备不充分，年幼的中国共产党犯过右倾投降主义的错误，也犯过“左”倾教条主义错误。特别是后者，持续时间最长造成的后果也最严重，最直接最严重的后果是第五次反围剿失败，红军被迫长征。而之所以犯这种错误，就是在道路探索上听命于共产国际。王明教条主义就是这种错误路线的代表。毛泽东对此总结说：“中国这个客观世界，整个地说来，是由中国人认识的，不是在共产国际管中国问题的同志们认识的。共产国际的这些同志就不了解或者说不很了解中国社会，中国民族，中国革命。对于中国这个客观世界，我们自己在很长时间内都认识不清楚，何况外国同志呢？”[①]毛泽东还从哲学上总结犯教条主义错误的思想根源，在 1937 年写了《实践论》《矛盾论》，分别从马克思主义认识论和辩证法的视域分析了教条主义的错误：从认识论方面来讲，教条主义的错误在于只重视理论而严重忽视实践；从辩证法方面来讲，教条主义的错误在于只讲矛盾的普遍性而严重忽视矛盾的特殊性。由此可见，教条主义的错误就在于理论和实践、知和行、主观和客观的脱节，一言以蔽之，就是没有找到适合中国革命的正确道路。

1938 年，在党的六届六中全会《论新阶段》的报告中，毛泽东首次明确提出，“马克思列宁主义的伟大力量，就在于它是和各个国家具体的革命实践相联系的。对于中国共产党来说，就是要学会把马克思列宁主义的理论应用到中国的具体的环境。……离开中国特点来谈马克思主义，只是抽象的空洞的马克思主义。……使马克思主义在中国具体化”[②]。毛泽东的这一重要论述，就为中国革命道路指明了方向，这就是要坚持独立自主，坚持马克思主义和中国革命实际相结合，走自己的

① 《毛泽东文集》第 8 卷，人民出版社 1999 年版，第 299—300 页。

② 《毛泽东选集》第 2 卷，人民出版社 1991 年版，第 534 页。

路。事实上,也正是因为在毛泽东的正确领导下,中国共产党人坚持独立自主,才走出了一条把中国革命引向胜利的正确道路,即农村包围城市武装夺取政权的革命新道路。

探寻革命和建设的正确道路,都离不开独立自主的精神。搞革命要走自己的路,搞社会主义建设同样必须走自己的路。新中国成立以后,毛泽东继续领导中国人民走正确的社会主义建设之路,继续探寻马克思主义和中国社会建设实际相结合的道路。1956 年 4 月 4 日,在讨论修改《关于无产阶级专政的历史经验》稿子时,毛泽东明确提出了“第二次结合”的要求:“社会主义革命和建设时期,我们要进行第二次结合,找出在中国怎样建设社会主义的道路。”①正是由于坚持独立自主,毛泽东强调以苏为鉴,在极端困难的内外条件下,领导中国人民走出了一条不同于苏联的工业化道路,在一穷二白的基础上建立了比较完整的工业体系和国民经济体系。在 1960 年,毛泽东自己对新中国成立以来的探索历程做了一番很重要的总结:“前八年照抄外国的经验。但从一九五六年提出十大关系起,开始找到自己的一条适合中国的路线。……开始反映中国客观经济规律。”②正是因为坚持独立自主,实现了“第二次结合”,建立了独立工业体系和国民经济体系,我国社会主义建设取得重大成就,为新的历史时期开创中国特色社会主义提供了宝贵经验、理论准备、物质基础。

二、习近平独立自主观及其实践探索

习近平强调,“不论过去、现在和将来,我们都有把国家和民族发展放在自己力量的基点上”③。这表明,在新时代,习近平十分重视独立自主发展原则的运用和发展。

---

① 《毛泽东年谱(1949—1976)》第 2 卷,中央文献出版社 2013 年版,第 557 页。

② 《毛泽东年谱(1949—1976)》第 4 卷,中央文献出版社 2013 年版,第 418—419 页。

③ 《习近平著作选读》第 1 卷,人民出版社 2023 年版,第 213 页。

(一)"当年我们依靠自力更生取得巨大成就。现在国力增强了,我们仍要继续自力更生",对内外环境作出科学研判,从关乎新时代中国发展命运的高度回答了为什么要独立自主

党的十九大报告指出,"经过长期努力,中国特色社会主义进入了新时代。"①新时代我国发展面临新的国际环境,当今世界面临百年未有之大变局,经济全球化遭遇逆流,单边主义有所抬头。直面这种新情况,习近平在党的二十大报告中提醒我们:"我国发展进入战略机遇和风险挑战并存、不确定难预料因素增多的时期",要"准备经受风高浪急甚至惊涛骇浪的重大考验"②。

为给中华民族伟大复兴设置障碍,一些西方国家对我国实施技术封锁,搞关键部件的"断供",就是我们不得不面对的重大考验。习近平深刻指出:"总体上看,我国关键核心技术受制于人的局面尚未根本改变,创造新产业、引领未来发展的科技储备远远不够,产业还处于全球价值链中低端,军事、安全领域高技术方面同发达国家仍有较大差距。"③怎么样缩小差距,迎头赶上?出路只能是走好自主创新的自力更生之路。习近平强调:"当年我们依靠自力更生取得巨大成就。现在国力增强了,我们仍要继续自力更生,核心技术靠化缘是要不来的。"④因此,在新时代坚定不移走自主创新的自力更生之路,"加快实现高水平科技自立自强"⑤,是新发展阶段把中国发展的命运牢牢掌握在自己手中的必然选择。

---

① 《习近平谈治国理政》第3卷,外文出版社2020年版,第8页。

② 习近平:《高举中国特色社会主义伟大旗帜 为全面建设社会主义现代化国家而团结奋斗——在中国共产党第二十次全国代表大会上的报告》,人民出版社2022年版,第26页。

③ 《习近平谈治国理政》第2卷,外文出版社2017年版,第203页。

④ 《习近平:核心技术靠化缘是要不来的 只有自力更生》,载共产党员网,https://news.12371.cn/2015/02/16/ARTI1424046814548363.shtml,2022年11月13日访问。

⑤ 习近平:《高举中国特色社会主义伟大旗帜 为全面建设社会主义现代化国家而团结奋斗——在中国共产党第二十次全国代表大会上的报告》,人民出版社2022年版,第35页。

（二）“坚持独立自主，就要坚持中国的事情必须由中国人民自己作主张、自己来处理”，坚持自己的发展自己做主，从关乎新时代伟大事业发展主动权的高度回答了为何要独立自主

独立自主的一个基本价值指向，就是自己能做自己命运的主人，而不是听天由命，更不是听从其他人（国家、政党等）高高在上的指挥。习近平指出：“坚持独立自主，就要坚持中国的事情必须由中国人民自己作主张、自己来处理。”①

经过长期努力，中国特色社会主义进入新时代，中国正日益走近世界舞台中央，正日益接近实现中华民族伟大复兴的中国梦。中国人民为此骄傲、中华民族为之自豪。但西方势力并不希望中国如此发展。美国对中国进行打压的力度步步升级，对中国进行指手画脚的现象日渐增多。面对严峻的外部环境，习近平强调必须始终坚持独立自主，中国要始终自己掌握自己的命运。比如，在全面深化改革问题上，必须回答“改什么”“怎么改”。回答这一问题，必须坚持独立自主原则，因为我们的改革不是为了迎合西方掌声，不是要走资本主义道路，而是要更好坚持和完善中国特色社会主义制度，要始终坚持党的领导。习近平强调：“‘治国犹如栽树，本根不摇则枝叶茂荣。’我们治国理政的本根，就是中国共产党的领导和中国特色社会主义制度。”又比如，在台湾问题上，实现祖国的完全统一是中华民族伟大复兴的必然要求，任何势力都阻挡不了祖国统一的历史大势。习近平强调：“台湾是中国的台湾。解决台湾问题是中国人自己的事，要由中国人来决定。”②

（三）“方向决定道路，道路决定命运”，坚持道路自信，回答了新时代如何独立自主的问题

独立自主表现在道路选择上，就是要坚定道路自信。“方向决定道路，道路决定命运”③。“道路选择正确与否，是一个直接关乎一个国家、一个民族、一个政党能否兴旺发达的前提性问题。因此，在坚定‘四

① 《习近平谈治国理政》第1卷，外文出版社2018年版，第29页。

② 习近平：《高举中国特色社会主义伟大旗帜　为全面建设社会主义现代化国家而团结奋斗——在中国共产党第二十次全国代表大会的报告》，人民出版社2022年版，第59页。

③ 《习近平谈治国理政》第2卷，外文出版社2017年版，第36页。

个自信'的要求中，摆在首位的，就是要坚定道路自信。"①习近平强调："坚持独立自主，就要坚定不移走中国特色社会主义道路，……增强道路自信。"②

发扬独立自主精神、坚持道路自信，是全面推进中华民族伟大复兴的必然要求。在新时代，中国社会主要矛盾发生变化，世界面临百年未有之大变局。只有坚持道路自信，才能在百年未有之大变局中保持战略定力，才能在历史之变、时代之变、世界之变中坚持做好自己的事情，才能更好统筹国内国际两个大局，才能在不稳定性不确定性因素增强的条件下创造性地开展工作，不为改革攻坚的难题所吓倒，不为外部势力的阻挠而止步，驰而不息推进新时代中国特色社会主义伟大事业。面对新时代国内外出现的新情况新挑战，习近平指出："我们必须增强忧患意识，……准备经受风高浪急甚至惊涛骇浪的重大考验"③，"坚持中国特色社会主义道路。……坚持独立自主、自力更生，坚持道不变、志不改，……坚持把中国发展进步命运牢牢掌握在自己手中。"④

在道路问题上，习近平强调既不走僵化封闭的老路，也不走改旗易帜的资本主义邪路，而是坚定不移走新时代中国特色社会主义道路。习近平强调："坚持和发展中国特色社会主义是一篇大文章，邓小平同志为它确定了基本思路和基本原则"，"我们这一代共产党人的任务，就是继续把这篇大文章写下去"⑤。习近平坚持马克思主义和中国新时代中国特色社会主义建设实际相结合、和中华优秀传统文化相结合，创立习近平新时代中国特色社会主义思想。这一思想的主要内容，就是"十个明确""十四个坚持""十三方面的成就"。在此基础上，习近平在党的二十大报告中，还第一次明确提炼概括了习近平新时代中国特色社会主义思想的世界观和方法论，即"六个坚持"。其中，第二个坚持就是

① 杨振闻：《走自己的路：中国道路成功的关键密码》，载《求索》2020 年第 1 期。

② 《习近平谈治国理政》第 1 卷，外文出版社 2018 年版，第 30 页。

③ 习近平：《高举中国特色社会主义伟大旗帜　为全面建设社会主义现代化国家而团结奋斗——在中国共产党第二十次全国代表大会的报告》，人民出版社 2022 年版，第 26 页。

④ 同上书，第 27 页。

⑤ 习近平：《关于坚持和发展中国特色社会主义的几个问题》，载《求是》杂志 2019 年第 7 期。

要“坚持自信自立”，强调“党的百年奋斗成功道路是党领导人民独立自主探索开辟出来的”①。习近平新时代中国特色社会主义思想的主要内容及其世界观和方法论，就为我们在新时代坚持独立自主，走好新时代的奋进之路指明了正确方向。

三、习近平对毛泽东独立自主观的守正创新

在坚持独立自主发展原则上，习近平既体现了和毛泽东独立自主发展原则的一脉相承性，如都强调要把力量的基点放在自己身上，都强调中国的事情要依靠自己来做主张，等等，又在新时代实现了创新发展。

（一）在继承毛泽东“自力更生为主，争取外援为辅”思想精神实质的基础上，提出“坚持自立自强”，“推进高水平对外开放”，“走自主创新的自力更生之路”

毛泽东在新民主主义革命时期，特别强调要依靠自己的力量来取得革命的胜利，同时又不拒绝国际援助，即自力更生为主，争取外援为辅。毛泽东指出：“我们并不孤立，全世界一切反对帝国主义的国家和人民都是我们的朋友。但是，我们强调自力更生，我们依靠自己组织的力量，打败一切反动派。”②进入社会主义建设时期，毛泽东同样强调自力更生为主，争取外援为辅。正是因为坚持了独立自主的发展原则，在毛泽东领导下，我们成功研制出了“两弹一星”，建立了一个独立完整的工业体系和国民经济体系，为新时代推进中国式现代化、实现中华民族伟大复兴奠定了坚实的基础。

在改革开放和社会主义现代化建设新时期，邓小平根据和平发展的时代主题，实行对外开放的政策，大大发展了毛泽东独立自主、自力更生的思想。

党的十八大以来，中国特色社会主义进入新时代，国内外形势发生

① 《习近平著作选读》第1卷，人民出版社2023年版，第16页。

② 《毛泽东选集》第4卷，人民出版社1991年版，第1132页。

新的变化，一方面我国综合国力大大提升，国际影响力日益增强；另一方面，国际面临百年未有之大变局，面临的外部压力增多，不确定难预料因素增多，美国等西方国家对我国进行技术封锁，搞贸易保护主义，逆全球化。根据新时代新变化，一方面，习近平强调坚持自立自强，坚决贯彻总体国家安全观，充分认识“国家安全是民族复兴根基，社会稳定是国家强盛的前提”①的重要意义，实施科教兴国战略、人才强国战略、创新驱动发展战略，大力推动科技自立自强、经济自立自强，以新安全格局保障新发展格局，走自主创新的自力更生之路；另一方面，习近平强调要“推进高水平对外开放”，要发挥我国产业供应链完整、超大市场规模优势，以国内大循环吸引全球资源要素，高质量引进来，高质量走出去，实现国内国家双循环相互促进，提升国内国际两个市场的联动效应。

（二）在毛泽东坚持独立自主和发扬国际主义相统一精神的基础上，提出“坚持胸怀天下”

坚持独立自主，不是坚持狭隘民族主义，不是独善其身只顾本国人民的利益，而是在维护本国人民根本利益的同时注重维护世界人民的根本利益，始终注重弘扬国际主义精神。从根本上说，马克思主义是关于人类解放的理论。中国共产党以马克思主义为“立党立国、兴党兴国的根本指导思想”②，始终坚持胸怀天下，推动建设一个更加美好的世界。习近平指出：“中国共产党是中国人民谋幸福、为中华民族谋复兴的党，也是为人类谋进步、为世界谋大同的党。”③从毛泽东到习近平，中国共产党人都坚持胸怀天下。在新时代，随着中国国力的提升，中国人民独立自主发展的同时，能够为世界作出更大的贡献，正在努力构建人类命运共同体。

毛泽东在领导中国新民主主义革命和社会主义建设的过程中，始终把中国人民的命运同世界人民的命运，特别是世界被压迫人民的解

① 《习近平著作选读》第1卷，人民出版社2003年版，第43页。

② 习近平：《高举中国特色社会主义伟大旗帜　为全面建设社会主义现代化国家而团结奋斗——在中国共产党第二十次全国代表大会的报告》，人民出版社2022年版，第16页。

③ 同上书，第21页。

放事业紧密联系在一起。他在总结我国革命成功的经验时强调:“在帝国主义存在的时代,任何国家的真正的人民革命,如果没有国际革命力量在各种不同方式上的援助,要取得自己的胜利是不可能的。胜利了,要巩固,也是不可能的。”①正是基于这种考虑,毛泽东在强调坚持独立自主原则、坚决捍卫人民根本利益的同时,把支持亚非拉人民反对帝国主义、反对殖民主义、反对霸权主义的斗争作为中国人民自己分内的事情。毛泽东指出:“亚洲、非洲和拉丁美洲各国的民族独立解放运动,以及世界上一切国家的和平运动和正义斗争,我们都必须给以积极的支持。”②在毛泽东独立自主和平外交政策的指引下,中国政府给予广大亚非拉国家人民力所能及的帮助,为中国赢得了更多的朋友。

在中国特色社会主义新时代,习近平始终坚持独立自主原则,在坚持走自己的路、注重维护中国人民根本利益的同时,坚持胸怀天下,努力维护世界人民的根本利益。习近平对国际问题把脉问诊,认为当今世界面临“四大赤字”,即“治理赤字”“信任赤字”“和平赤字”和“发展赤字”。为更好破解“四大赤字”,习近平深刻洞察世界大势,强调“一体化的世界就在那儿,谁拒绝这个世界,这个世界也会拒绝他。万物并育而不相害,道并行而不相悖。我们要站在世界历史的高度审视当今世界发展趋势和面临的重大问题,坚持和平发展道路,坚持独立自主的和平外交政策,……在更多领域、更高层面上实现合作共赢、共同发展,不依附别人、更不掠夺别人,同各国人民一道努力构建人类命运共同体”③。习近平强调,必须准确把握人类发展进步的潮流,始终站在历史正确的一边,始终站在人类进步的一边,始终高举多边主义旗帜,弘扬全人类共同价值,主张中国积极参与全球治理,倡导构建人类命运共同体,以“中国智慧”和“中国方案”“积极回应各国人民的普遍关切,为解决人类面临的共同问题作出贡献”④。中国高质量推动“一带一路”建

---

① 《毛泽东选集》第4卷,人民出版社1991年版,第1473—1474页。

② 《毛泽东文集》第7卷,人民出版社1999年版,第116页。

③ 《习近平著作选读》第2卷,人民出版社2023年版,第166页。

④ 习近平:《高举中国特色社会主义伟大旗帜　为全面建设社会主义现代化国家而团结奋斗——在中国共产党第二十次全国代表大会的报告》,人民出版社2022年版,第21页。

设，在合作共赢中切切实实造福“一带一路”沿线国家人民。中国参与的“上合组织”“金砖国家”国际组织，正产生越来越积极的国际影响。中国新时代独立自主的和平外交政策和人类命运共同体的倡议，为中国人民赢得了越来越多的朋友，为建设一个更加美好的世界作出了中国作为一个世界大国应有的贡献。

（三）在毛泽东敢于直面问题“真正懂得独立自主”重要性的基础上，强调“坚持问题导向”更加主动独立自主回答新时代课题

从一定意义上讲，中国革命过程中坚持独立自主，是革命过程中的严峻现实问题逼出来的。毛泽东的领导地位不是自封的，是在革命斗争过程中形成和巩固的。我们党在革命过程中，走了不少弯路。在1931 年党的六届四中全会上，王明在共产国际直接支持下上台，缺乏独立自主精神，奉行“左”教条主义，机械执行共产国际指示，给中国革命造成严重后果。

正是在走投无路、被逼入绝境的情况下，我们党不得不直面现实，深刻认识到王明教条主义的错误，认识到毛泽东独立自主探索中国革命道路的正确性。正是在这种背景之下，召开了具有历史转折意义的遵义会议，初步确立了毛泽东的领导地位，成立毛泽东、周恩来、王稼祥三人军事指挥小组，开始独立自主领导中国革命。1963 年，毛泽东在会见外宾时指出：“不要先生，自己读书，自己写字，自己想问题。这是一条真理。我们过去就是由先生抓着手写字，从一九二一年党成立到一九三四年，我们吃了先生的亏。真正懂得独立自主是从遵义会议开始的。”①

直面问题，我们懂得了独立自主的重要性。在整个新民主主义革命时期，毛泽东正是准确把握“革什么命、怎样革命”这一中国时代课题，从中国革命实际出发，独立自主走出了一条不同于俄国革命“城市中心论”的具体道路，即农村包围城市武装夺取政权的革命新道路，带领中国人民取得新民主主义革命的伟大胜利。

“对共产党人来说，新中国的成立只是万里长征走完了第一步。如

---

① 《毛泽东年谱（1949—1976）》第 5 卷，中央文献出版社 2013 年版，第 257 页。

何在中国这样一个经济文化都比较落后的东方大国，实现从新民主主义社会到社会主义社会的过渡，进而建设、巩固和发展好社会主义，是一个需要根据中国国情进行长期探索的重大课题。”①毛泽东准确把握新中国成立后我们面临的新情况新问题，始终坚持独立自主原则，创造性走出了一条具有中国特色的“一化三改”的社会主义改造之路，社会主义制度得以确立。毛泽东还发表《论十大关系》《关于正确处理人民内部矛盾问题》等光辉著作，创造性地走出了一条适合中国特点的发展之路，建立了比较独立的完整的工业体系和国民经济体系，为中国特色社会主义的发展提供了制度基础和必要前提。

进入新时代，习近平强调必须继续发挥“独立自主的探索和实践精神”②，“必须坚持问题导向”③。正是坚持问题导向，习近平准确把握和创造性回答了“就新时代坚持和发展什么样的中国特色社会主义、怎样坚持和发展中国特色社会主义，建设什么样的社会主义现代化强国、怎样建设社会主义现代化强国，建设什么样的长期执政的马克思主义政党、怎样建设长期执政的马克思主义政党等重大时代课题”④，创立了习近平新时代中国特色社会主义思想，推动党和国家事业取得历史性成就、发生历史性变革，推动我国在全面建成小康社会的基础上，迈上全面建设社会主义现代化国家新征程。在党的二十大报告中，习近平要求我们在把握好重大时代课题的同时，还必须“要增强问题意识，聚焦实践遇到的新问题、改革发展稳定存在的深层次问题、人民群众急难愁盼问题、国际变局中的重大问题、党的建设面临的突出问题，不断提出真正解决问题的新理念新思路新办法”⑤。

新时代的实践充分表明，我们只有始终坚持独立自主的原则，坚持中国的问题从中国基本国情出发，由中国自己来解决，准确把握时代课

---

① 杨振闻：《走自己的路：中国道路成功的关键密码》，载《求索》2020 年第 1 期。

② 《习近平著作选读》第 1 卷，人民出版社 2023 年版，第 214 页。

③ 同上书，第 17 页。

④ 《中共中央关于党的百年奋斗重大成就和历史经验的决议》，人民出版社 2021 年版，第 25—26 页。

⑤ 习近平：《决胜全面建成小康社会 夺取新时代中国特色社会主义伟大胜利——在中国共产党第十九次全国代表大会上的报告》，人民出版社 2017 年版，第 20 页。

题,科学回答实现改革发展稳定中所面临的新问题,才能增强"四个自信",不断谱写马克思主义中国化时代化的新篇章,不断取得新时代中国特色社会主义事业新的伟大胜利。

(四)在毛泽东善于"同一切不正确的思想和行为作不疲倦的斗争"独立自主探索正确道路的基础上,强调"坚持敢于斗争、善于斗争"在守正创新中走好自己的路

独立自主本身就意味着发扬斗争精神,毛泽东正是在发扬斗争精神的过程中,引领中国共产党走出了一条把中国革命走向胜利的道路。在大革命失败后,毛泽东从陈独秀的右倾投降主义的失败中汲取教训,在八七会议上向全党阐述了"须知政权是由枪杆子中取得的"[①]深刻观点。在长征途中,毛泽东敢于同党内错误思想和路线作坚决斗争。遵义会议的召开,结束统治全党四年之久的王明"左"倾冒险主义路线。在抗日民族统一战线问题上,毛泽东又和王明主张一切经过统一战线、放弃独立自主原则、放弃统一战线中的领导权的错误作了坚决斗争。毛泽东强调,"无论何时何地,坚持正确的原则,同一切不正确的思想和行为作不疲倦的斗争"[②]。新中国成立以后,帝国主义对我们进行封锁,甚至发动朝鲜战争,毛泽东领导中国人民进行坚决斗争,捍卫了中国的主权、独立和完整。后来,中苏关系破裂,苏联专家从中国全部撤走,毛泽东强调自力更生,敢于斗争,领导中国人民建立起独立的国民经济体系。

中国特色社会主义进入新时代,习近平强调要进行具有许多新的历史特点的伟大斗争。习近平指出:"敢于斗争是我们党的鲜明品格。我们党依靠斗争走到今天,也必然要依靠斗争赢得未来"[③],"坚持发扬斗争精神,增强全党全国各族人民的志气、骨气、底气,不信邪、不怕鬼、不怕压,知难而进、迎难而上,统筹发展和安全,全力战胜前进道路上各

① 《毛泽东文集》第 1 卷,人民出版社 1993 年版,第 47 页。

② 《毛泽东选集》第 2 卷,人民出版社 1991 年版,第 361 页。

③ 习近平:《立志做党光荣传统和优良作风的忠实传人 在新时代新征程中奋勇争先建功立业——在中央党校(国家行政学院)中青年干部培训班开班式上的讲话》,载《人民日报》2021 年 3 月 2 日。

种困难和挑战，依靠顽强斗争打开事业发展新天地。”①正是因为坚持敢于斗争，善于斗争，新时代以来，习近平领导实现了香港局势由乱到治，坚决开展反“台独”、反干涉、反分裂、反霸权、反逆全球化等重大国内国际斗争，大力增强经济科技等方面自立自强的能力，捍卫了国家主权和发展利益，独立自主这一民族精神之魂焕发新的活力，取得具有许多历史特点新的伟大斗争的胜利。

---

① 《习近平著作选读》第1卷，人民出版社2023年版，第23页。

第七章
战略是关乎党和国家前途命运的根本性和关键性问题

——习近平对毛泽东战略观的守正创新

毛泽东战略观是以毛泽东同志为主要代表的中国共产党人在科学研判不同历史阶段国内外发展形势基础上对未来发展进行的长远规划和前瞻思考所形成的一系列创新性的观点和学说。党的十八大以来，面对世界之变、时代之变、历史之变的发展大势，以习近平同志为核心的党中央以胸怀大局、把握大势、着眼大事的宏大战略思维谋划党和国家各项工作，提出了一系列新观点新思想新战略，系统回答了战略观的科学定位、时代内涵、实践要求，引领党和国家以正确的战略策略应对不断变化的发展形势，开创了中国特色社会主义事业新局面。习近平战略观是对毛泽东战略观的继承与创新，是新时代一系列原创性理论、变革性实践、历史性成就的时代彰显。深入研究习近平战略观与毛泽东战略观的历史联系，对于进一步了解中国共产党人战略观的历史发展与理论演进，推进马克思主义战略观的中国化时代化，实现以中国式现代化全面推进中华民族伟大复兴具有重大意义。

一、毛泽东战略观及其实践探索

毛泽东作为马克思主义战略观中国化时代化的主要创立者，其战略思想是马克思主义与中国革命和建设具体实际相结合的产物。毛泽东运用辩证唯物主义和历史唯物主义的基本原理和方法论，着眼于20世纪风云激荡的国际形势和纷繁复杂的国内局势，总结了新民主主义革命和社会主义革命、建设事业的成功经验，“带领我们党创造性地提出和实施了一系列正确的战略策略”①，形成了一整套独具特色的、适合中国国情的并指导中国革命和建设实践的战略策略思想。在毛泽东战略观的正确指引下，党结合时代特征和中心任务，提出了一系列涵盖政治、经济、文化、军事、外交等方面的战略理论、战略原则和策略手段等，取得了革命和建设的伟大胜利。

（一）“善于观察形势”“注意辨别风向”，提出正确分析形势是制定战略的立足点

实践是主观见之于客观的活动，战略的分析、研判和制定都是个体或团体的行为活动，必须依赖于客观存在的实践及发展形势。正确战略的提出本身就是从客观存在的实际和具体形势出发，是主观与客观相统一的结果。对于中国革命和建设而言，最基本的就是要认清当时中国所面临的国际国内形势。因此，毛泽东在谋划中国革命战略的基本问题时，明确提出：“认清中国的国情，乃是认清一切革命问题的基本依据。”②事实上，无论是民主革命时期党所制定的正确路线、方针和政策，还是社会主义革命和建设时期所制定的正确战略策略，都是牢牢建立在国际国内纷繁复杂形势的正确分析和理解上。

战略形势的正确研判是战略观确立的首要前提和基础。毛泽东之所以能够成为最伟大的战略家之一，能够领导中国革命和建设取得一个又一个的伟大胜利，就在于他总是在紧急关头和关键时刻准确分析内外形势，实事求是地作出科学的战略判断。1921 年建党以后，以毛泽东同志为主要代表的中国共产党人所面临的首要战略问题，就是“谁是我们的敌人？谁是我们的朋友？这个问题是革命的首要问题。”③无法分清敌友，就无法真正意义上团结一切可以团结的力量，孤立和打击最主要的敌人。而要解决这个首要问题，就必须明确革命的性质及其领导者，也就是我们通常意义上所说的革命形势。为此毛泽东

① 习近平：《在纪念毛泽东诞辰 120 周年座谈会上的讲话》，人民出版社 2013 年版，第 5 页。

② 《毛泽东选集》第 2 卷，人民出版社 1991 年版，第 633 页。

③ 《毛泽东选集》第 1 卷，人民出版社 1991 年版，第 3 页。

运用了马克思主义的阶级观点和学说，深刻剖析了近代中国社会的阶级状况和力量对比、经济与政治的关系、中国革命战争中敌我力量的对比及其演变、中国革命战争的特殊规律性等基本问题，得出中国革命性质是无产阶级领导的新民主主义革命。新中国成立后，毛泽东依据国内一穷二白的现状及美帝国主义对我们社会主义新中国采取疯狂的孤立、包围、封锁的严峻形势，迅速制订了恢复国民经济的战略决策，确立了新的历史时期的战略策略。社会主义改造完成后，毛泽东又审时度势，对中国社会主义建设的特殊规律性、国内政党关系、民族关系以及我国与世界各国的关系、世界各国的关系等进行了深入而全面的分析，提出要进行马克思主义与中国实际的"第二次结合"，走适合中国特点的社会主义建设道路；坚持走工业化道路、正确处理社会主义社会矛盾的学说、"长期共存、互相监督"的八字战略方针以及"两个中间地带"理论、三个世界的划分、绝不称霸、和平共处五项基本原则等，对社会主义建设道路及总体蓝图的战略规划和部署进行艰辛而曲折的探索。

实事求是地分析和研判党所面临的内外形势，不仅是中国革命和建设取得成功的重要基础，事实上也是毛泽东战略观的基本依据和逻辑起点。毛泽东关于中国革命和建设战略观的创立和探索是建立在对国际国内具体形势正确分析的基础上。它从根本上解决了中国革命和建设所遇到的基本问题，包括怎样团结一切可以团结的力量开展革命，如何进行社会主义改造与社会主义建设等。这些战略举措使中国革命转危为安、社会主义改造和建设有序进行，对于从战略上推动中国革命和建设走向成功具有重大作用。

（二）突出"全局性""预见性"，体现了战略观的内在要求

突出全局性、预见性是毛泽东战略观的内在要求。青年时代的毛泽东就特别强调认识和理解世界上错综复杂的事物，就必须把握事物的"大本大源"，并把它置放在首要位置。正如毛泽东在革命战争年代所言："拿战略方针去指导战役战术方针，把今天联结到明天，把小的联结到大的，把局部联结到全体，反对走一步看一步。"①事实上，这里所

① 《毛泽东文集》第1卷，人民出版社1993年版，第381页。

强调的战略方针就内蕴谋划部署的全局性和预见性，反对走一步看一步的盲目性与短视性。这种从战略上考量和审视万事万物，注重抓住事物的根本，突出其全局性和预见性的思维方式和工作方法，是毛泽东战略观的内在要求。

强调整体性、系统性、全局性是毛泽东战略观的内在要求之一。突出整体性，是指想问题、谋思路不仅要看到局部和部分，更要关注整体和大局，要有全局思维。毛泽东在《中国革命战争的战略问题》一文中特别指出：“战略问题是研究战争全局的规律的东西。”①凡是属于带有照顾各个方面和各个不同阶段的性质的，都是属于事物的全局和整体，并且进一步提出：“因为懂得了全局性的东西，就更会使用局部性的东西，因为局部性的东西是隶属于全局性的东西的。”②事实上，革命领导人指挥作战如此，日常工作也是如此。毛泽东认为现实生活中，人们观察和认识事物，往往只是从一个一个的局部出发，如同盲人摸象一般，只见树木不见森林。但是要想正确认识一事物就必须把各个部分整合起来形成一个整体进行分析和研判，并且要充分弄明白每一个部分在整体中到底处在何种位置以及它们间的各种联系，这样才能够真正推动工作和指导实践。同时，有些事情从局部来看是非常有利的，但是从整体和全局来看，又是不利的。这就要求我们共产党人看问题、作决策，“不但要看到部分，而且要看到全体。”③只有全局了然于胸，才能稳操胜券，决胜于千里之外。比如，解放战争时期，人民解放战争已由战略防御转为战略进攻后，毛泽东就对当时国共两党间的政治、军事、经济三方面实际状况作了全面具体的分析，得出一个全局性的结论：“中国人民的革命战争，现在已经达到了一个转折点。”④“二十年来没有解决的力量对比的优势问题，今天解决了。”⑤“这个事变一经发生，它就

① 《毛泽东选集》第1卷，人民出版社1991年版，第175页。

② 同上。

③ 同上书，第149页。

④ 《毛泽东选集》第4卷，人民出版社1991年版，第1243页。

⑤ 《毛泽东文集》第4卷，人民出版社1996年版，第333页。

将必然地走向全国的胜利。”[①]这样一个对中国革命进程大的正确判断对于当时那些仍无法看清国内形势的人们，无疑起到拨云见雾的功效，它为接下来如何推翻蒋家王朝、建立社会主义新中国提供了方向指引。

注重预见性、前瞻性、长远性是毛泽东战略观的又一内在要求。注重预见性，是指想问题、谋思路一定要站得高看得远，对于刚刚冒头的倾向具有极其敏锐的鉴别力与辨别力，能够去伪存真、辨别真假，并且能够判断出该事物未来发展的走向和趋势。对此，毛泽东强调一个领导干部“坐在指挥台上，如果什么也看不见，就不能叫领导。坐在指挥台上，只看见地平线上已经出现的大量的普遍的东西，那是平平常常的，也不能算领导。只有当着还没有出现大量的明显的东西的时候，当桅杆顶刚刚露出的时候，就能看出这是要发展成为大量的普遍的东西，并能掌握住它，这才叫领导。”[②]从一定意义上讲，这就是战略领导。也表明一个高明的领导必须拥有高瞻远瞩、预判前瞻的能力，能够以小见大、见微知著。在具体的工作中，毛泽东总是比一般人看得远、看得透，他不仅关注和应对眼前的具体工作事务，而且能够对于事物未来发展的趋势做好各种准备，能够及时精准判断未来事物的发展走向。比如，在抗日战争中，“速胜论”和“亡国论”一度甚嚣尘上，国内各界人士对于战争前景充满了迷惘和迷茫，毛泽东通过对中日之间的各方对比，深刻论述战争的根本问题在于人心而不是武器，进而制定了正确的革命战争路线、方针、政策及战略战术，从战略上科学预见日本必败、中国必胜的必然结果。抗战胜利后，毛泽东大胆作出战略预判，力求在国共较量中赢得先机和占据主动，迅速调集部队和干部开赴东北。事实证明，“这个战略决断对解放战争胜利发挥了多么重要的作用。”[③]

突出全局性、预见性是毛泽东战略观的内在要求，也是毛泽东战略观的鲜明特征。党在革命和建设时期所确立的总纲领、总路线、总方针和总政策，都是基于全局所作出的战略考量，它的意义毫无疑问在于其

---

① 《毛泽东选集》第 4 卷，人民出版社 1991 年版，第 1244 页。

② 《毛泽东文集》第 3 卷，人民出版社 1996 年版，第 395 页。

③ 习近平：《更好把握和运用党的百年奋斗历史经验》，载《求是》杂志 2022 年第 13 期。

超前的预见性和科学的前瞻性，能够使广大党员干部尤其是领导干部在开展工作过程中不至迷失方向、丧失目标，推动大家心往一处想、劲往一处使，全党、全国、全军一盘棋。

（三）“战略上藐视敌人，战术上重视敌人”，生动表达了战略与战术的辩证关系

毛泽东关于战略和战术的辩证关系论是毛泽东战略认识论与战略实践论相结合的产物。毛泽东从辩证唯物主义的认识论出发，深入考察了战略和战术的良性互动过程，强调不管是在革命战争环境下还是中华人民共和国成立之初的经济建设条件下，都必须坚持“战略上藐视、战术上重视”的基本原则和具体方略。在这当中，战略和战术并不是完全割裂，毫无关联的，而是相互渗透、相互作用的，在认识过程中战术决定战略，在实践过程中战略决定战术，二者统一于战略实践中。

战略与战术的辩证阐释是毛泽东战略观的集中体现，也是对立统一的矛盾分析法在中国革命和建设中的具体彰显。战略是至关重要的，战术次之，战略是指导和决定战术的，而战术是围绕战略服务的，保证战略任务顺利完成的。故战术运用得正确与否，战略举措运用得是否恰当，对整个战略任务的完成具有极大影响。正是基于此，在秋收起义失败后，毛泽东清醒地意识到敌我力量对比的悬殊，把蒋介石所代表的国民党反动派比作“大水缸”，把中国共产党比作“小石头”，“小石头”终有一天会砸破“大水缸”的。因而，对待国民党所领导的军队必须坚持“战略上藐视敌人，战术上重视敌人。”①抗日战争时期，毛泽东关于中日战争形势的分析，认为日本帝国主义的优势随着时间推移会变成劣势，而中国作为正义一方其劣势会转变为优势。他明确指出抗日战争从战略层面看中日双方是持久战、内线战、消耗战，战术层面是速决战、外线战和歼灭战。“我们的战略是‘以一当十’，我们的战术是‘以十当一’，这是我们制胜敌人的根本法则之一。”②因此，中国共产党人的战略目的是要取得一定时期内整个革命斗争的胜利，而其战术目

---

① 《毛泽东文集》第8卷，人民出版社1999年版，第177页。

② 《毛泽东选集》第1卷，人民出版社1991年版，第225页。

的是取得一定局部革命斗争的胜利。这种战略与战术的科学分析后来同样应用于社会主义建设时期如何处理各种矛盾及处理中苏关系、中美关系及与第三世界的关系等问题，强调“战略上藐视困难，战术上重视困难。”

要坚持勇于斗争，善于斗争。与敌斗争、与他国竞争，实质上也是一场战略上的博弈与较量。战略上藐视敌人，内在蕴含要树立战胜敌人的信心，敢于斗争；战术上重视敌人，事实上要求要防止骄傲自大、贸然斗争，而要知己知彼，多谋善断，善于斗争。毛泽东对此曾鲜明指出：“胜利的信念是打出来的，是斗争中间得出来的。”[①]一方面，强调集中优势兵力，分化化解，各个击破。梳理中国革命战争的历史，毛泽东所领导的人民军队之所以能够最终战胜日本帝国主义和国民党反动派，就是依靠集中优势兵力，分化化解、逐一歼灭敌人的战略策略。正如毛泽东所言：“中国红军以弱小者的姿态出现于内战的战场，其迭挫强敌震惊世界的战绩，依赖于兵力集中使用者甚大。”[②]同时，要求全党注意根据革命形势与客观实际，区分哪些是当前主要敌人，哪些不是当前主要敌人，进而利用敌人的内部“争斗”与“缺口”，分化瓦解，各个击破。战争如此，搞建设也是如此。毛泽东面对社会主义建设过程中所遭遇的各种重大困难，强调“对于每一个具体的困难，我们都要采取认真对待的态度，创造必要的条件，讲究对付的方法，一个一个地、一批一批地将它们克服下去”[③]。从方法论上讲，这就是与敌人、困难作斗争的战略与艺术。另一方面，掌握斗争主要方向，不要四面出击。“不要四面出击”是毛泽东在党的七届三中全会提出的一个重要战略策略思想。中华人民共和国成立之初，中国共产党既承担着极其繁重的恢复和建设的重任，又面对和应对极其严酷的国际国内斗争形势，国际上美帝国主义妄图扼杀新生的社会主义政权，国内国民党残余势力、封建顽固分子企图破坏党和人民之间的信任。为此，毛泽东提出要从千头万绪的

---

① 《毛泽东文集》第 8 卷，人民出版社 1999 年版，第 426 页。
② 《毛泽东选集》第 1 卷，人民出版社 1991 年版，第 225 页。
③ 《毛泽东文集》第 6 卷，人民出版社 1999 年版，第 393 页。

国家事务中抓住“争取财政经济状况的基本好转”这个主要矛盾，正确处理好国内各阶级、各政党、各民族的关系，最大限度团结一切可以团结的人，“使工人、农民、小手工业者都拥护我们，使民族资产阶级和知识分子中的绝大多数人不反对我们”①，“绝不可树敌太多，必须在一个方面有所让步、有所缓和，集中力量向另一个方面进攻”②。

毛泽东关于战略与战术辩证统一的原理及战略上藐视敌人、困难和战术上重视敌人的思想对于中国革命和建设的指导性作用是显而易见的。显然，这一原理也同时揭示了中国共产党所领导的革命和建设的伟大事业其前途是光明的，道路是曲折的，前进道路上有曲折，曲折中仍须坚定前行。因而，毛泽东要求全党必须树立革命和建设必胜的信念和信心，也必须做好长期斗争、善于斗争的准备。

二、习近平战略观及其实践探索

战略是关乎党和国家前途命运的根本性和关键性问题。党的十八大以来，习近平在多个场合强调“战略”问题的重要性，并就此进行了一系列重要论述，形成了思想深邃、立场鲜明、内涵丰富、逻辑严密、系统科学的战略观。深入学习和把握习近平战略观的逻辑起点、价值定位、核心要义和实践要求，对于当前我们贯彻和落实习近平新时代中国特色社会主义思想，更好领会党的十八大以来以习近平同志为核心的党中央所作出的一系列重大战略部署和大政方针政策具有重大现实意义。

（一）“战略问题是一个政党、一个国家的根本性问题”，明确了新时代战略观的价值定位

战略问题是一个关乎政党和国家前途命运的关键性问题。习近平指出：“战略问题是一个政党、一个国家的根本性问题。战略上判断得

① 《毛泽东文集》第6卷，人民出版社1999年版，第76页。
② 同上书，第75页。

准确,战略上谋划得科学,战略上赢得主动,党和人民事业就大有希望。”①同时,习近平又进一步强调“我们是一个大党,领导的是一个大国,进行的是伟大的事业,要善于进行战略思维,善于从战略上看问题、想问题”②,这就充分表明从战略上看问题、想问题是我们党和国家完成强国建设、民族复兴伟业的根本保证。

“不谋全局者,不足以谋一域。”习近平历来高度重视从战略上看问题、想问题、解决问题,把战略谋划和顶层设计摆在一个十分重要的地位。从习近平从政实践和履历来看,他对于国家和地方经济社会发展就有很多战略上的思考和谋划。在河北正定,他深刻指出“各级领导干部不仅要有战术措施,更要有战略思维,成为各个岗位上的战略家”③,这表明战略思维是领导干部推进各项工作必备的一项能力;在厦门,他领导制定了《1985—2000 年厦门经济社会发展战略》,从战略上统筹谋划地方经济社会发展的未来规划和展望;在福州,他主持编制了《福州市 20 年经济社会发展战略设想》,从战略上进行顶层设计、谋篇布局、一体推进;在浙江,他创造性作出了“八八战略”重大决策部署,这可以说是习近平治国理政思想和战略在地方的先行探索和实践;在上海,习近平强调“必须把上海未来发展放在中央对上海发展的战略定位上”④,站在党和国家的全局把握上海未来发展的定位。从厦门、福州、浙江到上海,习近平反复强调要对地方经济社会发展进行长远的战略规划,可见战略规划和谋划在区域经济未来发展中起着至关重要的作用。到中央工作后,习近平更是多次强调战略问题的重要性。习近平指出:“现在我们要全面建成小康社会和实现社会主义现代化,有许许多多的重大问题需要进行战略谋划。凡是涉及我国经济、政治、文化、社会、生态、外交、国防和党的建设等全局性的重大问题,都需要从战略

---

① 习近平:《在纪念邓小平同志诞辰 110 周年座谈会上的重要讲话》,载《人民日报》2014 年 8 月 21 日。

② 《习近平谈治国理政》第 4 卷,外文出版社 2022 年版,第 31 页。

③ 《让群众过上好日子——习近平正定足迹》,河北人民出版社 2022 年版,第 41 页。

④ 《当好改革开放的排头兵——习近平上海足迹》,上海人民出版社 2022 年版,第 44 页。

上进行思考、研究和筹划;凡是涉及改革发展稳定工作中的各种重大问题,也都需要从战略上拿出治本之策。”①这就表明,战略问题不仅是咱们习惯性思维下的政治、军事和外交,而应当覆盖治党治国治军、内政国防外交、改革发展稳定等方方面面,它对整个党和国家的事业起着提纲挈领的作用。

总之,中国特色社会主义进入新时代以来,习近平依据百年变局和各种错综复杂的国际国内形势,把战略问题摆在首要位置,认作是“国之大者”“党之大计”,是党治国理政的关键性和根本性问题,赋予了“战略”全新的价值地位,确保了中国特色社会主义这项伟大事业始终处在一个正确的方向上前进。

(二)“从历史长河、时代大潮、全球风云中分析演变机理、探究历史规律”,体现了习近平战略观的时代坐标

任何一种科学的理论和学说都是自己所处时代精神的精华,是符合历史规律、植根客观实际、洞悉时代风云变化的思想产物。习近平战略观是马克思主义战略理论中国化时代化的重要产物,是立足于中国特色社会主义新时代、统筹中华民族伟大复兴战略全局和世界百年未有之大变局的系统论述,是从战略的角度审视和把握当下和未来发展一系列重大问题的一个科学体系。

立足中国特色社会主义新时代,要树立大历史观和大时代观。中国特色社会主义进入新时代,这是习近平从战略高度、历史纵深、时代变局并依据我国社会主要矛盾的重大变化所作出的一个重大战略判断,是当前党和国家制定各项战略策略的基本依据。习近平曾在多个重要场合指出:“知其事而不度其时则败。”这就要求一个领导者要善于审时度势,顺应时势,结合具体情况进行战略研判、战略决断和战略部署。一方面,坚定历史自信,树立大历史观。树立大历史观,就是要拉长时间尺度、放宽历史视野,从历史纵深和中外比较的宽广视野中去把握事物发展的趋向和历史发展的规律,在坚定历史自信中把握当下、走向未来。习近平在回顾和总结中国共产党百年奋斗历史所取得成功的

---

① 《新理念新思想新战略 80 词》,人民出版社 2016 年版,第 247 页。

秘诀时，明确指出："一百年来，党总是能够在重大历史关头从战略上认识、分析、判断面临的重大历史课题，制定正确的政治战略策略，这是党战胜无数风险挑战、不断从胜利走向胜利的有力保证。"①因此，党的十八大以来所提出的区域协调发展战略、新型城镇化战略、乡村振兴战略、科教兴国战略、人口强国战略、创新驱动发展战略、国际国内双循环战略、网络强国战略、健康中国战略、军民融合发展战略、国家安全战略、中国特色大国外交战略，以及京津冀协同发展、长江经济带、粤港澳大湾区等都是在认清历史主体、把握历史大势、掌握历史主动、洞察历史规律的基础上所形成的和发展起来的。另一方面，树立大时代观，注重观察时代、把握时代、解读时代。中国特色社会主义进入新时代，这是我国经济社会发展新的历史方位。"新时代"命题的提出是习近平依据当前我国社会主要矛盾已经转变为人民日益增长的美好生活需要同不平衡不充分发展之间的矛盾。站在新的历史方位，习近平从历史脉络、实践主题、人民性、民族性、世界性五个维度阐释了"新时代"的基本内涵，并以此为基础构建了"五位一体"总体布局、"四个全面"战略布局，提出了一系列涵盖内政国防外交、治党治国治军、改革发展稳定的战略策略，确保了中国共产党所领导的这艘巨轮踔厉奋发、行稳致远。

胸怀"两个大局"，要树立底线思维和极限思维。胸怀两个大局，是习近平运用马克思主义辩证思维，对当前国内外发展大势的科学研判和正确把握，也是新时代制定正确战略观的基本出发点。一方面，聚焦中华民族伟大复兴的战略全局，牢固树立底线思维和极限思维。实现中华民族伟大复兴是中国共产党百年来为之奋斗的历史主题和主线。今天比任何时候都更接近、更有希望和信心实现这一伟大梦想，但实现伟大梦想绝不是轻轻松松就能实现的，需要付出更为艰巨和艰辛的努力。同时，国内改革发展稳定过程中所暴露出来的各种深层次矛盾和新出现的矛盾相互叠加，改革任务之重、发展阻力之大、前进风险之峻，前所未有，必须要强化底线思维和极限思维，积极主动应变，因时、因势而谋，顺时而动、应势而为，以正确的战略策略应变局、育新机、开新局。

---

① 《习近平谈治国理政》第 4 卷，外文出版社 2022 年版，第 31 页。

另一方面,深刻把握百年未有之大变局下的“变”与“不变”,运用底线思维和极限思维积极应对。当今世界发展格局和世界力量对比正发生显著而深刻的变化,国际政治、经济形势变化莫测,世界所面临的不稳定性、不确定性更加凸显。“东升西降”的态势正在悄然发生,以中国为代表的新兴国家快速崛起正在深刻改变世界历史发展进程,传统意义上的老牌资本主义国家无法调解资本主义制度所固有的矛盾,正使自身陷入经济社会发展的牢笼中。但不管世界形势和格局如何变化、如何错综复杂,当前整个世界仍是马克思所言处在资本主义时代,和平与发展仍是时代的主题,我国仍将处于社会主义初级阶段,这是百年未有之大变局中所蕴含的“不变”。正因为如此,习近平明确指出,以美国为首的西方资本主义国家仍然会通过各种手段和方式打压遏制中国的快速发展,要求我们在进行战略预判和战略谋划时,要树立忧患意识,“坚持底线思维和极限思维,准备经受风高浪急甚至惊涛骇浪的重大考验”①,做到安而不忘危、存而不忘亡、治而不忘乱。

从世情、国情、党情、民情谋篇布局、策划部署是习近平战略观的逻辑起点。党的十八大以来,面对风云多变的国际局势和错综复杂的国内形势,习近平从历史的广度、时代的高度、全球的视野出发,以高超卓越的战略智慧、统揽全局的战略眼光、坚毅果敢的战略意志、坚实有力的战略举措对党和国家未来发展进行了战略上的擘画和部署,取得了一系列的战略性成就。

(三)构建“战略目标—战略布局—战略实施”等基本框架,形成了战略观的完整体系

战略是从长远、大局、大势上所作出的重大判断和重要决策,从战略上看问题、想问题,才能准确把握事物发展的总体趋势和发展方向。党的十八大以来,以习近平同志为核心的党中央高度重视战略问题,高瞻远瞩、高屋建瓴、统揽全局,注重运用战略思维谋篇布局和治国理政,从确立战略目标到构建战略布局再到推动战略实施,形成了一个科学

---

① 习近平:《加快推进国家安全体系和能力现代化　以新安全格局保障新发展格局》,载《人民日报》2023 年 5 月 31 日。

系统、逻辑严密、内容丰富的战略思想。

一是要确立战略目标。目标使命是战略观的核心内容。确立正确的战略目标,这是构建战略的第一步。没有这一步,战略就无从实施和展开,如同海市蜃楼,虚无缥缈。党的十八大后不久,习近平就开宗明义地提出"实现中华民族伟大复兴是中华民族近代以来最伟大的梦想"①,这个最伟大的梦想涵盖了国家富强、民族振兴、人民幸福三个维度。为了实现这个最伟大的梦想和目标,习近平继续指出实现中国梦必须坚持中国道路、弘扬中国精神、凝聚中国力量。并且在此基础上,习近平又对这一个伟大梦想和目标进行了阶段性划分,提出 2020 年全面建成小康社会,2035 年基本实现社会主义现代化,21 世纪中叶全面建成社会主义现代化强国。可以说,这样的战略安排,是坚持和发展新时代中国特色社会这篇大文章的阶段性目标,是中华民族伟大复兴总体战略目标的阶段性彰显。在党的二十大报告中,习近平则进一步总结了中国共产党百年奋斗的历史经验和党的十八大以来我们国家所取得的历史性成就、发生的历史性变革,得出新时代"中国共产党的中心任务就是团结带领全国各族人民全面建设社会主义现代化强国、实现第二个百年奋斗目标,以中国式现代化全面推进中华民族伟大复兴"②。

二是要构建战略布局。战略布局是对战略目标和使命的进一步展开和延伸,也是推动战略具体化的一项重要环节。习近平刚上任伊始,就坚持系统观念和问题导向,突出强调顶层设计、战略谋划和整体推进,立足经济发展新常态和历史发展新阶段,在牢牢坚持和发展中国特色社会主义的前提下,统筹推进政治、经济、文化、社会和生态"五位一体"总体布局,协调推进全面建成小康社会、全面深化改革、全面依法治国、全面从严治党四个方面的战略布局,进一步明确新时代中国共产党治国理政的总方略和总部署。"四个全面"战略布局作为党治国理政的总体谋划,共同支撑起新时代中国特色社会主义事业的整个全局,其中

---

① 《十九大以来重要文献选编》(上),中央文献出版社 2019 年版,第 52 页。

② 习近平:《高举中国特色社会主义伟大旗帜　为全面建设社会主义现代化国家而团结奋斗——在中国共产党第二十次全国代表大会上的报告》,人民出版社 2022 年版,第 21 页。

全面建成小康社会作为一个阶段性目标，它与基本实现社会主义现代化、建设社会主义现代化强国一起构成了未来三十年中国共产党必须逐步实现的具体性奋斗目标，而全面深化改革、全面依法治国和全面从严治党，则从发展动力、发展保障、主体建设三个层面来确保这一系列阶段性目标的顺利完成。“四个全面”相互联系、相互作用，本身包含着对过去发展方向和发展路径的承继与延续，又面向未来，进行了具体的战略部署，使整个战略布局各担其职、协同推进。

三是要推进战略实施。战略实施是战略目标和战略布局的具体执行和落实。任何一个战略目标和战略布局，最终都必须转变为具体的实践，这样才能达到预期的战略效果。而“正确的战略需要正确的策略来落实”①。策略执行得正确有力，就会增强战略效应；策略落实不到位，再好的战略都流于形式或者效果大打折扣。党的十八大以来，习近平在确立宏大的战略目标、构建总体的战略布局后，就开始围绕这一战略目标和战略布局从各个不同层面来着手行动和执行。比如，为了实现全面建成小康社会的阶段性目标，习近平先后开启了“精准扶贫”“乡村振兴”等系列战略行动，并且取得了重大效果；为确保中华民族伟大复兴中国梦的早日实现，习近平先后提出了“一带一路”倡议、构建“人类命运共同体”等具体方案，以及建立亚投行、自贸区、区域经济带等；面对领土和海洋管辖权的相关问题，习近平实施了经略海洋的“海洋强国战略”；面对百年变局和西方国家的竞相打压，习近平实施了高质量发展战略、教育强国战略、创新驱动发展战略、人才强国战略、新的治疆、治藏方略等，有力地应对国内外的各种压力和挑战。

总体而言，党的十八大以来，以习近平同志为核心的党中央统筹“两个大局”，在围绕战略目标的前提下，适时、灵活地进行宏观层面的战略布局，并大力推动战略方案的全面实施，取得了一系列重大的历史性成就、产生了一系列历史性的变革。

---

① 《习近平谈治国理政》第4卷，外文出版社2022年版，第31页。

三、习近平对毛泽东战略观的守正创新

习近平战略观与毛泽东战略观是既一以贯之又与时俱进的关系，这种继承和发展主要体现在四个方面：坚持和发展了战略问题在党和国家事业中的重要地位，全新地擘画了新时代战略观的使命愿景，丰富了战略观的思想体系，与时俱进地拓展了战略与战术的辩证关系。

（一）坚持和发展了战略问题在党和国家事业中的重要地位

战略问题一直以来备受中国共产党人高度重视，它决定着党和国家的前途命运。毛泽东在领导中国革命和建设的历史进程中，十分注重研究战略问题，强调要“政策策略是党的生命”①，认为它关乎全局和长远。中国革命和社会主义建设时期，毛泽东指出要注重从战略上来谋划革命和社会主义建设事业，进而在此基础上提出了革命和建设的战略任务、战略方针、战略安排、战略重点、战略策略等。进入新时代，随着“世界之变、时代之变、历史之变正以前所未有的方式展开”②，习近平从战略上审视当前波谲云诡的国际形势和纷繁复杂的国内形势，鲜明指出战略问题成为一个执政党和国家的根本性问题，它不仅关乎党和国家各项工作的发展趋势和走向，更决定一个政党和国家的命运，强调战略研判要精准和准确、战略谋划要科学和系统、战略上要赢得主动。

首先，战略研判要准确。战略研判是依据国内外发展形势，对关系党和国家全局重大问题所进行的分析、研究和判定。习近平认为要准确进行战略判断，一方面，应当运用马克思主义理论来观察时代、把握时代、引领时代，坚定理论自信。“马克思主义是我们立党立国、兴党兴国的根本指导思想。”③坚持运用马克思主义的基本立场、观点和方法从纷繁复杂的表象中把准事物的本质特征、内在规律和发展趋势，在“乱

---

① 《毛泽东选集》第 4 卷，人民出版社 1991 年版，第 1298 页。

② 习近平：《高举中国特色社会主义伟大旗帜　为全面建设社会主义现代化国家而团结奋斗——在中国共产党第二十次全国代表大会上的报告》，人民出版社 2022 年版，第 60 页。

③ 同上书，第 16 页。

云飞渡"和"众说纷纭"中保持敏锐的战略眼光和深邃的洞察力，不犹豫迟疑、患得患失。另一方面，要有世界眼光和全球视野，树立底线思维和极限思维。分析和研判党和国家各项工作必须统筹"两个大局"，兼顾短期应对和中长期发展，既要把事情的发展趋势和结果往不好的方向做打算，也要做好力所不能及的准备，在科学把握客观规律的基础上，精准预判未来事物发展的走向、蕴含的机遇与风险及带来的不利影响与有利结果。

其次，战略谋划要科学。战略谋划是一种超前意识和前瞻思维，这就意味着科学的战略谋划必须兼顾当前与长远、现实与未来、战略主体与客体的需要，否则就不是全面的、系统的、科学的。习近平认为战略谋划要科学，一方面，应当坚持目标导向与问题导向相统一。当前我国经济社会进入新发展阶段，既要明确战略目标，注重顶层设计，更好地统筹发展与安全、国际国内双循环、扩大内需与对外开放、改革发展与稳定等多种关系，又要突出以问题为导向，聚焦人民群众的"急难愁盼"问题、全面深化改革中的深层次和结构性问题、生态和安全领域的难点问题、全面从严治党过程的突出问题等。另一方面，应当正确处理好全局与局部的关系。党和国家的战略谋划不是一时之计，也不是细枝末节的调整，而是关系全局与长远。因此，习近平反复强调要胸怀"国之大者""党之大计"，全国一盘棋，兼顾发展的质量与规模、安全与效益等。放眼当下，不管是实施扩大内需、新型城镇化、高质量发展战略等的提出，还是雄安新区的建设、港澳湾大湾区的建立等，都是立足当下和长远、全局和局部所作出的科学谋划和决策。

最后，战略上要赢得主动。赢得战略上的主动才不会被西方敌对势力所要挟和控制，才能够在党和国家各项工作中有所作为。习近平在纪念红军长征胜利 80 周年大会上指出："一个党要立于不败之地，必须立于时代潮头，紧扣新的历史特点，科学谋划全局，牢牢把握战略主动，坚定不移实现我们的战略目标。"①当前，我们正处在以中国式现代化全面推进中华民族伟大复兴的历史进程中，面对层出不穷、纷繁复杂

---

① 《习近平谈治国理政》第 2 卷，外文出版社 2017 年版，第 53 页。

的各种矛盾、问题、挑战与困难，必须树立大历史观和全球视野，既要把所面临的各种问题、难题置放于纵向的历史长河和横向的国际视野下去考量和比较，保持历史自信和战略定力，又脚踏实地，着眼于当下正在做的事情，准确识变、科学应变、主动求变，“善于在危机中育先机、于变局中开新局”①。

（二）全新地擘画了新时代战略观的使命愿景

战略观本身就是依据当下现实状况实事求是地对未来发展的一种长远谋划和全局规划。毛泽东研判分析了20世纪中国所面临的内外形势，确立了明确的战略目标即改变这个殖民地、半殖民地半封建的社会形态，使之变成一个独立的民主主义的社会，之后“使革命向前发展，建立一个社会主义的社会”②。并进一步强调：“贯通全战略阶段乃至几个战略阶段的、大体上想通了的、一个长时间的方针是决不可少的”③，现在我们所做的这些战略方案、安排和策略都是“朝着将来的大目标的，失掉这个大目标，就不是共产党员”④。进入新时代，习近平立足中国特色社会主义进入新时代的历史方位，在统筹中华民族伟大复兴的战略全局和世界百年未有之大变局前提下，明确提出我们中国共产党的中心任务就是“团结带领全国各族人民全面建成社会主义现代化强国、实现第二个百年奋斗目标，以中国式现代化全面推进中华民族伟大复兴”⑤。

一是要确立战略目标愿景，以“强国梦”凝聚思想共识。目标愿景是战略的核心问题，也是凝聚人心、引领前行的战略方向。马克思主义者强调想问题、做事情要有的放矢，而不是眉毛胡子一把抓，这里强调的“的”实质上从战略观来讲，就是目标愿景。战略愿景或者战略目标的确立，就使得战略观的其他要素包括战略方针、战略部署、战略举措

---

① 《习近平谈治国理政》第4卷，外文出版社2022年版，第231页。

② 《毛泽东选集》第2卷，人民出版社1991年版，第666页。

③ 《毛泽东选集》第1卷，人民出版社1991年版，第222页。

④ 同上书，第276页。

⑤ 习近平：《高举中国特色社会主义伟大旗帜　为全面建设社会主义现代化国家而团结奋斗——在中国共产党第二十次全国代表大会上的报告》，人民出版社2022年版，第21页。

等都围绕着它而展开。习近平指出："推进任何一项工作，只要我们党旗帜鲜明了，全党都行动起来了，全社会就会跟着走。"①党的十八大以来，以习近平同志为核心的党中央团结带领全党和全国各族人民沿着建设中国特色社会主义道路踔厉奋发、砥砺前行，实现了全面建成小康社会的宏伟目标，并朝着基本实现社会主义现代化和全面建成社会主义现代化强国持续前进。但实现这一宏大愿景不是轻而易举，更不可能一蹴而就，需要党领导全国各族人民付出更为艰苦、更为艰巨的努力。

二是要胸怀党和国家全局，突出围绕中心、服务大局。正确的战略观关乎大局、长远和未来，决定政党和国家的前途命运。确立正确的战略观必须站位高远、胸怀全局、顾全大局，这样才能统揽全局、谋定而后动。习近平指出："制定各方面决策部署，首先要有正确大局观，站在党和国家大局上想问题、看问题。"②这就要求党和国家的一切工作都必须始终围绕党的中心任务并服从和服务于这一中心任务，做到围绕中心、服务大局。同时，也要求各级领导干部在进行战略谋划和战略部署过程中，要始终站在党和国家事业发展的全局高度，胸怀国之大者，强化顶层设计、整体谋划，跳出条条框框限制，摒弃地方关门主义和部门保护主义，正确处理好中央和地方、整体与部分、短期与中长期的关系。

总之，习近平战略观相对于毛泽东战略观而言，继承了战略观必须围绕党的中心任务和目标愿景而展开，但更加强调顶层设计、远景擘画、分阶段展开及各要素间的协同配合、狠抓落实等，这些都与我们当前强调的胸怀大局、心系国之大者的相关战略理念密切相关。

（三）丰富了战略观的思想体系

战略观是一个内涵丰富、开放包容的思想体系，不同的历史时代其内涵的表现形式存在着差异。革命和建设时期，毛泽东更多的是从战争、政治、外交的视角提出"战略头脑""战略方针""战略策略""战略战术"等概念，具有鲜明的时代特征和政治特性。进入新时代，习近平丰

① 《习近平谈治国理政》第2卷，外文出版社2017年版，第113页。

② 习近平：《论坚持党对一切工作的领导》，中央文献出版社2019年版，第117页。

富和发展了马克思主义的战略观，开拓了马克思主义战略观的新视野新境界。在概念范畴和话语体系上，从传统意义上的政治、军事、外交等领域扩展到政治、经济、文化、安全、民族宗教、党建等方方面面。

一是强调战略思维“永远是中国共产党人应该树立的思维方式”①。战略思维本质上是一种全局性、前瞻性思维、创新性思维，是中国共产党人应备的品质和能力。战略思维是习近平针对全党和党员干部现阶段存在“本领恐慌”和“本领不足”的问题，强调要提高政治本领，必须“坚持战略思维、创新思维、辩证思维、法治思维、底线思维，科学制定和坚决执行党的路线方针政策，把党总揽全局、协调各方落到实处”②。并进一步指出提高战略思维能力，要以小见大、见微知著，把握时代脉搏，从战略全局的高度观察、思考和处理问题，从政治上认识和判断复杂多变的形势，透过纷繁复杂的表面现象把握事物的本质和发展的内在规律，在解决突出问题中实现战略突破，在把握战略全局中推进各项工作。具体而言，一方面，要统揽全局，从大局和全局高度处理各方面、各阶段的关系。统揽全局就是指要从全局上判断是非、评估是非，不能本末倒置。对于一些从局部来看可以实施，但从整体来看却不行的方案和部署必须坚决予以取缔；对于那些从局部来看觉着没必要做甚至不需要做，但从大局来看值得做的事，就必须全心全意地去做。总之就是，全体党员干部，尤其是领导干部想问题、作决策必须站在大局和全局的角度，以整体和全局利益为重，不能计较一地一域的小得失，而是应当把自身工作放到全党和全国这个“一盘棋”当中去思考和把握。另一方面，要顺势而为，抓好战略机遇期。习近平反复强调面对形势、时代、任务不断变化，必须要抢抓机遇，因势而谋、顺势而为、应势而动、乘势而上，透过纷繁复杂的局势把握事物发展的本质规律，善做战略谋划，牢牢把握战略主动，在立足大势的基础上办好大事。

二是强调要坚定“四个自信”，保持战略定力。坚定“四个自信”实

---

① 《习近平谈治国理政》第2卷，外文出版社2017年版，第9页。

② 《习近平关于“不忘初心、牢记使命”论述摘编》，中央文献出版社2019年版，第216页。

质上是全党应对内外风险和挑战时保持战略定力的集中体现。战略定力,是指战略主体在实施战略过程中所具备或呈现出来的一种相对稳定、稳重、执着的品格和能力,它体现在改革、发展和稳定的各领域各方面。党的十八大以来,习近平多次提到“战略定力”,强调:“当今世界,风云变幻,最需要的是战略定力。”①事实上,习近平关于“战略定力”的重要思想,是基于积极应对风云变幻、错综复杂的国际国内形势的现实需要,也是大党治理大国、实现战略目标的内在要求。一方面,习近平关于“战略定力”的重要论述在宏观层面集中体现为坚定“四个自信”。在思想理论层面,集中体现为坚持马克思主义在意识形态领域的指导地位,坚持对共产主义的信仰和中国特色社会主义的信念;在发展道路层面,集中体现对坚持和发展中国特色社会主义道路的坚守,对国家核心利益和根本利益的坚决维护;在制度层面,集中体现为坚持中国特色社会主义的根本制度、基本制度和重要制度;在文化层面,集中体现为坚持中国特色社会主义先进文化,大力弘扬社会主义核心价值观。另一个方面,明确保持“战略定力”的实践要求。习近平认为保持战略定力首要的是理论上要清醒,要系统学习马克思主义中国化时代化的最新理论成果,以党的创新理论成果武装头脑、指导实践,增强保持战略定力的理论自觉;要树立胸怀全局、顾全大局的战略思维,不断增强政治判断力、政治领悟力和政治执行力,深化对战略定力的理性认知;要积极投身实践,在改革开放和中国特色社会主义的伟大实践中形成不畏艰苦、不惧风险、勇于斗争、敢于担当的意志胆识,强化对战略定力的心理支撑。真正做到不为任何风险所惧,不被任何干扰所惑,任凭风浪起,稳坐钓鱼台。

战略观是一个内涵丰富、内容广泛的思想体系,是稳定性与开放性的有机统一。从毛泽东到习近平,战略头脑、战略策略、战略战术等一以贯之,同时结合新的时代条件,习近平提出了战略思维、战略定力、战略主动、战略布局等一系列新概念新话语新表达。

---

① 《习近平新时代中国特色社会主义思想三十讲》,学习出版社 2018 年版,第 329 页。

（四）与时俱进地拓展了战略与战术的辩证关系

关于战略与战术、战略与策略的辩证关系，不同历史阶段会呈现出不同的表达形式和时代内容。革命时期，毛泽东撰写的《中国革命战争的战略问题》《抗日游击战争的战略问题》《论持久战》《战争与战略问题》等文章对战略与战术、战略与策略之间的关系进行了系统而深刻的论述。如“战略上藐视敌人、战术上重视敌人”、集中优势兵力打歼灭战、“以革命的两手对付反革命的两手”等。新时代，面对我们党和国家正处在由大党向强党转变、大国向强国迈进的关键时期，党和国家面临着极其严峻而复杂的形势、肩负着极其艰巨而繁重的时代任务，各种矛盾、问题、挑战纷至沓来，习近平站在强国建设、民族复兴的历史新征程上，与时俱进地提出“战略上坚持打持久战、战术上打好歼灭战”，“正确战略需要正确的策略来落实”，加强战略思维，增强战略定力，牢牢掌握战略主动权等。

其一，要坚持持久战与打好歼灭战的有机统一。战略是决定全局和大局的策略，战术是解决部分和局部问题的方法。战略和战术是相辅相成、相互促进的有机统一体，二者既对立又统一。在2015年末召开的中央财经领导小组第十一次会议上，习近平针对当前经济工作所面临的复杂形势与严峻挑战，强调要“坚持稳中求进，坚持改革开放，战略上坚持持久战，战术上打好歼灭战”①。这一重要战略思想是毛泽东军事思想在新时代条件下的创造性运用和创新性实践，对党和国家开展其他各项工作提供了方法论的根本指引。一方面，战略上强调坚持“持久战”，意味着党和国家的各项工作要坚持稳中求进的工作基调，既不能急于求成，也不能贸然行事，注意把握节奏和力度，保持战略定力，对经受各种风险的长久考验有意志和决心，要对解决各种困难和问题有耐心和耐力。另一方面，战术上强调打好“歼灭战”，意味着我们要抓重点、抓中心、抓关键，明确主攻方向，聚集问题焦点，如着力解决经济工作中去产能、去库存、去杠杆、降成本、补短板的五项重点任务；严抓反腐败斗争中的多发易发领域，抓好“关键少数”等。

---

① 《习近平关于全面建成小康社会论述摘编》，中央文献出版社2016年版，第44页。

其二,要坚持战略的坚定性与策略的灵活性的有机统一。战略引领策略,策略实现战略,正确处理好战略与策略的辩证关系,把战略的坚定性与策略的灵活性有机结合起来是谋事之基、成事之要。为此,习近平指出,“正确的战略需要正确的策略来落实”,“策略是在战略指导下为战略服务的”①。一方面,要不断强化战略的坚定性。面对百年变局,要有“乱云飞渡仍从容”的战略定力。当前,实现中华民族伟大复兴已经进入了不可逆转的历史进程中,但实现伟大梦想这一宏伟战略目标绝不是轻轻松松就能够实现的,前进道路上必然会遭遇各种艰难险阻和风险考验,这就需要有“咬定青山不放松”的战略定力,做到“不畏浮云遮望眼”,坚持用正确的方法和科学的方式做我们认准了并且认为是前途一片光明的事情。另一方面,要不断增强策略的管用性与灵活性。习近平认为在战略指导下所制定的政策和策略一定要实事求是,从客观实际出发,因地因时因事制宜,避免简单化、单一化。既要着眼于关系党和国家大局的重大问题,增强战略谋划的科学性与长期指导性,也要识变应变,不断调整政策策略,确保政策和策略的有效性;既要放眼长远制定未来发展的战略愿景和计划,又要着眼于当下所面临的各种矛盾和问题,突出政策和策略的针对性和可行性,真正做到战略的坚定性与策略的灵活性的有机统一。

关于战略与战术辩证关系新的时代表达是毛泽东军事思想在经济领域和反腐败斗争领域等的创造性运用。面对当前政治、经济、文化、生态、社会、反腐败等诸多领域的重重风险和挑战,习近平把毛泽东关于战略与战术、战略与策略的关系广泛运用到党治国理政过程中,并赋予其新的时代内涵,拓展了我们对于战略与战术的认识与理解,推动了马克思主义战略观中国化时代化。

习近平战略观是对毛泽东战略观的继承与发展,是立足于“两个大局”基础上坚持以中国式现代化全面推进中华民族伟大复兴所进行的发展创新。习近平战略观不仅继承了毛泽东关于战略观的价值定位、基本内容、实践方略,如战略问题关于全局和长远、战略上藐视敌人和

① 《习近平谈治国理政》第4卷,外文出版社2022年版,第31页。

战术上重视敌人、抓住战略重点等，而且在此基础上与时俱进地赋予战略问题新的时代定位、科学内涵及一系列新概念新范畴新话语，如战略问题是一个政党和国家的根本问题、要树立战略思维、坚定战略自信和保持战略定力、战略上坚持持久战和战术上打好歼灭战等。总之，习近平战略观在马克思主义战略观基本原理的基础上，结合新时代中国特色社会主义的实践，汲取了中华优秀传统文化中的精神养分，是新时代党和国家各项工作的根本遵循和行动指南，具有极其重要的战略指导意义和现实价值。

第八章
为民族复兴人民幸福而斗争
——习近平对毛泽东斗争观的守正创新

党的十九届六中全会通过的第三个历史决议指出:“敢于斗争、敢于胜利,是党和人民不可战胜的强大精神力量。党和人民取得的一切成就,不是天上掉下来的,不是别人恩赐的,而是通过不断斗争取得的。”①毛泽东是中国人民的伟大领袖,是中国共产党第一代领导集体的核心,不怕牺牲、英勇斗争是他一生的真实写照。在为中国人民不懈奋斗的光辉一生中,毛泽东展现了坚定的斗争意志、顽强的斗争精神、过硬的斗争本领、高超的斗争艺术。从某种程度上来说,毛泽东的斗争精神是中国革命和建设事业取得胜利的一个极为重要的因素。党的十八大以来,以习近平同志为核心的党中央,着眼“两个大局”,义无反顾地进行具有许多新的历史特点的伟大斗争,解决了许多长期想解决而没有解决的难题,办成了许多过去想办而没有办成的大事,进一步彰显了敢于斗争、敢于胜利的政治品格。习近平关于伟大斗争的若干重要论述,是对毛泽东斗争思想的丰富和发展。民族复兴是从毛泽东斗争思想到习近平斗争思想一脉相承的鲜明主题,人民幸福是从毛泽东斗争思想到习近平斗争思想始终如一的根本立场。毛泽东斗争思想和习近平斗争思想都是中国共产党人初心和使命的深刻诠释。我们党依靠斗争创造历史,更要依靠斗争赢得未来。研究习近平对毛泽东斗争思想的继承与发展,对于“全力战胜前进道路上各种困难和挑战,依靠顽强斗

---

① 《中共中央关于党的百年奋斗重大成就和历史经验的决议》,人民出版社 2021 年版,第 69 页。

争打开事业发展新天地”[1],具有极其重要的意义。

一、毛泽东斗争观及其实践探索

毛泽东出生在灾难深重的旧中国,成长于风起云涌的革命大潮中。他顺应历史大势,年轻时就立下“改造中国与世界”之大志。毛泽东曾指出:“为什么要革命?为了使中华民族得到解放,为了实现人民的统治,为了使人民得到经济的幸福。”[2]毛泽东为中华之崛起为人民之幸福敢于斗争、敢于胜利的一生,深刻诠释了中国共产党人的初心和使命。毛泽东是敢于斗争、善于斗争的光辉典范。在为中国人民不懈奋斗的光辉一生中,他表现出一个伟大革命领袖“高瞻远瞩的政治远见……炉火纯青的斗争艺术、杰出高超的领导才能”[3]。毛泽东的斗争思想极其丰富极其辉煌,现择其重点简要论述。

(一)“我们要分辨真正的敌友”,明确斗争方向、坚定斗争立场

斗争要分清敌我。谁是我们的敌人?谁是我们的朋友?这个问题是革命的首要问题。中国过去一切革命斗争成效甚少,其基本原因就是因为不能团结真正的朋友,以攻击真正的敌人。[4] 毛泽东深刻体察中国国情,科学分析中国社会矛盾,明确了中国革命的性质、对象、动力、领导者、步骤和前途等一系列问题,为在中国这样一个经济文化落后的半殖民地半封建的东方大国里“革谁的命”“如何革命”指明了方向。

斗争要搞清方向。斗争不要四面出击,也不能乱拳出击。斗争的方向必须随着形势和任务的变化而进行调整。土地革命时期毛泽东提出“打土豪分田地”,抗日战争时期毛泽东提出“打鬼子救中国”,解放战争时期毛泽东提出“打倒蒋介石,解放全中国”,朝鲜战争时期毛泽东提出“抗美援朝保家卫国”,等等,这就是根据形势和任务变化不断确立

---

① 习近平:《高举中国特色社会主义伟大旗帜　为全面建设社会主义现代化国家而团结奋斗》,人民出版社 2022 年版,第 27 页。

② 《毛泽东文集》第 1 卷,人民出版社 1993 年版,第 21 页。

③ 习近平:《论中国共产党历史》,中央文献出版社 2021 年版,第 55 页。

④ 《毛泽东选集》第 1 卷,人民出版社 1991 年版,第 3 页。

正确的斗争方向。

斗争要有坚定立场。这个立场就是坚定维护民族的利益、党的利益、人民的利益。1937年底，王明带着建立抗日民族统一战线的重大使命从莫斯科回国，不久他就提出“一切经过统一战线，一切服从统一战线”的主张。他认为：“我们要拥护统一指挥。八路军也要统一受蒋指挥。……红军的改编不仅名义改变，而且内容也改变了。”“要使人家一到特区，便感觉特区是中华民国的组成部分。”王明的这些主张等于主动放弃共产党对抗日民族统一战线的领导权，丧失共产党的独立性，其结果必定是共产党领导的军队十有八九被国民党借日本人之手而剿灭，共产党也极可能在民族矛盾阶级矛盾都十分严峻复杂的战火硝烟中灰飞烟灭。毛泽东在1937年“十二月会议”上被孤立，但他始终坚持持久战、独立自主的山地游击战辅之以有利条件下的运动战、统一战线中的独立自主的主张。在1938年扩大的六届六中全会上，毛泽东明确指出：“‘一切经过统一战线’是不对的。”①他强调，“我们一定不要破裂统一战线，但又决不可自己束缚自己的手脚”②，要根据不同情况，采取“先奏后斩”“先斩后奏”“斩而不奏”“不斩不奏”等形式，既统一又独立。历史证明，坚持统一战线中的独立自主是无比正确的。

（二）“我们党已经能够把武装斗争这个主要斗争形式同其他许多的必要的斗争形式直接或间接地配合起来”，强调斗争要打“组合拳”

近代中国的特殊国情决定了中国革命只能以武装斗争为主要斗争形式。以武装的革命反对武装的反革命，这是中国革命的特点和优点之一。但是着重武装斗争，不是说可以放弃其他形式的斗争；相反，没有武装斗争以外的各种形式的斗争，武装斗争就不能取得胜利。因此，毛泽东主张武装斗争要同工人的、农民的、青年的、妇女的、一切人民的斗争结合起来，军事斗争要同经济斗争、政治斗争、思想斗争结合起来，公开的斗争和秘密的斗争也要结合起来。

就政治斗争来说，毛泽东是卓越的政治家，一向善于从政治的高度

---

① 《毛泽东选集》第2卷，人民出版社1991年版，第539页。

② 同上书，第540页。

看问题,始终坚持政治原则、把准政治方向,从而赢得政治主动。1945年抗日战争即将胜利时,许多人盲目乐观,对复杂的政治局势尤其是蒋介石的顽固反共本性认识不清,对严重存在的内战可能性认识不足。为此,毛泽东给新华社写评论、在延安干部会议上作讲演、向党内发通知,揭露蒋介石的阴谋,表达中国共产党坚决反对内战、坚定拥护和平的立场。1945 年 8 月 13 日,毛泽东在讲演中科学分析了抗战胜利后的时局,他认为在日本帝国主义投降之后,中国仍然有成为一个新中国还是老中国的两种命运、两个前途。他指出:“必须清醒地看到,内战危险是十分严重的,因为蒋介石的方针已经定了。按照蒋介石的方针,是要打内战的。按照我们的方针,人民的方针,是不要打内战的。”①他更进一步指出:“独裁、内战和卖国三位一体,这一贯是蒋介石方针的基本点。美国帝国主义要帮助蒋介石打内战,要把中国变成美国的附庸,它的这个方针也是老早定了的。”②那么中国共产党怎么应对?毛泽东提出了我们的方针。他指出:“蒋介石对于人民是寸权必夺,寸利必得。我们呢?我们的方针是针锋相对,寸土必争。我们是按照蒋介石的办法办事。”“现在蒋介石已经在磨刀了,因此,我们也要磨刀。”③同日,毛泽东还为新华社写了一篇评论,公开揭露“蒋介石在挑起内战”。同日,毛泽东还以第十八集团军总司令的名义给蒋介石发了一封电报,揭露蒋介石的反革命面目,教育全国人民警惕蒋介石的内战阴谋。8 月16 日,毛泽东再次以第十八集团军总司令的名义给蒋介石发电报,提出中国共产党关于制止内战的六项主张。同日,毛泽东又为新华社写了一篇评论即《评蒋介石发言人谈话》。毛泽东指出:“中国共产党对于蒋介石发动内战一事所取的方针,是明确的和一贯的,这就是反对内战。……共产党同中国人民和全世界关心中国和平的人士一样,认为新的内战将是一个灾难。”④面对蒋介石拒绝和平,内战有一触即发的严重态势,毛泽东强调:“坚决迅速努力壮大人民的民主力量,由人民解放

---

① 《毛泽东选集》第 4 卷,人民出版社 1991 年版,第 1125 页。

② 同上书,第 1132 页。

③ 同上书,第 1126、1127 页。

④ 同上书,第 1149—1150 页。

敌占大城市和解除敌伪武装，如有独夫民贼敢于进犯人民，则取自卫立场，给以坚决的反击，使内战挑拨者无所逞其伎。”①正是由于中国共产党和毛泽东采取了这种决不被蒋介石的反动气焰所吓倒的坚定立场，迅速果断地壮大解放区和人民军队，这就迫使蒋介石在国内外反对中国内战的强大政治压力之下，不得不改变策略，装出和平姿态。

迫于政治压力，更因为内战的部署还不充分，蒋介石于 1945 年 8 月 14 日、20 日和 23 日三次电邀毛泽东到重庆举行和平谈判。蒋介石并未放弃消灭共产党及其领导的军队的意图，但他想借谈判将内战的责任推卸给中共。蒋介石料定毛泽东不敢去。他的如意算盘是：如果毛泽东不来，蒋介石就可以说共产党拒绝和平谈判，将责任推到共产党上，从而发起内战；如果毛泽东来了，就给共产党几个内阁职位，迫使共产党交出解放区，交出军队，最后仍可以消灭赤手空拳的共产党。但是，他打错了算盘，为了尽一切可能争取和平，也为了揭露蒋介石和美帝国主义的真面目，以利于团结教育广大人民，毛泽东毅然去了！毛泽东赴重庆谈判，充分显示了对和平的诚意和渴望、对历史的责任与担当，也充分展示了毛泽东的弥天大勇。毛泽东深知谈判的凶险和艰难，因此出发前特意发出党内通知，告诫全党绝对不要因为谈判而放松对蒋介石的警惕和斗争，“绝对不要希望国民党发善心，它是不会发善心的”②。重庆谈判虽然最终只发表了一个国共双方代表会谈纪要即《双十协定》，但在政治上却使中国共产党赢得了极大的主动，而使国民党陷入被动。正如毛泽东所言：“如果国民党还要发动内战，它就在全国全世界面前输了理，我党就有理由采取自卫战争，击破其进攻。”③以上充分说明了政治斗争的极端必要性、重要性和极其重大的作用。

再就心理斗争来说，毛泽东一向善于洞察人心，攻心为上，往往收到出其不意的战果。1948 年 10 月 15 日，辽宁锦州解放。坐镇沈阳亲自指挥锦州战役的蒋介石急忙飞赴北平，召见了时任华北“剿总”司令

---

① 《毛泽东选集》第 4 卷，人民出版社 1991 年版，第 1150 页。

② 同上书，第 1154 页。

③ 同上。

傅作义，要其调兵偷袭石家庄和西柏坡。利用获得的情报，毛主席嘱咐时任新华社社长的胡乔木写了一篇名为《蒋傅匪军妄图偷袭石家庄》的电文，将这道电文马上向全国广播，将傅作义偷袭石家庄的计划抖搂得一清二楚，并且声称人民解放军已经对偷袭计划了如指掌，目前正在严阵以待准备迎击傅作义的十万大军。最终毛泽东一纸吓退了傅作义十万大军。12 月 17 日，毛泽东为中原、华东两人民解放军司令部写了一个广播稿《敦促杜聿明等投降书》，“设身处地”地分析了对方所处的形势，指出对方已经到了山穷水尽的地步，当长官的“应当体惜你们的部下和家属的心情，爱惜他们的生命，早一点替他们找一条生路”，不要再做“无谓的牺牲”。[①] 毛泽东进一步替对方着想，如果对方放下武器、停止抵抗，“本军可以保证你们高级将领和全体官兵的生命安全”，这才是他们的唯一生路。如果对方还想打一下，那就再打一下，但“总归你们是要被解决的”。[②] 这样强大的攻心战，对于动摇敌军的军心、瓦解敌军的斗志，起到了十分积极的作用，真可谓是“一笔胜过千军万马”。虽然杜聿明等至死不悟、负隅顽抗，但很快在人民解放军的强大攻势下全军覆没，杜聿明也成了俘虏。以上充分说明了心理战的独特而重大的作用。

（三）“无产阶级要取得胜利，就完全要靠他的政党——共产党的斗争策略的正确和坚决”，必须重视策略方法

“政策和策略是党的生命。”[③]毛泽东在总结实践经验的基础上，提出了许多重要的政策和策略思想，包括：原则性和灵活性相统一；战略上藐视敌人，战术上重视敌人；以斗争求团结则团结存，以退让求团结则团结亡；对敌人要区别对待、分化瓦解，实行利用矛盾、争取多数、反对少数、各个击破；对顽固势力进行斗争要有理、有利、有节，即坚持自卫原则、胜利原则和休战原则，这样才能发展进步势力，争取中间势力，孤立顽固势力；不打无准备之仗，不打无把握之仗；要慎重初战，初战必

---

① 《毛泽东选集》第 4 卷，人民出版社 1991 年版，第 1370 页。

② 同上。

③ 同上书，第 1298 页。

胜；要集中优势兵力，各个歼灭敌人；无产阶级及其政党要实现自己对同盟者的领导，必须具备两个条件：一是率领被领导者向着共同的敌人作坚决斗争并取得胜利，二是对被领导者给以物质利益，至少不损害其利益，同时给以政治教育，等等。

仅以“战略和战术相统一”为例进行说明。毛泽东曾说，一切反动派都是纸老虎。[①] 这是从它们的本质说的。因为不管帝国主义、封建主义和官僚资本主义多么强大，它们终究要被人民所打败，变成纸老虎、死老虎、豆腐老虎。所以，革命者必须在战略上、在全体上藐视敌人，敢于同他们斗争，敢于夺取胜利，就是要有必胜的坚定信心和顽强信念。但是，从一方面说，帝国主义、封建主义和官僚资本主义又是活老虎、铁老虎、真老虎，因为它们“吃人，成百万人成千万人地吃”[②]，所以，革命者又必须在战术上、在策略上、在每一个局部上、在每一个具体斗争问题上重视敌人，采取慎重态度，讲究斗争艺术，根据不同的时间、地点和条件采取适当的斗争形式，以便一步一步地孤立和消灭敌人。一句话，要从“纸老虎”这个本质上建立我们的战略思想，同时又要在“真老虎会吃人”这一点上建立我们的策略思想和战术思想，这样才能真正战胜敌人。拿人民解放战争来说，战争之初在武器装备、后勤保障、外部支援等方面国民党占据绝对优势，我们是绝对劣势。但我们有人民的支持，有强大的政治优势组织优势等，因此我们坚信一定可以“打倒蒋介石，解放全中国”。但是，仗只能一仗一仗打，敌人只能一部分一部分地逐个消灭，因此每一仗都不能疏忽大意，只有一个一个堡垒的攻克，才能获取最终胜利。1947 年 12 月，毛泽东提出的“十大军事原则”就是最好的证明。其中第四条为：“每战集中绝对优势兵力（两倍、三倍、四倍、有时甚至是五倍或六倍于敌之兵力），四面包围敌人，力求全歼，不使漏网。在特殊情况下，则采用给敌以歼灭性打击的方法，即集中全力打敌正面及其一翼或两翼，求达歼灭其一部、击溃其另一部的目的，以便我军能够迅速转移兵力歼击他部敌军。力求避免打那种得不偿失的、或

① 《毛泽东选集》第 4 卷，人民出版社 1991 年版，第 1195 页。
② 《毛泽东文集》第 7 卷，人民出版社 1999 年版，第 455 页。

得失相当的消耗战。这样,在全体上,我们是劣势(就数量来说),但在每一个局部上,在每一个具体战役上,我们是绝对的优势,这就保证了战役的胜利。随着时间的推移,我们就将在全体上转变为优势,直到歼灭一切敌人。”[①]简言之,只有战略和战术相统一,才能以时间换空间、积小胜为大胜,直至最终胜利。

毛泽东灵活机动的斗争策略在实践中发挥了巨大威力。举例来说,在日本帝国主义侵占了中国东北,又开始向华北进犯,中日民族矛盾上升的情况下,中共中央和毛泽东及时调整策略,将反蒋抗日调整为逼蒋抗日,西安事变后再调整为联蒋抗日。再比如,在抗日战争最艰苦的相持阶段,国民党顽固派置民族危亡和民族大义于不顾,悍然发动了震惊中外的“皖南事变”。“皖南事变”如何应对,对中共中央和毛泽东来说是极大的考验。经过左右权衡,中共中央和毛泽东提出了“军事上取守势,政治上取攻势”的正确方针,周恩来同志为《新华日报》题写了“千古奇冤,江南一叶;同室操戈,相煎何急?!”的题词,短短的几句话揭露了国民党顽固派的阴谋,对国民党顽固派进行了有力的声讨。中共中央军委还发布命令重建新四军军部,整编全军,继续坚持抗战。共产党的正义自卫立场,得到了各界人士、民主党派的同情和支持。国民党当局在政治上陷于空前孤立的形势下,不得不收敛其反共活动。最终国民党顽固派的第二次反共高潮被击退。

(四)“一切无原则的派别斗争,都要清除干净”,应当开展积极的党内斗争

斗争从大的范围来讲,包括党外、党内和自然界。打倒列强除军阀,推翻国民党反动派,打鬼子斗美帝等,属于党外的范围。除四害、消灭血吸虫等,属于自然界的范畴。党内无派,千奇百怪。党内也存在着各种形式的斗争,包括思想斗争、政治斗争等。

毛泽东主张进行积极的思想斗争,“因为它是达到党内和革命团体内的团结使之利于战斗的武器”[②]。毛泽东发起了延安整风运动,创造

① 《毛泽东选集》第4卷,人民出版社1991年版,第1247页。

② 《毛泽东选集》第2卷,人民出版社1991年版,第359页。

性地提出了“惩前毖后、治病救人”的方针，“团结—批评—团结”的公式，“借以达到既要弄清思想又要团结同志这样两个目的”①。通过延安整风，全党确立了一条实事求是的辩证唯物主义的思想路线，使干部在思想上得到大大提高，党达到空前的团结。毛泽东从容不迫地面对和解决党内政治斗争。毛泽东与张国焘分裂党分裂红军行为坚决斗争，主持通过《关于张国焘同志错误的决议》(1937 年 3 月)，并在六届六中全会上明确提出“四个服从”。毛泽东从皖南事变的惨剧剖析我军损失 7000 余人的主观原因，主持通过《中央关于增强党性的决定》，强调必须建设“坚强统一的、集中的党”，要求全党党员和各级党组织团结在“统一意志、统一行动和统一纪律下面”。② 毛泽东针对高岗和饶漱石反党分裂活动，建议通过《关于增强党的团结的决议》，提出坚决反对“任何妨碍中央统一领导、损害中央的团结和威信的言论和行动”③。无论是思想斗争还是政治斗争，其最终的指向都是“一定要建设一个集中的统一的党”④。总之，毛泽东是正确对待和处理党内斗争的光辉典范，其为建立一个高度团结统一的中国共产党作出了杰出贡献。

二、习近平斗争观及其实践探索

党的十八大以来，以习近平同志为核心的党中央站在“两个大局”的战略高度，不断号召全党勇于进行具有许多新的历史特点的伟大斗争，敢于夺取一个又一个胜利。习近平的斗争思想极其鲜明极其深刻。

（一）“实现伟大梦想，必须进行伟大斗争”，强调伟大斗争对于中华民族伟大复兴的重大意义和重要地位

为中国人民谋幸福、为中华民族谋复兴是中国共产党的初心使命。习近平指出：“一百年来，中国共产党团结带领中国人民进行的一切奋

---

① 《毛泽东选集》第 3 卷，人民出版社 1991 年版，第 938 页。
② 《中共中央文件选集》第 13 册，中共中央党校出版社 1991 年版，第 144 页。
③ 《中共中央文件选集(1949.10—1966.5)》第 15 册，人民出版社 2013 年版，第 254 页。
④ 《毛泽东选集》第 3 卷，人民出版社 1991 年版，第 822 页。

斗、一切牺牲、一切创造，归结起来就是一个主题：实现中华民族伟大复兴。”①

习近平是站在实现中华民族伟大复兴的视角和高度来看待斗争的。1840年鸦片战争以来，国家蒙辱、人民蒙难、文明蒙尘。从那时起，实现中华民族伟大复兴，就成为中国人民和中华民族最伟大的梦想。为了实现这个梦想，近代以来各个阶级和各种政治力量都进行过努力和尝试，虽然或多或少推动了历史进步，但最终都没有找到正确的出路和方案。中国共产党肩负着中华民族伟大复兴的历史重任应运而生，在百余年英勇顽强的奋斗中，夺取了新民主主义革命的伟大胜利，创造了社会主义革命和建设的伟大成就、改革开放和社会主义现代化建设的伟大成就、新时代中国特色社会主义的伟大成就，为实现中华民族伟大复兴奠定了坚实基础。当前，我们比历史上任何时期都更接近、更有信心和能力实现中华民族伟大复兴的目标。但是，中华民族伟大复兴，绝不是轻轻松松、敲锣打鼓就能实现的。② 民族复兴的宏伟目标催人奋进，但任务之艰巨、责任之重大、可以预见和难以预见的风险挑战之多，可谓前所未有，尤其是“各种敌对势力绝不会让我们顺顺利利实现中华民族伟大复兴”③。基于此，必须进行具有许多新的历史特点的伟大斗争，必须准备付出更为艰巨、更为艰苦的努力，必须高度重视和切实防范化解各种重大风险。

习近平突出强调伟大斗争的重要地位。习近平指出，实现伟大梦想，必须进行伟大斗争、必须建设伟大工程、必须推进伟大事业，同时指出“伟大斗争，伟大工程，伟大事业，伟大梦想，紧密联系、相互贯通、相互作用，其中起决定性作用的是党的建设新的伟大工程”④。“四个伟大”的前后关系不是随意排列的，而是有严密的内在逻辑关系。排在第一位的是伟大斗争，它是统揽“四个伟大”的前提；排在第二位的是伟大工程，它是统揽“四个伟大”的保障；排在第三位的是伟大事业，它是统

① 《习近平著作选读》第2卷，人民出版社2023年版，第477页。
② 同上书，第13页。
③ 同上书，第557页。
④ 同上书，第14页。

揽“四个伟大”的方向；排在第四位的是伟大梦想，它是统揽“四个伟大”的目标。“四个伟大”，起决定性作用的是伟大工程，但为何又将伟大斗争排在首位呢？因为，进入新时代，我们就是从具有许多新的历史特点的伟大斗争开始的。没有伟大斗争，就没有新时代的历史性成就和历史性变革。伟大斗争是动力，昭示着中国共产党的担当精神，为伟大工程、伟大事业、伟大梦想破解难题，扫除障碍，提供牵引。伟大工程的建设、伟大事业的推进、伟大梦想的实现都需要伟大斗争。

（二）“共产党人的斗争是有方向、有立场、有原则的”，明确新时代伟大斗争的方法论

斗争不是一顿乱斗，斗争首先要搞清楚跟谁斗、为了谁斗、怎么样去斗。习近平指出，共产党人的斗争是有方向、有立场、有原则的。[①] 这就为我们如何进行新的历史特点的伟大斗争提供了基本遵循。

新时代伟大斗争的方向是什么？习近平强调，大方向就是坚持中国共产党领导和我国社会主义制度不动摇。[②] 在这个大方向下，明确具体的斗争对象。党的十九大提出了“五个坚决”，即：全党要更加自觉地坚持党的领导和我国社会主义制度，坚决反对一切削弱、歪曲、否定党的领导和我国社会主义制度的言行；更加自觉地维护人民利益，坚决反对一切损害人民利益、脱离群众的行为；更加自觉地投身改革创新时代潮流，坚决破除一切顽瘴痼疾；更加自觉地维护我国主权、安全、发展利益，坚决反对一切分裂祖国、破坏民族团结和社会和谐稳定的行为；更加自觉地防范各种风险，坚决战胜一切在政治、经济、文化、社会等领域和自然界出现的困难和挑战。[③] 习近平在 2019 年秋季学期中央党校（国家行政学院）中青年干部培训班开班式上的重要讲话中提出了“五个凡是”，即：凡是危害中国共产党领导和我国社会主义制度的各种风险挑战，凡是危害我国主权、安全、发展利益的各种风险挑战，凡是危害我国核心利益和重大原则的各种风险挑战，凡是危害我国人民根本利

---

① 《习近平著作选读》第 2 卷，人民出版社 2023 年版，第 258 页。

② 同上。

③ 同上书，第 13 页。

益的各种风险挑战，凡是危害我国实现“两个一百年”奋斗目标、实现中华民族伟大复兴的各种风险挑战，只要来了，我们就必须进行坚决斗争，而且必须取得斗争胜利。[①] 从中可以看出，新时代伟大斗争的对象将国际国内所需解决的各种矛盾和风险都囊括其中，包括国家治理事务的所有重要方面，既涉及政治问题，也涉及经济问题，还涉及社会问题。

新时代伟大斗争的立场是什么？习近平多次指出，人民对美好生活的向往，就是我们的奋斗目标。[②] 江山就是人民、人民就是江山。人民立场是中国共产党的根本政治立场。以人民为中心的根本立场也是新时代进行伟大斗争的立场。坚持斗争要紧紧围绕人民利益，以人民利益为出发点和落脚点。敢于斗争从根本上是为了实现人民对美好生活的向往，实现中华民族伟大复兴。人民性是马克思主义最鲜明的品格，始终与人民在一起，为人民利益而斗争，是马克思主义政党同其他政党的根本区别。我们党全心全意为人民服务的宗旨，为人民谋幸福的初心，在新时代集中体现在以人民为中心，把人民对美好生活的向往作为奋斗目标。因此，新的伟大斗争必须坚持人民立场这个根本之点，以促进人民的团结、增进人民的利益、赢得人民的拥护为工作标尺。

新时代伟大斗争的原则是什么？习近平指出，在各种重大斗争中，我们要坚持增强忧患意识和保持战略定力相统一、坚持战略判断和战术决断相统一、坚持斗争过程和斗争实效相统一。[③] “三个相统一”是新时代伟大斗争的基本原则。我们应该加强底线思维，增强忧患意识，时刻绷紧风险预判的弦，未雨绸缪，不断提高科学预判风险的能力，绝不打无准备之仗；同时要有越是艰险越向前的锐气、乱云飞渡仍从容的定力，下好先手棋、打好主动仗，增强防风险迎挑战抗打压能力。我们应该紧紧抓住“我国社会主要矛盾是人民日益增长的美好生活需要和不平衡不充分的发展之间的矛盾”这一战略判断，所有的战术决断都要

① 《习近平著作选读》第2卷，人民出版社2023年版，第258页。
② 《习近平著作选读》第1卷，人民出版社2023年版，第60页。
③ 《习近平著作选读》第2卷，人民出版社2023年版，第259页。

围绕解决当前社会主要矛盾而展开，同一切与解决这一矛盾相抵触的因素作斗争，而且要奋力做到不获全胜，决不收兵。我们应该坚定斗争目标，无论斗争过程如何复杂艰险都要敢于碰硬啃难。但是斗争是手段而非目的，我们要坚持工具理性和价值理性相统一，始终奔着问题去，朝着解决问题来，讲究斗争实效。

（三）“务必敢于斗争、善于斗争”，进行伟大斗争需要大无畏和大智慧

习近平在党的二十大报告中提出“三个务必”，其中之一就是“务必敢于斗争、善于斗争”。

敢于斗争体现大无畏。习近平在纪念中国人民志愿军抗美援朝出国作战 70 周年大会上发表讲话时强调：“中国人民不惹事也不怕事，在任何困难和风险面前，腿肚子不会抖，腰杆子不会弯，中华民族是吓不倒、压不垮的！”[①]新时代新征程，我们必须拥有逢山开路、遇河架桥，明知山有虎、偏向虎山行的无畏胆魄；“踏平坎坷成大道、斗罢艰险又出发”的顽强斗志；“下定决心，不怕牺牲，排除万难，去争取胜利”的坚强意志；“压倒一切敌人，而决不被敌人所屈服”的英雄气概；“革命加拼命”的强大精神；准确识变、科学应变、主动求变，善于在危机中育先机、于变局中开新局的政治智慧。对危及党的执政地位、国家政权稳定，危害国家核心利益，危害人民根本利益，有可能迟滞甚至打断中华民族复兴进程的重大风险挑战，我们必须果断出手、坚决斗争。

善于斗争需要大智慧。斗争不是好勇斗狠、逞强好胜。要注重策略方法，讲求斗争艺术。[②] 具体而言，要做到“三要”，即：要抓主要矛盾、抓矛盾的主要方面，坚持有理有利有节，合理选择斗争方式、把握斗争火候，在原则问题上寸步不让，在策略问题上灵活机动。要根据形势需要，把握时、度、效，及时调整斗争策略。要团结一切可以团结的力量，调动一切积极因素，在斗争中争取团结，在斗争中谋求合作，在斗争中争取共赢。举例来说，2019 年 6 月以来，香港发生修例风波，受各种

---

① 《习近平著作选读》第 2 卷，人民出版社 2023 年版，第 358 页。

② 同上书，第 259 页。

内外复杂因素影响,“反中乱港”活动猖獗,香港局势一度出现严峻局面。党中央审时度势,作出一系列重要决策,制定《中华人民共和国香港特别行政区维护国家安全法》,完善香港特别行政区选举制度,中央人民政府依法设立驻香港特别行政区维护国家安全公署,香港特别行政区依法设立维护国家安全委员会,等等。这一系列标本兼治的举措,推动香港局势实现由乱到治的重大转折,为推进依法治港治澳、促进“一国两制”实践行稳致远打下了坚实基础。①

(四)“加强干部斗争精神和斗争本领养成”,党员干部要勇于在重大斗争中接受磨砺

政治路线确定之后,干部就是决定的因素。② 实现第二个百年奋斗目标、实现中华民族伟大复兴的中国梦,关键在于培养造就一支具有铁一般信仰、铁一般信念、铁一般纪律、铁一般担当的干部队伍。习近平指出:“新的征程上,我们面临的风险考验只会越来越复杂,甚至会遇到难以想象的惊涛骇浪。……在重大风险、强大对手面前,总想过太平日子、不想斗争是不切实际的,得‘软骨病’、患‘恐惧症’是无济于事的。……唯有主动迎战、坚决斗争才有生路出路,才能赢得尊严、求得发展,逃避退缩、妥协退让只会招致失败和屈辱,只能是死路一条。”③

党是由千千万万党员组成的。没有一批又一批斗争意志刚强、斗争经验丰富、斗争本领过硬的党员干部队伍,实现中华民族伟大就是一句空话。但是,斗争精神、斗争本领,不是天生的。领导干部要经受严格的思想淬炼、政治历练、实践锻炼和专业训练,才能成长为敢斗善斗的先锋战士。新时代,必须加强干部斗争精神和斗争本领养成。只有广大党员干部平常时候看得出来、关键时刻站得出来、危难关头豁得出来,才能为推进民族复兴提供坚强组织和队伍保障。

领导干部要发扬斗争精神、增强斗争本领,就要始终加强学习,掌握马克思主义这个看家本领,不断提高“政治三力”,不断提高战略思

① 《中共中央关于党的百年奋斗重大成就和历史经验的决议》,人民出版社 2021 年版,第 58 页。

② 《毛泽东选集》第 2 卷,人民出版社 1991 年版,第 526 页。

③ 《习近平著作选读》第 2 卷,人民出版社 2023 年版,第 558 页。

维、历史思维、辩证思维、系统思维、创新思维、法治思维、底线思维、极限思维能力；就要坚持科学的工作方法，如调查研究的工作方法、统筹兼顾的工作方法、与时俱进的工作方法等；就要主动投身到各种斗争中去，在大是大非面前敢于亮剑，在矛盾冲突面前敢于迎难而上，在危机困难面前敢于挺身而出，在歪风邪气面前敢于坚决斗争，在斗争中学会斗争，在斗争中成长成熟，真正锻造成为烈火真金，成为敢于斗争、善于斗争的战士。

（五）“准备经受风高浪急甚至惊涛骇浪的重大考验”，必须发扬自我革命精神建设坚强有力的马克思主义执政党

办好中国的事情，关键在党。打铁必须自身硬。习近平指出：“经过不懈努力，党找到了自我革命这一跳出治乱兴衰历史周期率的第二个答案。”[①]勇于自我革命，是我们党最鲜明的品格，也是我们党区别于其他政党的显著标志。

党的十八大以来，以习近平同志为核心的党中央将“全面从严治党”纳入“四个全面”战略布局，以彻底自我革命精神与党内存在的突出问题和不良现象作坚决斗争，推动管党治党不断走向严紧硬。习近平视党的政治建设为党的根本性建设，政治建设的首要任务是“保证全党服从中央，坚持党中央权威和集中统一领导”[②]。针对党内一定程度存在的“七个有之”问题，习近平强调必须严明政治纪律和政治规矩，确保令行禁止，切实做到党中央提倡的坚决响应，党中央决定的坚决执行，党中央禁止的坚决不做。习近平高度重视解决党内存在的思想问题，领导全党先后开展党的群众路线教育实践活动、“三严三实”专题教育、“两学一做”学习教育、“不忘初心、牢记使命”主题教育、党史学习教育、学习贯彻习近平新时代中国特色社会主义思想主题教育，进一步统一思想、统一意志、统一行动。习近平高度重视党的组织建设，领导制定新时代党的组织路线，着力培养忠诚、干净、担当的高素质干部队伍，大力纠正选人用人中的不良导向。习近平高度重视党群关系、干群关

① 《习近平著作选读》第1卷，人民出版社2023年版，第12页。
② 《习近平著作选读》第2卷，人民出版社2023年版，第51页。

系，从制定和落实中央八项规定破题，坚持从中央政治局做起、从领导干部抓起，发扬钉钉子精神，持之以恒纠治“四风”，反对特权思想和特权现象，狠刹公款送礼、公款吃喝、公款旅游、奢侈浪费等不正之风。习近平高度重视党的纪律的重要地位，两次领导修订完善《中国共产党纪律处分条例》，为党员尤其是领导干部划出若干新的禁区。习近平高度重视党的制度建设，领导制定《关于新形势下党内政治生活的若干准则》《中国共产党廉洁自律准则》和一大批条例、规定、办法等，基本构建起全面从严治党的制度体系。习近平极为重视反腐败斗争，强调“腐败是党长期执政的最大威胁，反腐败是一场输不起也决不能输的重大政治斗争，不得罪成百上千的腐败分子，就要得罪十四亿人民，必须把权力关进制度的笼子里，依纪依法设定权力、规范权力、制约权力、监督权力”①。总之，经过坚决斗争，党的自我革命能力显著增强，管党治党宽松软状况得到根本扭转，反腐败斗争取得压倒性胜利并全面巩固，消除了党、国家、军队内部存在的严重隐患，党在革命性锻造中更加坚强。

三、习近平对毛泽东斗争观的守正创新

习近平和毛泽东都是“坚持真理、坚守理想，践行初心、担当使命，不怕牺牲、英勇斗争，对党忠诚、不负人民”的共产主义战士，都是马克思主义斗争思想忠实继承者、坚定捍卫者、完美体现者。从毛泽东提出“进行空前的伟大的斗争”②到习近平总书记强调“必须进行具有许多新的历史特点的伟大斗争”③，根本目的都是为了实现民族复兴和人民幸福。习近平作为新时代当之无愧的党的核心、人民领袖、军队统帅，既继承了毛泽东斗争思想的精华，又大大丰富和发展了毛泽东的斗争思想。就继承方面来说，习近平坚持了毛泽东关于斗争精神重大意义的基本论断、继承了毛泽东关于培育党员干部斗争精神的重要思想、传

① 《中共中央关于党的百年奋斗重大成就和历史经验的决议》，人民出版社 2021 年版，第 32—33 页。

② 《毛泽东选集》第 2 卷，人民出版社 1991 年版，第 533 页。

③ 《习近平著作选读》第 2 卷，人民出版社 2023 年版，第 13 页。

承了毛泽东关于党内思想斗争的主要观点和基本方法、秉承了毛泽东关于坚持加强对外斗争、维护国家利益的重要原则,等等。① 就丰富和发展方面来说,主要体现在以下几个方面。

(一)彰显斗争地位

为什么斗争如此重要?青年毛泽东经过艰苦的探索、比较和鉴别,才最终选择了马克思主义。他曾说:“有三本书特别深地铭刻在我的心中,建立起我对马克思主义的信仰。我一旦接受了马克思主义是对历史的正确解释以后,我对马克思主义的信仰就没有动摇过。这三本书是:《共产党宣言》,陈望道译,这是用中文出版的第一本马克思主义的书;《阶级斗争》,考茨基著;《社会主义史》,柯卡普著。”②可见马克思主义斗争思想对其影响之深。然而,新中国成立后尤其是改革开放以来,由于不少人对“斗争”存在误解误读,导致“斗争话语”淡化。习近平直言不讳“斗争”,认为“斗争”与治国理政息息相关,实现中华民族伟大复兴更是离不开“斗争”。

斗争是推进中华民族伟大复兴的必由之路。习近平多次强调,必须进行具有许多新的历史特点的伟大斗争。“新的历史特点”这个概念,含义是很深刻的,是全面审视和判断国内国际两个大局发展大势得出的重要判断。③ 当前,世界百年未有之大变局加速演进,国际环境日趋复杂,不确定性不稳定性明显增加,各种可以预料和难以预料的风险挑战明显增加。中国经济增长速度换挡期、结构调整阵痛期、前期刺激政策消化期同时集中出现,必须面对的矛盾和问题不少。中国共产党面临的“四大考验”“四大危险”将长期存在。这就决定了,“我们必须增强忧患意识,坚持底线思维,做到居安思危、未雨绸缪,准备经受风高浪急甚至惊涛骇浪的重大考验”④。在此种情况下,只有发扬伟大斗争

---

① 王绍霞:《习近平对毛泽东斗争精神的继承与发展》,载《思想理论教育导刊》2020 年第 2 期,第 11—17 页。

② [美]埃德加·斯诺:《西行漫记》,董乐山译,解放军文艺出版社 2002 年版,第 116 页。

③ 《十八大以来重要文献选编》上册,中央文献出版社 2014 年版,第 11 页。

④ 《习近平著作选读》第 1 卷,人民出版社 2023 年版,第 22 页。

精神，以百年未有之大变局服从和服务于中华民族伟大复兴的战略全局，才能在斗争中求生存求发展，以中国式现代化全面推进中华民族伟大复兴。

斗争是治国理政的必要手段。由于历史的原因，很多人认为，“斗争”是革命年代的常规化手段和方式，在建设年代它只是一种非常规的手段和方式，并不是治国理政的常规手段。尤其是受“文革”的影响，一些人谈“斗争”色变。习近平关于伟大斗争的重要论述去除了因历史和政治等原因而加于“斗争”之上的种种压力，把“伟大斗争”日常化为治国理政的基本方式手段，使“伟大斗争”在新时代获得了新的立体而丰富的切实内容。① 比如，从微观层面来说，我们在工作中遇到的斗争是多方面的，改革发展稳定、内政外交国防、治党治国治军等需要发扬斗争精神、提高斗争本领。全面从严治党、坚持马克思主义在意识形态领域的指导地位、全面深化改革、推进供给侧结构性改革、推动高质量发展、消除金融领域隐患、保障和改善民生、打赢脱贫攻坚战、治理生态环境、应对重大自然灾害、全面依法治国、处理群体性事件、打击黑恶势力、维护国家安全、统筹疫情防控和经济社会发展、坚定灵活开展军事斗争，等等，都要敢于斗争、善于斗争。总之，习近平将对“斗争”的认识由过去的“非常规手段”转化为“常规手段”，从而使斗争成为我们党治国理政的常态，并赋予其确实的内涵和指向，是对新时代伟大斗争理论与实践的重要贡献。

（二）拓展斗争领域

毛泽东时代，虽然斗争也可能非常激烈甚至惨烈，但各种关系还相对比较简单，要跟谁斗、斗争涉及哪些方面，基本上可以想象得到。然而当今时代，新一轮科技革命和产业变革深入发展，社会日新月异，我们面临的矛盾和问题、风险和挑战与几十年前甚至是几年前都不可同日而语。尤其是各种不确定性不稳定性因素明显增多，各种可以预料的和难以预料的风险挑战明显增加，传统安全威胁和非传统安全威胁

① 黄相怀：《习近平关于伟大斗争重要论述的原创性贡献》，载《马克思主义研究》2022年第9期。

相互交织，斗争压力空前增长。进行伟大斗争，必须密切关注、实时跟进国际国内情况及其发展变化，不断拓展斗争领域，实现斗争“全覆盖、无死角”，才能掌握斗争主动权。

譬如，针对国家安全领域出现的新形势、新问题、新挑战，习近平不失时机地提出了总体国家安全观。他指出：“当前我国国家安全内涵和外延比历史上任何时候都要丰富，时空领域比历史上任何时候都要宽广，内外因素比历史上任何时候都要复杂，必须坚持总体国家安全观，以人民安全为宗旨，以政治安全为根本，以经济安全为基础，以军事、文化、社会安全为保障，以促进国际安全为依托，走出一条中国特色国家安全道路。”①总体国家安全观是一个内容丰富、开放包容、不断发展的思想体系。时至今日，中国国家安全已发展到包括政治安全、国土安全、军事安全、经济安全、文化安全、社会安全、科技安全、网络安全、生态安全、资源安全、核安全、海外利益安全、生物安全、太空安全、极地安全和深海安全十六个领域。拿网络安全来说，互联网是我们面临的“最大变量”，搞不好会成为我们的“心头之患”。没有网络安全就没有国家安全，过不了互联网这一关，就过不了长期执政这一关。因此，我们要始终把打赢网上斗争作为首要任务。总之，总体国家安全观的提出，大大拓展了国家安全的斗争领域，为有效维护中国国家安全提供了基本遵循。

（三）把准斗争方向

一个时代有一个时代的主题，一代人有一代人的使命。新民主主义革命时期，最主要的任务是完成“民族独立、人民解放”这一近代以来中华民族第一大历史任务，开始为“实现国家富强、人民幸福”第二大历史任务而奋斗。新中国成立以来，主要是为完成第二大历史任务而奋勇前进。当然，不同阶段，社会主要矛盾不同，面临的风险挑战不同，斗争方向也会有差异。

新时代伟大斗争必须把准斗争方向。新时代伟大斗争是指向重大挑战、重大风险、重大阻力、重大矛盾的斗争，是实现新的历史创造、完

---

① 《习近平著作选读》第1卷，人民出版社2023年版，第235页。

成新的历史使命、作出新的历史贡献的斗争,是坚持党的领导、坚持人民立场、坚持科学理论指导的斗争。前文提到的"五个坚决"和"五个凡是"为进行伟大斗争指明了方向。归结起来,新时代斗争精神所要解决的"已经不是革命战争年代那种疾风暴雨式的阶级斗争,也不是社会主义建设初期的'群众运动',而是为坚持和发展中国特色社会主义而进行的一系列伟大变革和创新,是为了实现中华民族伟大复兴的中国梦而实施的突破遏制、回应挑战、补齐短板的斗争"①。

譬如,中国特色社会主义进入新时代,我国社会主要矛盾已经转化为人民日益增长的美好生活需要和不平衡不充分的发展之间的矛盾。这就意味着,今后相当长的时间内,我们要为解决"不平衡不充分的发展"问题而攻坚克难。党的十九届五中全会以"科学把握新发展阶段,深入贯彻新发展理念,加快构建新发展格局"为着力点,对"十四五"时期经济社会发展作出了全面系统的规划。规划对经济社会发展和改革开放12个方面的重点任务进行了工作部署,可以归结为"以推动高质量发展为主题""在更高起点上推进改革开放""努力让人民过上更加美好的生活""有效防范化解各类风险挑战"几个方面。"以推动高质量发展为主题"和"在更高起点上推进改革开放",着力破解的是"不充分发展";"努力让人民过上更加美好的生活"着力破解的是"不平衡发展";而"有效防范化解各类风险挑战",则为破解"不平衡不充分的发展"提供良好的外部条件和坚强保障。总之,12个方面的重点任务都是围绕着如何解决"不平衡不充分的发展",以满足"人民日益增长的美好生活需要"。这就把准了解决我国社会主要矛盾的斗争方向。

(四)丰富斗争方式

在斗争中毛泽东重视法律和制度的作用,但法制的产生,并不意味着法治的诞生。任何国家都存在法制,但不一定是法治国家。党的十八大以来,习近平将全面依法治国纳入"四个全面"战略布局,坚持依

---

① 田鹏颖:《进行具有许多新的历史特点的伟大斗争》,载《中国特色社会主义研究》2017年第5期。

法治国、依法执政、依法行政共同推进，坚持法治国家、法治政府、法治社会一体建设，全面推进科学立法、严格执法、公正司法、全民守法，全面推进国家各方面工作法治化。

习近平非常注重运用法治的方式进行斗争，勇于且善于将党的主张上升为国家意志。比如，针对国家安全领域的严峻形势，党的十八大以来，全国人大及其常委会先后制定了《中华人民共和国反间谍法》(2014 年制定，2023 年修订)、《中华人民共和国国家安全法》(2015 年)、《中华人民共和国反恐怖主义法》(2015 年)等。再比如，针对意识形态领域尖锐复杂的斗争，党的十八大以来，全国人大及其常委会先后制定了《中华人民共和国网络安全法》(2016 年)、《中华人民共和国英雄烈士保护法》(2018 年)、《中华人民共和国刑法修正案(十一)》(2020 年)，建立了党和国家功勋荣誉表彰制度，设立了国家公祭日、烈士纪念日等。事实证明，法治方式和其他斗争方式形成组合拳，威力无比。党的十八大以来，我们取得了维护国家安全的重大胜利，意识形态领域形势发生全局性、根本性转变。

习近平非常注重制度的作用且善于通过制度改革来增强斗争能力。比如，反腐败是一场输不起也决不能输的重大政治斗争。党的十八大以来，以习近平同志为核心的党中央，构建起党全面领导的反腐败工作格局，健全了党中央统一领导、各级党委统筹指挥、纪委监委组织协调、职能部门高效协同、人民群众参与支持的反腐败工作体制机制。近年来，从明确在党风廉政建设和反腐败斗争中党委履行主体责任，到把巡视作为党内监督的战略性制度安排，再到深化纪律检查和国家监察体制改革，党统一领导反腐败斗争的体制机制不断完善。特别是监察体制改革之后，将原先分散在纪委、行政监察机关、检察院反贪机构等多个部门的反腐败力量有效整合到一起，有助于加强党的领导，避免管理多头、政出多门，实现对所有行使公权力的公职人员监察全覆盖。事实证明：以习近平同志为核心的党中央举旗定向、统筹部署，把坚持和加强党的领导贯穿纪检监察体制改革各方面全过程，强化了党对反腐败工作全覆盖、全方位、全过程领导，为夺取反腐败斗争压倒性胜利提供坚强政治保障。

(五)升华斗争形象

毛泽东曾说,下定决心,不怕牺牲,排除万难,去争取胜利。毛泽东还说,我们的军队具有一往无前的精神,它要压倒一切敌人,而决不被敌人所屈服。毛泽东的一生,不信邪不怕鬼,战胜了无数强敌,他用斗争打开了党和国家事业发展的新天地,也通过英勇斗争让党和国家赢得了世界的尊重。党的十八大以来,习近平团结带领全党,逢山开路、遇河架桥,明知山有虎、偏向虎山行,准确识变、科学应变、主动求变,在危机中育先机、于变局中开新局,解决许多难题、化解诸多风险、打赢多场硬仗、办成众多大事,推动党和国家事业取得历史性成就、发生历史性变革。以习近平同志为核心的党中央不讳言斗争、敢于斗争、善于斗争,一个敢于打拼、勇于斗争的大党强党形象日益清晰地呈现于世人面前。①

一是光辉正义形象。我们的事业是正义的,正义的事业是任何人也攻不破的。中国共产党致力于为中国人民谋幸福、为中华民族谋复兴,是再正义不过的事业。我国的内外政策公开透明,战略意图光明磊落,保持高度连续性和稳定性。党团结带领人民,继续为实现人民对美好生活的向往而奋斗,堂堂正正。正如 2023 年 6 月 19 日,国家主席习近平在会见来访的美国国务卿布林肯时所指出:“宽广的地球完全容得下中美各自发展、共同繁荣。中国人民和美国人民一样,都是自尊自信自强的人民,都拥有追求美好生活的权利,两国之间存在的共同利益应该得到重视,各自取得成功对彼此都是机遇而非威胁。”②中国共产党行得正、坐得端、站得直,让世人看到的是正义之师的光辉形象。

二是威武不屈形象。富贵不能淫,贫贱不能移,威武不能屈,此之谓大丈夫。中国有自强不息的光荣传统,一切打压和遏制只会激发中国人民的意志和热情。党在内忧外患中诞生、在历经磨难中成长、在攻坚克难中壮大,为了人民、国家、民族,为了理想信念,无论敌人如何强

---

① 黄相怀:《习近平关于伟大斗争重要论述的原创性贡献》,载《马克思主义研究》2022 年第 9 期。

② 《习近平会见美国国务卿布林肯》,载《人民日报》2023 年 6 月 20 日,第 1 版。

大、道路如何艰险、挑战如何严峻，党总是绝不畏惧、绝不退缩，不怕牺牲、百折不挠。[①] 党的十八大以来，面对来自外部的各种围堵、打压、捣乱、颠覆活动，我们党发扬不信邪、不怕鬼的精神，同企图颠覆中国共产党领导和我国社会主义制度、企图迟滞甚至阻断中华民族伟大复兴进程的一切势力坚决斗争，打出了威风，赢得了尊严。我们决不一味退让，更不委曲求全，展现出威武不屈的高大形象。

三是敢于担当形象。世界怎么了，中国怎么办？中国是个大国，大国有大国的责任。中国共产党是世界上最大的政党，大就要有大的样子。中国共产党是为人类谋进步、为世界谋大同的政党，各国人民对美好生活的向往就是我们的追求。面对和平赤字、发展赤字、安全赤字、治理赤字、生态赤字等加重，人类社会面临前所未有的挑战，习近平先后提出了全球发展倡议、全球安全倡议、全球文明倡议，给出了解决上述问题的中国方案。在中华民族实现伟大复兴的历程进程中，中国决不做损人利己、以邻为壑的事情，而始终是世界和平的建设者、全球发展的贡献者、国际秩序的维护者，不断地为世界和平与发展注入新的动力。在国际事务中，中国弘扬和平、发展、公平、正义、民主、自由的全人类共同价值，坚持正确义利观，推动构建人类命运共同体，推动建设持久和平、普遍安全、共同繁荣、开放包容、清洁美丽的世界。一个敢于担当、勇于负责的大党大国形象清晰地展现在各国人民面前。

敢于斗争、敢于胜利是中国共产党的鲜明品格，是党百年奋斗的宝贵历史经验，也是夺取新时代新征程新的伟大胜利的必然选择。我们党依靠斗争创造了辉煌历史，也必然要依靠斗争赢得光明未来。我们坚信，有习近平掌舵领航，有党中央坚强领导，我们一定可以在斗争中发展，在斗争中壮大，在斗争中谱写新时代中国特色社会主义事业更加绚丽的华章！

---

① 《中共中央关于党的百年奋斗重大成就和历史经验的决议》，人民出版社 2021 年版，第 69 页。

第九章
坚持中国特色社会主义道路

——习近平对毛泽东社会主义道路观的守正创新

习近平在中国共产党第二十次全国代表大会上的报告中指出："全面建设社会主义现代化国家，是一项伟大而艰巨的事业，前途光明，任重道远。"①"中国特色社会主义是实现中华民族伟大复兴的唯一正确道路。这条道路符合中国实际、反映中国人民意愿、适应时代发展要求的，不仅走得对、走得通，而且也一定能够走得稳、走得好。"②坚持党的领导，不断探索适合中国国情的发展道路，从而更加坚定不移走中国特色社会主义道路，这是人民的选择，也是历史的选择。

一、毛泽东社会主义道路观及其实践探索

一个国家实行什么样的主义，关键要看这个主义能否解决这个国家所面临的历史性课题。一个国家的发展道路的选择，关键在于这个国家发展所处的历史进程与历史任务。1840 年鸦片战争以来，为了挽救民族危亡、赢得民族独立、实现民族复兴，中国人民前仆后继艰难探索救国救民的道路。太平天国运动、洋务运动、戊戌变法、义和团运动、辛亥革命等，各种救国图存的道路和方案轮番出台，但最终都以失败而告终。历史证明，如果不从根本上去动摇旧社会反动统治的根基，那么

---

① 习近平：《高举中国特色社会主义伟大旗帜　为全面建设社会主义现代化国家而团结奋斗——在中国共产党第二十次全国代表大会上的报告》，载《人民日报》2022 年 10 月 26 日。

② 习近平：《在纪念辛亥革命 110 周年大会上的讲话》，人民出版社 2021 年版，第 7 页。

各种各样的改良运动、旧式农民起义运动、资产阶级革命派领导的旧式民主革命都不可能带领中国人民走上独立自由、文明富强的道路，当然也不可能带领中国人民完成反帝反封建的历史任务。

（一）“以苏为师”“以苏为鉴”，开始“第二次结合”的伟大探索

新中国成立后，如何在经济文化十分落后的东方大国实现向社会主义社会的过渡，这是摆在中国共产党面前的重大历史课题。以毛泽东同志为主要代表的中国共产党人带领中国人民，只用了短短三年时间就医治了战争的创伤、迅速恢复了国民经济。1953 年 6 月，毛泽东不失时机地提出了社会主义过渡时期的总路线，即“一化三改”。这是一条社会主义改造与社会主义建设同时并举的路线，这条适合中国国情特点的社会主义改造道路是中国共产党的伟大创举。1956 年社会主义改造基本完成，标志着我们党带领中国人民完成了社会主义革命，为当代中国的社会主义现代化建设奠定了制度基础和物质基础，使中国这个占世界 1/4 人口总数的古老大国迈进了社会主义社会。

社会主义基本制度确立以后，如何建设一个强大的社会主义国家又成了中国共产党面临的崭新课题。1956 年，毛泽东提出要“把马列主义的基本原理同中国革命和建设的具体实际相结合。……现在是社会主义革命和建设时期，我们要进行第二次结合，找出在中国怎样建设社会主义的道路”①。

随着我国进入社会主义建设阶段，毛泽东发现在实现马克思列宁主义与中国革命实践“第一次结合”后，中国仍然需要将具体实际与马克思列宁主义基本原理进行“第二次结合”。在中国建设事业不断推进的过程中，模仿苏联模式的一系列政策弊端日渐暴露，许多“不良反应”逐一显现，一些符合苏联的经济建设模式与中国国情不相适应的情况越发明显，国民经济建设急需找到破题之法。毛泽东在此过程中逐渐意识到，想要建设和发展社会主义，必须要结合中国实际情况寻求一条符合中国具体国情的社会主义建设道路，制定相关路线、方针、政策迫在眉睫。1956 年 4 月，毛泽东在中央政治局扩大会议上发表了《论十大

---

① 《毛泽东年谱：1949—1976》第 2 卷，中央文献出版社 2013 年版，第 557 页。

关系》的讲话，在讲话中提出了建设社会主义国家的基本方针，即“把我国建设成为一个强大的社会主义国家”[①]。同时，毛泽东告诫全党要“以苏为鉴”，要独立自主地探索出一条马克思列宁主义普遍真理同中国实际相结合的具有中国特色的社会主义建设道路。1956 年 9 月，中共八大路线的制定为《论十大关系》所提出的相关经济建设、政治建设新方针进行了补充和发展，进一步明确了社会主义经济建设的基本方针。1957 年 6 月，毛泽东在《人民日报》上发表了讨论人们内部矛盾的文章——《关于正确处理人民内部矛盾的问题》。该文在发展社会主义市场经济的条件下为正确认识和处理人民内部矛盾提供了新思路和新办法，是论述中国社会主义革命和社会主义建设道路的重要文献。《论十大关系》、中共八大路线和《关于正确处理人民内部矛盾的问题》的先后提出标志着毛泽东在对社会主义建设规律的把握上取得了初步成果，他虽然并未直接提出“中国特色社会主义”这一命题，但“第二次结合”的提出显然为中国社会主义发展作出了重大的理论贡献，为实现马克思主义中国化第二次历史性飞跃做了重要的思想酝酿与理论准备，不仅是中国特色社会主义理论、道路、制度形成的历史和逻辑的起点，而且是中国革命和社会主义建设、发展与改革的重要理论支撑与指导性原则。以毛泽东同志为主要代表的中国共产党人在这一时期开展和进行的社会主义建设道路的艰难求索，为此后改革开放、开创中国特色社会主义道路等实践提供了重要的思想依据和理论准备。

毛泽东毕生最突出、最伟大的贡献，就是带领中国人民找到了新民主主义革命的正确道路，成立了中华人民共和国，确立了社会主义基本制度，取得了社会主义建设的基础性成就，为我们探索建设中国特色社会主义的道路积累了丰富的经验、奠定了坚实的理论与实践基础。

（二）擘画了当时中国经济、政治、文化全面发展的宏伟蓝图，形成了有关政治、经济、文化的社会主义总体布局

毛泽东指出：“我们共产党人，多年以来，不但为中国的政治革命和经济革命而奋斗，而且为中国的文化革命而奋斗；一切这些的目的，在

---

① 《毛泽东年谱：1949—1976》第 2 卷，中央文献出版社 2013 年版，第 569 页。

于建设一个中华民族的新社会和新国家。在这个新社会和新国家中，不但有新政治、新经济，而且有新文化。”①

这一时期，毛泽东基于马克思主义基本原理，深刻认识到社会建构中政治、经济、文化的重要性，明白三者相互依存、缺一不可的关系。基于此，要构建新的社会结构体系，要实现新民主主义社会向社会主义社会的顺利过渡，毛泽东在《新民主主义论》中描绘了当前中国经济、政治、文化发展的宏伟蓝图，从而形成了有关政治、经济、文化的社会主义总体布局。在政治方面，毛泽东认为，“所谓中华民族的新政治，就是新民主主义的政治”②，这种新的政治格局要推翻帝国主义和封建制度的压迫，要在无产阶级的领导下将人民群众充分的发动起来，要建立“无产阶级领导的，工农联盟为基础的人民民主专政”③。在经济方面，毛泽东认为新中国“在经济上也必须是新民主主义的”④，因此，要严格区分资本主义，要意识到有垄断的、操纵国民生计的资本主义是没有进步意义的，从而建立国营经济，但同时也要允许民族资本主义经济的发展和富农经济的存在，还要没收地主土地，实现“耕者有其田”⑤。在文化方面，毛泽东在《新民主主义论》中就明确的提到过：“一定的文化是一定社会的政治和经济在观念形态上的反映”⑥。基于政治和经济在当时所发生的变化，新民主主义的文化在观念上反映了变化后的新政治和新经济，因而形成了由无产阶级领导的，民族的科学的大众的文化，是“无产阶级领导的人民大众的反帝反封建的文化”⑦。值得注意的是，毛泽东在《新民主主义论》中一再强调新的政治、经济、文化是新民主主义的。但随着历史向前发展，新中国进入社会主义社会，这虽然与

---

① 《毛泽东选集》第2卷，人民出版社1991年版，第663页。

② 同上书，第665页。

③ 《建党以来重要文献选编（1921—1949）》第25册，中央文献出版社2011年版，第575页。

④ 《毛泽东选集》第2卷，人民出版社1991年版，第678页。

⑤ 《建党以来重要文献选编（1921—1949）》第4册，中央文献出版社2011年版，第664页。

⑥ 《毛泽东选集》第2卷，人民出版社1991年版，第694页。

⑦ 同上书，第698页。

新民主主义的社会是不同的阶段,但二者又有紧密的联系。新民主主义为中国走向社会主义社会提供了准备,扫清了道路,这就表明了新民主主义具有一定的社会主义因素,因此,新民主主义的发展前途必然是社会主义,而发展和建设毛泽东所提出的新政治、新经济、新文化也正是构建政治经济文化的社会主义总体布局的重要步伐。新中国成立后,以毛泽东同志为主要代表的中国共产党人基于这幅宏伟蓝图,在政治上确立了人民代表大会制度、中国共产党领导的多党合作和政治协商制度、民族区域自治制度;在经济上确定了工业体系和国民经济体系;在文化方面提出"百花齐放""百家争鸣"。各种政策、制度、措施的形成和建立在一定程度上更进一步地确定了中国政治、经济、文化的社会主义总体布局。

(三)运用唯物辩证法系统阐述了社会主义基本矛盾和社会主义发展基本动力等重大问题,为此后建设社会主义提供哲学依据、科学方法和实践路径

毛泽东在读苏联《政治经济学教科书》的谈话中提道:"说批评和自我批评是社会主义社会发展的强大动力,这个说法不妥当。矛盾才是动力,批评和自我批评是解决矛盾的方法。"①毛泽东指出并强调了社会主义基本矛盾,为此后建设中国式社会主义提供哲学依据、科学方法和实践路径。

毛泽东在《论十大关系》《同音乐工作者的谈话》《关于正确处理人民内部矛盾的问题》等文章中,运用对立统一的观点,简明扼要地分析了当时我国社会的阶级、阶级斗争和社会矛盾。在《关于正确处理人民内部矛盾的问题》一文中,毛泽东指出:"在社会主义社会中,基本的矛盾仍然是生产关系和生产力之间的矛盾,上层建筑和经济基础之间的矛盾。"②这是毛泽东第一次明确提出社会主义社会的基本矛盾的相关观点,将生产关系和生产力之间的矛盾直截了当地提出来进行讨论并解决。毛泽东认为,社会主义生产关系已经建立起来了,生产力和生产

---

① 《毛泽东文集》第8卷,人民出版社1999年版,第133页。

② 《毛泽东文集》第7卷,人民出版社1999年版,第214页。

关系、上层建筑和经济基础基本上是相适应的，只是因为不够完善而存在一些不适配方面，但这些问题并不是无从下手的，而是可以通过改革来加以完善从而得到解决的。进入社会主义建设时期，“革命时期的大规模的急风暴雨式的群众阶级斗争基本结束，但是阶级斗争还没有完全结束”①，人民群众在迎来新制度的同时也在适应新制度，但在适应的过程中问题层出不穷，最为明显的是，人民对于经济文化迅速发展的需要同当前经济文化不能满足于人们需要的状况之间的矛盾成了主要矛盾，这一矛盾决定了发展生产力是社会主义的根本任务。同样，在《论十大关系》这篇文章中，毛泽东运用唯物辩证法系统地阐述了当前中国在社会主义建设和发展中所面临的具体问题，所有事关全局性的重大关系都必须用辩证的思维去思考和解决。在这一过程中，明确十大关系的同时也要注意分辨十大关系的积极因素与消极因素，抓好主要矛盾的同时也要处理好非主要矛盾。只有辩证的分析好社会主义建设和发展过程中的积极因素，明确社会主义基本矛盾是社会主义发展动力，才能将社会主义建设和发展过程中的所有力量调动起来，才能“把我国建设成为一个强大的社会主义国家”②。毛泽东关于社会主义基本矛盾的理论，是我国发展和建设社会主义制度，实行改革开放，确立以经济建设为中心的基本路线的重要理论基础和哲学根据，他关于社会主义建设方法的思考和探索为形成社会主义建设正确路线提供了重要的方法论依据。

（四）制定了“四面八方”的经济政策、奉行“另起炉灶”“打扫干净屋子再请客”的外交方针、确立“民族的、科学的、大众的”新民主主义文化教育制度、筹划新中国国防和军队建设等制度建设，建立了社会主义新制度的四梁八柱

毛泽东对于社会主义制度建设的观点是：“中国的房子，一般的旧式恐怕是改一改好，改成新式，变为新房子”③，“中共二十八年，再加两

① 《毛泽东文集》第7卷，人民出版社1999年版，第216页。
② 同上书，第44页。
③ 《毛泽东年谱：1949—1976》第3卷，中央文献出版社2013年版，第292页。

年，完成全国革命任务，就是铲地基，花了三十年，但是起房子，这个任务要几十年工夫”[①]。建立社会主义新制度，就如同起房子，要取其精华、去其糟粕将旧的制度进行吸收和修改，而后仍需经过共产党人的不懈努力方能制定出符合中国国情的社会主义制度。以毛泽东同志为代表的中国共产党人提出了社会主义制度建设的总方针和总目标，为建设中国社会主义明确政治方向和基本方针，为这个“房子”提供了四梁八柱。

新中国成立后，在国家的根本制度上，以毛泽东同志为主要代表的中国共产党人与中国人民一起确立了人民民主专政的国体和人民代表大会制度的政体，在社会主义制度建设过程里，这就是社会主义新制度的四梁八柱，国家的根本制度起到了“立柱”和“顶梁柱”的作用。在国家的基本制度上，以毛泽东同志为主要代表的中国共产党人提出了框定国家基本形态、规范国家政治关系和经济关系的制度；在中国共产党和民主党派的关系上，提出了共产党和民主党派要实行“长期共存、互相监督”的方针，确定了加强中国共产党领导下的多党合作和政治协商制度；在经济问题上，制定了以公有制为主体的经济制度；在民族问题上，推动民族地区的民主改革，促进少数民族经济文化发展，坚决实施民族区域自治制度。在国家的重要制度中，毛泽东在法律法治、行政管理、文化建设、民生保障、社会治理、生态文明方面的观点也为后来的社会主义制度建设提供了基本框架。以坚持民主集中制为例，毛泽东多次强调，“没有民主集中制，无产阶级专政不可能巩固”[②]；以法制问题为例，毛泽东则强调必须反对官僚主义，需要逐步健全社会主义法制，真正做到有法可依、有法必依。毛泽东的这些努力，为中国社会主义制度建设打下了坚实的基础[③]。

可以说，改革开放之前的社会主义实践探索是艰辛的，是中国共产党领导中国人民在一穷二白的基础上积累了丰富的思想成果、物质成

---

① 《毛泽东年谱：1893—1949（修订本）》（下卷），中央文献出版社 2013 年版，第 432 页。

② 《毛泽东文集》第 8 卷，人民出版社 1999 年版，第 297 页。

③ 杨振闻：《习近平新时代中国特色社会主义思想对毛泽东思想的继承和发展》，载《毛泽东研究》2021 年第 3 期。

果、制度成果，成为党和人民在历史新时期把握现实、创造未来的出发阵地。

二、习近平关于中国式现代化道路重要论述及其实践探索

习近平指出："坚持中国特色社会主义道路。坚持以经济建设为中心，坚持四项基本原则，坚持改革开放，坚持独立自主、自力更生，坚持道不变、志不改，既不走封闭僵化的老路，也不走改旗易帜的邪路，坚持把国家和民族发展放在自己力量的基点上，坚持把中国发展进步的命运牢牢掌握在自己手中。"①从现代化角度看，中国特色社会主义道路就是一条中国式的社会主义现代化道路。我们党带领人民进行伟大探索，找到了中国式社会主义现代化道路，即中国特色社会主义道路。中国特色社会主义道路是一条以人民为中心、以实现人民对美好生活的向往为目标的中国式现代化道路，是从根本上改变中国人民前途命运的必由之路。

（一）正确处理改革开放前后两个历史时期的关系，强调必须走中国特色社会主义现代化道路

习近平指出，我们党领导中国人民进行社会主义建设，有改革开放前后两个历史时期，这是两个既有紧密联系又有重大区别的两个时期。在本质上，其实都是我们党领导中国人民进行社会主义建设道路的伟大探索时期。这对于坚定不移走中国特色社会主义道路、走中国式社会主义现代化道路，具有非常重要的意义。

改革开放前的30年社会主义道路探索，是在帝国主义封锁和旧中国留下的烂摊子基础上进行的。以毛泽东同志为主要代表的中国共产党人以大无畏的探索精神，把一个残破不堪的旧中国建设成为一个初步繁荣昌盛的社会主义新中国，为改革开放社会主义新时期的发展奠

① 习近平：《高举中国特色社会主义伟大旗帜　为全面建设社会主义现代化国家而团结奋斗——在中国共产党第二十次全国代表大会上的报告》，载《人民日报》2022年10月26日，第1版。

定了坚实基础。我们必须要对改革开放前历史时期对中国社会主义道路的探索所取得的巨大成就予以充分肯定。

但是,社会主义建设没有现成的模式和经验,在改革开放之前的探索过程中出现了这样或那样的一些错误,必须要进行改革。改革开放不是自我否定,而是社会主义的自我完善,通过改革开放来推动社会主义朝着更好的方向发展。党的十一届三中全会以来,以邓小平同志为主要代表的中国共产党人,作出了今后要把党和国家的工作重心转移到经济建设上来的伟大历史性决策。在深入总结过去30年社会主义建设经验教训的基础上,党的十二大提出了建设有中国特色社会主义的重要命题。党的十三大提出了社会主义初级阶段的基本理论、基本方针、基本路线。党的十三届四中全会以来,以江泽民同志为主要代表的中国共产党人带领中国人民继承和发展了中国特色社会主义,创造性地回答了“建设什么样的党、怎样建设党”的问题,中国特色社会主义道路在实践中不断发展。党的十六大以来,以胡锦涛同志为主要代表的中国共产党人创造性地回答了新形势下“实现什么样的发展、怎样发展”等重大问题,中国特色社会主义事业呈现勃勃生机,在理论和实践上进一步推进了中国特色社会主义道路的发展。党的十八大以来,以习近平同志为核心的党中央围绕新时代如何坚持和发展中国特色社会主义这一主题,以巨大的政治勇气和强烈的责任担当,推出了一系列重大举措,带领中国人民坚定不移地走中国特色社会主义道路。中国特色社会主义道路更加成熟更加定型,形成了一次伟大飞跃,进一步拓展了发展中国家走向现代化的新路径和为实现中华民族的伟大复兴铺就了康庄大道。

中国特色社会主义道路就是一条中国式现代化道路。但是,这是谁的现代化道路呢?主要又是依靠谁来推进实现呢?这是在推进现代化建设进程中摆在我们面前最直接、最根本的现实问题和立场问题。习近平强调,中国式现代化必须始终坚持以人民为中心。不同于只是为少数资产阶级服务的、以资本为中心的西方资本主义现代化,中国式现代化最终都是为了实现国家富强、民族振兴、人民幸福。以习近平同志为核心的党中央,提出和坚持以人民为中心的发展思想,着眼于人民对美好生活的新期待,对新时代社会主义现代化建设作出新的顶层设计,推进了中国式现代化的历史进程。

习近平指出:"随着中国特色社会主义不断发展,我们的制度必将越来越成熟,我国社会主义制度的优越性必将进一步显现,我们的道路必将越走越宽广。"①经过几十年的飞速发展,社会主义建设现代化建设取得巨大成就。2021 年中国人均 GDP 已经达到 1.2 万美元,中国的国际地位不断得到提高,创造了世所罕见的发展奇迹。党的十八大以来,我们党在理论和实践上实现了创新突破,成功推进和拓展了中国式现代化。中国式现代化是人口规模巨大的现代化、是全体人民共同富裕的现代化、是物质文明和精神文明相协调的现代化、是人与自然和谐共生的现代化、是走和平发展道路的现代化,其本质要求是要坚持中国共产党领导。

一百多年来的发展历史证明,中国特色社会主义道路是以创造人民美好生活向往为目标的中国式现代化道路。正因如此,习近平特别强调指出,中国特色社会主义道路是在改革开放 40 多年的伟大实践中走出来的,是在中华人民共和国成立 70 多年的持续探索中走出来的,是在对近代以来 180 多年中华民族发展历程的深刻总结中走出来的,是在对中华民族 5000 多年悠久文明的传承中走出来的。

(二)把握现阶段我国处于社会主义初级阶段这个最大的实际,不断深化改革,构建更加成熟定型的中国特色社会主义制度

习近平指出,我们必须要认识到,虽然我国的社会主要矛盾发生变化,但并没有改变我国社会主义所处历史阶段的基本判断,我国的基本国情仍然处于并将长期处于社会主义初级阶段这个最大的实际。改革开放是发展中国特色社会主义的必由之路,是决定当代中国命运的关键一招,也是实现"两个一百年"、中华民族伟大复兴的关键一招。必须要牢牢立足社会主义初级阶段这个最大的实际,把握现阶段我国社会的主要矛盾,不断深化改革,构建更加成熟定型的中国特色社会主义制度,以新发展理念引领高质量发展。

---

① 《习近平谈治国理政》第 1 卷,外文出版社 2018 年版,第 22 页。

因此,新征程上,为更好满足人民对美好生活的向往提供强有力的制度保证,必须坚持以习近平新时代中国特色社会主义思想为指导,增强"四个意识",坚定"四个自信",做到"两个维护",坚持党的领导、人民当家作主、依法治国有机统一,坚持实事求是、解放思想,坚持改革创新,突出坚持和完善支撑中国特色社会主义制度的根本制度、基本制度、重要制度,着力固根基、扬优势、补短板、强弱项,构建系统完备、科学规范、运行有效的、更为成熟和更为定型的中国特色社会主义制度体系,加强系统治理、依法治理、综合治理、源头治理,把我国制度优势更好转化为国家治理效能。

以习近平同志为核心的党中央在充分考虑改革整体性、协同性、系统性的基础上,聚焦顶层设计,推动经济社会加速发展。经济体制改革是全面深化改革的重中之重,大力推进"放管服"行政许可事项的改革,大大为市场主体减负松绑,让市场主体轻装前行,营造良好的营商环境和公平竞争环境。推动扩大中等收入者比重,橄榄型分配格局正在形成;教育"双减"政策落地,减轻学生负担实现标本兼治;统筹推进社会保障水平逐步提高,推进公共卫生、药品供应、医疗服务、食品药品监管体制改革;推进制度保护生态环境,实行最严格的源头保护、责任追究制度,完善生态修复和环境治理。从完善人大工作机制,到建立健全鼓励原始创新、集成创新、引进消化吸收再创新的体制机制;从最大限度减少中央政府对微观事务的管理,到加快形成城乡一体化的新型城乡关系等,以问题为导向的全面深化改革使政府职能加速转变,基本经济制度更加完善。

以习近平新时代中国特色社会主义思想为指南,最大限度凝聚改革共识,准确把握社会发展主要矛盾,自强自信,守正创新,踔厉奋发,勇毅前行,以全面深化改革的战略部署引领高质量发展,不断推动新时代中国特色社会主义事业取得重大成就。

(三)协调推进"四个全面"战略布局、统筹推进"五位一体"总体布局,强调中国式现代化对推进中华民族伟大复兴的重大意义

习近平强调:"以中国式现代化推进中华民族伟大复兴,统揽伟大

斗争、伟大工程、伟大事业、伟大梦想，明确‘五位一体’总体布局。”①“五位一体”的社会主义总体布局是一个不可分割的有机整体。经济建设是根本，政治建设是保障，文化建设是灵魂，社会建设是条件，生态文明建设是基础。协调推进“四个全面”战略布局、统筹推进“五位一体”总体布局，对推进中国式现代化作了全面部署。

推进经济建设，人民生活不断提高。在推进中国式现代化建设的过程中，我们必须要把经济发展放在第一位。人民群众对美好生活的向往就是我们前进奋斗的目标。优先解决好人民群众对物质生活的亟须期盼的问题，是我们党的初心和使命所在。我们在打赢脱贫攻坚战的基础上，做好巩固拓展脱贫攻坚成果同乡村振兴有效衔接，推进农业和农产品等多种产品加工转型升级，推动农业产业延伸，努力促进农民收入稳定增长，不断促进农民生活水平和生活质量的改善。

推进政治建设，确保人民当家作主。习近平指出：“在中国社会主义制度下，有事好商量，众人的事情由众人商量，找到全社会意愿和要求的最大公约数，是人民民主的真谛。”②实现人民当家作主，是中国共产党所作出的庄严承诺，是人民民主专政国家的本质要求。围绕这一目标的实现，进一步确保人民当家作主的各项民主政治制度，拓宽了人民群众参与国家政治生活的渠道，构建新时代社会主义民主政治建设新机制。

推进文化建设，促进中华文化繁荣发展。文化是历史文明的积淀，是社会发展方向的引领。文化作为一种精神的力量，可以在人们认识世界的过程中转化为一种物质的力量，会对社会发展产生重要的影响。充分认识文化在助推经济社会发展中的重要作用，多形式多途径发展富有时代特色的社会主义文化，不断推动社会主义先进文化的发展，构建和谐文明的社会主义新时代。

---

① 习近平：《高举中国特色社会主义伟大旗帜　为全面建设社会主义现代化国家而团结奋斗——在中国共产党第二十次全国代表大会上的报告》，载《人民日报》2022 年 10 月 26 日。

② 习近平：《在庆祝中国人民政治协商会议成立 65 周年大会上的讲话》，载《人民日报》2014 年 9 月 22 日。

推进社会建设，公平正义确保人民安居乐业。习近平指出："要把促进社会公平正义、增进人民福祉作为一面镜子，审视我们各方面体制机制和政策规定，哪里有不符合促进社会公平正义的问题，哪里就需要改革；哪个领域哪个环节问题突出，哪个领域哪个环节就是改革的重点。"①努力去克服人为因素造成的有违社会公平正义现象，确保人民群众有平等发展、平等参与的权利。加强社会治理建设，构建公平正义的和谐社会，确保人民群众能够感受到由社会公平正义所带来的安全感和幸福感。

推进生态文明建设，谱写美丽中国新篇章。习近平指出："要正确处理好经济发展同生态环境保护的关系，牢固树立保护生态环境就是保护生产力、改善生态环境就是发展生产力的理念，更加自觉地推动绿色发展、循环发展、低碳发展，决不以牺牲环境为代价去换取一时的经济增长。"②在推进中国式现代化建设的过程中，全面贯彻落实党的二十大精神，坚定不移走绿色发展道路，促进人与自然和谐共生，谱写美丽中国新的篇章。

（四）坚持把马克思主义基本原理同中国具体实际相结合、同中华优秀传统文化相结合，用马克思主义之"矢"去射中国之"的"，中华民族迎来了从站起来、富起来到强起来的伟大飞跃

一个伟大理论必须要能回答时代之问，能够解决时代赋予的历史重任。进入新时代，习近平坚持把马克思主义基本原理同中国具体实际相结合，在深刻回答新时代坚持和发展什么样的中国特色社会主义、怎样坚持和发展中国特色社会主义，建设什么样的社会主义现代化强国、怎样建设社会主义现代化强国，建设什么样的长期执政的马克思主义政党、怎样建设长期执政的马克思主义政党等重大时代课题的过程中，为解答时代之问创立了当今时代最现实、最鲜活的马克思主义——习近平新时代中国特色社会主义思想，实现了马克思主义中国化时代化新的伟大飞跃。

---

① 《习近平谈治国理政》第1卷，外文出版社2018年版，第97页。

② 同上书，第209页。

进入新时代，习近平坚持“两结合”，用马克思主义之“矢”去射中国之“的”，进一步推进马克思主义中国化时代化，走出一条符合中国实际的社会主义道路。习近平新时代中国特色社会主义思想是坚持马克思主义基本原理同中国具体实际相结合、同中华优秀传统文化相结合的最新理论成果。马克思主义就是在“两个结合”中不断中国化时代化，从而成为我们党和人民事业不断发展的参天大树之根本，成为我们党和人民不断奋进的万里长河之泉源。中国人民的前途命运便是在不断中国化时代化的马克思主义的指导下得以根本改变，且继续向着共同富裕、向着美好生活方向迈进。走中国特色社会主义道路，不是走别的什么道路，是坚持了马克思科学社会主义的基本原则，又不断赋予其理论特色、实践特色和时代特色的社会主义道路。

以习近平同志为核心的党中央坚定文化自信，推动马克思主义基本原理同中国具体实际相结合、同中华优秀文化相结合，创造性提出一系列新观点、新战略和新思想，创造了“两个结合”的光辉典范。始终把握和运用好“两个结合”规律，不断地回答好党情、国情、世情变化所带来的时代课题与实践问题，大力推进理论探索和理论创造，以始终保持马克思主义的强大生命力；不断把马克思主义思想精髓同中华优秀传统文化精华贯通起来、同人民群众日用而不觉的共同价值观念融通起来，不断赋予科学理论鲜明的中国特色。充分重视我国的优秀文化传统，与现代社会相协调，以新的时代内涵来丰富伟大中华文明，照亮中华民族伟大复兴之路。中华民族迎来了从站起来、富起来到强起来的伟大飞跃，实现中华民族伟大复兴进入了不可逆转的历史进程！

三、习近平对毛泽东社会主义道路观的守正创新

习近平指出：“社会主义并没有定于一尊、一成不变的套路，只有把科学社会主义基本原则同本国具体实际、历史文化传统、时代要求紧密结合起来，在实践中不断探索总结，才能把蓝图变为美好现实。”①以

① 《习近平谈治国理政》第 3 卷，外文出版社 2020 年版，第 76 页。

习近平同志为核心的党中央不断总结经验教训，继承、坚持和发展了毛泽东社会主义道路观，对坚定不移走中国特色社会主义道路、实现中华民族伟大复兴具有十分重要的意义。

（一）以伟大自我革命引领伟大社会革命，成功找到了跳出治乱兴衰历史周期率的第二个答案

我们党为什么要不断推进全党整风？为什么要不断推进自我革命？毛泽东强调，共产党人必须随时准备坚持真理，因为任何真理都是符合于人民利益的；共产党人必须随时准备修正错误，因为任何错误都是不符合于人民利益的。早在党的七届二中全会上，毛泽东就告诫全党，一定要警惕资产阶级糖衣炮弹的袭击，要防止骄傲自满情绪的滋生，要求全党不断进行思想革命，保持优良作风。我们党先后开展了七次全党整风实践活动，通过整党整风，有效地解决了在执政过程中出现的官僚主义、形式主义等问题，进一步密切了党和人民的关系。

习近平指出："勇于自我革命，是我们党最鲜明的品格，也是我们党最大的优势。"①党的十八大以来，习近平经常讲跳出历史周期率问题，这是关系党千秋伟业的重大问题，关系党的生死存亡，关系我国社会主义制度的兴衰成败。习近平指出，毛泽东在延安的窑洞里给出了第一个答案，这就是"只有让人民来监督政府，政府才不敢松懈"。经过百年奋斗特别是党的十八大以来新的实践，我们党又给出了第二个答案，这就是自我革命。我们党从不讳疾忌医，总是勇于自我革命。党的十八大以来，以习近平同志为核心的党中央继承坚持了毛泽东的治党原则和光荣传统，开创性地提出要全面从严治党，开辟了管党治党新境界。

习近平指出："要把新时代坚持和发展中国特色社会主义这场伟大社会革命进行好，我们党必须勇于进行自我革命，把党建设得更加坚强有力。"②作为对人民负责任的马克思主义政党，在不断自我革命中淬炼先进。要把我们党建设成为始终走在时代前列、勇于自我革命、人民衷心拥护、经得起各种风浪考验的马克思主义执政党。自我革命作为新

---

① 习近平：《在党史学习教育动员大会上的讲话》，人民出版社 2021 年版，第 9 页。

② 《习近平谈治国理政》第 3 卷，外文出版社 2020 年版，第 515 页。

时代党的建设重大理论创新成果，对于全党学习贯彻习近平新时代中国特色社会主义思想特别是全面从严治党思想，推进新时代党治国理政和自身建设、实现国家长治久安和党长期执政、更加坚定走社会主义道路具有十分重要的意义。

习近平多次强调，我们无论是搞革命、搞建设还是搞改革，道路问题始终都是最根本的问题，要进一步增强道路自信，坚定不移地走好新时代中国特色社会主义道路。善于进行伟大自我革命、不断推进伟大社会革命的中国共产党，一定能够团结带领中国人民在中国特色社会主义这条人间正道上，在实现中华民族伟大复兴、全面建设社会主义现代化国家的伟大征程中不断取得新的更大胜利！

（二）把对中国特色社会主义建设的认识推进到了一个新高度

中国共产党领导全国各族人民进行了艰苦卓绝的斗争，取得了新民主主义革命的伟大胜利。而新民主主义社会如何过渡到社会主义社会阶段呢？毛泽东指出，中国共产党的一切奋斗目标，就是要建设一个新的国家、一个新的社会。在这个新国家和新社会中，不但要有新经济、新政治，还要有新文化。在这里，毛泽东提出了经济建设、政治建设和文化建设“三位一体”的总体布局。

党的十八大以来，我们党将生态文明建设纳入中国特色社会主义事业总体布局中，正式形成了经济、政治、文明、社会和生态“五位一体”总体布局。党的十八大以来，以习近平同志为核心的党中央带领全国各族人民统筹推进“五位一体”的总体布局、协调推进“四个全面”的战略布局，在坚持走中国特色社会主义道路中取得了历史性的伟大成就、谱写了浓墨重彩的崭新篇章，把对中国特色社会主义建设的认识提高到了一个新水平。中国特色社会主义是全面发展的社会主义。社会主义的全面发展和全面进步不仅包括经济的发展，也应该包括民主法治的健全、文化艺术的繁荣、社会的和谐稳定、生态环境的优美等，五者相辅相成、相得益彰、不可分割。

（三）以满足人民对美好生活的向往作为进一步改革的方向，以解决发展中不平衡不充分问题作为改革的突破口，更加坚定走中国式现代化道路

马克思主义认为，人类社会的基本矛盾总是不断推动人类社会向前发展。毛泽东认为，矛盾是普遍存在的，社会主义社会仍然充满着矛盾，也正是这些矛盾不断推动社会向前发展。社会主义社会的基本矛盾仍然是生产力和生产关系之间的矛盾、仍然是经济基础与上层建筑之间的矛盾，是人民群众物质文化生活日益增长和不能满足这种需要的矛盾。毛泽东指出，社会主义社会的矛盾和资本主义社会的矛盾有着根本不同的性质和情况。必须要学会区分这两类不同的矛盾：敌我矛盾的性质是对抗性的，要采取强制的、专政的方法来解决；人民内部矛盾的性质是非对抗性的，要用民主的、说服教育的方法来解决。毛泽东提出要把正确处理人民内部矛盾作为国家政治生活的主题，一定要变消极的因素为积极的因素，不断推动社会主义向前发展。

习近平在党的十九大报告中明确指出："中国特色社会主义进入新时代，我国社会主要矛盾已经转化为人民日益增长的美好生活需要和不平衡不充分的发展之间的矛盾。"①习近平提出的关于我国社会主要矛盾的表述，十分符合中国当代实际，是对马克思主义、毛泽东思想的继承与发展。推进全面深化改革就必须要找准改革的对象，把满足人民群众日益增长的美好生活需要作为衡量的标准。凡是不符合人民群众美好生活需要的、问题比较集中的地方和领域，就是我们必须深化改革的重点。新时代，我们打赢了脱贫攻坚战、全面建成了小康社会，全面推进幼有所育、学有所教、劳有所得、病有所医、老有所养、住有所居、弱有所扶，建成世界最大的社会保障体系，人民群众获得感幸福感安全感显著增强。实践表明，建设中国式现代化强国，必须顺应人民群众对美好生活的新期待，以坚定的理想信念坚守初心和使命，把人民对美好生活的向往作为奋斗目标，不断创造经得起实践、人民、历史检验的辉

---

① 习近平：《决胜全面建成小康社会　夺取新时代中国特色社会主义伟大胜利——在中国共产党第十九次全国代表大会上的报告》，人民出版社 2017 年版，第 11 页。

煌业绩。

(四)为中华民族踏上中国式社会主义现代化新征程确立了新方位、新使命

中国式现代化始终坚持以人民为中心,不同于只是为少数资产阶级服务的、以资本为中心的西方资本主义现代化。中国式现代化最终都是为了实现国家富强、民族振兴、人民幸福。新中国成立后我们党为改变国家“一穷二白”的落后面貌,让人民过上好日子,提出了实现四个现代化的宏伟目标。

毛泽东是中国式社会主义现代化道路的先行探索者。1954 年,毛泽东逐步提出实现“现代化的工业、现代化的农业、现代化的交通运输业和现代化的国防”即“四个现代化”的初步设想,开始带领全党探索适合中国情况的社会主义现代化道路,把马克思主义基本原理同中国实际进行“第二次结合”,找出一条适合中国国情的正确的道路。为了改变“一穷二白”的落后面貌,建设一个社会主义国家现代化强国,实现中华民族的伟大复兴,毛泽东创造性地提出了“超英赶美”思想、发展实现“四个现代化”思想和“两步走”的发展战略思想。由于当时各种复杂的原因,毛泽东的这些思想还不够完善和存在一些不足,没有得到很好贯彻实行,但给后人留下了一份珍贵闪光的思想遗产。

习近平指出,以毛泽东同志为核心的党的第一代中央领导集体在探索民族复兴道路的过程中,“虽然经历了严重曲折,但党在社会主义革命和建设中取得的独创性理论成果和巨大成就,为在新的历史时期开创中国特色社会主义提供了宝贵经验、理论准备、物质基础”①。党的十八大以来,以习近平同志为核心的党中央,提出和坚持以人民为中心的发展思想,着眼于人民对美好生活的新期待,对新时代社会主义现代化建设作出新的顶层设计,推进了我国社会主义现代化建设的历史进程。习近平指出,作为一项前无古人的开创性事业,新时代新征程上继续推进中国式现代化。习近平提出了中国式现代化思想和“两步走”发展战略。毛泽东在革命和建设中取得的独创性理论成果和巨大成就。

① 习近平:《在庆祝改革开放 40 周年大会上的讲话》,人民出版社 2018 年版,第 5 页。

在新的历史时期虽然提出了“两步走”的发展战略，但是没有找到实现“两步走”发展战略的方法和道路。习近平提出“两步走”发展战略安排：从2020年到2035年基本实现社会主义现代化；从2035年到本世纪中叶把我国建成富强民主文明和谐美丽的社会主义现代化强国。不仅提出了“两步走”的发展战略，并且找到了实现“两步走”发展战略的方法和道路，并取得了举世瞩目的伟大成就。

习近平在继承毛泽东现代化思想的同时，又进一步丰富和发展了毛泽东的现代化思想。从“四个现代化”到“中国式现代化”，这是习近平对毛泽东现代化思想的继承发展。乘势而上向第二个百年奋斗目标进军、开启全面建设社会主义现代化国家新征程，一定能够把我国建设成为社会主义现代化强国，实现中华民族的伟大复兴。

第十章
经济现代化是现代化的重要基础

——习近平对毛泽东经济思想的守正创新

中国共产党历来高度重视经济工作，在不同历史时期，我们党结合中国实际，不断深化对社会主义经济发展的规律性认识，领导团结全国人民创造了经济发展的历史成就。其中，毛泽东坚持马克思主义政治经济学基本原理，借鉴世界社会主义经济建设的重要经验，领导全党全国人民大力恢复经济，完成国民经济社会主义改造，为中国经济奠定了社会主义制度基础，形成了具有开创性意义的毛泽东经济思想。党的十八以来，以习近平同志为核心的党中央立足中国特色社会主义进入新时代这个最大时代背景，充分运用我国经济发展的成功经验，积极吸纳世界经济发展先进经验，领导中国经济发展发生了历史性变革，对中国经济发展作出了一系列重大判断、进行了一系列深刻阐述、提出了一系列新理念新思想新战略，形成了习近平经济思想，开创了马克思主义政治经济学新局面。毛泽东经济思想与习近平经济思想是不同历史时期我们党领导经济工作的重要理论成果，跨越时空对两者进行比较研究，既有利于深刻理解我们党领导经济建设的理论逻辑、历史逻辑与实践逻辑，也有利于深刻理解和把握习近平经济思想的时代价值。

一、毛泽东经济思想及其实践探索

毛泽东经济思想在土地革命时期党的根据地经济建设实践中开始萌芽，在抗日战争和解放战争时期党领导的根据地土地改革实践中进一步发展，在恢复经济和社会主义经济建设实践中逐步形成并不断丰富完善,是马克思主义基本原理与中国开始探索社会主义经济道路具体实际相结合的理论成果,体现了我们党领导经济建设进行的艰辛探索。

(一)坚持人民群众是历史创造者,动员和依靠广大人民群众参与经济建设,切实改良人民群众生活水平

坚持人民主体是毛泽东思想的显著特点。毛泽东始终坚持马克思主义历史唯物主义关于人民是历史创造者的立场观点,视人民群众为革命和建设的根本动力,认为人民应当是利益的主体,中国共产党要代表人民群众根本利益,给人民群众看得见的物质利益,依靠人民群众发展生产,努力改善人民群众生活水平。

在土地革命战争时期,毛泽东抓住关系人民群众的最根本利益的土地问题,主张通过对根据地广泛开展土地革命以增强革命斗争经济基础。在广泛深入的农村调查研究基础上,毛泽东准确指出了当时农民问题的核心就是土地问题,解决了土地问题,农民分到了田地就能解放农村生产力,让广大贫苦农民改善生活,就能赢得广大民心。在毛泽东的指导下,1927 年冬季开始井冈山根据地开展了轰轰烈烈的分田斗争,1928 年 12 月湘赣边界政府颁布了《井冈山土地法》,1929 年 4 月毛泽东进一步总结了赣南土地革命经验,主持制定了《兴国土地法》。在担任中华苏维埃共和国临时中央政府主席期间,毛泽东继续指导和推动中央苏区土地革命,在不断总结经验和改进政策方法基础上,逐步形成了依靠贫农、雇农,联合中农,限制富农,保护中小工商业者,消灭地主阶级,变封建半封建的土地所有制为农民的土地所有制的比较切实可行的土地革命的路线,推动根据地土地制度发生了深刻变革,极大促进了根据地生产发展,为革命斗争奠定了坚实的群众基础。

在抗日战争时期,为了克服抗日根据地异常艰难的经济困难,毛泽东提倡发动了"大生产运动",动员军民"自己动手,克服困难"。通过广泛动员和组织军队和人民群众两个方面开展大规模生产运动,抗日根据地生产得到了大的发展,军民克服了极端困难,基本实现了经济上的自给自足。

解放战争期间,毛泽东坚持军事斗争和土地革命同步推进,指导在解放区因地制宜迅速开展土地革命，以农村经济制度的根本性变革为解放斗争奠定群众基础，使得获得土地的广大人民群众自发地支援前线，正是人民群众的小推车推出了解放战争的巨大胜利。

新中国成立以后，毛泽东领导全党全国人民在一穷二白、满目疮痍的情况下积极恢复生产、开展社会主义经济建设。毛泽东坚持依靠人民群众搞经济建设的思想，广泛发动城市工人阶级和农民积极投身经济建设，广泛发动群众兴修水利，防治灾害，迅速医治战争创伤，为巩固新生政权创造了重要经济基础。在城市经济建设中，毛泽东提出“我们必须要全心全意地依靠工人阶级”①，“力争在增强生产的基础上逐步改善工人生活”②，极大调动了工人阶级参与社会主义建设的主人翁热情；在农村地区，毛泽东领导实行土地改革和发展农业生产互助合作，释放了农民发展生产的热情，极大地解放了农业生产力。正是始终坚持了依靠人民群众、发动人民群众投身经济建设的思路，通过实施两个“五年计划”，党领导全国人民在经济建设上取得了巨大成就，新生人民政权得到极大巩固。

（二）明确过渡时期经济路线，领导完成社会主义改造，建立起社会主义经济基本经济制度

经过28年艰苦卓绝接续奋斗，中国共产党领导全国人民取得了新民主主义革命胜利，建立起了人民政权。但是，怎么在一个半殖民地半封建社会推进社会主义经济建设是一个全新的课题。毛泽东领导全党全国人民以马克思主义政治经济学为指导，借鉴列宁的社会主义改造思想，结合当时中国具体实际，创造性地提出了过渡时期的重要概念，明确指出党在过渡时期的总路线和总任务是“要在一个相当长的时间内，逐步实现国家的社会主义工业化，并逐步实现国家对农业、对手工业和对资本主义工商业的社会主义改造”③。

毛泽东关于过渡时期总路线的思想是在对城乡经济社会主义改造

---

① 《毛泽东选集》第4卷，人民出版社1991年版，第1427—1428页。

② 《毛泽东文集》第6卷，人民出版社1999年版，第145页。

③ 同上书，第316页。

实践中逐步形成的。在对城市工商资本改造上,这一思想的一个重要的特点是坚持社会主义方向,肯定资本主义经济在一定时期的积极作用,提出经过国家资本主义阶段是改造资本主义工商业的必经之路。党在全国执政以后,在经济建设上面临的一个十分迫切的问题是采取什么政策对待民族资产阶级和资本主义工商业。面对当时的一些彻底消灭资本主义、与资本主义作斗争的不当思想和行为,毛泽东辩证地指出这一阶段不应把民族资产阶级作为斗争的主要对象,应当采取既团结又斗争的政策,要看到资本主义工商业对社会有利的一面,"对私营工商业要有所不同、一视同仁"①,改造私营资本主义工商业要先过渡到受限制的国家资本主义,"必须通过国家资本主义逐步过渡到社会主义"②。

在对农业经济社会主义改造上,毛泽东认为必须要在土地改革基础上通过发展互助合作经济,逐步完成农业合作化,推动个体所有制过渡到集体所有制,实现农业社会主义改造。随着土地改革在全国的逐步完成,封建所有制被消灭了,但农村生产资料所有制出现了新富农的资本主义所有制和个体农民所有制并存的情况。面对这一新情况,毛泽东提出以合作化的形式"在农村中消灭富农经济制度和个体经济制度"③,指出只有实现对农业的社会主义改造才能巩固工农联盟。按照以合作化推进农业社会主义改造的思路,毛泽东领导全国农村地区分地区逐步推进农业合作化,在较短的时间里实现了农业的社会主义改造。面对农业合作化出现的一些新情况,毛泽东及时提出要有计划地发展和整顿农业合作社,引导全党从重视合作社数量问题向质量问题转变。

按照过渡时期的总路线,以毛泽东同志为主要代表的中国共产党人不断探索和实施过渡时期的一系列经济政策,在新中国成立后 7 年时间里基本上完成了对生产资料私有制的社会主义改造,在全国范围

---

① 《毛泽东文集》第 6 卷,人民出版社 1999 年版,第 61 页。

② 同上书,第 285 页。

③ 同上书,第 437 页。

内基本建立起社会主义经济制度。

(三)坚持独立自主发展经济,在优先发展重工业条件下兼顾农业发展,建立起独立的比较完整的工业体系和国民经济体系

坚持独立自主是我们党在长期革命实践中形成的宝贵经验,也是毛泽东经济思想的活灵魂。无论是在新民主主义时期还是在社会主义建设时期,毛泽东在经济建设方面始终坚持“自力更生为主,争取外援为辅”的基本原则。

“自力更生为主,争取外援为辅”发展经济是毛泽东经济思想的重要特点。新中国成立后,即便是在得到苏联援助的情况下,毛泽东也明确坚持要独立自主搞建设。1958年毛泽东在第二个五年计划要点报告上批示“自力更生为主,争取外援为辅,破除迷信,独立自主地干工业、干农业、干技术革命和文化革命”①。1960年苏联撤走援助专家后,毛泽东更加坚定了独立自主发展经济的思想,指出革命和建设都要靠自己。虽然强调要独立自主发展经济,但是毛泽东也辩证地指出坚持独立自主不是完全封闭,发展与其他国家的经济关系很有必要,不能走闭关锁国、自我孤立的经济发展道路,“搞经济关门是不行的”②。特别是在技术创新上,毛泽东开创性地提出了自主创新的重要思想,指出发展技术不能沿着别人的老路跟在别人后面一步一步地爬行,“我们必须打破常规,尽量采用先进技术,在一个不太长的历史时期内,把我国建设成为一个社会主义的现代化的强国”③。

毛泽东结合我国当时所处的国际形势提出优先发展重工业兼顾发展农业的思想。面对“一穷二白”的局面,毛泽东认为要巩固新生政权必须要加快发展工业,特别是要加快发展重工业,以重工业为中心优先发展重工业不能动摇。在强调优先发展重工业的同时,毛泽东也深刻指出了轻工业、农业发展对重工业发展的基础性意义,指出要借鉴苏联教训,适当调整重工业和农业、轻工业比例,在优先发展重工业条件下,

---

① 《毛泽东文集》第7卷,人民出版社1999年版,第380页。

② 《毛泽东文集》第8卷,人民出版社1999年版,第71页。

③ 同上书,第341页。

"必须实行工业与农业同时并举，逐步建立现代化的工业和现代化的农业"①。

新中国成立以后，按照独立自主发展经济的指导思想，毛泽东领导确立了优先发展以国防工业为中心的经济发展方针，推行工业化战略，推动我国在不太长的时间里建立起了比较完整的工业体系和国民经济体系，为国家经济独立和经济安全奠定了重要基础。

（四）坚持社会主义要解放和发展生产力，提出经济协调发展思想，推进社会主义经济关系平衡和调整

发展经济改善人民生活是毛泽东一以贯之的信念。毛泽东认为近代积贫积弱的根本原因在于生产资料私人占有的经济关系严重制约了生产力的发展，希望通过彻底的社会革命实现经济关系变革，解放被严重束缚了的生产力，以较快的速度使中国走上繁荣富强的道路。新中国成立以后，以毛泽东同志为主要代表的中国共产党人把恢复生产和发展经济作为巩固新生人民政权的基础性工作，大力恢复生产，形成了解放和发展社会主义生产力重要思想，并且根据国民经济发展新情况提出了平衡经济关系、促进协调发展的思路，并指导国民经济发展进行了调整。

毛泽东坚持了马克思主义政治经济学关于生产力决定生产关系的原理，十分重视和强调发展生产力的问题。在1956年同工商界人士谈话的时候，毛泽东阐述了革命与生产力的关系，指出革命改变了生产关系和上层建筑，"但目的不在于建立一个新的政府、一个新生产关系，而在于发展生产"②，我们一切的工作就是要达到这个目的。在党的八大期间，毛泽东明确提出"现在我们的任务是解放生产力，保护生产力"③。之后根据全国发展形势，1957年在《关于正确处理人民内部矛盾的问题》中毛泽东指出肃清一批反革命分子是为了解放生产力，1956年以来敌我矛盾情况根本改变了，就全国来说，"我们的根本任务已经

---

① 《毛泽东文集》第7卷，人民出版社1999年版，第310页。

② 同上书，第182页。

③ 《毛泽东年谱：1949—1976》第2卷，中央文献出版社2013年版，第633页。

由解放生产力变为在新的生产关系下面保护和发展生产力”①。尽管之后发展经济方法不都是对头的②,但这些论述体现了毛泽东对阶级斗争与经济建设的关系,以及对经济建设的中心地位的深刻认识。

在总结社会主义改造经验基础上,毛泽东提出要借鉴苏联的经验教训,提出要研究和处理好经济领域的重要关系,指出要适当地调整重工业和农业、轻工业的投资比例,要大力发展内地工业平衡工业发展布局,要兼顾国家、集体和个人三方面关系③,这些论述和观点蕴含了经济协调发展思想。随着经济建设在全国热火朝天的展开,主要借鉴苏联的经济建设模式开始出现一系列问题。针对“大跃进”中出现的一些问题,毛泽东号召全党要深入思考经济建设问题,提出要有计划按比例发展社会主义经济,调节不平衡以达到新的平衡。在经济建设实践上,则由以重工业为中心逐步转变为以重工业为中心兼顾农业和轻工业,提出要“两条腿走路”,并提出纠正“五风”,指导对经济建设进行了调整。

(五)坚持经济建设战略性思维,提出社会主义发展阶段理论,长远谋划社会主义四个现代化宏伟蓝图

毛泽东是伟大的无产阶级战略家,他一贯善于从长远出发思考问题、从全局出发进行战略谋划。在领导我国经济社会主义改造和建设中,毛泽东对社会主义经济发展道路、发展方向、发展目标等进行了长远谋划,战略性地提出了社会主义发展阶段理论,对新中国经济发展谋篇布局起到了十分关键的指导作用。

在新民主主义革命即将取得胜利前夕,毛泽东前瞻性地对新中国经济建设方略进行了战略思考,引导全党在经济建设上初步进行思想准备。根据全国革命进展新形势,毛泽东对新中国经济发展面临的形势和主要任务进行了战略分析,作出了党的工作重心必须由乡村转移到城市的战略判断,战略性提出新中国成立后国民经济构成应当包括国营经济、由个体逐步地向着集体方向发展的农业经济、独立小工业者

---

① 《毛泽东文集》第7卷,人民出版社1999年版,第218页。

② 《邓小平文选》第3卷,人民出版社1993年版,第116页。

③ 《毛泽东文集》第7卷,人民出版社1999年版,第23—31页。

经济和中小私人资本经济①,前瞻性地指出要巩固新生人民政权必须要使中国由农业国变为工业国。

新中国成立后,以毛泽东同志为核心的党的第一代中央领导集体大力实施新民主主义经济战略,推动全国经济在较短时间里顺利完成了社会主义改造,经济发展得到了明显恢复,但是也遇到不少困难。面对比较复杂的国内外经济政治形势,毛泽东对社会主义经济发展进行了长远考量,在对社会主义经济发展规律深刻认识的基础上作出了社会主义经济发展分为不发达社会主义和比较发达社会主义两个阶段、比较发达阶级可能比不发达阶段需要更长时间的战略判断,指出"建设强大的社会主义经济,在中国,五十年不行,会要一百年,或者更多的时间"②。基于社会主义经济长期性的战略考量,毛泽东针对"大跃进"出现的一些问题提出要好好总结经验,并推进了以"调整、巩固、充实、提高"为核心内容的战略调整。毛泽东关于社会主义经济阶段的重要理论对指导我们党认识社会主义经济发展规律,探索中国特色社会主义经济发展道路产生了深远影响。

毛泽东经济战略思想还深刻体现在他领导提出了我国社会主义建设"四个现代化"的战略目标。在社会主义现代化建设上,毛泽东最先提出的是建设先进工业国家的思想,在推进国家工业化进程中,毛泽东不断深化了对现代化的认识,1957年2月在《关于正确处理人民内部矛盾的问题》讲话中提出"将我国建设成为一个具有现代工业、现代农业和现代科学文化的社会主义国家"③,1959年12月至1960年2月,毛泽东在读苏联《政治经济学教科书》的谈话中,进一步提出:"建设社会主义,原来要求是工业现代化,农业现代化,科学文化现代化,现在要加上国防现代化。"④在毛泽东的领导下,我们党现代化思想实现了从"一化"到"三化"再到"四化"的发展,深化了我们党对社会主义现代化规律的认识,为一段时间里指导我国社会主义现代化发挥了重要作用。

---

① 《毛泽东选集》第4卷,人民出版社1991年版,第1255页。
② 《毛泽东文集》第8卷,人民出版社1999年版,第301页。
③ 《毛泽东文集》第7卷,人民出版社1999年版,第207页。
④ 《毛泽东文集》第8卷,人民出版社1999年版,第116页。

二、习近平经济思想及其实践探索

党的十八大以来，以习近平同志为核心的党中央充分运用我国经济发展的成功经验，立足中国特色社会主义进入新时代这个最大时代背景，对中国经济发展作出了一系列重大判断、进行了一系列深刻阐述、开展了事关长远的战略谋划，提出了一系列新理念新思想新战略，形成了习近平经济思想。

（一）作出经济转向高质量发展重要判断，推动经济质量变革效率变革动力变革，提出新发展理念

经过改革开放几十年的快速发展，我国经济发展取得了巨大成就，2010 年我国经济规模超过日本成为全球第二大经济体，到党的十八大召开时，我国经济总量已经超过 50 万亿元人民币，稳居世界第二位。但是，在经济总量快速增长的同时，发展不平衡不协调问题开始凸显，产能过剩、创新不足、发展方式粗放等结构性问题日益突出，影响经济可持续发展的问题增多。面对我国经济发展出现的新情况，党的十八大以来，习近平提出我国经济发展面临“三期叠加”形势，作出经济发展进入新常态重要判断，推动实施供给侧结构性改革，不断推进我国经济发展质量变革效率变革动力变革，经过一系列结构性调整改革，我国经济发展质量效益明显提升，经济发展平衡性、协调性、可持续性明显增强。

在新时代领导我国经济发展新的实践中，习近平领导全党不断深化对经济发展时代特征、时代主题的认识，提出新发展理念重要思想。习近平对我国经济发展新形势、新特征进行了深入分析，及时作出“我国经济已由高速增长阶段转向高质量发展阶段”①的重大判断，在党的二十大报告上习近平进一步阐明“高质量发展是全面建设社会主义现代化国家的首要任务”②。在深刻总结改革开放以来我国经济发展重要

---

① 《习近平著作选读》第 2 卷，人民出版社 2023 年版，第 24 页。

② 《习近平著作选读》第 1 卷，人民出版社 2023 年版，第 23 页。

经验基础上，对发展理念和思路作出及时调整，习近平创造性提出创新、协调、绿色、开放、共享的新发展理念，系统阐明了新发展理念是具有丰富内涵的统一的整体，强调全党必须完整、准确、全面贯彻新发展理念，深刻指出“贯彻新发展理念是新时代我国发展壮大的必由之路”①。习近平关于我国转入高质量发展阶段和新发展理念的重要思想回答了新时代社会主义发展目的、动力、方式、路径等一系列理论和实践问题，丰富和发展了社会主义经济理论。

（二）立足中国特色社会主义历史性跨越，揭示社会主义现代化时代特征，提出我国进入新发展阶段历史方位

建设现代化国家，实现中华民族伟大复兴，是近代以来中华民族为之不懈奋斗的宏伟目标。在中国共产党的领导下，中华民族迎来了从站起来、富起来到强起来的伟大飞跃，在实现了总体小康后经过新时代十年的接续奋斗，全面建成小康社会、实现第一个百年奋斗目标。全面建成小康社会，我国经济实力、科技水平和综合国力约上了一个新的台阶，意味着总体上解决了困扰中国几千年的贫困问题，中国特色社会主义取得了历史性成就、实现了历史性跨越，为顺利开启第二个百年奋斗目标新征程奠定了无比坚实的经济基础。

新发展阶段是我国社会主义发展的一个重要阶段，进入新发展阶段意味着发展基础、发展环境、发展目标任务都发生了深刻变化。以习近平同志为核心的党中央深刻揭示了新发展阶段中国特色社会主义经济发展的显著特点和新的时代使命，深刻阐明了新发展阶段是机遇和挑战都有新的发展变化、机遇总体上大于挑战的重要阶段，是我国积累了雄厚物质基础向着实现社会主义现代化奋进的重要阶段，也是我国社会主义从初级阶段向更高阶段迈进的重要阶段。习近平深刻指出：“今天我们所处的新发展阶段，就是社会主义初级阶段中的一个阶段，同时是其中经过几十年积累、站到了新的起点上的一个阶段。”②在新的历史起点上，习近平创造性地提出新发展阶段新的历史方位，为我

① 《习近平著作选读》第1卷，人民出版社2023年版，第57页。
② 《习近平著作选读》第2卷，人民出版社2023年版，第399页。

们党正确认识党和人民事业所处的历史方位和发展阶段，明确阶段性中心任务、制定路线方针政策提供了根本依据。

（三）应对世界经济格局深刻变化，把握大国经济循环规律，提出着力构建新发展格局

改革开放以来我国经济快速发展，迅速融入全球经济体系和世界经济循环，在加快发展外向型经济构建外贸体系的同时，大力培育和发展强大的国内市场。2008 年世界金融危机以来，我国加快了扩大内需政策力度，不断推动经济发展向内需主导转变，内需和内循环对经济发展的支撑作用越来越明显。近年来，经济全球化遭遇逆流，贸易保护主义大行其道，世界经济格局发生了前所未有的新变化，全球产业链供应链发生局部断裂，我国产业链安全受到严重威胁，国内经济循环受到严重影响和冲击。面对世界经济格局的深度变化，以习近平同志为核心的党中央把握大国经济循环的内在规律，基于我国经济比较优势变化，及时提出构建以国内大循环为主体、国内国际双循环相互促进的新发展格局。

习近平深刻阐明了构建新发展格局的理论逻辑、历史逻辑、现实逻辑与实践逻辑。习近平指出，从世界大国经济发展规律看，内需主导、内部可循环是重要特征和必然要求，我国目前已经发展成为世界第二大经济体，经济循环自身有调整的内在需要，同时，为了应对世界经济的不确定性和化解外部冲击影响，增强我国经济的稳定性和安全性，也必然要求充分挖掘内需潜力，着力建设强大的内循环体系。同时，习近平强调，构建新发展格局不是关起门来搞封闭的国内循环，而是要两手发力，在构建全国统一大市场基础上的国内大循环的同时构建高水平国际循环，在构建新发展格局中不断增强生存力、竞争力、发展力、持续力。习近平关于着力构建新发展格局的重要思想为我们党在新经济形势下把握发展主动、重塑新竞争优势指明了方向。

（四）坚持社会主义市场经济改革方向，深化社会主义市场经济体制改革，提出坚持和完善社会主义基本经济制度

坚持和巩固社会主义基本经济制度，正确处理社会主义制度和市场经济的关系，是改革开放以来中国特色社会主义市场经济发展取得巨大成就的重要经验。党的十八大以来，习近平领导全党全国人民坚持社会主义市场经济改革方向，大力巩固发展公有制经济，推动发展混合所有制经济，不断健全按劳分配和按要素分配机制，进一步巩固、完善和拓展了社会主义基本经济制度。在不断巩固和发展社会主义基本经济制度基础上，习近平领导全党继续深化社会主义市场经济体制改革，充分发挥市场经济长处和社会主义制度优越性，提出并推动建设现代化经济体系，为推进中国式现代化提供了更加成熟更加定型的体制机制保障。

习近平深刻阐述了社会主义市场经济体制改革的根本方向和内在要求。习近平始终强调公有制是确保社会主义制度的根基所在，社会主义市场经济体制改革必须要始终坚持公有制主体地位不能动摇，同时，他深刻指出，非公有制经济是我国经济制度的重要力量，是现代化经济体系的重要主体，必须要毫不动摇鼓励、支持、引导非公有制经济发展。在提出坚持“两个毫不动摇”的基础上，习近平领导全党深化了对社会主义分配制度、处理好政府和市场关系等社会主义市场经济规律性认识，提出要坚持和完善按劳分配为主体、多种分配方式并存的分配制度，强调使市场在资源配置中起决定性作用和更好发挥政府作用，将所有制结构、分配制度、资源配置方式三个层面的制度一起确立为社会主义基本经济制度，为社会主义市场经济体制建设提供了重要遵循。

（五）加强党对经济工作的全面领导，揭示社会主义经济发展根本立场，提出以人民为中心的发展思想

中国特色社会经济改革发展的历史经验充分表明，坚持中国共产党领导是巩固社会主义经济基础、确保社会主义经济方向和保障人民群众利益的根本所在。党的十八大以来，以习近平同志为核心的党中央深刻把握中国特色社会主义的本质特征，不断加强党对经济工作的全面领导，不断提升党领导经济工作的能力和水平，不断把党领导经济工作的制度优势转化为治理效能，推动经济发展落脚在满足人民群众日益增长的美好生活需要，为我国社会主义经济巨轮行稳致远提供了根本保证。

习近平深刻阐明了加强党对经济工作领导与站稳人民立场的内在

联系，深刻揭示了以人民为中心是加强党对经济工作全面领导的根本立场。人民立场是我们党的根本立场，在发展为了谁的问题上，习近平坚持和发展了马克思主义人民性，提出以人民为中心的发展思想，强调“坚持人民性，就是要把实现好、维护好、发展好最广大人民根本利益作为出发点和落脚点，坚持以民为本、以人为本”①。在加强党的领导和保障人民利益上，习近平深刻指出，党性和人民性从来都是一致的、统一的，中国共产党是全心全意为人民服务的政党，除了人民的利益没有任何自己特殊利益，党领导经济工作的一切都是为了实现好、维护好、发展好最广大人民根本利益，只有坚持党对经济工作的全面领导，才能从根本上保障发展为了人民、发展依靠人民、发展成果由人民共享。

三、习近平经济思想对毛泽东经济思想的守正创新

习近平经济思想的创立是以习近平同志为核心的党中央深刻总结我们党推进经济建设的历史经验、坚持马克思主义政治经济学基本原理与新时代中国经济发展具体实际和中华优秀传统文化相结合的最新理论成果，其中一个重要特点就是继承、坚持了毛泽东经济思想的精髓，并充分发展了毛泽东经济思想的一些重要立场观点方法。

（一）坚持和发展独立自主发展经济重要思想，创造性地提出自立自强的社会主义经济发展方法论

习近平经济思想既坚持了毛泽东思想中关于独立自主发展经济的基本原则，又结合新时代中国经济发展的实际，进一步丰富和发展了独立自主发展经济的思想。特别是在经济循环、技术创新和经济发展道路选择上，习近平经济思想深刻阐述了独立自主发展经济的历史逻辑、重大意义、时代价值和路径选择，深刻阐释了独立自主与对外开放的辩证关系，丰富和发展了社会主义政治经济学，为社会主义政治经济学注入了新鲜血液。

习近平经济思想提出新时代我国经济循环必须更加依靠国内市

---

① 《习近平著作选读》第1卷，人民出版社2023年版，第148页。

场、建设强大国内市场。习近平深刻分析了当前我国经济发展面临的新的全球政治经济环境，审时度势提出构建双循环新发展格局，并且强调在当前形势下，“必须进一步把发展立足点放在国内，更多依靠国内市场实现经济发展”①。构建新发展格局是习近平经济思想的重要内容，体现了以习近平同志为核心的党中央坚持独立自主对我国当前经济发展规律和趋势的深刻把握，充分体现了习近平经济思想对独立自主方法论原则的创造性应用。

习近平经济思想提出了新时代我国经济发展的动力根本在于增强自主创新能力、实现高水平科技自立自强。技术创新是现代经济发展的核心要素，是经济发展的第一动力，是决定国家和民族前途命运的关键动力。中国特色社会主义进入新时代，习近平在准确把握我国科技创新新的历史条件和新的规律特征基础上，对科技自立自强进行了深刻阐述，提出了新质生产力这一原创性概念，并对发展新质生产力，推进科技创新，推动高质量发展进行了深刻论述。习近平指出，“科技自立自强是促进发展大局的根本支撑，是决定我国生存和发展的基础能力”②。关键核心技术买不来、要不来，总是跟踪模仿没有出路，不能跟在别人后面亦步亦趋做其他国家的技术附庸，必须把立足点放在自主创新上，坚定不移走中国特色自主创新道路，加快实现高水平科技自立自强，从根本上保障经济安全。习近平强调科技创新能够催生新产业、新模式、新动能，是发展新质生产力的核心要素。习近平对经济发展的关键核心动力上的深刻认识和准确判断，继承、坚持并且充分发展了毛泽东独立自主、自力更生的经济思想，深化了我们党在新时代推进技术创新的规律性认识，丰富和发展了社会主义政治经济学市场要素理论。

习近平经济思想提出了新时代我国经济发展必须自信自强走适合中国自己的发展道路。党的十八以来，以习近平同志为核心的党中央系统总结了我国经济发展的重要经验，深刻指出新中国成立 70 多年来取得的经济发展的历史性成就的根本原因在于我们党坚持把发展放在

① 《习近平经济思想学习纲要》，人民出版社、学习出版社 2022 年版，第 53 页。

② 同上书，第 108 页。

自己力量的基点上，领导团结全国人民找到并独立自主走出了中国特色社会主义经济发展道路。习近平深刻指出，“中国特色社会主义道路是当代中国大踏步赶上时代、引领时代发展的康庄大道”①，“独立自主实现国家发展的战略是正确的，必须长期坚持、永不动摇”②。在强调走适合我们自己的经济发展道路的同时，习近平经济思想也十分强调要在不断扩大对外开放中吸收世界经济发展的积极因素，以高水平对外开放增强中国特色社会主义经济活力。习近平经济思想中关于走自己的路的辩证论述，深刻揭示了世界上没有放之四海而皆准的经济发展模式，经济制度只有根植于本国文化基因、扎根本国经济实际，才能彰显强大的生命力，为我国自信自强走好新时代经济发展之路指明了正确方向。

（二）坚持和发展了社会主义解放和保护生产力的发展观，创造性地提出新发展理念

习近平经济思想坚持了毛泽东经济思想关于生产力发展基础和关键作用的科学理论，结合新的时代特点和回应新的时代需要，深刻回答了新时代社会主义生产力发展的决定性意义、发展原则、发展主题、生产与需求关系等重大问题，深化了我们党对社会主义生产力发展的规律性认识，形成了新的社会主义经济发展观，丰富了马克思主义关于社会主义生产力理论，深化了马克思主义政治经济学生产力与生产关系基本原理。

习近平经济思想一脉相承指出以经济建设为中心是兴国之要。习近平经济思想坚持和发展了毛泽东经济思想中关于经济建设重要性的重要观点，深入阐述了经济发展的决定性地位，深刻指出了社会主义初级阶段经济发展是第一要务，发展的中心任务是经济建设，虽然经过改革开放我国经济发展取得了巨大成就，但是我国经济还不算发达，只要国内外发展的环境没有发生根本性改变，以经济建设为中心的基本方针就不能也不应该改变。习近平指出：“发展仍是解决我国所有问题

---

① 《习近平谈治国理政》第3卷，外文出版社2020年版，第184页。

② 《论中国共产党历史》，中央文献出版社2021年版，第119页。

的关键。”[①]“中国目前的中心任务依然是经济建设,并在经济发展的基础上推动社会全面进步。”[②]“我们要坚持以经济建设为中心、以科学发展为主题、以造福人民为根本目的,不断解放和发展社会生产力。”[③]

习近平经济思想与时俱进提出了新发展理念。党的十八大以来,以习近平同志为核心的党中央对我们党推进经济建设特别是改革开放以来经济发展经验进行了深入分析和深刻总结,立足解决新时代我国经济发展面临的突出矛盾和主要问题,对社会主义经济发展中具有全局性、纲领性和引领性的重大问题进行了深入思考,提出了创新、协调、绿色、开放、共享的新发展理念。新发展理念坚持了毛泽东经济思想中的经济协调、综合平衡、技术创新等观点,集中反映了我们党对经济社会发展规律认识的深化,丰富发展了马克思主义政治经济学关于经济发展原则的理论,是我们党领导经济建设的最新理论成果,是关系我国发展全局的一场深刻变革。

习近平经济思想顺势而为地回答了新时代经济发展的时代主题。立足时代特点和时代需要来制定经济政策指导经济建设是毛泽东经济思想的鲜明特征。面对新中国成立初期“一穷二白”的经济现实,毛泽东抓住经济发展矛盾的主要方面,提出了工业现代化思想和优先发展重工业的经济发展主题,领导全国在较短的时间内摆脱了“贫困陷阱”。中国特色社会主义进入新时代,习近平准确认识到我国当前经济发展的阶段性特征已经发生深刻变化,相比规模扩张,提升经济发展质量和效益已经转化为经济发展矛盾的主要方面,进而提出了我国经济发展已由高速增长阶段转向高质量发展阶段的重大论断,并提出了以供给侧结构性改革为主线推进经济高质量发展的基本路径。在党的二十大报告中,习近平指出:“我们要坚持以推动高质量发展为主题,把实施扩大内需战略同深化供给侧结构性改革有机结合起来……推动经济实现质的有效提升和量的合理增长。”[④]为科学把握新时代我国经济发

---

① 《习近平关于社会主义经济建设论述摘编》,中央文献出版社 2017 年版,第 3 页。
② 同上书,第 6 页。
③ 《十八大以来重要文献选编》(中),中央文献出版社 2016 年版,第 82 页。
④ 《习近平著作选读》第 1 卷,人民出版社 2023 年版,第 23—24 页。

展历史方位提供了重要理论支撑。在实践上，为进一步深化供给侧结构性改革，以习近平同志为核心的党中央作出推动新一轮大规模设备更新和消费品以旧换新，有效降低全社会物流成本重大战略决策。

（三）坚持和发展了社会主义基本经济制度理论，丰富和拓展了新时代社会主义基本经济制度理论

经济制度是马克思主义政治经济学研究的核心内容之一。毛泽东经济思想遵循了马克思主义政治经济学生产力决定生产关系、生产关系反作用于生产力的基本原理，结合我国社会主义建设具体实际，对社会主义经济制度建设进行了深入分析，为中国社会主义政治经学做出了重要理论贡献。毛泽东既强调生产力的决定性作用，也高度关注生产关系的变革，认为生产力的大发展，总是在生产关系改变以后，“当着不变更生产关系，生产力就不能发展的时候，生产关系的变更就起了主要的决定的作用”①。在领导我国社会主义经济建设实践上毛泽东倾向于不断变革生产关系完善经济制度来适应并刺激生产力。在社会主义经济所有制问题上，毛泽东在参考苏联政治经济学文献基础上进行了独立思考，提出了新的观点，认为所有制是生产关系的基础，公有制是社会主义经济的基础，要善于利用商品生产、商品交换和价值法则为社会主义经济服务，在公有制前提下只要社会需要，“可以搞国营，也可以搞私营。可以消灭了资本主义，又搞资本主义”②。对社会主义经济所有制这一辩证的论述揭示了社会主义生产关系发展规律，丰富和发展了马克思主义政治经济学。毛泽东经济思想发展了社会主义分配理论，认为生产资料的分配在分配中起决定性作用，社会主义分配不能过分强调消费品的分配和物质刺激，物质鼓励和精神鼓励不能偏废，要兼顾国家、集体和个人利益，把“各尽所能”与“按劳分配”统一起来，在分配效果上要既反对平均主义，也反对过分悬殊。

习近平经济思想旗帜鲜明地提出了坚持社会主义市场经济改革方向不断深化改革，坚持和完善社会主义基本经济制度，始终坚持“两个

---

① 《毛泽东选集》第1卷，人民出版社1991年版，第325—326页。

② 《毛泽东文集》第7卷，人民出版社1999年版，第170页。

毫不动摇”，坚持按劳分配为主体、多种分配方式并存的分配制度，在做大“蛋糕”的基础上把“蛋糕”分好，实现效率与公平有机统一等重要观点，坚持和发展了毛泽东经济思想中改革生产关系、巩固公有制经济地位和优化社会主义分配等社会主义生产关系理论，进一步丰富和发展马克思主义关于生产力和生产关系的思想，为新时代新征程深化我国社会主义经济体制改革提供了重要理论指引。

习近平经济思想坚持和发展了通过调整生产关系完善经济制度激发社会生产活力的思想，提出了社会主义经济制度改革的核心问题是处理好政府和市场关系。经过40多年改革开放，我国生产关系进行了深刻调整，建立起了社会主义市场经济体制，生产力得到了极大发展，但是也还面临着许多束缚，实现更好发展亟须进一步深化经济体制改革。党的十八大以来，以习近平同志为核心的党中央充分认识到生产关系调整优化的紧迫性，始终保持定力继续深化经济体制改革。习近平指出：“我们要勇于全面深化改革，自觉通过调整生产关系激发社会生产力发展活力，自觉通过完善上层建筑适应经济基础发展要求，让中国特色社会主义更加符合规律地向前发展。”[①]习近平经济思想不仅阐明了深化社会主义生产关系改革的必要性，而且指明了改革的方向，指出社会主义市场经济改革的核心问题是处理好政府和市场的关系，必须既发挥好社会主义制度的优越性又发挥好市场经济的优势，使市场在资源配置中起决定性作用和更好发挥政府作用有机统一起来。

习近平经济思想坚持和发展了巩固社会主义公有制地位的思想，提出了社会主义初级阶段必须坚持“两个毫不动摇”。我们党对社会主义经济所有制的认识有一个不断发展的过程。社会主义改造和建设时期我们党把社会主义所有制等同于公有制。改革开放后我们党逐步认识到私营经济是社会主义经济必要的有益的补充，提出在巩固和发展公有制经济的基础上大力发展和积极引导非公有制经济。进入新时代，以习近平同志为核心的党中央结合中国特色社会主义市场经济发

① 习近平：《在纪念马克思诞辰200周年大会上的讲话》，人民出版社2018年版，第18页。

展新特征，进一步深化了对社会主义经济所有制的认识，认为公有制为主体、多种所有制经济共同发展的基本经济制度与我国社会主义初级阶段社会生产力发展水平相适应，“公有制经济和非公有制经济都是社会主义市场经济的重要组成部分，都是我国经济社会发展的重要基础”①。习近平指出，公有制经济主体地位不能动摇，非公有制经济是社会主义市场经济的重要组成部分，“坚持和完善基本经济制度必须坚持‘两个毫不动摇’”②。

习近平经济思想坚持和发展了各尽所能按劳分配的思想，提出完善按劳分配为主体、多种分配方式并存的分配制度。我们党从生产力和生产关系的实际出发，确立了按劳分配为主体、多种分配方式并存的基本分配制度。习近平认为这一基本分配制度有利于调动各方面积极性，是与我国生产发展阶段相适应的分配制度，但是由于种种，我国收入分配中也存在收入差距拉大、分配结构不合理等突出问题。针对收入分配环节出现的突出问题，习近平认为既要强调缩小收入差距，也要坚决防止平均主义，要通过完善制度把“蛋糕”分好。习近平指出必须完善收入分配制度，坚持按劳分配为主体、多种分配方式并存的制度，把按劳分配和按生产要素分配结合起来，处理好政府、企业、居民三者分配关系，构建初次分配、再分配、第三次分配协调配套的制度体系。

（四）坚持和发展了社会主义经济现代化思想，创造性地提出建设现代化经济体系

实现现代化是我们党领导团结全国人民为之不懈努力的奋斗目标。新中国成立以后，我们党开始探索适合中国实际的现代化道路，在接续奋斗中推动我国现代化实践创造和理论创新，为社会主义现代化理论不断注入新的时代内涵。毛泽东关于我国社会主义现代化的理论主要集中在经济现代化领域，认为经济现代化是巩固社会主义制度的重要基础，主要体现在从提出“一化”到提出“四化”的历史性转变。在

① 《中共中央关于全面深化改革若干重大问题的决定》，人民出版社2013年版，第8页。

② 《中国共产党第十八届中央委员会第三次全体会议文件汇编》，人民出版社2013年版，第100页。

党的七大上,毛泽东提出了新民主主义革命胜利后使中国由农业国变为工业国的设想,号召为着中国的工业化和农业近代化而斗争。社会主义改造完成后,毛泽东不断深化对我国现代化的认识,在提出建设一个具有现代工业、现代农业和现代科学文化的社会主义国家之后,进一步指出还要建设国防现代化,并且提出分两步走实现"四个现代化"。以毛泽东同志为核心的党的第一代中央领导集体领导对我国社会主义现代化的探索,特别是"四个现代化"的设想,立足我国基本国情和经济实际,初步提出了整个国民经济现代化的概念,超越了当时苏联工业化主体的现代化理论,指明了我国社会主义现代化的前进方向和实现路径,描绘了我国社会主义现代化的宏伟蓝图,对我国推进社会主义现代化建设产生了深远影响。

习近平经济思想坚持和发展了毛泽东社会主义现代化理论,结合新时代我国现代化实际,吸纳我国优秀传统文化精髓,深刻阐明了中国式现代化理论。现代化是我们党一以贯之的奋斗目标。改革开放以来,我们党继续深化毛泽东社会主义现代化思想实践,以经济现代化为主推动我国现代化水平迅速提升。党的十八大以来,以习近平同志为核心的党中央对我国现代化的历史条件、现实基础、趋势特征进行了深刻分析,深化了新时代我们党领导推进现代化的规律性认识,对中国式现代化命题进行了时代诠释,深刻阐述了中国式现代化理论内涵,构建起中国式现代化的基本理论体系,使中国式现代化更加清晰、更加科学、更加可感可行,丰富和完善了社会主义政治经济学经济发展理论。

习近平经济思想坚持和发展了走适合自己的现代化道路的思想,提出中国式现代化是具有中国特色、符合中国实际的现代化。现代化是近代以来中华民族的夙愿,在经历过艰难曲折、历经千辛万苦的探索后,只有在中国共产党的领导下才找到了现代化的康庄大道。中华民族探索现代化的艰辛历程和取得的历史成就充分表明,现代化绝不等于西方化,"世界上既不存在定于一尊的现代化模式,也不存在放之四海而皆准的现代化标准"①,实现现代化绝不能照搬照抄西方的模式,也

① 《十九大以来重要文献选编》(中),中央文献出版社 2021 年版,第 824 页。

绝不能简单套用别国的标准，要想发展振兴，最重要的是立足本国国情、坚持走自己的路。习近平指出："现代化道路并没有固定模式，适合自己的才是最好的，不能削足适履"[①]，"当然我们建设的现代化必须是具有中国特色、符合中国实际的"[②]。我们必须坚持在党的领导下以中国式现代化推进中华民族伟大复兴，既不走老路也不走邪路，要坚持把中国发展进步的命运牢牢掌握在自己手中。

习近平经济思想坚持和发展了经济现代化是现代化的重要基础的观点，提出要加快建设现代化经济体系为现代化提供有力支撑。把经济现代化作为现代化的基础和重要着力点是我们党一脉相承的重要经济思想，习近平经济思想坚持和发展了这个重要理念，十分重视和强调经济现代化对全面现代化的重要支撑作用，深刻阐明了经济现代化对现代化的关键作用，提出了建设现代化经济体系的时代要求。习近平认为只有经济体系强国家才能强，建设现代化经济体系是全面提高我国竞争力的必然要求，经济现代化是建成社会主义现代化强国的基础。习近平指出："只有形成现代化经济体系，才能更好顺应现代化发展潮流和赢得国际竞争主动，也才能为其他领域现代化提供有力支撑。"[③]

习近平经济思想坚持和发展了产业现代化思想，提出了社会主义市场经济体系现代化理论。毛泽东经济思想将经济现代化的重点放在产业现代化上，所提出的"四化"都是围绕产业主要是工业进行的，认为工业现代化是社会主义建设时期首要的任务，这一时期党的主要任务是把落后的农业国建设成为先进的工业化国家，之后进一步阐述的科学文化现代化和国防现代化也是为着建设工业化或基于工业化的。习近平经济思想坚持和发展了毛泽东经济思想中把产业现代化作为经济现代化主要方面的思想，指出新发展格局以现代化产业体系为基础，要坚持把发展经济的着力点放在实体经济上，推进新型工业化，打造自主可控、安全可靠、竞争力强的现代产业体系。同时，结合社会主义市

---

① 《习近平谈治国理政》第 4 卷，外文出版社 2022 年版，第 427 页。

② 同上书，第 164 页。

③ 习近平：《论把握新发展阶段、贯彻新发展理念、构建新发展格局》，中央文献出版社 2021 年版，第 237 页。

场经济特点，习近平经济思想将经济现代化拓展为市场经济体系现代化，揭示经济现代化是包括构建现代化产业体系在内的社会经济活动各个环节、各个层面、各个领域相互关联、整体发展的现代化过程，产业体系、市场体系、分配体系、区域发展体系、绿色发展体系与全面开放体系是一个统一整体，要一体建设、一体推进，阐述了新质生产力概念，提出了加快发展新质生产力，扎实推进高质量发展的要求，①丰富了社会主义经济现代化的理论内涵。

（五）坚持与发展了经济战略思维，对建设社会主义现代化国家进行了长远战略谋划

战略问题是一个政党、一个国家的根本性问题。善于从战略上思考经济问题、从战略上谋划经济发展是我们党一脉相承的重要方法论。习近平经济思想坚持和发展了毛泽东经济战略思想，始终牢牢把握中国特色社会主义最本质的特征，坚守中国特色社会主义唯一正确道路不动摇，与时俱进创新性地提出了中国特色社会主义事业“五位一体”总体布局和“四个全面”战略布局。在指导中国经济发展中，习近平始终坚持从经济发展面临的形势和面临的时代需要来对经济发展规律和趋势进行战略性研判，始终立足建设社会主义现代化强国宏伟目标来把握战略全局，始终把经济发展放到历史长河和全球视野进行战略谋划，始终围绕我国经济社会发展主要矛盾变化在解决发展问题中实现战略突破，在准确把握世界经济发展变局中保持战略定力、进行战略调整、赢得战略主动，充分彰显了我们党善于从战略上把握经济发展大势的治理能力和制度优势。

习近平经济思想坚持和发展了战略判断思想，作出了我国经济发展进入新发展阶段的战略判断。对经济发展所处阶段和历史方位的判断是制定经济路线方针政策的根本依据和重要基点。经济发展不是抽象的、孤立的，而是与国内外发展形势紧密关联、相互影响的历史进程。党的十八大以来，以习近平同志为核心的党中央把握世界百年未有之

① 《习近平在中共中央政治局第十一次集体学习时强调　加快发展新质生产力　扎实推进高质量发展》，载《人民日报》2024 年 2 月 2 日，第 1 版。

大变局加速演变、中华民族伟大复兴进入不可逆转历史进程的时代特点，辩证认识和把握国内外发展大势，对我国经济所处发展阶段进行了准确战略判断，对经济发展进入新发展阶段的特征进行了战略分析。习近平指出：“全面建成小康社会、实现第一个百年奋斗目标之后，我们要乘势而上开启全面建设社会主义现代化国家新征程、向第二个百年奋斗目标进军，这标志着我国进入了一个新发展阶段”①，“新发展阶段是我们党带领人民迎来从站起来、富起来到强起来历史性跨越的新阶段”②，我们要立足这个基础续写全面建设社会主义现代化国家新的历史。

习近平经济思想坚持和发展了战略谋划思想，对我国经济发展方向进行了长远战略谋划。我们党领导中国经济发展取得历史性成就的一个重要经验就是始终坚持对经济发展进行战略谋划，并且保持战略定力一个五年规划接着一个五年规划干。社会主义建设时期，以毛泽东同志为主要代表的中国共产党人提出了大体分两步走建设“强大的社会主义国家”的战略谋划。改革开放时期，邓小平坚持了毛泽东提出的四个现代化目标，提出中国的现代化经济建设分“三步走”，用一百年左右的时间基本实现现代化的发展战略。进入新时代，以习近平同志为核心的党中央坚持和发展了我们党的经济战略谋划思想；在党的十九大上提出了在建党一百年时全面建成小康社会后再奋斗三十年基本实现现代化的战略谋划；在党的二十大上进一步提出分“两步走”到本世纪中叶全面建成社会主义现代化强国的战略谋划，通过战略谋划锚定了我国经济发展的战略方向，指引全党全国向着宏伟战略目标团结奋进。

习近平经济思想坚持和发展了经济战略部署思想，对我国经济发展作出了重大战略部署。在社会主义建设时期，毛泽东着眼恢复生产、发展经济和巩固国家安全，提出并推进了以重工业为主、以农业和轻工

---

① 《习近平谈治国理政》第4卷，外文出版社2022年版，第162页。

② 习近平：《论把握新发展阶段、贯彻新发展理念、构建新发展格局》，中央文献出版社2021年版，第471页。

业为辅的工业化战略,以加强国防战略大后方建设和促进经济均衡为目标的“三线建设”战略,以促进经济协调发展的综合平衡战略等许多对社会主义经济建设产生重大作用的发展战略。中国特色社会主义进入新时代,以习近平同志为核心的党中央着眼解决我国经济发展不平衡不充分的突出问题,提出并推动实施了乡村振兴、区域协调发展、新型城镇化、创新驱动发展战略等一系列事关经济长远发展的重大战略举措,对我国经济发展变革产生了深远影响,推动我国经济发展格局发生了历史性变革。

习近平经济思想坚持和发展了经济战略调整思想,提出了经济结构性战略调整重大战略方针。针对我国经济发展面临的供需失衡的突出问题,习近平创造性地提出了供给侧结构性改革理论。面对我国经济发展面临的“三期叠加”复杂局面,作出把握引领经济新常态这个经济发展大逻辑,推进经济发展方式转变的战略性调整,指出:“以经济结构战略性调整为主攻方向加快转变经济发展方式,是当前和今后一个时期我国经济发展的重要任务。”[①]面对世界经济不确定性不稳定性增加、全球产业发展新趋势和我国经济进入新发展阶段的趋势特点,及时提出大力发展制造业和实体经济,构建以国内大循环为主体、国内国际双循环相互促进的新发展格局,推动以集中办好自己的事的确定性来应对各种不确定性。这些创造性重大决策的提出和有力实施充分说明,习近平经济思想坚持和发展了毛泽东实事求是、审时度势调整经济发展战略的思想和方法论。坚持在把握经济形势、研判经济新变化和解决我国经济发展时代之问中及时调整战略方向、转变发展战略重点、把握发展战略主动,彰显了习近平经济思想鲜明的时代性和实践性。

---

① 《习近平关于社会主义经济建设论述摘编》,中央文献出版社 2017 年版,第 73 页。

第十一章
铸就社会主义文化新辉煌

——习近平对毛泽东文化思想的守正创新

文化兴国运兴，文化强民族强。[①] 自中国共产党成立之日起，就将推动中华民族文化复兴工作摆在重要位置，自觉运用马克思主义原理观照、分析中国文化发展实际，探求中华民族文化复兴规律，形成了诸多重要的理论创新成果。其中，毛泽东文化思想是马克思主义有关文化理论与中国文化发展实际结合形成的第一个党的文化建设理论创新成果，在中国共产党文化建设理论发展史上无疑具有开创性、奠基性的作用。它在文化建设方面提出的指导方针和基本原则，至今仍具有重要的指导意义。当代中国共产党人可以持续不断地从毛泽东文化思想中汲取立场、观点和方法上的丰富养料。当然，同马克思、恩格斯的文化思想一样，毛泽东文化思想也需要不断创新发展，以邓小平、江泽民、胡锦涛为代表的中国共产党人立足于改革开放和社会主义现代化建设新时期的时代背景，坚持和发展了毛泽东文化思想，开创和推进了中国特色社会主义文化道路，构建和丰富了中国特色社会主义文化建设理论。马克思、恩格斯指出："一切划时代的体系的真正的内容都是由于产生这些体系的那个时期的需要而形成起来的。所有这些体系都是以本国过去的整个发展为基础的。"[②]如今，我们正处于中国特色社会主义新时代，处在中华民族从站起来、富起来到强起来的伟大历史进程中。进入中国特色社会主义新时代需要有新的文化建设理论来指导我们的

---

① 习近平：《决胜全面建成小康社会　夺取新时代中国特色社会主义伟大胜利——在中国共产党第十九次全国代表大会上的报告》，载《党建》2017年第11期。

② 《马克思恩格斯全集》第3卷，人民出版社1960年版，第544页。

中华民族文化复兴实践。习近平文化思想的形成与发展顺应了时代的需要，构成了习近平新时代中国特色社会主义思想的文化篇。而需要特别指出的是，对毛泽东文化思想的坚持、发展和创新，成为习近平文化思想的一个显著特征。

一、毛泽东文化思想及其实践探索

毛泽东文化思想是以毛泽东同志为代表的第一代中国共产党人，运用马克思主义基本原理观照、分析我国新民主主义革命时期、社会主义革命和建设时期文化建设实践而形成的理论创新成果，是以毛泽东为主要创立者、以建立中华民族的新文化为主题的关于“为什么要建立中华民族的新文化，怎样建立中华民族的新文化”的马克思主义文化理论。毛泽东文化思想的形成和发展大致经历了三个重要历史时期。从中国共产党成立至土地革命战争时期，这一时期毛泽东提出了许多关于文化建设的重要观点，也是毛泽东文化思想的萌芽时期。抗日战争时期，这一时期毛泽东发表了著名的《新民主主义论》和《在延安文艺座谈会上的讲话》，其中《新民主主义论》系统地阐述了新民主主义文化建设思想，提出我们党要建立的中华民族性文化应该是“民族的科学的大众的文化”，《新民主主义论》的公开发表标志着毛泽东文化思想初步形成；《在延安文艺座谈会上的讲话》系统阐述了文艺为什么要坚持为人民大众服务的方向以及如何坚持为人民大众服务的问题，《在延安文艺座谈会上的讲话》的公开发表标志着毛泽东文化思想的成熟。从新中国成立到全面建设社会主义，这一时期毛泽东对社会主义文化建设规律进行了深入探索，提出了一系列关于社会主义文化建设的方针、原则和策略，促进了中国社会主义文化的繁荣发展，这一时期也是毛泽东文化思想的丰富发展时期。在毛泽东文化思想的指导下，我们党在建立中华民族新文化实践上取得了长足进展和丰硕成果，毛泽东文化思想解决了我国新民主主义革命时期、社会主义革命和建设时期文化建设的一系列的重大理论问题，对推进党的文化建设实践，推动中华民族新文化发展作出了突出贡献。

（一）提出“要使得马克思列宁主义这一革命科学更进一步地和中国革命实践、中国历史、中国文化深相结合起来”的历史命题，实现了马克思主义中国化第一次飞跃

要建立中华民族的新文化，需要在全社会确立新的价值体系和人文精神。马克思主义在承续西方现代人文精神以及汲取中西方文明成果的基础上，构建了一套符合历史发展潮流的社会主义价值体系，实现了对旧有的资本主义价值体系的超越。但马克思主义终究产生于西方文化场域，与相对落后的中国发展实际及文化传统有相当出入，因此要使马克思主义所构建的这套社会主义价值体系在中国社会得以确立，就必须使马克思主义中国化。毛泽东是党内最早提出“马克思主义中国化”历史命题的领导人，他早在党的六届六中全会上就明确强调，要使马克思主义与“我国的具体特点相结合”尤其是与“具体的革命实践相联系”。[①] 随着革命形势的进一步发展，毛泽东认为，马克思主义中国化不仅要使马克思主义与中国具体的革命实践相联系，而且要使马克思主义与中国历史和文化相结合，他在 1943 年进一步向全党提出了“要使得马克思列宁主义这一革命科学更进一步地和中国革命实践、中国历史、中国文化深相结合起来”[②]的历史命题。

毛泽东不仅提出了马克思主义中国化这一历史命题，而且对如何推进马克思主义中国化的问题进行了积极探索，他本人也是这方面的典范。胡锦涛指出：“在革命和建设的长期实践中，以毛泽东同志为主要代表的中国共产党人，努力推进马克思主义的中国化，形成了具有鲜明中国特点的科学指导思想。”[③]创立毛泽东思想，实现马克思主义与中国实际相结合的第一次伟大历史性飞跃，使我党文化建设实践有了科学指导思想，是毛泽东对推进党的文化建设实践，推动中华民族新文化发展的首要贡献。毛泽东在推动马克思主义与中国文化相结合上有两个方面的突出贡献：一是积极运用优秀传统文化资源去表现或表达马

---

① 《毛泽东选集》第 2 卷，人民出版社 1991 年版，第 534 页。

② 《中共中央文件选集一九四三——一九四四》第 14 册，中共中央党校出版社 1992 年版，第 41 页。

③ 《十六大以来重要文献选编》（上），中央文献出版社 2004 年版，第 641—642 页。

克思主义的重要观点和内容,促进了马克思主义在中国的传播及与工农革命运动相结合;二是在坚持和发展马克思主义理论中注重汲取优秀传统文化的思想精华。在实现马克思主义与中国文化相结合上毛泽东以身示范,作出了表率。他写的两篇名论——《实践论》和《矛盾论》就是最好的体现,这两篇文献第一次从哲学高度总结和分析了新民主主义革命中实事求是思想路线与主观主义思想路线斗争的理论逻辑和发展规律,既继承和坚持了马克思列宁主义的基本原理,又巧妙而灵活地运用优秀传统文化资源丰富和发展了辩证唯物主义哲学思想,为在全党确立实事求是思想路线奠定了哲学基石。

(二)廓清"文化和政治、经济的关系及政治和经济的关系",明确了文化建设在革命斗争和新中国建设中的重要地位

受长期的武装斗争影响,尤其是受到"左"倾、右倾错误思想的误导,在领导干部和党员队伍中,存在对中国革命和建设目标任务的片面理解、惯性思维问题,重视政治建设、军事斗争,而轻视经济工作、文化工作,这给革命斗争和新中国建设都带来了较大的危害。为了纠正一些党员干部在关于文化与政治、经济之间关系认识上错误思想,毛泽东多次就文化与政治、经济之间关系问题发表了自己的看法,创新性地阐明了在文化与政治、经济之间关系上必须坚持的马克思主义立场和观点。其中,毛泽东在《新民主主义论》一文中首次比较系统的阐明了文化与政治、经济之间辩证关系以及文化建设在革命斗争中的重要地位。他在文中指出:"一定的文化(当作观念形态的文化)是一定社会政治和经济的反映,又给予伟大影响和作用于一定的政治和经济;而经济是基础,政治则是经济的集中表现。这是我们对于文化和政治、经济的关系及政治和经济的关系的基本观点。"[①]毛泽东关于文化与政治、经济之间辩证关系的这一段重要论述,很好地将"社会存在决定社会意识,社会意识是社会存在的反映,并反作用于社会存在"这一马克思主义基本原理贯彻于文化认识论中,强调了文化对社会经济政治的"能动性"反映,从而实现了马克思主义文化认识论新的飞跃。毛泽东的这一段重要论

① 《毛泽东选集》第2卷,人民出版社1991年版,第663—664页。

述建构起对社会实践“三元划分”的理论分析框架，让广大党员干部能够从政治、经济、文化三者互动与协调发展的视角来看待革命斗争实践，也为之后广大党员干部正确看待和分析新中国建设实践中的文化建设问题奠定了重要的哲学基础。除了从哲学高度阐释了文化建设的重要地位，毛泽东还结合革命斗争具体实际阐述了革命斗争实践中文化建设的重要地位和作用。毛泽东指出：“革命文化，对于人民大众，是革命的有力武器。革命文化，在革命前，是革命的思想准备；在革命中，是革命总战线中的一条必要和重要的战线。而革命的文化工作者，就是这个文化战线上的各级指挥员。‘没有革命的理论，就不会有革命的运动’，可见革命的文化运动对于革命的实践运动具有何等的重要性。”①

新中国成立后，毛泽东结合巩固社会主义制度、国家现代化建设等具体发展实际，进一步阐明了文化建设在新中国建设总体布局中的重要战略地位。人民民主革命的胜利和新中国人民政权的建立，给人民文化教育和文学艺术繁荣发展奠定了良好的政治基础。毛泽东认为，党和政府当以此为契机，将发展生产和发展文化教育两大重要历史任务并举，即“领导全国人民克服一切困难，进行大规模的经济建设和文化建设，扫除旧中国所留下来的贫困和愚昧，逐步地改善人民的物质生活和提高人民的文化生活”②。在社会主义制度巩固确立时期，毛泽东又将文化建设看作巩固社会主义制度的必要条件之一。他指出：“新的社会制度还刚刚建立，还需要有一个巩固的时间。不能认为新制度一旦建立起来就完全巩固了，那是不可能的。需要逐步地巩固。要使它最后巩固起来，必须实现国家的社会主义工业化，坚持经济战线上的社会主义革命，还必须在政治战线和思想战线上，进行经常的、艰苦的社会主义革命斗争和社会主义教育。”③在党的“四个现代化”战略提出和实施中，毛泽东亦多次谈到“科学文化现代化”④的问题，将科学文化现

---

① 《毛泽东选集》第2卷，人民出版社1991年版，第708页。

② 《毛泽东文集》第5卷，人民出版社1996年版，第348页。

③ 《建国以来毛泽东文稿》第6册，中央文献出版社1992年版，第379页。

④ 《毛泽东文集》第8卷，人民出版社1999年版，第116页。

代化看作“四个现代化”战略的重要组成部分。从毛泽东关于文化建设的这些重要观点和论述可以看出，新中国成立后他进一步丰富和发展了对社会实践“三元划分”的理论分析框架，将文化建设置于与政治建设、经济建设同等战略地位，致力于推动文化与政治、经济协调发展，从而也有力地推动了中华民族新文化的发展。

（三）阐明文化建设“为了谁、依靠谁”的问题，确立了我党文化建设实践的方向、目标、方针和原则

毛泽东认为“为了谁、依靠谁”的问题是文化建设的中心问题，也是我党要建立的中华民族新文化与旧文化相区别的根本点所在。毛泽东指出：“什么是我们问题的中心呢？我认为，我们的问题基本上是一个为群众的问题和一个如何为群众的问题。”[①]毛泽东多次强调，党的文化建设工作应当坚持为人民服务的立场，广大文化工作者应当做群众的文化服务员。毛泽东指出：“我们的文化是人民的文化，文化工作者必须有为人民服务的高度的热忱，必须联系群众，而不要脱离群众。”[②]在新民主主义革命和社会主义建设时期，毛泽东始终立足于这一基本点，结合变化了的实际，对文化为什么为人民服务以及如何为人民服务的问题进行规律性的探求，在进一步拓展和深化文化为人民服务这一主题内涵和要求的基础上，科学回答了我党文化建设实践的方向、方针和原则等一系列重大问题，丰富和发展了毛泽东文化思想。

关于我党文化建设实践的方向，毛泽东认为方向问题是我党文化建设的根本问题，而且一直主张要坚持为人民群众服务的方向。首次系统的阐述这一问题是在1942年延安文艺座谈会上的讲话中，毛泽东在这次座谈会上基于革命斗争实际的需要，贯彻和运用马克思主义阶级分析方法论，明确提出了“文艺为无产阶级政治服务，为工农兵服务”的“二为”方向。“二为”方向的提出，将我党文化建设实践与历史上一切旧势力的文化建设实践从根本上区分开来，彰显了我党文化建设实践的人民性、革命性和先进性。进入改革开放和社会主义现代化建设

① 《毛泽东选集》第3卷，人民出版社1991年版，第853页。

② 同上书，第1012页。

新时期之后，伴随着党的工作重心向经济建设转移以及巩固和扩大党执政的群众基础的需要，党对“二为”方向作出了新的符合时代语境的表述，将之概括为“文化为人民服务、为社会主义服务”。关于我党文化建设实践的方针，毛泽东先后提出了“古为今用，洋为中用”和“百花齐放，百家争鸣”两大基本方针。“古为今用，洋为中用”的方针是在新民主主义革命时期提出来的，也是对五四运动以来在中国文化界长期存在的“全盘西化”论与“本位文化”论之争的回应，在如何处理民族文化与外来文化的关系上坚持和发展了马克思主义。毛泽东认为，我们在对待外来文化上既不能盲目崇拜也不能盲目排外，指出：“所谓‘全盘西化’的主张，乃是一种错误的观点。”[①]“中国应该大量吸收外国的进步文化，作为自己文化食粮的原料。”[②]而在对待传统文化上，我们需要有“扬弃”的态度，毛泽东指出：“清理古代文化的发展过程，剔除其封建性的糟粕，吸收其民主性的精华，是发展民族新文化提高民族自信心的必要条件；但是决不能无批判地兼收并蓄。”[③]“百花齐放，百家争鸣”的方针是在社会主义建设时期提出来的，是对党内同志如何处理政治与文化关系之间的回应，也是马克思主义有关政治与文化关系理论中国化的经典之作。新中国成立之后，党内奉行“文化绝对服从政治”之风激烈化，钳制了社会主义文化繁荣发展，针对这一状况，毛泽东提出这一方针以正视听。毛泽东强调：“艺术问题上的百花齐放，学术问题上的百家争鸣，我看应该成为我们的方针。”[④]对于坚持这一方针的重要性和必要性，毛泽东指出：“百花齐放、百家争鸣的方针，是促进艺术发展和科学进步的方针，是促进我国的社会主义文化繁荣的方针。艺术上不同的形式和风格可以自由发展，科学上不同的学派可以自由争论。”[⑤]毛泽东提出的这两大基本方针，经受住了新民主主义革命和社会主义建设时期文化建设实践的检验，历史证明，什么时候我们党在文化建设

---

① 《毛泽东选集》第2卷，人民出版社1991年版，第707页。

② 同上书，第706页。

③ 同上书，第707—708页。

④ 《毛泽东文集》第7卷，人民出版社1999年版，第54页。

⑤ 同上书，第229页。

实践中坚持好了这两大基本方针,什么时候我们的社会主义文化发展就会大步向前,否则,就会遭遇严重挫折。

(四)提出“建立中华民族的新文化”的路径与方案,实现了中华文明的现代转化

“中华民族的新文化”这一概念是由毛泽东在1939年12月13日召开的中央政治局会议上首先提出来的,而系统地阐述这一概念并清晰地描绘出“建立中华民族的新文化”的蓝图,则是在后来发表的《新民主主义论》一文中。毛泽东之所以要提出“建立中华民族的新文化”的目标,是基于文化对政治、经济的能动反映原理。毛泽东认为,无论是帝国主义文化还是半封建文化,都是为半殖民地半封建政治与经济服务的,是一种致力于维护帝国主义、封建主义统治的文化,如果不在文化领域实行革命,彻底改造这种文化,就难以彻底消除帝国主义和封建主义的余孽。因此,我们要彻底摆脱帝国主义和封建主义的控制,真正实现中华民族独立,那就“不但要把一个政治上受压迫、经济上受剥削的中国,变为一个政治上自由和经济上繁荣的中国,而且要把一个被旧文化统治因而愚昧落后的中国,变为一个被新文化统治因而文明先进的中国。一句话,我们要建立一个新中国。建立中华民族的新文化,这就是我们在文化领域中的目的”①。“至于新文化,则是在观念形态上反映新政治和新经济的东西,是替新政治新经济服务的。”②毛泽东认为,我们党要建立的中华民族新文化,从本质上讲,就是新民主主义文化,即“民族的科学的大众的文化”③。这种文化是“反对帝国主义压迫,主张中华民族的尊严和独立的”④,是“反对一切封建思想和迷信思想,主张实事求是,主张客观真理,主张理论和实践一致的”⑤,是“为全民族中百分之九十以上的工农劳苦民众服务”⑥。那么如何才能建立中

---

① 《毛泽东选集》第2卷,人民出版社1991年版,第663页。
② 同上书,第695页。
③ 同上书,第708页。
④ 同上书,第706页。
⑤ 同上书,第707页。
⑥ 同上书,第708页。

华民族的新文化？毛泽东认为，首先要进行新民主主义革命推翻旧有的经济基础和政治制度，建立新经济基础和新政治制度，为建立中华民族的新文化奠定坚实的经济和政治基础。其次要建立反对旧文化的“文化统一战线”，不仅要在中国内部建立“文化统一战线”，还要在国际上建立“文化统一战线”，进一步扩大对外交流，使新民主主义文化“同一切别的民族的社会主义文化和新民主主义文化相联合，建立互相吸收和互相发展的关系，共同形成世界的新文化”①。再次要着力培养一批无产阶级知识分子，“使工农干部的知识分子化和知识分子的工农群众化”结合起来，造就一支致力于为新文化建设服务的文化生力军。最后要坚持以马克思主义为指导，做好新文化的普及与提高工作，毛泽东强调：“我们的提高，是在普及基础上的提高；我们的普及，是在提高指导下的普及。”②在毛泽东文化思想的指导和推动下，我国新民主主义革命时期的文化建设取得了丰硕成果，成功肃清了党内各种非马克思主义、非无产阶级的思想观念，确立了马克思主义和毛泽东思想的指导地位，在根据地和解放区建构了基于马克思主义的我们党的意识形态和价值观念，大大推动了中华文明的现代转化。

二、习近平文化思想及其实践探索

步入中国特色社会主义新时代，我国无论是经济实力还是国际政治地位都实现了大跃升，但我国的文化软实力建设仍相对滞后，中华文化影响力与我国的经济实力和国际政治地位不相匹配。在全球化日益深化发展的今天，文化软实力的较量成为国与国之间较量的重点领域，当前西强东弱的世界文化发展格局，对我国中国特色社会主义事业推进产生了非常不利的影响。只有“不断发展社会主义文化，我们才能不断丰富人民群众的精神世界，不断增强人民群众的精神力量，也才能有

① 《毛泽东选集》第2卷，人民出版社1991年版，第706页。
② 《毛泽东选集》第3卷，人民出版社1991年版，第862页。

力地抵御各种腐朽落后的思想观念对我国社会的渗透和侵蚀”①。党的十八大以来,习近平从实现中华民族伟大复兴的战略高度,围绕社会主义文化建设发表了一系列重要讲话,提出了一系列新观点、新论断、新要求,丰富和发展了马克思主义文化理论,构成了习近平新时代中国特色社会主义思想的文化篇,形成了以“九个坚持”“十四个强调”“七个着力”等为核心内容的习近平文化思想。在习近平文化思想的指导下,党的新时代中国特色社会主义文化实践得到了长足发展,社会主义文化之花开得格外鲜艳夺目。习近平文化思想解决了我国新时代中国特色社会主义文化建设实践中的一系列的重大理论问题,对推进党的新时代中国特色社会主义文化实践,推动中华民族文化的伟大复兴做出了突出贡献,具体来看,突出反映在以下几个方面。

(一)提出“第二个结合”的理论命题和理论使命,实现了马克思主义中国化新的飞跃

党的十八大以来,习近平一直非常重视“第二个结合”的问题。在习近平看来,中华优秀传统文化是中华民族延续发展的“立足之本”和“思想宝库”,必须要在对之进行“马克思主义改造”的基础上予以大力弘扬,习近平指出:“历史和现实都表明,一个抛弃了或者背叛了自己历史文化的民族,不仅不可能发展起来,而且很可能上演一场历史悲剧。”②而要增强马克思主义在中国的普适性,推动马克思主义理论创新发展,又必须使马克思主义与中华优秀传统文化结合起来,马克思主义与中华优秀传统文化二者在“结合”中互促互进、互为成就。习近平在党的二十大报告中系统而全面地阐述了“第二个结合”的实践意义和基本内涵。习近平指出:“只有把马克思主义基本原理同中国具体实际相结合、同中华优秀传统文化相结合,坚持运用辩证唯物主义和历史唯物主义,才能正确回答时代和实践提出的重大问题,才能始终保持马克思

---

① 胡锦涛:《用“三个代表”重要思想武装头脑指导实践推动工作》,载《求是》杂志 2004 年第 1 期。

② 习近平:《在哲学社会科学工作座谈会上的讲话》(2016 年 5 月 17 日),人民出版社 2016 年版,第 17 页。

主义的蓬勃生机和旺盛活力。”[①]习近平在总结党的“第二个结合”实践经验的基础上又指出，“第二个结合”最根本的要旨就是要“把马克思主义思想精髓同中华优秀传统文化精华贯通起来、同人民群众日用而不觉的共同价值观念融通起来”。[②] 他不仅提出和深刻阐述了“第二个结合”的理论命题和理论使命，也是答题典范和躬行典范。习近平善于用典已成为当代中国百姓日常生活中的热点话题。习近平运用富有民族特色的话语体系，分别在党的十九大、党的十九届六中全会上以“十个明确”“十四个坚持”“十三个方面成就”概括了习近平新时代中国特色社会主义思想的主要内容，在党的二十大上又以“六个必须”概括了习近平新时代中国特色社会主义思想的世界观和方法论，在丰富和完善习近平新时代中国特色社会主义思想中，创造性地回答了“新时代坚持和发展什么样的中国特色社会主义、怎样坚持和发展中国特色社会主义”这一时代之问，从而实现了马克思主义中国化新的飞跃。

（二）强调“推动物质文明、政治文明、精神文明、社会文明、生态文明协调发展”，明确了文化建设在新时代实现中华民族伟大复兴中的重要战略地位

步入中国特色社会主义新时代，我国发展由“求富”阶段进入到“求强”阶段。党对中国实际的理论分析框架也由原来的“经济—政治—文化”三元划分框架转变为“经济—政治—文化—社会—生态”五元划分框架。在推进新时代中国特色社会主义事业中确立起了“五位一体”的总体布局。习近平立足于新时代历史方位和“五位一体”总体布局，深刻阐述了文化建设与经济建设、政治建设、社会建设、生态建设之间的辩证关系，使全党全国人民更加深刻认识到在新时代搞好文化建设的重要意义和作用。习近平认为，在“五位一体”总体布局中，经济建设、政治建设、文化建设、社会建设、生态建设各有其用、不可偏废，而文化建设是“五位一体”总体布局的“灵魂”。这一方面在于“文化是一个国

---

① 习近平：《高举中国特色社会主义伟大旗帜　为全面建设社会主义现代化国家而团结奋斗——在中国共产党第二十次全国代表大会上的报告》，载《中华人民共和国国务院公报》2022 年第 10 期。

② 同上。

家、一个民族的灵魂”①。另一方面在于文化建设的推进能够为经济建设、政治建设、社会建设和生态建设提供源源不断的创造活力和精神力量。习近平指出:“全面建设社会主义现代化国家,必须坚持中国特色社会主义文化发展道路,增强文化自信,围绕举旗帜、聚民心、育新人、兴文化、展形象建设社会主义文化强国,发展面向现代化、面向世界、面向未来的,民族的科学的大众的社会主义文化,激发全民族文化创新创造活力,增强实现中华民族伟大复兴的精神力量。”②另外,习近平强调,文化建设与经济建设、政治建设、社会建设、生态建设的关系应该是一种协调发展、互为支持的关系,并将这一点看作中国式现代化的重要特征,也是我国能够创造人类文明新形态的重要“缘由”。习近平指出:“我们坚持和发展中国特色社会主义,推动物质文明、政治文明、精神文明、社会文明、生态文明协调发展,创造了中国式现代化新道路,创造了人类文明新形态”。③

(三)倡导“文化自信”,坚定了党和人民新时代坚持走中国特色社会主义文化发展道路的决心

文化对于经济社会发展具有持久、深沉而巨大的助力作用,坚定文化自信是事关发展方向、发展道路的根本大计。习近平指出:“文化的力量,或者我们称之为构成综合竞争力的文化主义实力。总是‘润物细无声’地融入经济力量、政治力量、社会力量之中,成为经济发展的‘助推器’、政治文明的‘导航灯’、社会和谐的‘黏合剂’。”④党的十八大以来,习近平大力倡导文化自信,要求把坚定文化自信作为新时代我国文化建设的主要任务来抓。习近平所讲的“文化自信”中的“文化”有所特指,主要是指以中华优秀传统文化、革命文化和社会主义先进文化为主要内容的中国特色社会主义文化。习近平基于新时代推进新时代中国特色社会主义事业需要,创造性地回答了“我们如何能文化自信,为

① 《习近平谈治国理政》第2卷,外文出版社2017年版,第349页。

② 《习近平著作选读》第1卷,人民出版社2023年版,第15页。

③ 习近平:《在庆祝中国共产党成立100周年大会上的讲话》,载《人民日报》2021年7月2日,第2版。

④ 习近平:《之江新语》,浙江人民出版社2007年版,第149页。

什么要坚定文化自信,怎样坚定文化自信”这一重大理论问题。关于“我们如何能文化自信”,习近平认为,这一方面来源于我们有厚重的优秀传统文化,“在每一个历史时期,中华民族都留下了无数不朽作品。从诗经、楚辞、汉赋,到唐诗、宋词、元曲、明清小说等,共同铸就了灿烂的中国文艺历史星河。中华民族文艺创造力是如此强大、创造的成就是如此辉煌,中华民族素有文化自信的气度,我们应该为此感到无比自豪,也应该为此感到无比自信”①。另一方面来源于近现代以来中国共产党领导中国人民创造的革命文化和社会主义先进文化,它们同中华优秀传统文化一道“积淀着中华民族最深层的精神追求,代表着中华民族独特的精神标识”②。孕育出“中华文化独一无二的理念、智慧、气度、神韵,增添了中国人民和中华民族内心深处的自信和自豪”③。关于“为什么要坚定文化自信”,习近平认为,这既是“增强团结一心的精神纽带、自强不息的精神动力”④的需要,也是筑牢“四个自信”的需要,这是因为“文化自信是更基本、更深沉、更持久的力量”⑤。关于“怎样坚定文化自信”,习近平认为,应从推动马克思主义中国化时代化大众化、做好意识形态工作、建设社会主义核心价值观、推动中华优秀传统文化创造性转化创新性发展、传承红色基因等方面来进行。习近平的这些重要论述,有力破除了人民心中存在的关于中国特色社会主义文化道路问题的各种迷惑,极大地坚定了党和人民新时代坚持走中国特色社会主义文化发展道路的决心和信心。

---

① 习近平:《在中国文联十大、中国作协九大开幕式上的讲话》(2016年11月30日),人民出版社2016年版,第7页。

② 习近平:《在庆祝中国共产党成立九十五周年大会上的讲话》(2016年7月1日),载《中央党史研究》2016年第7期。

③ 习近平:《在中国文联十大、中国作协九大开幕式上的讲话》(2016年11月30日),人民出版社2016年版,第4页。

④ 《十八大以来重要文献选编》(上),中央文献出版社2014年版,第235页。

⑤ 习近平:《在哲学社会科学工作座谈会上的讲话》(2016年5月17日),人民出版社2016年版,第17页。

(四)提出“铸就社会主义文化新辉煌”的路径与方案,推进了新时代中华民族现代文明建设

习近平在党的二十大报告中向全党和全国人民明确提出了“铸就社会主义文化新辉煌”的文化建设目标,吹响了全面建设社会主义文化强国的新号角。习近平指出,在全面建设社会主义现代化国家新征程中,我们要“围绕举旗帜、聚民心、育新人、兴文化、展形象建设社会主义文化强国,发展面向现代化、面向世界、面向未来的,民族的科学的大众的社会主义文化,激发全民族文化创新创造活力,增强实现中华民族伟大复兴的精神力量”①。“铸就社会主义文化新辉煌”目标的提出,为新时代新征程党的文化建设实践指明了努力的方向。而为了“铸就社会主义文化新辉煌”,我们又应该怎么做呢?习近平认为,必须坚持党对意识形态工作的领导权,坚持思想工作"两个巩固"的根本任务,坚持用新时代中国特色社会主义思想武装全党、教育人民,坚持培育和践行社会主义核心价值观,坚持文化自信是更基础、更广泛、更深厚的自信,是更基本、更深沉、更持久的力量,坚持提高新闻舆论传播力、引导力、影响力、公信力,坚持以人民为中心的创作导向,坚持营造风清气正的网络空间,坚持讲好中国故事、传播好中国声音,着力加强党对宣传思想文化工作的领导,着力建设具有强大凝聚力和引领力的社会主义意识形态,着力培育和践行社会主义核心价值观,着力提升新闻舆论传播力引导力影响力公信力,着力赓续中华文脉、推动中华优秀传统文化创造性转化和创新性发展,着力推动文化事业和文化产业繁荣发展,着力加强国际传播能力建设、促进文明交流互鉴。这些举措的实施与推进,必定会有力地推动中华民族现代文明建设。

三、习近平文化思想对毛泽东文化思想的守正创新

马克思主义认为,任何一种实践性指向很强的理论或思想的生成,

---

① 习近平:《高举中国特色社会主义伟大旗帜　为全面建设社会主义现代化国家而团结奋斗——在中国共产党第二十次全国代表大会上的报告》,载《中华人民共和国国务院公报》2022 年第 10 期。

都不可能脱离具体的实际，这个具体的实际包括历史的实际，历史的实际当然包括历史的理论或思想。习近平文化思想作为一种实践性指向很强的科学理论，它的形成和发展必然离不开对历史理论或思想的继承和吸收，而对毛泽东文化思想的继承和发展，是习近平文化思想形成和发展中一大比较突出的特征。习近平文化思想与毛泽东文化思想一脉相承，它们在基本观点、立场和方法论上保持高度一致，但同时又根据变化了的时代与国情实际创造了诸多新的理论内容，不断开辟马克思主义文化理论发展的新境界。

（一）从“一个结合”到“两个结合”，开辟马克思主义中国化新境界

我们党一直非常重视思想建党、理论强党，从某种意义上说，我们党的历史，就是一部不断实现马克思主义中国化新飞跃的历史，是一部不断推动“由理论到实践，再由实践到理论”的理论创新发展历史。我们党之所以能够领导人民完成历史上其他政治力量都未能完成的“求独立”“求富强”的民族历史任务，根本在于坚持把马克思主义基本原理同中国具体实际相结合、同中华优秀传统文化相结合，不断开辟马克思主义中国化新境界，增强马克思主义指导思想的现实适用性和针对性。虽然我们党从建党之日起，就一直在实践中坚持推动马克思主义基本原理同中国具体实际相结合、同中华优秀传统文化相结合，但在理论上完成由“一个结合”到“两个结合”的蜕变，廓清其中理论认识上的问题，却经历了一个比较长的探索期。毛泽东立足于他所处的时代以及汲取党的历史经验教训，从理论层面阐明了“马克思主义到底要不要与中国具体实际相结合”的问题，使全党深刻认识到马克思主义基本原理同中国具体实际相结合的重要性和可能性，并且将中国历史文化看作中国具体实际的重要组成部分，其中自然也包括中华优秀传统文化，只是这个时候，并没有将中华优秀传统文化从中国具体实际中单列出来。随着时代发展和党对社会主义文化建设规律探索的深入，逐渐对中华优秀传统文化在坚持和发展马克思主义中的地位和作用有了更加清晰的认识。这在习近平所作的党的二十大报告以及文化传承发展座谈会上的讲话中，有比较系统而精辟的概括。在关于“马克思主义基本原理同中华优秀传统文化相结合”的必要性上，习近平指出，这是使马克思主义能够深深植根于“民族历史文化沃土”，最终长成“根深叶茂”的真理大树的需要。[①] 在关于“马克思主义基本原理同中华优秀传统文化相结合”的可能性上，习近平指出，中华优秀传统文化经过数千年发展凝结形成的宇宙观、天下观、社会观、道德观与科学社会主义价值观“具有高度契合性”[②]，这就使得马克思主义基本原理同中华优秀传统文化相结合显得“顺理成章”。对于“马克思主义基本原理同中华优秀传统文化相结合”的意义和作用，习近平指出，这既有助于构筑“中国式现代化的文化形态”，又有助于“筑牢道路根基”“巩固文化主体性”，更有助于实现“又一次思想解放”[③]。正是基于这些新的认识，在新时代我们党将中华优秀传统文化从中国具体实际中单列出来，并在实践中加以大力推动，在充分吸纳和借鉴古人智慧和优秀传统思想资源的基础上，系统而又创造性地回答了“新时代坚持和发展什么样的中国特色社会主义、怎样坚持和发展中国特色社会主义”这一时代之问，从而实现了马克思主义中国化新的飞跃，形成和发展了习近平新时代中国特色社会主义思想这一当代中国马克思主义，为我国推进新时代中国特色社会主义事业提供了科学的行动指南。

（二）从“两个坚持”到“三个坚持”，守正创新激发全民族文化创新创造活力

毛泽东基于新民主主义革命时期政治斗争和革命斗争的需要，鲜明提出了“文化坚持为无产阶级政治服务，为工农兵服务”的号召，向全党和人民群众指明了发展新民主主义文化的目标和方向。“二为”方向指导下的文化实践形成了丰硕的革命文化成果，为党领导的新民主主义革命造出了良好的舆论声势，一些革命文学作品也极大地提振了战士和人民群众夺取革命胜利的信心和决心，对党夺取新民主主义革命

---

① 习近平：《高举中国特色社会主义伟大旗帜　为全面建设社会主义现代化国家而团结奋斗——在中国共产党第二十次全国代表大会上的报告》，载《中华人民共和国国务院公报》2022 年第 10 期。

② 同上。

③ 《习近平在文化传承发展座谈会上强调　担负起新的文化使命努力建设中华民族现代文明》，载《人民日报》2023 年 6 月 3 日，第 1 版。

的胜利起了巨大的配合与推动作用。进入全面建设社会主义现代化时期，毛泽东基于党的工作重心由革命向建设的转移，以及党内在处理政治与文化关系上存在的分歧，在文化建设的基本方针上又提出了“百花齐放，百家争鸣”的方针，在这一方针指引下的社会主义文化事业取得了长足进展，在小说、散文、诗歌、话剧、电影、音乐、舞蹈、绘画等方面，涌现了大批题材多样、风格各异、内容丰富的文学艺术作品，极大地丰富了人民群众的精神文化生活①，提高了整个社会的文明程度，在培育社会主义新人方面起到了“筑基”的作用。值得提出的是，这一时期我国的科学技术发展取得了重大突破，成功爆炸了第一个原子弹、首次人工合成牛胰岛素结晶、矮秆水稻大面积推广栽种成功等，大大振奋了人心。然而在“文化大革命”时期，“双百”方针并没有得到很好地坚持，我国社会主义文化事业也因此遭遇严重挫折。进入改革开放和社会主义现代化建设新时期以后，我们党重新倡行“二为”方向和“双百”方针，并将原来的“二为”方向表述转变为“为人民服务、为社会主义服务”，得益于对“二为”方向和“双百”方针的坚持，改革开放和社会主义现代化建设新时期我国社会主义文化呈现了前所未有的繁荣发展新局面。据官方数据披露，在电视剧生产方面，1978 年我国电视剧产量只有《三家亲》等 8 部单本剧，2007 年我国电视剧产量就有 500 多部、12000 多集；在对外文化交流方面，1979 年我国对外文化交流仅有 194 起、3035 人次，2006 年达到 3745 起、46778 人次。② 步入中国特色社会主义新时代，国际国内文化发展形势都发生了根本性变化，民族文化创新发展在维护世界文化多样性发展以及增强本国文化软实力上发挥着越来越重要的作用，习近平指出：“如果‘以洋为尊’、‘以洋为美’、‘唯洋是从’，把作品在国外获奖作为最高追求，跟在别人后面亦步亦趋、东施效颦，热衷于‘去思想化’、‘去价值化’、‘去历史化’、‘去中国化’、‘去主

---

① 陈坚：《论我国开始全面建设社会主义时期精神文明建设的成就和历史经验》，载《党史研究与教学》1997 年第 5 期。

② 胡振民：《巨大的成就　宝贵的经验——改革开放 30 年来文艺事业巡礼》，载《光明日报》2008 年 11 月 20 日，第 3 版。

流化'那一套,绝对是没有前途的!"[①]基于对国际国内发展形势的正确把握以及对党的文化建设实践经验的总结,习近平立足于新时代中国特色社会主义发展的需要,创新性提出"创造性转化、创新性发展"的基本方针。在党的十九大报告中,他明确将这一方针与"二为"方向、"双百"方针并列,他指出:"要坚持为人民服务、为社会主义服务,坚持百花齐放、百家争鸣,坚持创造性转化、创新性发展,不断铸就中华文化新辉煌。"[②]这样一来,"三个坚持"就成为新时代我国发展中国特色社会主义文化的根本指针。也正是得益于"三个坚持",党的十八大以来,国家文化软实力、中华文化影响力明显提升,为新时代开创党和国家事业新局面提供了坚强思想保证和强大精神力量。[③]

(三)从"让马克思主义占领意识形态阵地"到"建设具有强大凝聚力和引领力的社会主义意识形态",牢牢掌握党对意识形态工作的领导权

意识形态工作是党的一项极端重要的工作。[④] 毛泽东等老一辈党的领导人非常重视意识形态工作。在新民主主义革命时期,毛泽东多次就加强意识形态工作发表讲话,要求各级领导干部把意识形态工作作为一项重要任务来抓。抗战时期,毛泽东指出,要想赢得抗战的胜利,就必须夯实"中国无产阶级文化思想的领导"[⑤]。解放战争时期,毛泽东针对做好新解放区的工作,强调我们的军事干部不仅要学会搞好新解放区的治安维稳工作,还要学会"管理学校、报纸、通讯社和广播电台"[⑥],这是"建设一个新世界"[⑦]的重要内容。新中国成立后尤其是在社会主义建设时期,毛泽东反复强调,全党都要注重意识形态工作,要加强马克思主义理论的科学研究和普及工作,"要让马克思主义占领

---

① 《十八大以来重要文献选编》(中),中央文献出版社 2016 年版,第 135—136 页。

② 《习近平著作选读》第 2 卷,人民出版社 2023 年版,第 34 页。

③ 《中共中央关于党的百年奋斗重大成就和历史经验的决议》,载《人民日报》2021 年 11 月 17 日,第 1 版。

④ 《习近平著作选读》第 1 卷,人民出版社 2023 年版,第 147 页。

⑤ 《毛泽东选集》第 2 卷,人民出版社 1991 年版,第 705 页。

⑥ 《毛泽东选集》第 4 卷,人民出版社 1991 年版,第 1405 页。

⑦ 同上书,第 1439 页。

意识形态阵地"。全体党员干部不仅要善于观察和处理国内意识形态斗争问题,而且要学会"观察和处理国际斗争中的新问题"①。毛泽东还专门就处理人民政治生活中的意识形态问题提出了一些标准与方法,防止人民内部矛盾扩大化。毛泽东指出,我们要学会辨别人民政治生活中哪些言论和行为是"香花",哪些言论和行为是"毒草"。"这种标准可以大致规定如下:(一)有利于团结全国各族人民,而不是分裂人民;(二)有利于社会主义改造和社会主义建设,而不是不利于社会主义改造和社会主义建设;(三)有利于巩固人民民主专政,而不是破坏或者削弱这个专政;(四)有利于巩固民主集中制,而不是破坏或者削弱这个制度;(五)有利于巩固共产党的领导,而不是摆脱或者削弱这种领导;(六)有利于社会主义的国际团结和全世界爱好和平人民的国际团结,而不是有损于这些团结。这六条标准中,最重要的是社会主义道路和党的领导两条。"②而且强调要注重区分敌我矛盾和人民内部矛盾,在解决人民内部矛盾的方法上,要坚持用民主的、说服的办法,"就是从团结出发,经过批评与自我批评,达到团结这样一种方法"③。毛泽东对意识形态工作规律和方法的这些有益探索而形成的科学结论,对现今我党的意识形态工作仍有较强的指导意义。步入中国特色社会主义新时代,国际国内意识形态斗争的形式、内容及整体形势都发生了很大的变化,习近平在坚持和继承毛泽东关于意识形态工作的立场、观点和方法的基础上,提出了一系列创新性的观点和思想。其中,在关于中心工作与意识形态工作的关系上,习近平将二者比作"硬实力"与"软实力"的关系,认为中心工作做好了,就能够为意识形态工作提供坚持的物质基础,而意识形态工作做好了,反过来又会为中心工作保驾护航。习近平强调:"既不能因为中心工作而忽视意识形态工作,也不能使意识形态工作游离于中心工作。"④在意识形态工作的目标上,明确提出要"建设具有强大凝聚力和引领力的社会主义意识形态",这一目标既透露了我

---

① 《毛泽东文集》第7卷,人民出版社1999年版,第200—201页。

② 同上书,第234页。

③ 同上书,第164页。

④ 《习近平关于社会主义文化建设论述摘编》,中央文献出版社2017年版,第21页。

们党在文化上的强大自信,又反映了我们党对意识形态工作规律的深入认识,也是对毛泽东“让马克思主义占领意识形态阵地”主张的坚持和发展。实现这一目标,习近平依据变化了的时代实际给出了科学方案:一是健全意识形态工作责任制;二是坚持用习近平新时代中国特色社会主义思想武装全党、教育人民;三是推进社会主义核心价值观建设;四是加快构建中国特色哲学社会科学体系;五是加强全媒体传播体系;六是完善网络综合治理体系。[①] 习近平的这些关于意识形态工作的富有时代特色的创新性论述,为新时代党的意识形态工作提供了根本遵循。在习近平关于意识形态工作重要论述的指引下,我国意识形态工作跃上新阶,意识形态领域形势发生全局性、根本性转变,全党全国各族人民文化自信明显增强,全社会凝聚力和向心力极大提升。[②]

(四)从“建立中华民族的新文化”到“铸就社会主义文化新辉煌”,扎实推进中华民族现代文明和社会主义文化强国建设

“建立中华民族的新文化”和“铸就社会主义文化新辉煌”,分别是毛泽东和习近平立足于各自所处的时代方位,向全党和全国人民提出的文化发展目标。毛泽东明确指出,要建立的中华民族新文化就是新民主主义文化,是一种民族的科学的大众的文化。科学性是新文化的典型特征,这一方面要求“它是反对一切封建思想和迷信思想主张实事求是,主张客观真理,主张理论和实践一致的”[③]。另一方面要求它是充分吸纳国内外一切有益的现代文明成果的。也就是说,这一目标本身内涵着对发展现代文明的强烈诉求。而关于“铸就社会主义文化新辉煌”这一目标,习近平在阐述中明确指出,我们要繁荣发展的社会主义文化,是一种“面向现代化、面向世界、面向未来的,民族的科学的大众的”社会主义文化。习近平的这一阐述,是对毛泽东关于新民主主义文

① 习近平:《高举中国特色社会主义伟大旗帜　为全面建设社会主义现代化国家而团结奋斗——在中国共产党第二十次全国代表大会上的报告》,载《中华人民共和国国务院公报》2022 年第 10 期。

② 《中共中央关于党的百年奋斗重大成就和历史经验的决议》,载《人民日报》2021 年 11 月 17 日,第 1 版。

③ 《毛泽东选集》第 2 卷,人民出版社 1991 年版,第 707 页。

化阐述的继承与发展,其中所强调的“三个面向”,在本质上讲,就是要发展中华民族现代文明。从这里我们也可以看出,建设更加辉煌灿烂的中华民族现代文明,以及建成社会主义文化强国,是中国共产党成立以来就一直在致力追求的目标。在进入新时代之后,我们的这一诉求表现得前所未有的强烈,习近平指出:“我们现在是距离中华民族文化复兴最近的一个时代。我们自信起来了。”①党的十八大以来,习近平多次就推进中华民族现代文明问题作过讲话,归纳起来,至少在以下六个方面坚持和发展了毛泽东文化思想:一是在领导力量方面,强调要坚持中国共产党在推进中华民族现代文明中的领导地位。习近平指出:“党政军民学,东西南北中,党是领导一切的。”②离开了中国共产党的领导,中华民族现代文明建设就会偏离正确的轨道,中国共产党的坚强领导,是中华民族现代文明始终朝向社会主义先进文明发展的“定海神针”。习近平强调坚持和加强党对宣传思想文化工作的全面领导。二是在道路方向方面,强调要走“自己的路”,强调中国式现代化是物质文明和精神文明相协调的现代化,能促进全体人民精神生活共同富裕,促进人的全面发展。坚持走中国式现代化。方向决定前途,道路决定命运。改革开放40多年的历史经验证明:中国特色社会主义文化发展道路,是一条既能提升我国现代文明建设水平,又能维护世界文化多样性、造福人类的“康庄大道”。在新时代,我们必须要自觉坚持,且久久为功。三是依靠力量方面,强调要坚持以人民为中心。习近平指出:“人民是历史的创造者,是决定党和国家前途命运的根本力量。”③全党在推进中华民族现代文明建设中,必须坚持人民主体地位,坚持明发展为了人民、文明发展依靠人民,把人民对美好精神生活的向往作为奋斗目标。习近平强调坚持以人民为中心的创作导向,把社会效益放在首位,推出更多增强人民精神力量的优秀作品。四是“第二个结合”方面,强调要坚持创造性转化创新性发展的基本方针。通过推进“第二个结合”,“让

① 《中国人民更加自信自强》,载《人民日报》2022年11月4日,第9版。
② 《习近平著作选读》第2卷,人民出版社2023年版,第17页。
③ 同上书,第17页。

马克思主义成为中国的，中华优秀传统文化成为现代的，让经由‘结合’而形成的新文化成为中国式现代化的文化形态”①。习近平强调坚持马克思主义在意识形态领域指导地位的根本制度，推进马克思主义中国化时代化，建设具有强大凝聚力和引领力的社会主义意识形态。五是理论宣传与舆论引导方面，强调坚持守正创新，聚焦用党的创新理论武装全党、教育人民这个首要政治任务。习近平强调以社会主义核心价值观引领文化建设，广泛开展中国特色社会主义和中国梦宣传教育，使全体人民在理想信念、价值理念、道德观念上紧紧团结在一起，强调加快构建中国特色哲学社会科学，以我国实际为研究起点，阐释中国道路、解读中国实践、构建中国理论，强调提高新闻舆论传播力引导力影响力公信力，弘扬主旋律、传播正能量，巩固壮大奋进新时代的主流思想舆论，强调过不了互联网这一关就过不了长期执政这一关，要把互联网这个变量变成事业发展的增量，培育积极健康向上向善的网络文化，建设网络文明。六是本民族文明与外来民族文明关系方面，强调要秉持开放包容的基本方针。一方面要着力维护本民族文明的独立性，习近平强调要像爱惜自己的生命一样保护历史文化遗产，加强文物保护利用和文化遗产保护传承，守护好中华文脉，强调坚持文化自信，推动社会主义文化繁荣兴盛，建设中华民族现代文明；另一方面要积极借鉴和吸收一切优秀成果的文明，“促进外来文化本土化，不断培育和创造新时代中国特色社会主义文化”②。习近平强调铸牢中华民族共同体意识，建设中华民族共有精神家园，强调提升国家文化软实力和中华文化影响力，加强国际传播能力建设，讲好中国故事，推动中华文化更好走向世界，强调弘扬全人类共同价值，落实全球文明倡议，推动文明交流互鉴，丰富世界文明百花园。在习近平文化思想的指引下，新时代中华民族现代文明建设取得了显著成就：2021 年底，国内生产总值突破 100 万亿元大关，在世界经济中占比超过 18%；文化事业和文化产业蓬

---

① 《习近平在文化传承发展座谈会上强调　担负起新的文化使命　努力建设中华民族现代文明》，载《人民日报》2023 年 6 月 3 日，第 1 版。

② 同上。

勃发展，《习近平谈治国理政》三卷出版发行，在海内外引起强烈反响，《红楼梦》《西游记》等经典名著被译成多种语言，在世界各地广受欢迎，“汉字风采”“汉服之美”等传统文化活动走进校园、社区、网络；科技发展日新月异，成功实现月球背面软着陆探测、“天问一号”火星探测、“天眼”射电望远镜、“神舟十二号”载人飞行、“墨子号”量子通信卫星等重大科技项目等。

第十二章
把法治摆在全局性战略性基础性保障性位置

——习近平对毛泽东法制思想的守正创新

纵观中外古今历史,法律和制度乃治国之重器,法治是一个国家治国理政之基本方式。习近平法治思想,作为习近平新时代中国特色社会主义思想的重要组成部分,其从历史和现实相贯通、国际和国内相关联、理论和实际相结合三个维度,深刻回答了中国特色社会主义新时代为什么实行全面依法治国、新时代怎样实行全面依法治国等一系列重大问题,构成一个富有开创性、实践性、真理性、前瞻性的科学思想体系。“习近平法治思想是对党领导法治建设丰富实践和宝贵经验的科学总结”①,毛泽东的法制思想则是我们党于特定历史时期领导中国法治建设实践和经验的理论载体。历史地来看,习近平法治思想是马克思主义法治理论中国化的最新成果,它不是“凭空产生的”,一直受惠于马克思主义法治理论的伟大理论和实践传统。一百多年来,我们党总结运用领导中国人民实行法治的成功经验,积极开展社会主义法治建设。早在新民主主义革命时期,以毛泽东同志为主要代表的中国共产党人就注重法制或法治建设,创造出“马锡五审判方式”、人民调解制度等;新中国成立后,中国共产党人又在不长的时间内“确立了我国政治制度、法律制度、立法体制、司法体制,确立了社会主义法制原则,为巩固社会主义政权和进行社会主义建设发挥了重要保障和推动作用”②。社会主义法治实践没有止境,社会主义法治理论创新也没有止境。新

---

① 《习近平法治思想学习纲要》,人民出版社、学习出版社 2021 年版,第 10 页。

② 同上书,第 2—3 页。

时代以来,以习近平同志为主要代表的中国共产党人于法治问题上守正创新,在继承和发扬优良传统的基础上,对我国社会主义法治建设的重要经验进行提炼和升华,以新的视野、新的认识赋予其新的时代内涵和时代内容。在新时代中国,坚持习近平法治思想,就是真正坚持和发展马克思主义法治理论,就是真正坚持和发展中国特色社会主义法治理论,亦是一定程度上对毛泽东法制思想的创造性转化和创新性发展。

一、毛泽东法制思想及其实践探索

“刑法需要制定,民法也需要制定,没有法律不行”①,作为伟大政治家,毛泽东不可能不重视国家法制或法治问题。我们知道,毛泽东是新中国的缔造者,亦是新中国法律制度的奠基人。研读他卷帙浩繁的论文、讲话、报告、批示、谈话记录,以及为党中央起草的重要决议等,不难发现毛泽东始终恪守人民法制观念,尊重维护人民意愿及基于其上的根本利益。他的法制思想理论融汇在其政治思想理论之中,并附属于他的政治思想理论,是把法制建设及其实践作为实现党和国家之政治目标任务的重要工具和手段来看待。也就是说,他总是从宏观的战略全局出发,关注和解决的都是带有根本性、切合当时维护社会主义政治秩序实际需要的重大法制问题。以毛泽东同志为主要代表的中国共产党人,根据我国国情,从中国革命和我国社会主义建设的实际出发,将马克思主义的基本原理具体运用于中国这一特定时空中的法制建设实践,创造性转化、创新性发展中华优秀传统法律文化中的“法治”智慧,在中华大地上不懈探索而形成了“中国化”的马克思主义法律理论。

(一)“维护革命秩序”,主张建立人民民主专政制度

新中国成立后,在以毛泽东同志为主要代表的中国共产党人看来,首要的法制问题当是迅速建立起人民民主专政的国家制度。一方面,对人民实行民主。“人民”这个概念,毛泽东指出,“在中国,在现阶段,

① 《毛泽东年谱:1949—1976》第5卷,中央文献出版社2013年版,第94页。

是工人阶级,农民阶级,城市小资产阶级和民族资产阶级"①。对人民实行民主,就是在"人民"的内部实行民主集中制。一者,人民群众享有各种自由,如言论自由、出版自由、结社自由、游行自由、示威自由、宗教信仰自由等。二者,国家机关践行民主集中制原则,首先依靠人民群众,在此基础上而"为人民服务"。另一方面,对敌人实行专政。"敌人"概念,是"人民"的对立面,主要是"向着帝国主义的走狗即地主阶级和官僚资产阶级以及代表这些阶级的国民党反动派及其帮凶们"②,还包括"那些盗窃犯、诈骗犯、杀人放火犯、流氓集团和各种严重破坏社会秩序的坏分子"③等。对这些"敌人"实行专政,"只许他们规规矩矩,不许他们乱说乱动"④。概言之,所谓"人民民主专政",毛泽东指出,就是"对人民内部的民主方面和对反动派的专政方面,互相结合起来"⑤,"在人民内部实行民主制度,而由工人阶级团结全体有公民权的人民,首先是农民,向着反动阶级、反动派和反抗社会主义改造和社会主义建设的分子实行专政"⑥。人民民主专政国家制度的法理基础是马克思主义法治理论,它是和社会主义经济基础即社会主义生产关系相适应的。在毛泽东看来,"法律是上层建筑。我们的法律,是劳动人民自己制定的。它是维护革命秩序,保护劳动人民利益,保护社会主义经济基础,保护生产力的"⑦。建立人民民主专政国家制度的有效途径,毛泽东认为,是要制定一部社会主义类型的宪法,"用宪法这样一个根本大法的形式,把人民民主和社会主义原则固定下来"⑧。并且,承载人民民主专政国家制度的宪法要坚持两项基本原则。一项是民主原则,就是"无产阶级领导的、以工农联盟为基础的人民民主专政"⑨。另一项是社会主义原

---

① 《毛泽东选集》第4卷,人民出版社1991年版,第1475页。
② 同上书,第1475页。
③ 《毛泽东文集》第7卷,人民出版社1999年版,第207页。
④ 《毛泽东选集》第4卷,人民出版社1991年版,第1475页。
⑤ 《毛泽东年谱:1893—1949(修订本)》(下卷),中央文献出版社2013年版,第526页。
⑥ 《毛泽东文集》第7卷,人民出版社1999年版,第207—208页。
⑦ 同上书,第197页。
⑧ 《毛泽东文集》第6卷,人民出版社1999年版,第328页。
⑨ 《毛泽东文集》第8卷,人民出版社1999年版,第297页。

则,就是“一定要完成社会主义改造,实现国家的社会主义工业化”[①]。

(二)“能实行的我们就写”,坚持实事求是立法原则

坚持实事求是的立法原则,是毛泽东法制思想的重要内容。就其基本内容和内涵而言,一方面,立法要符合实际。不适当、不合理、不科学的规定条款决不写进法律文件中去,不能落地实施的条款也不写进法律文件中去。毛泽东说:“现在能实行的我们就写,不能实行的就不写。比如公民权利的物质保证,将来生产发展了,比现在一定扩大,但我们现在写的还是‘逐步扩大’。”[②]另一方面,立法要照顾地方特殊性。中国这么大,而且是多民族国家,要考虑各地的特殊情况和实际情形。虽然如此,但立法权一定要确保在中央,由党中央掌握。毛泽东指出:“在不违背中央方针的条件下,按照情况和工作需要,地方可以搞章程、条例、办法,宪法并没有约束。我们要统一,也要特殊。”[③]毛泽东坚持实事求是立法原则的法理基础主要有两方面。一方面,实事求是的立法原则是马克思主义法治理论的基本要求。在马克思、恩格斯看来,“立法者应该把自己看作一个自然科学家。他不是在创造法律,不是在发明法律,而仅仅是在表述法律,他用有意识的实在法把精神关系的内在规律表现出来”[④]。毛泽东接受了马克思主义经典作家的这一立法思想,进一步指出“搞宪法是搞科学。我们除了科学以外,什么都不要相信,就是说,不要迷信”[⑤]。不仅如此,他还明确反对立法过程中背离实事求是思想原则的言行,指出“有人说,宪法草案中删掉个别条文是由于有些人特别谦虚。不能这样解释。这不是谦虚,而是因为那样写不适当,不合理,不科学”[⑥]。毛泽东的这种态度跟马克思、恩格斯的态度是一脉相承的,比如马克思、恩格斯就强调:“如果一个立法者用自己的臆想来代替事情的本质,那么人们就应该责备他极端任性。”[⑦]另一方

① 《毛泽东文集》第6卷,人民出版社1999年版,第326页。
② 同上书,第327页。
③ 同上书,第32页。
④ 《马克思恩格斯全集》第1卷,人民出版社1995年版,第347页。
⑤ 《毛泽东文集》第6卷,人民出版社1999年版,第330页。
⑥ 同上书,第330页。
⑦ 《马克思恩格斯全集》第1卷,人民出版社1995年版,第347页。

面，坚持实事求是立法原则所制定出来的宪法法律才能得到人民的衷心拥护。新中国制定的第一部宪法之所以“得人心”，之所以能够得到广大人民群众的高度认同，毛泽东认为在很大程度上是因为在制定宪法的过程中很好地坚持了实事求是的立法原则方法。毛泽东说：“这个宪法草案所以得到大家拥护，大家所以说它好，就是因为有这两条：一条是正确地恰当地总结了经验，一条是正确地恰当地结合了原则性和灵活性。如果不是这样，我看大家就不会赞成，不会说它好。”[①]客观来看，1954 年《宪法》（以下称为“五四宪法”）的制定，不仅总结了新中国成立以来政治建设、经济建设、文化建设、社会建设等领域的成功实践经验，而且总结了新民主主义革命时期中国共产党人领导反对帝国主义、封建主义、官僚资本主义的宝贵实践经验。

（三）“与共产党员完全平等”，主张法律面前人人平等及反对特权

坚持法律面前人人平等、反对特权，是马克思主义法治理论的重要内容，亦是其重要法治原则。毛泽东作为从半殖民地半封建社会成长起来的伟大马克思主义者，对封建特权有“切肤之痛”，对旧社会“官官相护”之恶习更是深恶痛绝。他在走上共产主义革命道路的过程中接受了法律面前人人平等及反对特权的马克思主义法治价值原则，一生奉行、不改其志。在新民主主义革命时期，毛泽东旗帜鲜明地主张党员跟非党员在革命法制面前人人平等，党员包括领导干部没有“超越”革命法制的特权，指出“在各抗日根据地内，凡与我党共事的党外人员，在法律上是与共产党员完全平等的。在工作上，应给以必需和可能的工作条件。在学习上，凡在一切有党外人员的机关、学校中，无论在职干部教育或学校教育，党外人员均与共产党员有同样的学习权利”[②]。在特定时期和特定情况下，以毛泽东同志为主要代表的中国共产党人对党员领导干部的要求甚至更高，这在毛泽东对红军干部黄克功因逼婚未遂枪杀陕北公学学员刘茜这一刑事案件的处置中得到充分体现。在毛泽东看来，黄克功作为老共产党员、多年的红军，不能单纯视为“普通

① 《毛泽东文集》第 6 卷，人民出版社 1999 年版，第 327—328 页。

② 《毛泽东文集》第 2 卷，人民出版社 1993 年版，第 398 页。

人"，对其不容赦免的大罪在革命法制下更要予以严惩，并痛心疾首指出，"以一个共产党员红军干部而有如此卑鄙的，残忍的，失掉党的立场的，失掉革命立场的，失掉人的立场的行为，如为赦免，便无以教育党，无以教育红军，无以教育革命者，并无以教育做一个普通的人。因此中央与军委便不得不根据他的罪恶行为，根据党与红军的纪律，处他以极刑"①。新中国成立前夕，毛泽东在党的七届二中全会上很有预见性地告诫全党同志要牢记"两个务必"，但仍有同志甚至是一些领导干部，没有倒在敌人的枪炮下，却被和平条件下敌人的"糖衣炮弹"轰倒。新中国成立后严惩刘青山、张子善这些腐败分子，毛泽东没有"手软"，而力排说情干扰，严明社会主义法纪，体现了他在党纪国法面前人人平等及反对特权的社会主义法治精神。他严厉指出，像刘青山、张子善等大贪污犯，不论他们的功劳有多大，亦是不可宽恕的，对于这样的"叛徒和毒虫"②，有多少就要清除多少。在毛泽东法制思想中，法律面前人人平等及反对特权的思想之所以占有重要地位，是因为革命法制包括社会主义法制反映的是革命整体利益和人民根本利益，所有特权都是对革命整体利益和人民根本利益之不可饶恕的侵犯，他不仅这样说，更是身体力行、带头这样做。

（四）"镇压与宽大相结合"，坚持严惩改造与宽大教育相统一

新中国成立后，党和国家面临着让旧社会"出身"成员特别是"反革命分子"转变、进步为新生社会主义政治秩序拥护者的急迫问题，"必须实行镇压与宽大相结合的政策"③，坚持严惩改造与宽大教育相统一的法制实践契合了当时的社会主义政治建设需要，亦成为毛泽东法制思想的重要内容。一方面，对反革命分子"首恶者"以及严重罪犯予以严惩改造。在毛泽东看来，对于"东霸天""西霸天"等这些老百姓非常仇恨、血债累累的反革命分子，要杀一批，"不杀不足以平民愤"，甚至于说，对于负有血债或其他重大罪行而人民群众要求处死的罪犯，不处死

① 《毛泽东书信选集》，中央文献出版社 2003 年版，第 100 页。

② 《毛泽东年谱：1949—1976》第 1 卷，中央文献出版社 2013 年版，第 461 页。

③ 《毛泽东文集》第 6 卷，人民出版社 1999 年版，第 72 页。

就是一种“错误”。毛泽东强调：“凡应杀分子，只杀有血债者，有引起群众愤恨的其他重大罪行例如强奸许多妇女、掠夺许多财产者，以及最严重地损害国家利益者。”[①]另一方面，对反革命分子“胁从者”及其他刑事罪犯则予以宽大教育。在毛泽东看来，反革命分子中“不甚严重者”和其他的刑事犯罪分子属于被改造之客观世界的一部分，这是“客观现实”。要正视客观现实，凡罪不至死的，都对他们进行劳动改造，给予生活上的出路，并指出，“他们中的多数，要交给农业合作社去管制生产，劳动改造”[②]，强迫劳动、以观后效。坚持严惩改造与宽大教育相统一相结合的法制实践，其背后有深厚的法理基础。一方面，只有实行严惩改造才能快速确立起社会主义政治秩序。关于“反革命是什么”的问题，毛泽东认为，反革命是建立社会主义政治秩序过程中的消极因素、破坏因素，是积极因素的反对力量，“必须坚决地肃清一切危害人民的土匪、特务、恶霸及其他反革命分子”[③]，“不杀掉那些‘东霸天’‘西霸天’，人民是不能起来的”[④]。另一方面，实行宽大教育才能实现社会主义政治秩序的长治久安。在毛泽东看来，社会主义政治秩序最终还是建立在全体社会成员对它的衷心拥护上，包括反革命分子或刑事罪犯改造成功后对社会主义政治秩序的衷心拥护，指出“杀人不能太多，太多则丧失社会同情，也损失劳动力”[⑤]。他坚信，在采取正确政策的情况下，反革命分子包括刑事罪犯，是能够转变的，可以改造好的，因此充满信心地说：“在我国的条件下，他们中间的大多数将来会有不同程度的转变。由于我们采取了正确的政策，现在就有不少反革命被改造成不反革命了，有些人还做了一些有益的事。”[⑥]

（五）“法制要遵守”，主张人人都要遵守社会主义法制

新民主主义革命以来，特别是新中国成立后，在加强革命法制建设

① 《毛泽东年谱：1949—1976》第1卷，中央文献出版社2013年版，第336页。
② 《毛泽东文集》第7卷，人民出版社1999年版，第37页。
③ 《毛泽东年谱：1949—1976》第1卷，中央文献出版社2013年版，第153页。
④ 《毛泽东文集》第7卷，人民出版社1999年版，第37页。
⑤ 《毛泽东文集》第6卷，人民出版社1999年版，第121页。
⑥ 《毛泽东文集》第7卷，人民出版社1999年版，第36页。

包括社会主义法制建设的过程中，毛泽东十分注重社会主义法制的遵守问题，“所有的人都遵守革命法制”①，特别是党员干部的“守法”示范问题。在“五四宪法”正式通过前夕，毛泽东寄予厚望说：“过几个月，由全国人民代表大会通过，就是正式的宪法了。今天我们就要准备实行。通过以后，全国人民每一个人都要实行，特别是国家机关工作人员要带头实行，首先在座的各位要实行。”②一方面，“人民”要遵守社会主义法制。在毛泽东看来，社会主义法制确立起来后，全国每一个人都要遵守实行。同时他又在正视现实的基础上认为，社会上总会有少数人不顾公共利益、蛮不讲理、行凶犯法的人，对于这些人，我们不能放纵，而要给予必要的法律制裁。他指出，“不实行就是违反宪法”③，“人民犯了法，也要受处罚，也要坐班房，也有死刑，但这是若干个别的情形”④。另一方面，国家机关工作人员要带头遵守社会主义法制。国家机关工作人员手握国家权力，决定着社会主义法制运行的节奏和效果，不仅直接影响人民群众的切身利益，而且其言行亦影响着人们对社会主义法制权威性的观感。在毛泽东看来，国家机关工作人员带头遵守社会主义法制，集中体现为认真按照法律办事。一者，要破除“遵守法制等于束手束脚”的错误观念。在“肃反”过程中，毛泽东指出：“肃反要坚持，有反必肃。法制要遵守。按照法律办事，不等于束手束脚。有反不肃，束手束脚，是不对的。要按照法律放手放脚。”⑤二者，遵守法制要准确领会立法的意图及其精神。在“镇反”工作中，毛泽东强调，“镇反”工作要注意“讲规格”，要打得稳、打得准、打得狠，让社会各界都“没有话说”。毛泽东指出，“没有规格那是很危险的。要合乎标准才叫反革命，就是要搞真反革命，不要搞出假反革命来……要完全合乎规格，货真价实，硬是真反革命，不要冤枉好人”⑥。之所以强调人人都要遵守社会主

---

① 《毛泽东文集》第 7 卷，人民出版社 1999 年版，第 197 页。
② 《毛泽东文集》第 6 卷，人民出版社 1999 年版，第 328 页。
③ 同上书，第 328 页。
④ 《毛泽东选集》第 4 卷，人民出版社 1991 年版，第 1476 页。
⑤ 《毛泽东文集》第 7 卷，人民出版社 1999 年版，第 198 页。
⑥ 《建国以来重要文献选编》第 7 册，中央文献出版社 1993 年版，第 312 页。

义法制，其背后的法理基础在于，社会主义法制关系着国家和人民的根本利益，严格遵守社会主义法制能够有效维护党和国家的长远利益，以及广大人民群众的切身现实利益。在毛泽东看来，社会主义法制这个上层建筑是为国家和人民的根本利益这个经济基础服务的，并指出，“我们的法律，是劳动人民自己制定的。它是维护革命秩序，保护劳动人民利益，保护社会主义经济基础，保护生产力的”①。

（六）“遵守五项原则”，力举和平共处五项原则为国际准则

中华人民共和国成立后，我们如何跟国际社会打交道以营造“有利于我”之外部和平建设环境，是新生社会主义政权“站稳脚跟期”亟须解决的问题，坚持用和平共处五项原则处理国际关系构成毛泽东法制思想中的重要方面和国际维度内容。和平共处五项原则的最终形成和正式提出有其孕育、发展历程。在新民主主义革命时期，毛泽东成长为党的领导核心后，初步形成了关于和平共处五项原则内容的萌芽，而在宣告新中国成立时则较正式形成了关于和平共处五项原则的文字表述，“向各国政府宣布，本政府为代表中华人民共和国全国人民的唯一合法政府。凡愿遵守平等、互利及互相尊重领土主权等项原则的任何外国政府，本政府均愿与之建立外交关系”②。缘于周恩来对毛泽东关于外交工作重要论述的悉心归纳总结，和平共处五项原则这一处理我国同他国交往关系的国际准则，其表述和内涵才最终圆满呈现，不仅迅即产生了巨大国际反响，而且为国际社会特别是为“第三世界”发展中国家所广泛接受和认可。主张用和平共处五项原则处理国际关系这一国际关系基本准则背后有深厚且现实之法理基础。一方面，坚持用和平共处五项原则处理国际关系对中国有利。在毛泽东看来，“己所不欲，勿施于人”，近现代中国备受欺辱，新中国成立后不仅绝不允许别的国家再“欺压”我们，而且以鲜明的态度表明中国人民站立起来后亦绝不欺压他国人民。他感同身受指出，“我们非常谨慎小心，不盛气凌人，遵守

---

① 《毛泽东文集》第 7 卷，人民出版社 1999 年版，第 197 页。

② 《毛泽东外交文选》，中央文献出版社、世界知识出版社 1994 年版，第 116 页。

五项原则。我们自己曾是被欺侮的,知道受欺侮的滋味不好受"①。同时,主张用和平共处五项原则处理国际关系能够营造有助于社会主义中国发展的良好国际环境。毛泽东说:"五项原则是一个长期方针,不是为了临时应付的。这五项原则是适合我国的情况的,我国需要长期的和平环境……对我们来说,稳定比较好,不仅是国际上要稳定,而且国内也要稳定。"②另一方面,坚持用和平共处五项原则处理国际关系对他国乃至整个国际社会有利。用和平共处五项原则处理国际关系也能兼顾他国乃至整个国际社会的利益。在毛泽东看来,处理国家之间关系或国际关系,就像处理人与人之间关系一样,不能"只对一方有利",应要对双方或各方都有利,而主张用和平共处五项原则处理国际关系就能对双方或各方都有利。他解释说:"我们在合作方面得到一条经验:无论是人与人之间、政党与政党之间、国与国之间的合作,都必须是互利的……如果任何一方受到损害,合作就不能维持下去。正因为这个原因,我们的五项原则之一就是平等互利。"③

二、习近平法治思想及其实践探索

2020 年 11 月中央全面依法治国工作会议召开,这次会议最重要的成果,是顺应党心民心和新时代要求,确立习近平法治思想在全面依法治国工作中的指导地位。习近平法治思想,坚持马克思主义立场观点方法,坚持科学社会主义基本原则,植根于中华优秀传统法律文化,借鉴人类法治文明的一切有益成果,同我们党百年来形成的法治思想理论包括毛泽东法制思想,既一脉相承又与时俱进。"习近平法治思想内涵丰富、论述深刻、逻辑严密、系统完备,就其主要方面来讲,集中体现为'十一个坚持'"④,而从伟大的马克思主义法治理论传统来看,或更确切地说从对毛泽东法制思想传承发展的角度来看,习近平法治思想

① 《毛泽东外交文选》,中央文献出版社、世界知识出版社 1994 年版,第 256 页。

② 《毛泽东文集》第 6 卷,人民出版社 1999 年版,第 374 页。

③ 《毛泽东外交文选》,中央文献出版社、世界知识出版社 1994 年版,第 167 页。

④ 《习近平法治思想学习纲要》,人民出版社、学习出版社 2021 年版,第 7 页。

呈现了六个方面的思想原则和主要观点。

(一)“党的领导是推进全面依法治国的根本保证”,坚持党对全面依法治国的领导

习近平指出:“党的领导是中国特色社会主义最本质的特征,是社会主义法治最根本的保证。坚持中国特色社会主义法治道路,最根本的是坚持中国共产党的领导。”①回顾我国依法治国的长期历程,依法治国是我们党应国内外时代之变主动提出来的,把依法治国上升为党领导人民治理国家的基本方略也是我们党主动提出来的。不仅如此,我们党一直带领着全国各族人民在社会主义伟大实践中不断推进依法治国。之所以要全面推进依法治国,其法理基础主要有两个方面。一者,是因为改革和法治如“鸟之两翼”“车之双轮”,持续推进正在进行的改革开放伟大事业需要法治这一制度方式来“保驾护航”。二者,是因为全面推进依法治国有利于加强和改善党的全面领导,有利于巩固党的长期执政地位、完成党的执政使命任务。坚持党的领导,是社会主义法治的根本要求,是全面推进依法治国的题中应有之义。习近平说:“全面依法治国,核心是坚持党的领导、人民当家作主、依法治国有机统一,关键在于坚持党领导立法、保证执法、支持司法、带头守法。”②一方面,坚持党总揽全局、协调各方的领导核心作用,统筹依法治国各领域工作。要把党的领导和意志主张贯彻到依法治国的全过程和各方面,坚持党的领导、人民当家作主、依法治国三者的有机统一。另一方面,改善党对依法治国的全面领导,不断提高党领导依法治国的能力水平。只有在党的领导下依法治国、厉行法治,人民当家作主才能真正充分实现,国家和社会生活的制度化法治化才能科学有序推进。党不仅要坚持依法治国、依法执政,自觉在宪法法律的范围内活动或开展工作,而且要积极发挥好各级党组织和广大党员、干部在依法治国中的先锋模范作用。

---

① 《习近平谈治国理政》第 2 卷,外文出版社 2017 年版,第 114 页。

② 同上书,第 39 页。

（二）“全面依法治国最广泛、最深厚的基础是人民”，坚持以人民为中心

习近平说：“我国社会主义制度保证了人民当家作主的主体地位，也保证了人民在全面推进依法治国中的主体地位。这是我们的制度优势，也是中国特色社会主义法治区别于资本主义法治的根本所在。”①回望百年党史，我们党自成立之日起就致力于建设人民当家作主的新社会，提出了关于未来国家制度建设的主张设想，并领导全国各族人民为之进行不懈斗争。正因为此，国家制度深深植根于亿万人民之中，植根于中华优秀传统法律文化之上，能够有效体现人民意志、保障人民权益、激发人民创造力。全面依法治国之所以要坚持以人民为中心，其法理基础包括两方面。一者，法治的基础在人民，其权威性要靠广大人民群众来“拱卫”。二者，法治是人民根本利益之载体，人民权益要靠法治这一制度方式来“捍卫”。全面推进依法治国，我们要坚持全心全意为人民服务的根本宗旨，站稳人民立场，贯彻党的群众路线，尊重人民首创精神，发展全过程人民民主，维护社会公平正义。一方面，全面依法治国要充分依靠人民。习近平指出：“支持和保证人民通过人民代表大会行使国家权力，保证各级人大都由民主选举产生、对人民负责、受人民监督。支持和保证人大及其常委会依法行使立法权、监督权、决定权、任免权，健全人大对行政机关、监察机关、审判机关、检察机关监督制度，维护国家法治统一、尊严、权威。”②要把以人民为中心的发展思想贯穿于立法、执法、监察、司法、守法等各个环节和全过程，依法治国各项工作都要贯彻群众路线，密切同人民群众的联系，切实做到法治为了人民、法治依靠人民、法治成果由人民共享。另一方面，全面依法治国要切实维护好人民利益。习近平强调：“让老百姓过上好日子，是我们一切工作的出发点和落脚点，是我们党坚持全心全意为人民服务根本宗旨的重要体现。”③全面推进依法治国，就是要切实解决全国各族人民

---

① 《习近平谈治国理政》第 2 卷，外文出版社 2017 年版，第 115 页。

② 习近平：《高举中国特色社会主义伟大旗帜　为全面建设社会主义现代化国家而团结奋斗——在中国共产党第二十次全国代表大会上的报告》，人民出版社 2022 年版，第 38 页。

③ 《习近平谈治国理政》第 3 卷，外文出版社 2020 年版，第 173 页。

最关心、最直接、最现实的利益民生问题，想群众之所想，急群众之所急，办群众之所需；就是要增进全体人民的经济、政治、社会、文化、环境等方面的权利，努力维护社会公平正义，促进人的全面发展。

（三）“宪法是国家的根本法，具有最高的法律效力”，坚持依宪治国、依宪执政

习近平强调：“宪法是国家的根本法，坚持依法治国首先要坚持依宪治国，坚持依法执政首先要坚持依宪执政。”①党领导人民制定宪法法律，领导人民实施宪法法律，党自身首先在宪法和法律的范围内活动，任何公民、社会组织和国家机关都要以宪法和法律为行为准则，依照宪法法律行使权利或权力，履行职责义务。坚持依宪治国、依宪执政背后有深厚的法理基础。一方面，法是党的主张和人民意愿的集中统一体现。在中国，党领导各族人民制定宪法和法律，党领导各族人民实施宪法和法律，党和全体人民在实践法治的意志上是融为一体的，党和法，以及党的领导和依法治国之间都是高度统一的。另一方面，是源于我国社会主义法治建设的实践经验。在深刻总结改革开放以来我国社会主义法治建设实践的基础上，包括新民主主义革命以来我们党所领导的地方法治实践经验，我们把依法治国确定为党领导人民治理国家的基本方略，把依法执政确定为党治国理政的基本方式，走出一条中国特色社会主义法治道路。坚持依宪治国、依宪执政，一方面，要坚持党总揽全局、协调各方的领导核心作用。我们要善于使党的主张通过法定程序成为国家意志，善于使党组织推荐的人选成为国家政权机关的领导人员，善于通过国家政权机关实施党对国家和社会的领导，支持国家权力机关、行政机关、监察机关、审判机关、检察机关等依照宪法法律独立负责、协调一致地开展工作。另一方面，各级党组织和党员领导干部要带头厉行法治，不断提高依法执政能力和执政水平，不断推进各项治国理政活动的制度化法律化。权力是一把“双刃剑”，在法治轨道上行使自然会造福人民，而在宪法和法律之外行使则会产生祸害；每位党

---

① 习近平：《在庆祝全国人民代表大会成立60周年大会上的讲话》，人民出版社2014年版，第8页。

员、干部，特别是领导干部都要服从和遵守宪法法律，不能把党的领导作为个人“以言代法”“以权压法”，甚至“徇私枉法”的“挡箭牌”。

（四）“中国特色社会主义法治体系是推进全面依法治国的总抓手”，坚持建设中国特色社会主义法治体系

习近平说：“全面推进依法治国涉及很多方面，在实际工作中必须有一个总揽全局、牵引各方的总抓手，这个总抓手就是建设中国特色社会主义法治体系。”①建设中国特色社会主义法治体系，是中国共产党作为当今世界上最大执政党，率先提出的具有原创性、时代性的法学概念和理念。中国特色社会主义法治体系是中国特色社会主义制度的法律表现形式，其外延包括法律规范体系、法治实施体系、法治监督体系、法治保障体系以及党内法规体系。坚持建设中国特色社会主义法治体系有其法理基础。法治体系是国家治理体系的骨干工程，全面推进依法治国总目标是建设中国特色社会主义法治体系，建设社会主义法治国家；建设中国特色社会主义法治体系、建设社会主义法治国家是坚持和发展新时代中国特色社会主义的内在要求，是实现国家治理体系和治理能力现代化的必然要求。坚持建设中国特色社会主义法治体系，是全面推进依法治国的工作重点和总抓手，对于全面推进依法治国具有“纲举目张”之特别意义。也就是说，依法治国各项工作都要围绕全面推进总目标来部署、来展开，“必须抓住建设中国特色社会主义法治体系这个总抓手，努力形成完备的法律规范体系、高效的法治实施体系、严密的法治监督体系、有力的法治保障体系，形成完善的党内法规体系，不断开创全面依法治国新局面”②。坚持建设中国特色社会主义法治体系，要做好五个方面工作。其一，是要形成完备的法律规范体系；其二，是要形成高效的法治实施体系；其三，是要形成严密的法治监督体系；其四，是要形成有力的法治保障体系；其五，是要形成完善的党内法规体系。

---

① 《十八大以来重要文献选编》（中），中央文献出版社 2016 年版，第 147 页。

② 《习近平谈治国理政》第 3 卷，外文出版社 2020 年版，第 285 页。

（五）“解决好立法、执法、司法、守法等领域的突出矛盾和问题”，坚持全面推进科学立法、严格执法、公正司法、全民守法

习近平指出：“落实依法治国基本方略，加快建设社会主义法治国家，必须全面推进科学立法、严格执法、公正司法、全民守法进程。”①也就是说，要紧紧抓住全面依法治国的关键环节，完善立法体制，提高立法质量；要推进严格执法，理顺执法体制，完善行政执法程序，全面落实行政执法责任制；要支持司法机关依法独立行使职权，健全司法权力分工负责、相互配合、相互制约的制度安排；要加大全民普法力度，培育全社会办事依法、遇事找法、解决问题用法、化解矛盾靠法的良好法治环境。坚持全面推进科学立法、严格执法、公正司法、全民守法有其厚实之法理基础。一者，是解决好立法、执法、监察、司法、守法等领域突出矛盾问题的现实需要；二者，是让法治真正成为我国经济社会发展之重要保障的客观需要；三者，是全面落实依法治国基本方略，坚持法律面前人人平等，加快建设社会主义法治国家的时代需要。全面依法治国是国家治理的一场深刻革命，要坚持厉行法治，全面推进科学立法、严格执法、公正司法、全民守法。坚持全面推进科学立法、严格执法、公正司法、全民守法，要扎实实现“四轮驱动”。其一，要扎实推进科学立法，关键在于完善立法体制，深入推进科学立法、民主立法，抓住提高立法质量这个关键。其二，要扎实推进严格执法，重点是解决执法、监察过程中不规范、不严格、不透明、不文明以及不作为、乱作为等突出现实问题。其三，要扎实推进公正司法，秉持大司法理念，要以优化司法职权配置为重点，健全司法权力分工负责、相互配合、相互制约的制度安排。其四，要扎实推进全民守法，着力培育和增强全民法治观念，坚持把全民普法和公民守法作为依法治国的长期基础性工作，采取有力措施加强法制宣传教育。

---

① 习近平：《在首都各界纪念现行宪法公布施行 30 周年大会上的讲话》，人民出版社 2012 年版，第 8 页。

(六)"法治是国家核心竞争力的重要内容",坚持统筹推进国内法治和涉外法治

习近平强调:"法律的生命在于付诸实施,各国有责任维护国际法治权威,依法行使权利,善意履行义务。法律的生命也在于公平正义,各国和国际司法机构应该确保国际法平等统一适用,不能搞双重标准,不能'合则用、不合则弃',真正做到'无偏无党,王道荡荡'。"[①]坚持统筹推进国内法治和涉外法治,即是主张各国关系和利益考量要以制度和规则为基础进行协调,而不能"谁的拳头大就听谁的"。坚持统筹推进国内法治和涉外法治有其法理基础。一方面,是平衡国家利益和国际公共利益的现实需要。要共同维护国际法和国际秩序的权威性和严肃性,各国都应该依照国际法来行使主权国家权利,反对歪曲或垄断国际法,反对以"国际法治"之名行侵害他国主权国家正当权益、破坏国际和平稳定之实。另一方面,是创造奉行国际法治、公平正义之未来世界的需要。发达国家和发展中国家群体之间的历史责任、发展阶段、应对能力等都不同,甚至存在较大"落差",共同但有区别的责任原则不仅没有过时,而且应该得到遵守。坚持统筹推进国内法治和涉外法治,其一,要继续坚持和倡导和平共处五项原则。和平共处五项原则生动反映《联合国宪章》的宗旨和原则,并赋予这些宗旨和原则以可见、可行、可依循的内涵,既代表着亚洲国家对国际关系的新期待,也体现着世界各国权利、义务、责任相统一的国际法治精神。其二,要推动规则、规制、管理、标准等制度型开放。加强国内重大制度创新,实现国内治理和国际治理充分联动和衔接配套,放大改革综合效应,打造市场化、法治化、国际化的一流营商环境。其三,要毫不动摇地维护国际法在全球治理中的地位和作用。引导各国在国际关系中遵守国际法和公认的国际关系基本原则,用统一适用的国际规则来明是非、促和平、谋发展,引领世界和平与进步力量,积极构建人类命运共同体。

---

① 《习近平谈治国理政》第 2 卷,外文出版社 2017 年版,第 540 页。

三、习近平法治思想对毛泽东法制思想的守正创新

进入中国特色社会主义新时代，以习近平同志为核心的党中央从坚持和发展中国特色社会主义的全局和战略高度定位法治、布局法治、厉行法治，把全面依法治国纳入“四个全面”战略布局，放在党和国家事业发展全局中来谋划、来推进，作出一系列重大决策、提出一系列重要举措，在此基础形成了习近平法治思想，它是统筹实现中华民族伟大复兴的战略全局和世界百年未有之大变局这“两个大局”之新时代现实需要而产生的。毛泽东法制思想为推动新民主主义革命、社会主义革命和建设以及捍卫革命和建设伟大成就之历史现实需要而产生的，其实践经验对于我们党领导社会主义法治实践是为先行探索，在中华人民共和国的法治史上产生深远的历史影响和政治效应。在伟大的马克思主义法治理论传统中，习近平法治思想作为马克思主义法治理论中国化的最新成果，对毛泽东法制思想在“坚持党对全面依法治国的领导”“坚持以人民为中心”“坚持依宪治国、依宪执政”“坚持建设中国特色社会主义法治体系”“坚持全面推进科学立法、严格执法、公正司法、全民守法”“坚持统筹推进国内法治和涉外法治”等方面守正创新，实现了创新性发展，形成了系列重要启示。

（一）重视党在依法治国中的作用，坚持党对全面依法治国的领导，为我国依法治国思想的创新发展提供根本政治条件

在毛泽东法制思想中，主张建立人民民主专政国家制度的思想观点、坚持实事求是立法原则的思想观点、主张法律面前人人平等及反对特权的思想观点、坚持严惩改造与宽大教育相统一相结合的思想观点、主张人人都要遵守社会主义法制的思想观点，以及主张用和平共处五项原则处理国际关系的思想观点等的部分论述内容，较集中反映了以毛泽东同志为主要代表的中国共产党人注重发挥党对法制建设的引领作用，包括国际法制领域。不过以毛泽东同志为主要代表的中国共产党人注重发挥党对法制建设的引领作用，主要还是“默会”性的、自发性的。随着党长期执政经验的丰富和日益成熟，进入到中国特色社会主

义新时代,以习近平同志为主要代表的中国共产党人鲜明、自觉理论性地提出了坚持党对全面依法治国的领导。这一方面表明,以习近平同志为主要代表的中国共产党人坚持党对全面依法治国的领导的思想原则跟以毛泽东同志为主要代表的中国共产党人注重发挥党对法制建设之引领作用的思想原则是一脉相承的,是习近平对毛泽东法制思想中坚持党的领导之思想原则的承继。另一方面意味着以习近平同志为主要代表的中国共产党人坚持党对全面依法治国的领导的思想原则为我国依法治国思想的创新发展提供了根本政治条件,即新时代中国特色社会主义法治理论的创新发展要在坚持党对全面依法治国的领导的思想原则轨道上前行。新时代中国特色社会主义法治理论的创新发展坚持党对全面依法治国的领导,关键要做好五个方面。其一,要深刻领悟“党的领导是中国特色社会主义法治之魂”精神要旨。党的领导是中国特色社会主义最本质的特征,是中国特色社会主义制度的最大优势,是社会主义法治最根本的保证。习近平说:“党的领导是中国特色社会主义法治之魂,是我们的法治同西方资本主义国家的法治最大的区别。”①其二,要坚持党的领导、人民当家作主、依法治国有机统一的思想原则。习近平指出:“全面依法治国,核心是坚持党的领导、人民当家作主、依法治国有机统一。”②党的领导是人民当家作主和依法治国的根本保证,人民当家作主是社会主义民主政治的本质特征,依法治国是党领导人民治理国家的基本方式,三者统一于我国社会主义民主政治伟大实践,也是我国社会主义法治建设的一条基本经验和宝贵经验。其三,要坚持党领导立法、保证执法、支持司法、带头守法的思想观点。习近平强调:“坚持党的领导,不是一句空的口号,必须具体体现在党领导立法、保证执法、支持司法、带头守法上。”③一者,我们党自身要坚持依法治国、依法执政,自觉模范地在宪法法律的范围内活动及开展工作;二者,要充分发挥好各级党组织和广大党员、干部包括领导干部在依法治国

---

① 《习近平关于全面依法治国论述摘编》,中央文献出版社 2015 年版,第 35 页。

② 《习近平谈治国理政》第 2 卷,外文出版社 2017 年版,第 39 页。

③ 同上书,第 114 页。

中的先锋模范作用。其四,要坚持健全党领导全面依法治国的制度和工作机制的思想观点。习近平指出:“全面推进依法治国是一个系统工程,是国家治理领域一场广泛而深刻的革命,必须加强党对法治工作的组织领导。”①要不断完善党的领导体制和工作机制,把党的领导和意志主张贯彻到全面依法治国的全过程和各方面,不留“死角”、不留“间隙”。其五,要坚持依法治国和依规治党有机统一的思想观点。习近平说:“坚持依法治国和以德治国相结合,依法治国和依规治党有机统一。”②依规治党深入党心,依法治国才能深入民心。全面依法治国,要坚持依法治国和依规治党的有机统一,加快形成覆盖党的领导和党的建设各方面的党内法规体系,增强党依法执政本领,提高管党治党水平,确保党始终成为中国特色社会主义事业的坚强领导核心。

(二)注重保护人民根本利益,坚持以人民为中心,为我国依法治国思想的创新发展丰富根本立场内涵

在毛泽东法制思想中,主张建立人民民主专政国家制度的思想观点、主张法律面前人人平等及反对特权的思想观点、坚持严惩改造与宽大教育相统一相结合的思想观点,以及主张人人都要遵守社会主义法制的思想观点等的部分论述内容,较集中反映了以毛泽东同志为主要代表的中国共产党人主张镇压犯罪分子、保护人民利益的根本价值立场。不过以毛泽东同志为主要代表的中国共产党人镇压犯罪分子、保护人民利益,主要还是实践经验层面上的、社会主义“政治本能”上的。随着党长期执政经验的丰富和日益成熟,进入到中国特色社会主义新时代,以习近平同志为主要代表的中国共产党人鲜明、自觉理论性地提出了坚持以人民为中心。这一方面表明,以习近平同志为主要代表的中国共产党人坚持以人民为中心的思想观点跟以毛泽东同志为主要代表的中国共产党人主张镇压犯罪分子、保护人民利益的思想观点是一脉相承的,是习近平对毛泽东法制思想中保护人民利益之思想观点的承继。另一方面意味着以习近平同志为主要代表的中国共产党人坚持

① 《习近平谈治国理政》第2卷,外文出版社2017年版,第124页。

② 《习近平谈治国理政》第3卷,外文出版社2020年版,第18页。

以人民为中心的思想观点为我国依法治国思想的创新发展提供了根本价值立场遵循，即新时代中国特色社会主义法治理论的创新发展要在坚持以人民为中心的根本价值立场下前行。新时代中国特色社会主义法治理论的创新发展坚持以人民为中心，关键要做好四个方面。其一，要深刻领悟“坚持法治为了人民、依靠人民”精神要旨。习近平指出：“我国社会主义制度保证了人民当家作主的主体地位，也保证了人民在全面推进依法治国中的主体地位。这是我们的制度优势，也是中国特色社会主义法治区别于资本主义法治的根本所在。”①纵观百年党史，我们干革命、搞建设、抓改革以及新时代的各项工作，都是为人民谋利益，让中国人民过上好日子。法治的根基在人民，全面依法治国最广泛、最深厚的基础也是中国亿万人民群众。其二，要坚持积极回应人民群众新要求新期待的思想观点。习近平说：“要积极回应人民群众新要求新期待，坚持问题导向、目标导向……研究谋划和解决法治领域人民群众反映强烈的突出问题，不断增强人民群众获得感、幸福感、安全感，用法治保障人民安居乐业。”②由于历史和现实的多方面，立法、执法、监察、司法、普法等方面工作还有一些薄弱环节和改进空间，有一些人民群众包括党员群众不甚满意甚至意见不少的地方或领域，必然要成为新时代厉行法治的聚焦点、发力点和作为点。其三，要坚持牢牢把握社会公平正义的价值追求的思想观点。习近平强调：“必须牢牢把握社会公平正义这一法治价值追求，努力让人民群众在每一项法律制度、每一个执法决定、每一宗司法案件中都感受到公平正义。”③平等是社会主义法律的基本属性，也是社会主义法治的基本要求；公正是法治的生命线，全面依法治国要紧紧围绕保障和促进社会公平正义来进行和拓展。其四，要坚持依法保障人民权益的思想观点。习近平指出：“推进全面依法治国，根本目的是依法保障人民权益。”④要切实尊重和保障人权，依法保障全体公民享有广泛的权利，比如保障公民的人身权、财产权、基

① 《习近平谈治国理政》第2卷，外文出版社2017年版，第115页。
② 《习近平谈治国理政》第4卷，外文出版社2022年版，第289页。
③ 《习近平谈治国理政》第3卷，外文出版社2020年版，第284页。
④ 《习近平谈治国理政》第4卷，外文出版社2022年版，第289页。

本政治权利等各项权利不受侵犯、保证公民的经济、文化、社会等各方面权利得到切实落实等，努力维护最广大人民群众的根本利益，保障人民对美好生活的追求和向往。

（三）重视宪法的治国理政作用，坚持依宪治国、依宪执政，为我国依法治国思想的创新发展提供新的任务导向

毛泽东指出："无产阶级政党和无产阶级专政，现在非有不可，而且非继续加强不可。否则，不能镇压反革命，不能抵抗帝国主义，不能建设社会主义，建设起来也不能巩固。"①"用宪法这样一个根本大法的形式，把人民民主和社会主义原则固定下来，使全国人民有一条清楚的轨道，使全国人民感到有一条清楚的明确的和正确的道路可走。"②在毛泽东法制思想中，主张建立人民民主专政国家制度的系列重要论述反映了以毛泽东同志为主要代表的中国共产党人建立人民民主专政国家制度的时代任务导向。不过以毛泽东同志为主要代表的中国共产党人主张建立人民民主专政国家制度之言行，主要还是探索性的、"试验性"的。随着党长期执政经验的丰富和日益成熟，进入到中国特色社会主义新时代，以习近平同志为主要代表的中国共产党人鲜明、自觉理论性地提出了坚持依宪治国、依宪执政。这一方面表明，以习近平同志为主要代表的中国共产党人坚持依宪治国、依宪执政的思想观点跟以毛泽东同志为主要代表的中国共产党人主张建立人民民主专政国家制度的思想原则是一脉相承的，是习近平对毛泽东的法制思想中按照人民制定之宪法法律治理国家的思想原则的承继。另一方面意味着以习近平同志为主要代表的中国共产党人坚持依宪治国、依宪执政的思想观点为我国依法治国思想的创新发展提供了新的任务导向，即新时代中国特色社会主义法治理论的创新发展要在坚持依宪治国依宪执政的时代任务导向下前行。新时代中国特色社会主义法治理论的创新发展坚持依宪治国、依宪执政，关键要做好四个方面。其一，要深刻领悟"宪法是治国理政的总章程"精神要旨。宪法是国家的根本大法，是我

---

① 《毛泽东文集》第 7 卷，人民出版社 1999 年版，第 35—36 页。

② 《毛泽东文集》第 6 卷，人民出版社 1999 年版，第 328 页。

们党和人民意志的集中体现,是国家各种制度和法律法规的总依据和总章程。习近平指出:“坚持依法治国首先要坚持依宪治国,坚持依法执政首先要依宪执政。”①我国宪法确认了中国共产党领导,这是中国宪法最显著的特征,我们讲坚持依宪治国、依宪执政,首要的内容就包括坚持宪法确定的中国共产党领导地位不动摇,坚持宪法确定的我们的国体和政体不动摇。其二,要坚持全面贯彻实施宪法的思想观点。习近平指出:“宪法的生命在于实施,宪法的权威也在于实施。”②全面贯彻实施宪法,是建设社会主义法治国家的首要任务和基础性工作。保证宪法实施,就是保证党和人民之根本利益的实现,要更加注重发挥宪法的核心作用,把国家各项事业和各项工作全面纳入依法治国、依宪治国的轨道,把实施宪法提高到新的水平和新的高度。其三,要坚持推进合宪性审查工作的思想观点。习近平强调:“要加强宪法实施和监督,推进合宪性审查工作,对一切违反宪法法律的法规、规范性文件必须坚决予以纠正和撤销。”③完善宪法监督制度,加强备案制度和能力建设,依法撤销和纠正违宪违法的规范性文件;有关方面拟出台的法规规章、重要政策和重大举措,要同宪法规定、宪法精神相符合。其四,要坚持深入开展宪法宣传教育的思想观点。习近平指出:“要以设立国家宪法日为契机,深入开展宪法宣传教育,大力弘扬宪法精神,切实增强宪法意识,推动全面贯彻实施宪法。”④加强宪法学习宣传教育是实施宪法的重要基础,要在全社会广泛开展尊崇宪法、学习宪法、遵守宪法、维护宪法、运用宪法的宣传教育,大力弘扬宪法精神,不断增强人民群众的宪法意识,要使人民宪法真正走入日常生活、“飞入寻常百姓家”。

(四)注重治理体系的完备和基础性,坚持建设中国特色社会主义法治体系,为我国依法治国思想的创新发展明确新的目标内涵

毛泽东指出:“社会主义制度终究要代替资本主义制度,这是一个

---

① 《习近平谈治国理政》第4卷,外文出版社2022年版,第291页。

② 习近平:《在首都各界纪念现行宪法公布施行30周年大会上的讲话》,人民出版社2012年版,第6页。

③ 《习近平谈治国理政》第4卷,外文出版社2022年版,第291—292页。

④ 《习近平关于全面依法治国论述摘编》,中央文献出版社2015年版,第91—92页。

不以人们自己的意志为转移的客观规律。”[①]在毛泽东法制思想中，主张建立人民民主专政国家制度的思想观点、坚持实事求是立法原则的思想观点、坚持严惩改造与宽大教育相统一相结合的思想观点以及主张人人都要遵守社会主义法制的思想观点等的部分论述内容，较集中反映了以毛泽东同志为主要代表的中国共产党人着力建设社会主义法制体系的法治目标导向，包括国际法制领域。不过以毛泽东同志为主要代表的中国共产党人着力建设社会主义法制体系，主要还是先行性的、探索性的。随着党长期执政经验的丰富和日益成熟，进入到中国特色社会主义新时代，以习近平同志为主要代表的中国共产党人鲜明、自觉理论性地提出了坚持建设中国特色社会主义法治体系。这一方面表明，以习近平同志为主要代表的中国共产党人坚持建设中国特色社会主义法治体系的思想观点跟以毛泽东同志为主要代表的中国共产党人主张着力建设社会主义法制体系的思想观点是一脉相承的，是习近平对毛泽东法制思想中主张着力建立健全社会主义法制思想观点的承继。另一方面意味着以习近平同志为主要代表的中国共产党人坚持建设中国特色社会主义法治体系的思想观点为我国依法治国思想的创新发展明确了新的目标内涵，即新时代中国特色社会主义法治理论的创新发展要在坚持建设中国特色社会主义法治体系的目标导向下前行。新时代中国特色社会主义法治理论的创新发展坚持建设中国特色社会主义法治体系，关键要做好六个方面。其一，要深刻领悟“全面依法治国的总抓手”精神要旨。习近平指出：“全面推进依法治国涉及很多方面，在实际工作中必须有一个总揽全局、牵引各方的总抓手，这个总抓手就是建设中国特色社会主义法治体系。”[②]依法治国各项工作都要围绕这个总抓手来谋划和推进，要抓住建设中国特色社会主义法治体系这个总抓手，不断开创全面依法治国新局面、迈上全面依法治国新台阶。其二，要坚持加快形成完备之法律规范体系的思想观点。习近平

---

① 《毛泽东文集》第 7 卷，人民出版社 1999 年版，第 315 页。

② 《习近平关于协调推进“四个全面”战略布局论述摘编》，中央文献出版社 2015 年版，第 95 页。

说："经过长期努力，中国特色社会主义法律体系已经形成，我们国家和社会生活各方面总体上实现了有法可依，这……是我们继续前进的新起点。"①要加快完善中国特色社会主义法律体系，使之更加科学完备、统一权威，全方位切实做到有法可依。其三，要坚持加快形成高效之法治实施体系的思想观点。习近平强调："法律的生命力在于实施，法律的权威也在于实施。"②加强宪法实施特别是法律实施，维护社会主义法制的统一、尊严、权威，形成人们不愿违法、不能违法、不敢违法的良好法治环境，做到有法必依、执法必严、违法必究。其四，要坚持加快形成严密之法治监督体系的思想观点。习近平指出："要更好发挥人大监督在党和国家监督体系中的重要作用，让人民监督权力，让权力在阳光下运行，用制度的笼子管住权力，用法治的缰绳驾驭权力。"③只要公权力存在，就要有制约和监督，全面依法治国要抓紧完善权力运行制约和监督机制，规范立法、执法、监察、司法机关权力行使，构建党统一领导、全面覆盖、权威高效的法治监督体系。其五，要坚持加快形成有力之法治保障体系的思想观点。习近平说："各级党组织和领导干部要适应科学执政、民主执政、依法执政的要求，支持政法系统各单位依照宪法法律独立负责、协调一致开展工作。"④建设法治中国，要加强政治、组织、队伍、人才、科技、信息等方面的保障，为全面依法治国提供重要支撑和有力支撑。其六，要坚持加快形成完善之党内法规体系的思想观点。习近平指出："严肃党内政治生活，持续开展党内集中教育，提出和坚持新时代党的组织路线，突出政治标准选贤任能，加强政治巡视，形成比较完善的党内法规体系，推动全党坚定理想信念、严密组织体系、严明纪律规矩。"⑤加强党内法规制度建设是全面从严治党的长远之策、根本之策；党内法规制度建设只有进行时、没有完成时，要与时俱进、改革创

① 《十八大以来重要文献选编》(中)，中央文献出版社 2016 年版，第 56 页。

② 同上书，第 56 页。

③ 《习近平谈治国理政》第 4 卷，外文出版社 2022 年版，第 254 页。

④ 《习近平关于全面依法治国论述摘编》，中央文献出版社 2015 年版，第 70 页。

⑤ 习近平：《高举中国特色社会主义伟大旗帜　为全面建设社会主义现代化国家而团结奋斗——在中国共产党第二十次全国代表大会上的报告》，人民出版社 2022 年版，第 13 页。

新,使党内法规体系更加完善、党内法规制度更有活力。

(五)注重法律体系的落地和实效性,坚持全面推进科学立法、严格执法、公正司法、全民守法,为我国依法治国思想的创新发展提供系统思维内涵

在毛泽东法制思想中,主张建立人民民主专政国家制度的思想观点、坚持实事求是立法原则的思想观点、主张法律面前人人平等及反对特权的思想观点、坚持严惩改造与宽大教育相统一相结合的思想观点以及主张人人都要遵守社会主义法制的思想观点等的部分论述内容,较集中反映了以毛泽东同志为主要代表的中国共产党人之关于立法、执法、司法、守法的"经验"观点。不过以毛泽东同志为主要代表的中国共产党人之立法、执法、司法、守法的"经验"观点,主要还是"试行性""碎片化"的。随着党长期执政经验的丰富和日益成熟,进入到中国特色社会主义新时代,以习近平同志为主要代表的中国共产党人鲜明、自觉提出了坚持全面推进科学立法、严格执法、公正司法、全民守法的系统法治思想。这一方面表明,以习近平同志为主要代表的中国共产党人坚持全面推进科学立法严格执法公正司法全民守法的思想观点跟以毛泽东同志为主要代表的中国共产党人关于立法执法司法守法之"经验"观点的思想理念是一脉相承的,是习近平对毛泽东法制思想中关于立法执法司法守法思想观点的承继。另一方面意味着,以习近平同志为主要代表的中国共产党人坚持全面推进科学立法严格执法公正司法全民守法的思想观点为我国依法治国思想的创新发展提供了系统思维内涵,即新时代中国特色社会主义法治理论的创新发展要在坚持全面推进科学立法、严格执法、公正司法、全民守法的系统法治思维轨道上前行。新时代中国特色社会主义法治理论的创新发展坚持全面推进科学立法严格执法公正司法全民守法,关键要做好四个方面。其一,要坚持推进科学立法的思想观点。习近平指出:"良法是善治之前提。"①全面推进依法治国,要坚持科学立法,新时代越是强调和重视法治,越是要提高立法质量。一者,我国进入新发展阶段,发展要高质量,立法也

① 《十八大以来重要文献选编》(下),中央文献出版社 2018 年版,第 665 页。

要高质量，要以高质量立法保障高质量发展、推动全面深化改革、维护社会大局稳定。二者，要抓住提高立法质量这个“牛鼻子”，推进科学立法、民主立法、依法立法、努力使每一项立法都符合宪法精神、反映人民意愿、得到人民拥护，以良法促进发展、保障善治。其二，要坚持推进严格执法的思想观点。国无常治，又无常乱，法令行则国治，法令弛则国乱。习近平强调：“全面推进依法治国，必须坚持严格执法。”①严格规范公正文明执法是一个整体，要准确把握、全面贯彻，不能畸轻畸重、顾此失彼；严格执法要抓住关键环节，完善执法权力运行机制和管理监督制约体系，努力让人民群众在每一起案件办理、每一件事情处理中都能感受到公平正义。其三，要坚持推进公正司法的思想观点。习近平说：“深化司法体制综合配套改革，全面准确落实司法责任制，加快建设公正高效权威的社会主义司法制度，努力让人民群众在每一个司法案件中感受到公平正义。”②公正司法事关人民切身利益，事关社会公平正义，要坚持以提高司法公信力为根本尺度，坚持符合国情和遵循司法规律相结合，坚持问题导向，勇于攻坚克难，坚定信心，凝聚共识，锐意进取，破解难题，坚定不移深化司法体制改革，不断促进社会公平正义。其四，要坚持推进全民守法的思想观点。习近平指出：“全面推进依法治国，必须坚持全民守法。”③任何组织或者个人都要在宪法法律范围内活动，任何公民、社会组织和国家机关都要以宪法法律为行为准则，依宪法和法律行使权利或权力、履行义务或职责；坚持把全民普法和守法作为依法治国的长期基础性工作，通过群众喜闻乐见的形式宣传普及宪法和法律，不断提升全体公民法治意识和法治素养。

（六）重视国际法治话语权主导权，坚持统筹推进国内法治和涉外法治，为我国依法治国思想的创新发展明确新的迫切任务

毛泽东指出：“应当把五项原则推广到所有国家的关系中去。”④

---

① 《习近平关于全面依法治国论述摘编》，中央文献出版社 2015 年版，第 57 页。

② 习近平：《高举中国特色社会主义伟大旗帜　为全面建设社会主义现代化国家而团结奋斗——在中国共产党第二十次全国代表大会上的报告》，人民出版社 2022 年版，第 42 页。

③ 《习近平关于全面依法治国论述摘编》，中央文献出版社 2015 年版，第 87 页。

④ 《毛泽东外交文选》，中央文献出版社、世界知识出版社 1994 年版，第 165 页。

“我国的外交政策是以和平共处五项原则为基础的。”①“五项原则也是适合你们国家的情况的，适合亚洲、非洲绝大多数国家的情况的。”②在毛泽东法制思想中，主张用和平共处五项原则处理国际关系的系列重要论述较集中反映了以毛泽东同志为主要代表的中国共产党人主张用和平共处五项原则处理国际关系的时代迫切任务。不过以毛泽东同志为主要代表的中国共产党人坚持用和平共处五项原则处理本国与他国关系，维护本国主权和国家之间关系，主要还是探索性的、自发性的。随着党长期执政经验的丰富和日益成熟，进入到中国特色社会主义新时代，以习近平同志为主要代表的中国共产党人鲜明、自觉理论性地提出了坚持统筹推进国内法治和涉外法治。这一方面表明，以习近平同志为主要代表的中国共产党人坚持统筹推进国内法治和涉外法治的思想观点跟以毛泽东同志为主要代表的中国共产党人主张用和平共处五项原则处理国家间关系或国内外事务的思想观点是一脉相承的，是习近平对毛泽东法制思想中国际法制或涉外法制思想观点的承继。另一方面意味着以习近平同志为主要代表的中国共产党人坚持统筹推进国内法治和涉外法治的思想观点为我国依法治国思想的创新发展明确了新的迫切任务，即新时代中国特色社会主义法治理论的创新发展要在坚持统筹推进国内法治和涉外法治的时代迫切任务指向下前行。新时代中国特色社会主义法治理论的创新发展坚持统筹推进国内法治和涉外法治，关键要做好四个方面。其一，要坚持统筹考虑和综合运用国际国内两类规则的思想原则。习近平强调：“运用国际经贸规则的本领也不够强，需要加快弥补。”③中国走向世界，以负责任大国参与国际事务，要善于运用法治；谋划国家改革发展要统筹考虑和综合运用国际国内两个市场、国际国内两种资源、国际国内两类规则。其二，要坚持加快涉外法治工作战略布局的思想观点。习近平指出：“要加快涉外法治工作战略布局，协调推进国内治理和国际治理，更好维护国家主权、安

① 《毛泽东外交文选》，中央文献出版社、世界知识出版社 1994 年版，第 246 页。
② 同上书，第 187 页。
③ 《习近平关于总体国家安全观论述摘编》，中央文献出版社 2018 年版，第 82 页。

全、发展利益。”[①]面对新一轮对外开放，新时代涉外法治工作要加快战略布局，掌握对外交往的主动权。在对外斗争中，我们要拿起法律武器，占领国际法治制高点，坚持用规则说话，靠规则行事，维护我国政治安全、经济安全，维护我国企业和公民合法权益。其三，要坚持加强对外法治交流合作的思想观点。习近平说：“国与国之间开展执法安全合作，既要遵守两国各自的法律规定，又要确保国际法平等统一适用，不能搞双重标准，更不能合则用、不合则弃。”[②]在对外交往中，要加强多双边法治对话、推进对外法治交流，要积极参与执法安全国际合作，要推进对外法治宣传、讲好中国法治故事。其四，要坚持为构建人类命运共同体提供法治保障的思想观点。习近平指出：“人类生活在同一个地球村里，生活在历史和现实交汇的同一个时空里，越来越成为你中有我、我中有你的命运共同体。”[③]面对世界百年未有之大变局以及层出不穷的全球性问题，世界各国要顺应时代发展潮流，作出正确选择，齐心协力应对挑战，开展全球性协作，推动构建人类命运共同体。要坚定维护以联合国为核心的国际体系，坚持维护以国际法为基础的国际秩序，为运用法治思维和法治方式推动构建人类命运共同体贡献中国智慧和中国方案。

---

① 《习近平谈治国理政》第 4 卷，外文出版社 2022 年版，第 296 页。

② 《习近平关于总体国家安全观论述摘编》，中央文献出版社 2018 年版，第 251 页。

③ 《十八大以来重要文献选编》（上），中央文献出版社 2014 年版，第 259 页。

第十三章
建设美丽中国

——习近平对毛泽东生态观的守正创新

人是自然的产物，人作为有意识的自然存在物，与自然既具有一体性，又具有对立性。顺应自然、保护自然还是战胜自然、支配自然，这是人类社会发展史上的一个基本问题，也是各国必须面对和解决的一个重大问题。中国共产党在团结带领人民进行革命、建设、改革的历史进程中，始终将生态建设作为治国理政的重要维度。以毛泽东、习近平同志为主要代表的中国共产党人，继承马克思主义生态理论，吸收中国传统生态智慧，结合中国具体实际，接续推进生态建设，开创了一脉相承又与时俱进的中国化时代化马克思主义生态理论。

一、毛泽东生态观及其实践探索

毛泽东领导人民开展生态建设主要是在社会主义革命和建设时期。在当前可见文献中，虽然未见毛泽东明确提出“生态”这一概念，但他根据中国发展实际，提出“绿化祖国”伟大目标，对农业建设、林业建设、水利建设、资源节约、疾病防治等进行了一系列实践探索和理论探索，为新中国生态建设积累了重要经验。

(一)“用自然科学来了解自然”，要求改造自然为人类服务

社会主义建设初期，国家和人民处于一穷二白、极为贫困的状态。当时最迫切的任务是调动一切资源发展社会生产力、改善民生、建设新中国。在此要求下，改造和利用自然为人类服务，发挥自然资源的经济功能，就在人与自然关系中占据主导地位。为了达到利用自然的目的，

毛泽东强调要认识自然、研究自然,“如果对自然界没有认识,或者认识不清楚,就会碰钉子,自然界就会处罚我们,会抵抗”①。在研究过程中,人对自然界的认识逐步深化,“一步又一步地由低级向高级发展,即由浅入深,由片面到更多的方面”②。尤其需要注意的是,人类在不断发展,自然界也在不断变化,“自然界的变化,主要地是由于自然界内部矛盾的发展”③。因此,毛泽东强调对自然界的改造不能任由人的主观意志行事,而是要根据自然界内部矛盾的变化,深入开展研究,形成对于自然界发展的规律性认识,以之作为实践行动的理论指导。

正确认识自然界,目的是开发利用自然界。毛泽东提出,从革命转向建设,需要“进行一场新的战争——向自然界开战”④。由于当时生产力比较落后、物质资料比较匮乏,为了“使全体人民比较顺利地走过目前的过渡时期,巩固我们的新制度,建设我们的新国家”⑤,毛泽东从认识自然规律、战胜自然灾害、开发利用自然资源等方面强调人对于自然界的主体性作用。当然,毛泽东也关注到自然界对人的抵抗性作用,“人去压迫自然界,拿生产工具作用于生产对象,自然界这个对象要作抵抗,反作用一下,这是一条科学”⑥。从自然界同人的这种相互关系中,毛泽东认为人既是自然界和社会的奴隶,又是它们的主人,“人们为着要在自然界里得到自由,就要用自然科学来了解自然,克服自然和改造自然,从自然里得到自由”⑦。也就是说,人作为自然存在物具有两面性,既从属于自然界,受到自然界的直接限制,又有从自然中解放出来并反过来支配自然的自由需要,通过研究自然规律,掌握自然科学,人以对象化活动作用于自然界,不断创造出人化自然,满足自身生存发展的需要。

---

① 《毛泽东文集》第8卷,人民出版社1999版,第72页。
② 《毛泽东选集》第1卷,人民出版社1991版,第283页。
③ 同上书,第302页
④ 《毛泽东文集》第7卷,人民出版社1999版,第216页。
⑤ 同上书,第216页。
⑥ 同上书,第448页。
⑦ 《毛泽东文集》第2卷,人民出版社1993版,第269页。

（二）“使我们祖国的河山全部绿化起来”，提出大地园林化美好设想

新中国成立后，早在革命战争年代，毛泽东也高度重视植树造林。1934 年 1 月，在第二次全国苏维埃代表大会上，毛泽东就发起植树运动，号召农村每人植树十株①。1944 年 5 月，在延安大学开学典礼上，毛泽东形容陕北的光山头像个和尚头，种树就是使它长上头发，并且进一步提出，“种树要订一个计划，如果每家种一百棵树，三十五万家就种三千五百万棵树”②。如此长期坚持下去，按照“十年树木，百年树人”的速度，就可以在十年八年实现绿化陕北的目标。

许多地方满目疮痍、草木不生，毛泽东进一步在全国范围提出了绿化祖国的伟大目标。1955 年 10 月，毛泽东在党的七届六中全会上作出“绿化荒山和村庄”的指示③。1955 年 12 月，毛泽东在《征询对农业十七条的意见》中对绿化提出更加具体的任务，即“在十二年内，基本上消灭荒地荒山，在一切宅旁、村旁、路旁、水旁，以及荒地上荒山上，即在一切可能的地方，均要按规格种起树来，实行绿化”④。这里既限定了完成任务的时间（12 年），又明确了完成任务的空间（一切可能的地方）。1958 年 1 月，毛泽东在《工作方法六十条（草案）》中将第 57 条定为“绿化”，并要求省、专区、县各级行政单位计算出林业覆盖面积和比例，并作出森林覆盖面积规划⑤。毛泽东不仅重视绿化，还对绿化规划提出了“三三制”设想，即全国 1/3 耕地种作物；1/3 耕地种牧草、肥田草和供人观赏的各种美丽的千差万别的花和草；1/3 耕地种森林⑥。在此基础上，毛泽东进一步提出园林化的设想，要求祖国河山全部绿化起来，农村、城市统统要园林化，好像一个个花园一样。对于绿化做得不好的地方，毛泽东多次毫不客气地提出批评意见。1958 年 4 月 3 日，毛泽东在

---

① 《毛泽东论林业（新编本）》，中央文献出版社 2003 年版，第 15 页。
② 《毛泽东文集》第 3 卷，人民出版社 1996 年版，第 153 页。
③ 《毛泽东文集》第 6 卷，人民出版社 1999 年版，第 475 页。
④ 同上书，第 509 页。
⑤ 《毛泽东文集》第 7 卷，人民出版社 1999 年版，第 361 页。
⑥ 《毛泽东年谱：1949—1976》第 3 卷，中央文献出版社 2013 年版，第 528—529 页。

中央政治局扩大会议上指出,“种下去还未活,就叫绿化?活了未一片绿,也不能叫绿化”①;1958 年 11 月 23 日,毛泽东在武昌会议上说道:“绿化,年年化,年年没有化,越化越见不到树。”②由此可见,毛泽东对绿化问题的高度重视和急迫心情。正是在毛泽东等人的不懈努力下,新中国成立 30 年时间我国森林覆盖率不断上升并最终维持在 12% 左右的水平③,这在当时的条件下是一个重要的历史性成就。

(三)“使我们的水利问题基本上得到解决”,做到守护人民群众生命财产安全

在中国历史上,江河水患给人民群众带来了无尽的灾难,始终是困扰国家治理一个重大问题。新中国成立后,中国共产党执政同样面临着水患灾害的严峻形势。每听到这些灾害给人民群众造成生命财产损失时,毛泽东都痛心疾首、心急如焚,明确要求举全国之力,进行江河治理,守护好人民群众生命财产安全。他多次作出指示,“一定要把淮河修好”④“要把黄河的事情办好”⑤“一定要根治海河”⑥,等等。在毛泽东的倡议下,全国展开了大规模的江河水患治理,并取得了突出成效。如 1950 年夏,淮北地区爆发大洪水,毛泽东知晓后立即批示苏、皖、豫三省修建淮北水利工程,着手淮河治理。1950 年冬,毛泽东审阅批准《荆江分洪工程计划》并亲笔题词:“为广大人民的利益,争取荆江分洪工程的胜利!”⑦荆江分洪工程于 1952 年 4 月全面动工兴建,历时 75 天就建成了第一期主体工程。这一工程作为我国在长江上修建的第一个大型水利工程,屡屡为调节长江中下游洪水压力发挥了关键作用。另一条大河——黄河,其水患一直是危害下游百姓的“顽疾”,1951 年 3 月开工兴建的引黄灌溉济卫工程,彻底改变了黄河下游生态,实现了黄河由

---

① 《毛泽东论林业(新编本)》,中央文献出版社 2003 年版,第 48 页。

② 《毛泽东文集》第 7 卷,人民出版社 1999 年版,第 446 页。

③ 姜春云主编:《中国农业实践概论》,人民出版社、中国农业出版社 2000 年版,第 138—140 页。

④ 逄先知、金冲及主编:《毛泽东传》第 3 卷,中央文献出版社 2011 年版,第 1057 页。

⑤ 《毛泽东年谱:1949—1976》第 1 卷,中央文献出版社 2013 年版,第 621 页。

⑥ 同上书,第 283 页。

⑦ 逄先知、金冲及主编:《毛泽东传》第 3 卷,中央文献出版社 2011 年版,第 1059 页。

“害河”向“利河”的转变。在毛泽东的倡导和关心下,我国相继修建了官厅水库、三门峡水库、葛洲坝水利枢纽工程等,为解决当地水旱灾害、灌溉、发电、通行等一系列难题发挥了前所未有的作用。毛泽东对南水北调工程、三峡工程也提出了宏伟设想,为日后的成功实践作出了重要探索。

兴修水利是建设新中国的一项基础性工作。1959 年冬,全国参加水利建设的人数就达 7700 多万,对此毛泽东明确要求,“我们要继续搞这样大规模的运动,使我们的水利问题基本上得到解决”①。在新中国成立后的 27 年中,全国广泛开展了水利工程建设,不仅减轻了水旱灾害对人民生命财产的危害,而且促进了我国工农业生产和经济发展,改善了当地群众的生产生活条件,发挥了生态环境保护的功能作用。在兴修水利的同时,毛泽东非常注意水土保持工作。如 1955 年,在《依靠合作化开展大规模的水土保持工作是完全可能的》一文按语中,毛泽东高度肯定离山县委的水土保持规划,认为“可以作黄河流域各县以及一切山区做同类规划的参考”②。在另一篇《看,大泉山变了样子!》按语中,因为当地探索出了水土保持的成功经验,毛泽东高兴地说道:“有了这样一个典型例子,整个华北、西北以及一切有水土流失问题的地方,都可以照样去解决自己的问题了。”③其具体做法就是挖鱼鳞坑、筑水渠、修梯田、建蓄水池,治理荒坡,种植树木,栽植桃李等果树。这些做法和经验得到积极推广,在我国水土流失治理中沿用至今,真正成为一项功在当代、利在千秋的事业。

(四)“艰苦奋斗”“反对浪费”“人人清洁卫生”,倡导良好生产生活习惯

处理人与自然的关系,既要做好自然的工作,也要做好人的工作。从人的角度而言,毛泽东重点强调要做好节约资源、反对浪费,注意卫生、防止疾病等方面的工作。艰苦朴素、勤俭节约、反对浪费是毛泽东

① 《毛泽东文集》第 8 卷,人民出版社 1999 年版,第 127 页。
② 《毛泽东论林业(新编本)》,中央文献出版社 2003 年版,第 31 页。
③ 同上书,第 32 页。

始终推崇和遵循的优良作风，任何时候他都是以身作则，厉行节约，终身保持着艰苦朴素的生活习惯。1951 年开展的“三反”运动，其一就是要求反对浪费。毛泽东看到“浪费的范围极广，项目极多，又是一个普遍的严重现象”，因此指出要“着重地进行斗争，并须定出惩治办法”①。1957 年，在《关于正确处理人民内部矛盾的问题》一文中，毛泽东对节约问题作出专门阐述。面对需要大规模建设但国家贫穷的矛盾，毛泽东认为全面地持久地厉行节约就是解决这个矛盾的一个方法，全国所有人在各方面提倡节约，反对浪费，将节约运动彻底地持久地进行，“要使我国富强起来，需要几十年艰苦奋斗的时间，其中包括执行厉行节约、反对浪费这样一个勤俭建国的方针”②。在这个方针的指导下，我国在生产生活领域设法解决了很多浪费问题，节约了大量能源和原料，既推进了社会主义建设，又减少了对自然资源的消耗，成为人民群众坚持至今的优良传统。

环境卫生是影响生态环境的重要因素，毛泽东对卫健工作多次作出批示，从政治任务的高度强调这项工作的重要性。如 1951 年 9 月，毛泽东批评各级党委对于卫生、防疫和一般医疗工作缺乏注意，是党的工作中的一项重大缺点，要求“今后必须把卫生、防疫和一般医疗工作看作一项重大的政治任务，极力发展这项工作”③。1957 年，毛泽东在《关于农业问题》一文要求除四害，讲卫生，倡议全国“来个竞赛，硬是要把这些东西灭掉，人人清洁卫生”④。一场以“除四害”为内容的爱国卫生运动在全国轰轰烈烈开展起来。此后，毛泽东还多次发起爱国卫生运动，这些运动对于养成良好卫生习惯、促进人民健康、提高人均寿命具有深远意义，对于改善生态环境也由量到质产生了积极作用。

（五）“农林牧副渔五业综合平衡”，确立生态建设重要方法论原则

在社会主义建设时期，虽然毛泽东特别关心经济建设和民生问题，但他仍然坚持从统筹兼顾、综合利用的角度出发，为经济发展设定生态

---

① 《毛泽东文集》第 6 卷，人民出版社 1999 年版，第 209 页。

② 《毛泽东文集》第 7 卷，人民出版社 1999 年版，第 239—240 页。

③ 《毛泽东文集》第 6 卷，人民出版社 1999 年版，第 176 页。

④ 《毛泽东文集》第 7 卷，人民出版社 1999 年版，第 308 页。

前提，要求把握自然生态系统的平衡性和关联性，避免竭泽而渔、顾此失彼、畸轻畸重。如 1955 年，毛泽东在指示开荒生产问题时，就明确要求“必须注意水土保持工作，决不可以因为开荒造成下游地区的水灾”[①]“必须同保持水土的规划相结合，避免水土流失的危险”[②]。1962 年通过的《农村人民公社工作条例（修正草案）》作出规定，只有“在不妨碍水土保持，不破坏森林、草原和牧场的条件下”，才能“在本队范围内，开垦荒地、经营荒山和充分利用一切可能利用的土地”[③]。这些规定虽然主要针对的是水土保持工作，但是对我们开发利用自然资源的所有活动均具有借鉴意义，即必须充分考虑环境影响，统筹兼顾好自然资源的经济价值和生态价值，把握好开发的尺度，谨防大自然对人类的报复性作用。

综合平衡是马克思主义理论的一个重要方法论原则，也是社会主义建设的一个重要实践问题。在农业问题上，毛泽东特别注意农林牧等各方面的平衡发展。他提出，“所谓农者，指的农林牧副渔五业综合平衡”[④]。农业、畜牧业的经营，一定要和各地大、中、小片各种类型的林业经营相结合。“农林牧是互相关系、互相影响的。农林牧，一个动物，一个植物，是人类少不了的。”[⑤]毛泽东形象地指出，“农、林业是发展畜牧业的祖宗，畜牧业是农、林业的儿子。然后，畜牧业又是农、林业（主要是农业）的祖宗，农、林业又变为儿子了”[⑥]。这样农林牧构成一个辩证循环的系统，只有综合平衡三者关系，才能使其互相依赖、良性互动、协调发展。1973 年 8 月，第一次全国环境保护会议召开，大会确定了“全面规划，合理布局，综合利用，化害为利，依靠群众，大家动手，保护环境，造福人民”的工作方针，吸收了毛泽东一系列生态建设论述，由此开启了中国环境保护工作的新阶段。

---

① 《毛泽东文集》第 6 卷，人民出版社 1999 年版，第 466 页。
② 《建国以来重要文献选编》第 8 册，中央文献出版社 1994 年版，第 54 页。
③ 《建国以来重要文献选编》第 14 册，中央文献出版社 1997 年版，第 398 页。
④ 《毛泽东文集》第 8 卷，人民出版社 1999 年版，第 69 页。
⑤ 《毛泽东论林业（新编本）》，中央文献出版社 2003 年版，第 53 页。
⑥ 《毛泽东文集》第 8 卷，人民出版社 1999 年版，第 101 页。

二、习近平生态文明思想及其实践探索

在改革开放和社会主义现代化建设新时期，以邓小平、江泽民、胡锦涛同志为主要代表的中国共产党人，一代接着一代干，持续推进生态建设，绿化祖国行动深入开展，"三北"防护林工程启动推进，环境保护确立为基本国策，可持续发展纳入国家发展战略，形成"保护环境的实质就是保护生产力"重要认识，树立尊重自然、顺应自然、保护自然的生态理念，主张统筹人与自然和谐发展，建设资源节约型、环境友好型社会，坚持走生产发展、生活富裕、生态良好的文明发展道路。在这一历史时期，生态建设取得重要成就，但是相较于经济和社会发展大局，生态建设仍然是一个明显短板，"资源环境约束趋紧、生态系统退化等问题越来越突出，特别是各类环境污染、生态破坏呈高发态势，成为国土之伤、民生之痛"①。如何扭转生态环境恶化趋势，成为关系中华民族永续发展的根本性问题。

中国特色社会主义进入新时代，以习近平同志为核心的党中央，发扬历史主动精神，继承毛泽东等共产党人的生态建设论述，并根据新阶段的发展要求，确立"美丽中国"建设目标，以前所未有的力度接续推进生态文明建设，提出一系列新理念新思想新战略，创立习近平生态文明思想，在科学自然观、绿色发展观、基本民生观、整体系统观、严密法治观、全球共赢观等方面展开系统性论述和全方位实践，将党对生态文明的认识提升到了新高度。

（一）"坚持人与自然和谐共生"，重构人与自然基本关系

"天地与我并生，而万物与我为一。"习近平从生态文明建设的本质关系出发，深刻把握人与自然的内在统一性，揭示"人与自然是生命共同体"②的存在本质。人是有生命的自然存在物，不能脱离自然而独立

---

① 《中共中央关于党的百年奋斗重大成就和历史经验的决议》，人民出版社 2021 年版，第 51 页。

② 《习近平著作选读》第 2 卷，人民出版社 2023 年版，第 170 页。

存在,不管是物质生活还是精神生活都同自然相联系、相依赖。说到底,对自然的保护最终是对人类自身的保护,对自然的伤害最终也是对人类自身的伤害。习近平指出,“当人类合理利用、友好保护自然时,自然的回报常常是慷慨的;当人类无序开发、粗暴掠夺自然时,自然的惩罚必然是无情的”①。历史已经充分证明,人与自然的这种相互作用是无法抗拒的根本规律,任何人类实践活动都要建立在遵循这个规律的基础之上。

生态兴则文明兴,生态衰则文明衰。习近平将人与自然的关系放到中华民族永续发展的千年大计中加以思考,把促进人与自然和谐共生作为中国式现代化的本质要求加以谋划,坚持“天人合一”,像对待生命一样对待自然生态环境,像保护眼睛一样保护自然生态环境。按照节约优先、保护优先、自然恢复为主的方针,真正做到对自然界既讲索取又讲投入,既讲发展又讲保护,既讲利用又讲修复。风物长宜放眼量,有损于生态环境的坏事不做,有利于生态环境的好事多做,真正走出一条生产发展、生活富裕、生态良好的文明发展道路,朝着实现中华民族永续发展的目标迈进。

(二)“绿水青山就是金山银山”,确定绿色低碳发展思路

自然资源既有生态属性又有经济属性,对待自然是保护为主还是开发优先,一直是人类发展史上的核心问题。习近平从分析生态文明建设的基本矛盾出发,以“两山”理念作为解决这一问题的基本思路。他以空前的使命担当和深远的历史眼光强调,“我们既要绿水青山,也要金山银山。宁要绿水青山,不要金山银山,而且绿水青山就是金山银山。我们绝不能以牺牲生态环境为代价换取经济的一时发展”②。如何理解绿水青山和金山银山的关系,答案主要取决于人的思想观念和实践行为。在习近平“人与自然和谐共生”理念的内在要求中,绿水青山和金山银山在更高层次上构成了辩证统一、相辅相成的关系。绿水青

---

① 《习近平著作选读》第2卷,人民出版社2023年版,第170页。

② 《习近平关于社会主义生态文明建设论述摘编》,中央文献出版社2017年版,第21页。

山就是金山银山，是对经济发展和生态环境保护关系的重新界定，是对保护生态环境就是保护生产力、改善生态环境就是发展生产力的深刻揭示。从长远利益和广阔视野来看，绿水青山既是直接意义上的生态财富，也是间接意义上的经济财富。保护好了生态环境，才有人类经济社会活动的可持续发展，良好生态最终会体现为经济社会发展的潜力和后劲，这是一个地区、一个国家实现永续发展的重要保障和比较优势。

回顾人类发展史，世界上许多国家都走过“先污染后治理”的老路，通过牺牲绿水青山换来一些金山银山，最后造成一系列生态灾难，给人类生存带来巨大威胁。这时再回过头去修复生态，付出的代价比当初创造的财富还要多。比如，20 世纪西方国家发生的“世界八大公害事件”等，对生态环境和公众生命财产安全造成了难以挽回的后果。还有些国家和地区，出现了严重的重金属水土污染，即使花再多的金钱、用再久的时间、付出再大的努力，都已经无法治愈这种自然“重症”。为了避免“先污染后治理”的覆辙，习近平明确指出，“建立健全绿色低碳循环发展经济体系、促进经济社会发展全面绿色转型是解决我国生态环境问题的基础之策”①。要坚持协同推进降碳、减污、扩绿、增长，坚持走绿色低碳发展之路，坚持取之有度、用之有节原则，使人类一切行为不能超出生态环境的承受限度。

（三）“良好生态环境是最普惠的民生福祉”，不断满足人民群众良好生态新期待

随着生活条件不断改善，人民群众对美好生活的期待也在不断提升。除了以往的衣食住行，良好生态环境、优质生态产品也已经成为当代中国人美好生活的追求目标。对此，习近平从生态文明建设的宗旨要求出发，站在人民立场指明，“良好生态环境是最普惠的民生福祉”②，要不断满足人民日益增长的优美生态环境需要。环境就是民生，青山就是美丽，蓝天也是幸福。空气、土壤、水、动植物等生态元素，与

① 《习近平谈治国理政》第 4 卷，外文出版社 2022 年版，第 363 页。

② 《习近平著作选读》第 2 卷，人民出版社 2023 年版，第 172 页。

人民的日常生活息息相关,时时刻刻影响着人民的生活品质。生态好不好,老百姓感受最真切;环境美不美,老百姓最有话语权。只有坚持生态惠民、利民、为民,解决老百姓身边突出生态环境问题,让老百姓切身感受到生态环境质量改善,才是生态文明建设真正的出发点和落脚点。

创造良好的生态环境,既需要党和政府把生态文明建设摆在全局工作的突出位置,持续深入打好蓝天、碧水、净土保卫战;又需要人民群众共同参与环境保护事业,建设美丽中国要从建设美丽个人、美丽庭院、美丽社区、美丽村庄开始,使美丽之点连成线、线连成片、片连成面。习近平指出,“每个人都是生态环境的保护者、建设者、受益者,没有哪个人是旁观者、局外人、批评家,谁也不能只说不做、置身事外”①。我们的爱国卫生运动、人居环境整治、绿色出行、绿色消费、节约行动等最终都是为了人民群众,也最终需要依靠人民群众,通过增强全民节约意识、环保意识、生态意识,倡导文明健康绿色环保的生活方式,使每个人都为生态环境保护做出自己的贡献。

(四)“山水林田湖草是生命共同体”,推动山水林田湖草沙系统治理

自然界是一个多圈层、相互作用、紧密联系的生态系统,人与自然界构成大生命共同体,自然界内部各部分又组成小生命共同体,小生命共同体下面又有其他更小范围的生命共同体,大小生命共同体互嵌式共存和发展。比如说,人靠田、田靠水、水靠山、山靠土、土靠林和草,这个复杂的系统就组成了一个生命共同体,构成了人类赖以生存发展的物质条件。习近平坚持用系统论的思维方法看待生态问题,以高度的理论创造性提出了“山水林田湖草沙一体化保护和系统治理”②的命题。当然,习近平这一主张也是随着认识的深化而不断完善的,从最初提出“山水林田湖”,到后面“山水林田湖草”,再到“山水林田湖草沙”,

---

① 《习近平著作选读》第2卷,人民出版社2023年版,第173页。

② 习近平:《高举中国特色社会主义伟大旗帜　为全面建设社会主义现代化国家而团结奋斗——在中国共产党第二十次全国代表大会上的报告》,人民出版社2022年版,第11页。

在西藏自治区还提出“山水林田湖草沙冰”等,不断延伸了生态环境系统治理的有机链条。不仅是对生态环境内在联系的深刻揭示,也是对生态文明建设系统推进的战略部署。

在认识到生态系统各部分有机联系的基础上,习近平强调要从系统工程和全局角度寻求新的治理之道,不能再头痛医头、脚痛医脚,各管一摊、相互掣肘,而必须统筹兼顾、整体施策、多措并举,全方位、全地域、全过程开展生态文明建设①。如治理好水污染、保护好水环境,就既要统筹水面水底、上游下游、岸上岸下、地表地下、河海湖泊等方面的水生态水资源,又要做好大气、土壤、植被、生活垃圾等方面的污染防治与生态保护,这样才能达到对水系统治理的效果。任何生态系统,只要某个部分出现问题,就会牵连其他部分。只有运用系统治理、系统保护的思维和方法才能提高生态建设的有效性和连贯性,才能维护好生态环境的系统性和完整性。

(五)“用最严格制度最严密法治保护生态环境”,为生态文明建设提供可靠保障

立善法于天下,则天下治;立善法于一国,则一国治。国家治理如此,生态环境治理同样如此。习近平从生态文明建设的制度保障出发,深刻指出“只有实行最严格的制度、最严密的法治,才能为生态文明建设提供可靠保障”②。我国生态环境保护中存在的突出问题许多同该领域的法治问题有关。新时代,为了弥补生态环境法治保护的欠缺,先后制定了生物安全法、土壤污染防治法、噪声污染防治法、湿地保护法、长江保护法、黄河保护法、黑土地保护法;修订了固体废物污染环境防治法、森林法、草原法和土地管理法、野生动物保护法;开展了青藏高原生态保护法的立法工作,南极活动与环境保护法、海洋环境保护法、矿产资源法、原子能法、国家公园法、国土空间开发保护法等法律的制订、修订工作也取得了一定进展。这个阶段是我国生态环境法律和制度建设立法力度极大、制度出台极为密集的时期。

---

① 《习近平著作选读》第2卷,人民出版社2023年版,第173页。

② 《习近平谈治国理政》第1卷,外文出版社2018年版,第210页。

奉法者强则国强，奉法者弱则国弱。当前我国生态环境领域法律已有30余部，初步形成了中国特色社会主义生态环境保护法律体系，也在不断健全生态文明制度体系。如果说制度建设是前提，那么制度执行则是关键，“制度的生命力在于执行，关键在真抓，靠的是严管”①。如果有法不依、执法不严、违法不究，那么再好的法律制度也会变成一纸空文。如何落实好这些法律制度，成为依法依规开展生态环境保护工作中最重要的环节。为此，我们既要加大生态法规的宣传普及，让普通群众知法守法护法；又要坚持制度的刚性和权威性，坚决防范做选择、搞变通、打折扣等现象；同时落实领导干部生态文明建设责任制，严明底线红线，加强监督考核，做到出了问题一查到底、追责到底，强化反面典型警示教育。

（六）“共谋全球生态文明建设”，倡导构建地球生命共同体

生态文明建设关乎人类未来，建设绿色家园是人类的共同梦想。习近平从生态文明建设的世界大局出发，以胸怀天下的格局和担当，倡导“共建地球生命共同体”②，携手共谋全球生态文明建设。保护生态环境不是一国一域的问题，而是全世界共同面临的挑战和难题，如全球气候变化、全球流行性疾病、碳排放、海洋污染、生物多样性等问题，没有哪一个国家能够单打独斗解决，也没有哪一个国家能够置身事外、独善其身。解决这样的世界性问题就需要世界各国同舟共济、共同努力。当然，各国发展有先后，能力有大小，建设全球生态文明要坚持共同但有区别的责任原则、公平原则和各自能力原则，各国要承担起自己相应的责任，携手一起保护好地球母亲。

保护全球生态环境，建设全球生态文明，最难以突破的是狭隘民族主义观念的束缚。习近平所倡导的地球生命共同体，是从地球的整体性出发去重新理解所有生命的内在联系和相处之道，是对狭隘民族主义的超越。构建地球生命共同体，并不要求牺牲某个个体利益或某个国家利益，而是引入地球整体性思维方式以保障所有个体利益、所有国

---

① 《习近平著作选读》第2卷，人民出版社2023年版，第174页。
② 《习近平谈治国理政》第4卷，外文出版社2022年版，第435页。

家利益的长远发展,寻求各国在自然利益上的通约性,使地球利益最大化成为个体利益、国家利益最大化的条件。中国按照地球生命共同体理念,既主动承担与国情、发展阶段和能力相适应的环境治理义务,展现我国负责任大国形象,又坚定践行多边主义,参与全球环境治理,成为全球生态文明建设的重要贡献者。

三、习近平生态文明思想对毛泽东生态观的守正创新

时代是思想之母,实践是理论之源。习近平生态文明思想既是对毛泽东生态建设论述的继承和延续,包括坚持开展爱国卫生运动,坚持植树造林、绿化祖国,坚持厉行节约、反对浪费,坚持提高灾害防控水平、守护人民生命安全等,又在总结新的生态文明建设实践中不断创新和发展,实现了从“绿化祖国”到“建设美丽中国”的接续推进,开辟了马克思主义生态理论中国化时代化新境界,为共产党人彻底解决生态文明问题提供了重要经验启示。

(一)中国特色社会主义进入新时代,生态文明建设承担着与时俱进的使命任务

社会主义革命和建设时期,党面临的主要任务是,实现从新民主主义到社会主义的转变,进行社会主义革命,推进社会主义建设。这一时段中国社会的主要矛盾是,从人民大众同帝国主义、封建主义、官僚资本主义残余势力之间的矛盾转向人民对于建立先进的工业国的要求同落后的农业国的现实之间的矛盾,是人民对于经济文化迅速发展的需要同当时经济文化不能满足人民需要的状况之间的矛盾。这一时代任务和社会主要矛盾决定了在当时整个国家经济社会生活中,政治、经济、军事等方面的建设任务更加严峻紧迫,生态建设在整体大局中的紧要性尚不突出,相关生态建设实践就没有全方位地展开,而反映到生态建设上层建筑上也就相对有限,不足以形成系统性的理论体系。

当进入新时代,党面临的主要任务已经变为,实现第一个百年奋斗目标,开启实现第二个百年奋斗目标新征程,朝着实现中华民族伟大复兴的宏伟目标继续前进;中国社会主要矛盾已经转为,人民日益增长的

美好生活需要和不平衡不充分的发展之间的矛盾。在这个阶段，国家经济实力、科技实力、综合国力显著增强，人民生活水平大幅提高，但污染重、损失大、风险高的生态环境状况没有根本扭转，经济转型的要求和人民对美好生态环境的要求空前迫切。生态文明建设在党和国家事业发展全局中的重要性显著提升，为了满足时代需要、人民需要、现实需要，生态文明建设全方位展开推进，系统化的生态文明思想应随之形成和完善。

（二）生态纳入"五位一体"总体布局，生态文明建设的战略地位不断提升

在毛泽东时代，要解决数亿人口的温饱问题，要在错综复杂的国内国际环境中建设新中国，就必须集中所有资源为经济和民生建设服务。"从天上的空气，到地上的森林，再到地下的宝藏，都是建设社会主义所需要的重要因素。"①这时候最看重的是自然资源的经济属性，即使有强调森林保护等方面的要求，也是因为森林资源是社会主义建设的重要资源，是农业生产的基本保障，彼时对于促进我国工农业发展具有难以替代的价值。这也是为什么毛泽东主要是在论述自然资源为经济社会发展服务的过程中才兼及生态问题，这些具有真知灼见的生态建设论述，是中国共产党人把马克思主义生态理论同中国具体实际相结合的初步尝试。

进入新时代，生态文明建设进入前所未有的自觉和系统化阶段，以习近平同志为核心的党中央审时度势，把生态文明建设摆在全局工作的突出位置，作出一系列重大战略部署。如在"五位一体"总体布局中，生态文明建设为其一；在新时代坚持和发展中国特色社会主义的基本方略中，坚持人与自然和谐共生为其一；在新发展理念中，绿色发展为其一；在三大攻坚战中，污染防治为其一；在中国式现代化五大中国特色中，人与自然和谐共生的现代化为其一；在建成社会主义现代化强国目标中，美丽中国为其一②。这些表述和部署体现了新时代对于生态文

---

① 《毛泽东文集》第7卷，人民出版社1999年版，第34页。

② 《习近平谈治国理政》第4卷，外文出版社2022年版，第360—361页。

明建设重要性的充分认识,体现了习近平生态文明思想在习近平新时代中国特色社会主义思想中的特殊地位。

(三)重新认识人与自然关系,生态文明建设的关键是实现人与自然和谐共生

新中国成立后,毛泽东在为中国人民谋取生存权和发展权的过程中,提出了“人定胜天”和“向大自然开战”的观点。这一观点也是毛泽东生态建设论述中最具争议性的部分。虽然毛泽东的出发点是要改造自然、战胜自然为工农业的发展、为人民生活的改善服务,并且也正是因为当时中国工业和城市尚不发达,环境污染、生态破坏问题不是主要矛盾,所以人民关心的重点是利用自然而不是保护自然。但是这样一种立场,从实用主义层面侧重自然的经济功能,主观上将人与自然对立起来,把自然视为征服的对象,在实践中造成了很多不容回避的问题。从这个角度来看,毛泽东生态建设论述具有一定历史局限性。

当进入新时代,面对资源约束趋紧、环境污染严重、生态系统退化、历史欠账太多的严峻局面,习近平站在中华民族永续发展的高度,提出人与自然和谐共生的新理念,重新校准了人与自然的基本关系,体现了人类文明新形态的内在要求。在对自然的不懈探索以及与自然的长期互动中,随着生存生活条件、科学技术、资源可替代性等方面的变化发展,站在历史和时代发展制高点的人类正逐渐意识到,人与自然是生命共同体,人本质上无法与自然分割开来,一个良好的生态系统是人类长期生存和发展的基础。当人重新认识到这种互为一体、相互依存的共同体关系时,人与自然关系将会走向更高层次的和谐共生。

(四)坚持以人民为中心,生态文明建设的出发点和落脚点是为了人民、依靠人民

生态环保与每个人的生活息息相关,不仅每个人都是生态环境的受益者,而且每个人都可以是生态环境的保护者、建设者。党在领导人民群众开展生态建设的过程中,始终坚持人民主体地位,注意调动人民群众的积极性、主动性、创造性。毛泽东仿效革命时期行之有效的群众运动方式,多次号召人民群众开展植树运动、反浪费运动、除四害运动、绿化祖国运动、爱国卫生运动等。其中有一次,当毛泽东听到某个地方有“穷山恶水，泼妇刁民”的说法时，他立即予以驳斥：“那是对劳动人民的污蔑，群众是真正的英雄嘛！发动群众，依靠群众，穷山可以变成富山，恶水可以变成好水。”[①]正是通过群众运动的方式，既弥补了党和国家力量的有限性，唤起了有生力量参与生态建设，又提高了广大人民群众的生态意识，打下了更加广泛更加深厚更加持久的群众基础。

当进入新时代，习近平在继承弘扬毛泽东群众观的基础上，坚持共享发展新理念，强调“生态文明是人民群众共同参与共同建设共同享有的事业，要把建设美丽中国转化为全体人民自觉行动”[②]。全民参与生态文明建设，最重要的是要把绿色观念融入人民群众的日常生活，推动生产方式生活方式绿色革命。如倡导简约适度、绿色低碳的生活方式，反对攀比浪费和不合理消费；开展全民绿色行动，以实际行动减少能源资源消耗和污染排放；开展节约型机关、绿色家庭、绿色学校、绿色社区创建活动，通过生活方式绿色革命，倒逼生产方式绿色转型；鼓励人民群众参与环保监督，监督个人、监督企业、监督党政机关，对所有污染环境的行为坚决说不，共同营造全民参与生态文明建设的良好局面。

（五）注重系统治理，生态文明建设始终坚持科学方法论的指导

毛泽东、习近平等都是杰出的马克思主义理论家，善于用普遍联系的、全面系统的、发展变化的观点和方法观察事物、指导工作。系统观念作为马克思主义理论中基础性的思维和工作方法，对于指导生态建设具有高度适用性。毛泽东关心农业发展的时候，就注意到农林牧副渔五业相互牵动、缺一不可，并进一步提出了三种平衡：农业内部农、林、牧、副、渔的平衡；工业内部各个部门、各个环节的平衡；工业和农业的平衡。整个国民经济的比例关系是在这些基础上的综合平衡[③]。这种系统内部的综合平衡思想，为农、林、牧、副、渔五业健康发展提供了理论指导，也是我们能够建立起独立的比较完整的工业体系和国民经济体系的重要原因。

---

① 《毛泽东年谱：1949—1976》第 1 卷，中央文献出版社 2013 年版，第 621 页。

② 《习近平著作选读》第 2 卷，人民出版社 2023 年版，第 173 页。

③ 《毛泽东文集》第 8 卷，人民出版社 1999 年版，第 80 页。

当进入新时代,习近平一如既往重视系统观念,更加强调系统治理。当前的生态文明建设所涉及的是全方位、全领域、全过程的生态系统,范围前所未有的广泛,内涵前所未有的丰富,关系前有未有的复杂。这样一个综合性的生态系统,离开系统的思维方法和工作方法就无法得到完整、准确、全面的认识,也无法进行协同、联动、有效的建设,容易造成头痛医头、脚痛医脚、拆东墙补西墙的问题。习近平从生态系统整体性出发,要求推进山水林田湖草沙一体化保护和修复,更加注重综合治理、系统治理、源头治理,是将系统方法论融入生态文明建设的创造性运用和发展。

总而言之,在中国革命、建设、改革不同历史时期,以毛泽东、习近平同志为主要代表的中国共产党人,领导人民接续展开生态建设,形成了党的一系列生态观。毛泽东生态建设论述是在经济建设高度紧张条件下兼顾生态建设的开创性成果,为新中国生态建设积累了宝贵经验。习近平生态文明思想是对毛泽东生态建设论述的继承和坚持,并根据新时代新要求加以创新和发展,谱写了马克思主义生态理论中国化时代化新篇章。在强国建设、民族复兴新征程上,生态文明建设将占据更加重要的位置,党的生态文明思想将彰显更加璀璨的真理力量和更加强大的实践力量。

第十四章
指引强军事业发展进步的科学指南

——习近平对毛泽东军事思想的守正创新

毛泽东军事思想是以毛泽东同志为核心的党的第一代中央领导集体在对中国革命战争和军队问题的伟大实践和探索中对中国革命武装斗争历史经验的深刻总结，是毛泽东思想的重要组成部分。习近平强军思想是以习近平同志为核心的党中央在指导强军事业伟大实践中孕育的科学思想体系。毛泽东军事思想和习近平强军思想都坚持以马克思主义立场观点方法观察分析军事问题，两者一脉相承、密不可分。新时代新征程，闪耀着马克思主义真理光辉的习近平强军思想立足新时代国防和军队鲜活实践，深刻回答了“强军强什么、怎么样强军”，是指引强军事业发展进步的科学指南。

一、毛泽东的军事思想及其实践探索

毛泽东是伟大的无产阶级革命家、战略家和军事家，他在有生之年始终将军事工作放在极其重要的位置上。在建党初期和国共合作时期，毛泽东就提出发动农民武装暴动，建立人民军队，建立革命根据地，把武装斗争、土地革命、建立政权结合起来。“八七会议”后，毛泽东提出“农村包围城市”“武装割据”“枪杆子里面出政权”等主张。在三湾改编中，毛泽东提出“党对军队的绝对领导”的最高原则和“支部建在连上”的制度设计，从而确保军队成为党领导下开展武装斗争的政治组织。在此基础上，毛泽东进一步提出了建立革命根据地的军事方针，取得了三次反“围剿”的伟大胜利。在第二次国内革命战争期间，以毛泽东

同志为核心的党的第一代中央领导集体实施大兵团运动战和大规模歼灭战，取得了解放战争的伟大胜利。新中国成立后，人民军队成为党领导下的国家武装力量，职能任务从主要是武装夺取全国政权转变为巩固国防、抵抗侵略和保卫社会主义国家政权，军队的正规化与现代化建设从此步入了正轨。毛泽东军事思想坚持把马克思主义军事理论与中国革命战争实际相结合，坚持一切从人民的利益出发，创造性地解决了在半殖民地半封建社会的中国如何进行革命武装斗争和在夺取政权以后如何进行国防和军队建设的理论和实践问题，是军事科学与军事艺术的辩证结合。

（一）人民军队必须无条件地坚持“党指挥枪”的原则

南昌起义打响了中国共产党反对国民党反动派统治的第一枪，开启了武装斗争夺取全国革命的历程，从此军队建设与武装斗争成为党的首要任务。毛泽东在秋收起义，三湾改编与古田会议这三个关键节点上，首创了支部建在连上、官兵平等，建立士兵委员会和前敌委员会等制度建设。毛泽东提出必须加强红军内部各级党组织建设，使党的组织确定成为“领导的中枢”“确实能担负党的政治任务”。毛泽东指出，在党内应当“厉行集中指导下的民主生活”，应当严肃党的纪律，反对极端民主化和非组织观念，防止“党与军事分离”“党不能领导军事的危险”，并为此建立了党代表制度。毛泽东指出，“因党的支部建在连上，党代表更为重要”。党代表“要督促士兵委员会进行政治训练，指导民运工作，同时要担任党的支部书记”①，由此确定了党对人民军队绝对领导这一原则。

人民军队长期以来实行党委制、政治委员制和政治机关制三结合的制度，这是人民军队政治工作的根本组织制度，是党从思想上、政治上、组织上建设和掌握人民军队的重要支撑，保证了军队政治工作的有序运行、作用发挥和目的实现。党委制、政治委员制、政治机关制三者紧密联系、相互衔接、共同作用，构成了一个系统、完整、科学的组织领导架构体系，实现了党的组织与军队建制的统一、坚持集体领导与首长

---

① 《毛泽东选集》第1卷，人民出版社1966年版，第63页。

分工负责的统一、思想政治领导与军事行政领导的统一，为党对人民军队的绝对领导提供了制度保证。

（二）人民军队必须严格遵守革命纪律做到“一切行动听指挥”

1927 年 9 月，毛泽东领导发动了秋收起义，第一次在武装斗争中公开和独立打出了中国共产党的旗帜。纪律是军队的命脉，是统一意志、规范行动、凝聚力量的重要保证，因此毛泽东在革命战争的实践中总结了“三大纪律八项注意”，其中最重要的就是“一切行动听指挥”。而一切行动听指挥的组织基础和政治基础就在于在人民军队中实施坚强有力的政治工作，支部建在连上和建立党代表制度就是两大制度支撑。在三湾改编后，党在人民军队的组织建设形成了连支部、营委、团委、军委等四级党的领导机关，为党全面建设和掌握人民军队提供了可靠的组织保证。依靠各级党组织在人民军队实行革命的政治工作，保证了人民军队始终是党绝对领导下的革命军队而且永葆革命本色。

人民军队自建立以来，之所以历经“艰难奋战而不溃散，支部建在连上是一个重要原因”[①]。人民军队之所以不同于当时盘踞中国各地的军阀，从来没有发生过整建制叛乱事件，就是因为在各级党组织的领导下，人民军队实施了坚强有力的政治工作并执行了在革命军人自觉基础上的严格纪律。一支军队光有纪律，缺乏自觉，必然后续乏力，而自觉的基础就在于人民军队是在党绝对领导下的、实施坚强有力政治工作的革命军队。人民军队历来注重以先进的政治理论教育军队成员，不断提高军队官兵的政治思想觉悟，激发军队官兵从事战斗的积极性和遵守纪律的自觉性。

（三）人民军队必须永远践行“全心全意为人民服务”的根本宗旨

中国共产党从成立之初就担负起了为无产阶级争取解放，为劳苦大众实现翻身、为中华民族谋求复兴的历史使命。全民族抗日战争时期，毛泽东在总结中国革命战争经验教训的基础上，提出要“全心全意为人民服务”，并在党的七大上将其正式写入党章，成为党和人民军队必须坚守的根本宗旨。毛泽东指出：“这个军队之所以有力量，是因为

---

① 《毛泽东选集》第 1 卷，人民出版社 1966 年版，第 64 页。

所有参加这个军队的人，都具有自觉的纪律；他们不是为着少数人的或狭隘集团的私利，而是为着广大人民群众的利益，为着全民族的利益，而结合，而战斗的。紧紧地和中国人民站在一起，全心全意地为中国人民服务，就是这个军队的唯一的宗旨。”①

人民军队时刻践行党的这一根本宗旨，为了人民的利益而奋斗和牺牲，这也正是人民军队的民心之所向和威力之所在。党领导下的人民军队从事革命战争的主要目的就是通过放手发动群众，开展人民战争，打倒盘踞在人民群众头上作威作福的反动统治阶级，求得全体中国劳苦大众的解放以及全人类的最终解放，彰显人民军队的革命性与先进性。

（四）人民军队在革命战争年代必须坚持“农村包围城市、武装夺取政权”革命战略

毛泽东指出：“中国革命的主要方法，中国革命的主要形式，不能是和平的，而必须是武装的。”②20世纪上半叶的中国，政治经济发展极不平衡，内外敌人结合在一起的力量异常强大，国民党反动派的统治主要集中在各中心城市和交通要道。农民占全国人口的绝大多数，深受压迫和剥削，是反帝反封建的主力军。中国的革命问题实质上就是农民问题，中国的革命战争实质上也就是农民战争。领导革命的工人阶级绝对不能脱离广大农民同盟军，必须深入农村，发动和武装农民，建立农村革命政权，开展土地革命，才能建立起革命力量的深厚社会基础，必须走“农村包围城市、武装夺取政权”的革命道路。

以毛泽东同志为主要代表的中国共产党人从具体国情出发开展军事斗争，创造性地提出土地革命、群众运动、建立农村革命根据地、建立革命统一战线、发动革命游击战和开展人民战争等革命斗争方式。在第一次国内革命战争期间，人民军队军事斗争的主要方略是发动工农暴动和建立革命根据地。全面抗日战争时期，人民军队军事斗争的主要方略是建立敌后抗日根据地和开展敌后游击战。第二次国内革命战

① 《毛泽东选集》第3卷，人民出版社1966年版，第940页。
② 《毛泽东选集》第2卷，人民出版社1966年版，第597页。

争期间,人民军队军事斗争的主要方略是大兵团作战与运动歼灭战。毛泽东指出:“一切军事行动的指导原则,都根据于一个基本的原则,就是尽可能地保存自己的力量,消灭敌人的力量。这个原则,在革命战争中是直接地和基本的政治原则联系着的。”①

(五)人民军队在夺取政权后必须在现代化与正规化基础上“建设强大的国防军”

毛泽东军事思想始终强调把提高战斗力标准作为军队建设持之以恒的追求目标。在革命战争年代,人民军队的各支队伍长期处于分割状态,部队的规章制度都是各战区自己制定,缺乏统一的标准规范。解放战争期间,人民军队正规化和现代化建设正式提上日程。毛泽东指出,“全国胜利后,为了实现国防军正规化近代化的新任务,统一编制,统一装备,统一动作,统一制度就成为全军的一致要求”②,提出人民军队要在保持革命性的基础上,完善高度的组织性、计划性、准确性和纪律性,要将人民军队建设成为一支正规化、现代化的国防部队。

新中国成立后,毛泽东提出“中国必须建设强大的国防军”③的战略任务,领导建立了海空军等现代技术军兵种,实现由单一军种向诸军兵合成军队的转变;亲自选帅点将创办高等军事院校,为建设现代化、正规化革命军队培养高素质人才;颁布实施正规化的军事制度,加强军队的正规化建设;号召开展正规军事训练,提高人民解放军现代化作战能力;提出发展现代化国防技术,加强武器装备的研制等。在毛泽东军事思想的指引下,人民军队建设与国防科技工业取得了以“两弹一星”为代表的丰硕成果,有力地保卫了新生的社会主义国家政权以及经济发展所需的和平环境。

二、习近平强军思想及其实践探索

习近平强军思想深刻回答了新时代强军兴军的使命任务、目标方

---

① 《毛泽东选集》第2卷,人民出版社1966年版,第406页。

② 谢春涛主编:《中国共产党如何改变中国》,人民出版社2019年版,第201页。

③ 《毛泽东军事文集》第6卷,军事科学出版社、中央文献出版社1993年版,第103页。

向、原则制度、根本指向、战略布局和重要路径等一系列根本性问题，是一个逻辑严密、意蕴深远的科学军事理论体系，是马克思主义军事理论的最新发展成果，是对毛泽东军事思想的全面继承和创新发展。

习近平强军思想强调党对军队的绝对领导，必须全面贯彻党领导军队的一系列原则和制度；强调作风优良是我军鲜明特色和政治优势，必须加强作风建设与纪律建设，大力弘扬我党我军光荣传统和优良作风，永葆人民军队的性质、宗旨、本色；强调推进强军事业必须坚持政治建军、改革强军、科技强军、人才强军、依法治军，全面提高革命化现代化正规化水平；强调人才是推动我军高质量发展、赢得军事竞争和未来战争主动的关键因素，必须锻造德才兼备的高素质、专业化新型军事人才；强调必须坚持发展和安全兼顾、富国和强军统一，促进国防实力和经济实力同步提升，构建一体化的国家战略体系和能力。要建设一支听党指挥、能打胜仗、作风优良的人民军队，确保到 2027 年实现建军一百年奋斗目标，力争到 2035 年基本实现国防和军队现代化，到 21 世纪中叶把人民军队全面建成世界一流军队。

(一)“全面贯彻党对军队绝对领导的根本原则和制度”①，坚决反对“军队非党化、非政治化”“军队国家化”等错误政治观点

习近平指出：“坚持党指挥枪、建设自己的人民军队，是党在血与火的斗争中得出的颠扑不破的真理。”②党对军队的绝对领导关系到人民军队的性质和宗旨、关系社会主义前途命运、关系党和国家长治久安。人民军队全体官兵必须深刻领悟“两个确立”的决定性意义，增强“四个意识”、坚定“四个自信”、做到“两个维护”，严守政治纪律和政治规矩。

新时代人民军队政治工作必须坚决批驳抵制“军队非党化、非政治化”和“军队国家化”等错误的政治观点，强调人民军队对党必须绝对忠诚，做到平时听招呼、战时听指挥、关键时刻不含糊。党在军队中的政治工作是人民军队的最大特色和最大优势，是人民军队同古今中外一

---

① 宋艳丽主编：《学而时习之：读懂新时代的 100 个关键词》，人民出版社 2018 年版，第 165 页。

② 《习近平新时代中国特色社会主义思想学习纲要》，学习出版社、人民出版社 2023 年版，第 243 页。

切其他性质军队的最大区别，也是人民军队永葆革命性质、革命宗旨和革命本色的重要保障。在新时代，要坚持党对人民军队的绝对领导的制度，军中各级党组织必须从思想上政治上建设和掌握各级部队，全面深入贯彻军委主席负责制，深化党的创新理论，锻造坚强有力的党组织，推进政治整训常态化制度化，充分发挥政治工作对强军兴军的生命线作用。

（二）“听党指挥能打胜仗作风优良”，建立系统科学、分工明确、运作高效的人民军队指挥体系

习近平针对人民军队的军改、军政和军训工作深刻地指出，“军事政策制度对国防和军队现代化建设具有根本性、全局性、基础性作用。要坚持备战打仗导向，对政策制度进行系统谋划、前瞻设计、整体重塑。军事政策制定和建设必须为能打仗、打胜仗服务。要使指挥、建设、管理、监督等各方面政策制度都符合打仗要求，贯彻和体现战斗力标准”①。就此，人民军队的首要任务是准备打仗，必须能打仗、打胜仗，要构建新时代人民军队现代作战体系，全面提高新时代备战打仗能力。而提高备战打仗能力，首要是建立系统科学、分工明确、运作高效的军队指挥体系。

人民军队的指挥体系长期以来实行军委总部体制，对推动人民军队建设发展和保证各项工作任务完成发挥了十分重要的作用。新中国成立以来，人民军队的中央总部和大军区设置不尽合理，以致出现一定程度上的机关化衙门化和职责不清、交叉的问题。中央军委机关由四总部制调整为多部门制，由领导机关和决策机关转变为参谋机关、执行机关和服务机关，对上直接为军委主席和军委服务，对下指导协调部队贯彻落实党中央、中央军委和军委主席习近平的决策指示，厘清了指挥体系，提高了工作效率。联合作战指挥体系坚持“军委管总、战区主战、军种主建的总原则”②，坚持联合作战统一筹划、统一指挥大方向，加快

---

① 《习近平新时代中国特色社会主义思想专题摘编》，党建读物出版社、中央文献出版社2023年版，第457页。

② 《全面推进国防和军队现代化》，党建读物出版社、人民出版社2019年版，第63页。

打造坚强高效的联合作战指挥机构,是“构建平战一体、常态运行、专司主营、精干高效的战略战役指挥体系”①。

(三)“永远做红军的传人”,加强人民军队优秀革命传统教育,推进革命军人荣誉体系建设

2014 年 10 月,在古田会议召开 85 周年之际,习近平在古田召开的全军政治工作会议上对新时代人民军队政治建军工作开展了全面部署。习近平强调,加强和改进新形势下人民军队的政治工作,关键就是要把理想信念、党性原则、战斗力标准和政治工作威信这四个根本在全军中牢固立起来。“秉纲而目自张,执本而末自从。”这“四个牢固立起来”②,就是在习近平强军思想指导下政治建军的本质规律,是人民军队永葆革命本色和坚持革命信念的关键。

习近平在党的十九大报告中指出,人民军队必须“加强军队党的建设,开展‘传承红色基因、担当强军重任’主题教育,推进军人荣誉体系建设,培养有灵魂、有本事、有血性、有品德的新时代革命军人,永葆人民军队性质、宗旨、本色”③。这一重要论述,深刻阐释了永葆革命、传统传承红色基因对于新时代人民军队建设的重大意义。在新时代强军建设工作中,人民军队必须坚持继承和发扬特有的政治传统和精神品格,让红色基因进入人民军队每一位官兵的灵魂世界。以习近平同志为核心的党中央高度重视人民军队官兵的功勋荣誉表彰工作,将构建新时代军人荣誉体系纳入了深化国防和军队改革、党和国家功勋荣誉表彰制度体系的统筹工作中一体推进,增强了军事职业的吸引力以及军人的使命感和荣誉感,让新时代革命军人成为全社会最尊崇的职业。

(四)“推进高水平科技自立自强”,培养高素质现代军事人才,“建设创新型人民军队”

21 世纪,高科技迅猛发展,形成各国高科技激烈竞争的格局。在生

---

① 《习近平新时代中国特色社会主义思想专题摘编》,党建读物出版社、中央文献出版社 2023 年版,第 449 页。

② 任天佑主编:《强军梦》,人民出版社 2015 年版,第 130 页。

③ 习近平:《决胜全面建成小康社会　夺取新时代中国特色社会主义伟大胜利——在中国共产党第十九次全国代表大会上的报告》,人民出版社 2017 年版。

产领域，高科技就是高生产力；在军事领域，高科技更是高战斗力。人民军队必须紧跟世界军事科技发展潮流，适应打赢信息化局部战争要求，抓好通用专业人才和联合作战保障人才培养，加强核心关键技术攻关，努力建设世界一流军事高等教育院校，在军事工作各个领域培养高素质人才，为人民军队的技术进步和提高作战制胜能力提供坚实的技术基础和人才基础。

针对当下各国激烈竞争的高科技时代，习近平强军思想提出了国防领域和军队建设的"四个现代化"的主张，赋予了人民军队提高战斗力标准的全新内涵。人民军队军事理论的现代化，就是马克思主义军事理论的现代化和中国化，是构建一整套适应现代化战争和提高人民军队战斗力的军事学说。军队组织形态现代化，就是要推进军队组织架构和力量体系革命性重塑，建设强大的现代化陆军、海军、空军、火箭军和战略支援部队，打造坚强高效的战区联合作战指挥机构，构建中国特色现代作战体系。军事人员现代化，就是要加强军事人才培养体系建设，塑造高素质新型军事人才。武器装备现代化，就是要构建适应信息化高科技战争和履行使命要求的武器装备体系，完善和优化武器装备体系结构。这四个现代化就是习近平强军思想面向未来面向实战的具体技术主张，是人民军队应对高科技潮流迅猛发展的正确应对方向。

（五）"统筹经济建设和国防建设，努力实现富国和强军的统一"①，人民军队要成为实现中华民族伟大复兴的武装后盾

习近平提出，要始终把国防和军队现代化放在国家现代化进程中来运筹，把军事安全置于国家安全的大体系中统筹强化，在统筹战略资源、加大军费投入、推进科技自立自强、跟进先进科技形态、建设现代后勤、升级武器装备等方面真正实现国防实力同经济实力相匹配相增益。

习近平强调，必须"坚持走中国特色强军之路"②。强国必须强军，军强才能国安。人民军队的现代化建设必须同国家现代化进程相一

① 何毅亭：《学习习近平总书记重要讲话》，人民出版社 2013 年版，第 5 页。

② 《习近平新时代中国特色社会主义思想学习问答》，学习出版社、人民出版社 2021 年版，第 402 页。

致，同国家构建新发展格局相适应，加强跨军地、跨部门、跨领域力量资源整合配置，完善组织管理、工作运行、政策制度、人才队伍、风险防控体系，构建一体化国家战略体系和能力。人民军队必须在习近平强军思想指引下，服从、服务于党的历史使命，把握新时代国家安全战略需求，为巩固中国共产党的领导和保卫我国社会主义制度提供战略支撑，为捍卫国家主权、统一、领土完整提供战略支撑，为维护我国海外利益提供战略支撑，担当起党和人民赋予的新时代使命任务，成为社会主义强国建设和中华民族伟大复兴进程中坚强有力先进高效的军事后盾。

三、习近平强军思想对毛泽东军事思想的守正创新

毛泽东军事思想和习近平强军思想都坚持以马克思主义立场观点方法观察分析军事问题，两者是既一脉相承又与时俱进的关系。习近平强军思想最重要的部分就是对毛泽东军事思想中“思想建党、政治建军”的守正创新。

（一）继承了人民军队党指挥枪的原则，深化落实军委主席负责制，保证了人民军队绝对听从党中央的指挥

毛泽东在军事工作中首创了党对军队绝对领导的原则，指出“我们的原则是党指挥枪，而决不容许枪指挥党”①。习近平强军思想在充分继承这一原则的同时，深化落实了军委主席负责制的具体指挥体系，要求全军各级把贯彻军委主席负责制“作为最高的政治要求来遵守，作为最高的纪律要求来维护”②。党对军队的绝对领导既是各级党组织的集体性领导，也要落实到具体领导人的具体性领导，这个具体性领导的最高核心原则就是军委主席负责制。军委主席负责制关系我军最高领导权和指挥权，在党领导人民军队的一整套制度体系中处于最高层次、居于统领地位，是坚持党对人民军队绝对领导的根本制度和根本实现形

---

① 《毛泽东选集》第 2 卷，人民出版社 1966 年版，第 512 页。

② 《习近平新时代中国特色社会主义思想学习纲要》，学习出版社、人民出版社 2023 年版，第 245 页。

式,是“两个确立”和“两个维护”在人民军队落地生根的重要制度保证。

军委主席负责制解决了人民军队的最高领导权和指挥权问题。在中央军委实行主席负责制,在各级军事机构实行党委制、政治委员制和政治机关制,在军事机构内部实行党委(支部)统一的集体领导下的首长分工负责制,最终落实到支部建在连上。从纵向来看,军委主席负责制是最高层次的,处于军队领导权和指挥权的最顶端,军委主席对军队重大问题最后拍板。从横向来看,军委主席负责制是居中统领的,统摄军队一切组织、一切人员、一切部门、一切工作。有了这一根本制度,才能确保人民军队最高领导权和指挥权属于党中央。

(二)继承了人民军队永葆阶级本色的原则,创新发展了专业化与合理化的强军原则

以毛泽东同志为核心的党的第一代中央领导集体始终强调党对军队的政治领导是人民军队永葆阶级性质、奋斗宗旨和革命本色的重要保障。以习近平同志为核心的党中央始终强调坚持党对军队的政治领导,教育全军官兵要牢记我党成立的初心和使命,要牢记无产阶级及其军队要永远奉行全心全意为人民服务的宗旨,要自觉承担推翻剥削阶级统治和解放全人类的历史使命。习近平强军思想还创新发展了专业化与合理化的强军原则,鲜明提出党在新时代的强军目标,要建设一支听党指挥、能打胜仗、作风优良、指挥专业、技术先进与体系合理的强大人民军队,实现从大国军队向世界一流军队的跨越。

党的十八大以来,以习近平同志为核心的党中央统筹治党治国治军,推进强国强军事业,依据实现中华民族伟大复兴的战略支撑和安全需求,准确把握新时代国防和军队建设新的历史方位,为新时代国防和军队建设指明了方向。习近平强军思想着眼于人民军队的专业化与合理化建设,优化规模结构和部队编成,打造精锐作战力量,推动人民军队由数量规模型向质量效能型转变。人民军队的建设方向着眼于精简机关和非战斗机构人员,调整改善军种比例,优化军种力量结构,根据不同方向安全需求和作战任务改革部队编成。推进以专业效能为核心的军事管理革命,树立现代管理理念,完善管理体系,优化管理流程,不断提高人民军队专业化、合理化、精细化和科学化的管理水平。

(三)继承了人民军队永葆革命传统的原则,创新发展了依法治军、从严治军的治军原则

人民军队是党领导下的革命军队,是工农的子弟,是人民的武装,始终为了人民的根本利益和人类的彻底解放而战斗。在两次国内革命战争期间,军民鱼水情是人民军队生存力和战斗力的有力保障,毛泽东对此总结道:"军民团结如一人,试看天下谁能敌。"毛泽东一贯重视军队的现代化建设,而一支现代化军队必然是法治军队。习近平强调,要弘扬革命传统,在人民军队中传承红色基因,创新发展了从严治军依法治军的治军原则,向依法治军要战斗力。党的十八大以来,依法治军已经纳入全面依法治国的总体部署,明确了依法治军从严治军是我党治军的基本方式,全面擘画了依法治军严格执法的目标蓝图,领导我军加快构建中国特色军事法治体系,推动治军方式发生根本性转变,不断提高国防和军队建设法治化水平。

军无法不立,法无严不威,"依法治军是我们党建军治军的基本方式"①。习近平提出人民军队必须在现代化和正规化建设中实现治军方式"三个根本性转变",即从单纯依靠行政命令的做法向依法行政的根本性转变,从单纯靠习惯和经验开展工作的方式向依靠法规和制度开展工作的根本性转变,从突击式、运动式抓工作的方式向按条令条例办事的根本性转变。这体现了我军现代化战略转型对变革治军方式的内在要求,明确了新形势下提高国防和军队建设法治化水平的重要着力点。从而适应深化国防和军队改革进程,最大限度发挥新体制的优越性,最终克服人民军队工作上的主观随意性,增强工作方式的科学性、预见性和计划性,把人民军队建设中的战备、训练、工作和生活秩序等内容纳入法治轨道,形成党委依法决策、机关依法指导、部队依法行动、官兵依法履职的良好局面,为各级党组织全面从严治军打下坚实的基础。

---

① 《习近平强军思想问答》,人民出版社、解放军出版社2022年版,第201页。

（四）继承了人民军队保障经济发展的原则，创新发展了寓军于民、军民融合的建军原则

早在国内革命战争年代，毛泽东就提出了军民兼顾的原则。毛泽东指出人民军队必须同时是战斗队、工作队与生产队，必须把军事工作、政治工作与经济工作结合起来，促进经济发展，减轻人民负担。新中国成立后，人民军队和国防现代化建设进入新阶段。毛泽东主张人民军队的建设要做到既能瞄准未来战争的基本需要，又不过多占用国家宝贵的建设资金，要把有限的财力用在解决最紧迫的问题上。毛泽东提出了要实行"军民结合、平战结合、以军为主、寓军于民"①的军建方针，在《论十大关系》一文中，毛泽东更是明确指出，"只有经济建设发展得更快了，国防建设才能有更大的进步"②。习近平创新发展了寓军于民、军民融合的军建原则。中国是人民当家作主的社会主义国家，军队是人民军队，国防是全民国防，在党中央的统一部署和规划下，军队建设应该汇聚推进全社会强国强军事业的力量，为建设巩固国防和强大人民军队提供全方位的支撑。

习近平指出，要"努力开创新时代军民融合深度发展新局面"③。军民融合发展是兴国之举、强军之策，军队建设的可持续发展必须坚持发展和安全兼顾、富国和强军统一，形成全要素、多领域、高效益军民融合深度发展格局。把军民融合发展上升为国家战略，这是历代党中央集体长期探索国防建设和经济建设协调发展规律的重大成果，是从国家发展和安全全局出发而作的全局性决策，是应对复杂安全威胁、赢得国家战略优势的重大举措。这一军队建设的重大举措汲取了我们自身历史经验教训以及国际共产主义运动和苏东社会主义阵营的历史经验教训，旨在防止国防建设与经济建设不平衡的现象，防止军用生产资源挤占民用生产资源而引发的民生问题，防止出现军备竞赛失控和对外军援失去节制而压垮经济的严重后果。人民军队推动军民融合发展的

---

① 程宝山主编、中国军事文化研究会编：《强军讲坛》，人民出版社 2017 年版，第 161 页。

② 宋士昌主编：《科学社会主义通论》第三卷，人民出版社 2004 年版，第 137 页。

③ 赵周贤、刘光明主编：《新时代的理论思考》（下），人民出版社 2019 年版，第 1050 页。

关键重点,就在于促进国防建设与经济建设协调发展、平衡发展、兼容发展,实现经济实力和国防实力同步跃升,有利于在更广范围、更高层次、更深程度上推进军民融合从而形成整体经济的良性循环。

(五)继承了人民军队一贯维护世界和平的原则,创新发展了以战止战、绝不好战的军备原则

1840 年以来的中国曾经是一个积贫积弱,饱受侵略的半殖民地半封建国家,党领导人民军队开展革命的人民战争就是为了争取民族独立、人民解放与世界和平。毛泽东指出:“我们是战争消灭论者,我们是不要战争的;但是只能经过战争去消灭战争,不要枪杆子必须拿起枪杆子。”[①]共产党人研究革命战争的规律,是为了消灭战争,实现永久和平,我们“不但求一国的和平,而且求世界的和平,不但求一时的和平,而且求永久的和平”[②]。中华人民共和国成立后,中国政府一贯反对超级武备,反对军备竞赛,反对霸权主义,中国在世界舞台上始终扮演了世界和平建设者、全球发展贡献者和国际秩序维护者的角色。

习近平强军思想继承了毛泽东提出的中国不当超级霸权国家,人民军队必须维护世界和平的原则,在人民军队建设中创新发展了以战止战、绝不好战的军备原则。“能战方能止战,准备才可能不必打,越不能打越可能挨打”[③],这就是战争与和平的辩证法。习近平指出:“军队是要准备打仗的,必须聚焦能打仗、打胜仗,扭住强敌对手,创新军事战略指导,发展人民战争战略战术,全面加强练兵备战,坚定灵活开展军事斗争,有效塑造态势、管控危机、遏制战争、打赢战争。”[④]人民军队一贯为反对霸权主义、维护国际公平正义以及推动和塑造多元合作的国际秩序提供了坚强的军事后盾。中国政府在国际舞台上一贯反对超级武备,反对军备竞赛,反对以强凌弱。习近平指出,要“建设同我国国际地位相称、同国家安全和发展利益相适应的巩固国防和强大军队,为实

① 《毛泽东选集》第 2 卷,人民出版社 1966 年版,第 512 页。

② 《毛泽东选集》第 2 卷,人民出版社 1966 年版,第 444 页。

③ 人民日报海外版“学习小组”编著:《时代之问:出卷 · 答卷 · 阅卷》,人民出版社 2022 年版,第 56 页。

④ 《解放军报》,2023 年 8 月 6 日,头版。

现‘两个一百年’奋斗目标、实现中华民族伟大复兴的中国梦提供坚强力量保证”[①]。人民军队将为推动世界各国构建人类命运共同体持续发挥重要的军事安全支撑作用。

---

① 《习近平新时代中国特色社会主义思想专题摘编》，党建读物出版社、中央文献出版社 2023 年版，第 455 页。

第十五章
不断开创中国特色大国外交新局面

——习近平对毛泽东外交思想的守正创新

毛泽东外交思想是毛泽东在领导中国共产党和中华人民共和国的外交工作中所形成的一系列外交原则和理论,是毛泽东思想的重要组成部分。在该思想的指引下,新中国在外交领域取得了辉煌成就,在国际上赢得了尊重和地位。党的十八大以来,面对风云激荡的国际形势,习近平将马克思主义基本原理同中国特色大国外交实践和中华优秀传统文化相结合,以卓越的战略眼光积极推进重大外交理论和实践创新,深刻洞察人类社会发展规律,全面分析国际形势和中国所处的历史方位,提出了一系列新的理念和主张,旗帜鲜明地回答了一系列重大理论和实践问题,如中国应该推动建设什么样的世界,构建什么样的国际关系,中国需要怎样的外交,如何办好新时代外交等。这些新的理念和主张是习近平外交思想的精髓要义,为新时代中国外交发展注入了新的动力。习近平外交思想是对毛泽东外交思想的承续与发展,反映了世界之变、时代之变和我国外交形势的新变化。习近平外交思想为新时代中国外交指明了前进方向,为我国对外工作提供了根本遵循和行动指南。

一、毛泽东外交思想及其实践探索

毛泽东是新中国独立自主和平外交的开创者和奠基人,其外交思想是马克思主义基本原理与中国外交实践相结合的产物。毛泽东运用辩证唯物主义和历史唯物主义的原理和方法,深刻分析国际形势和时代特征，总结新旧中国的国家性质和外交实践，形成了一套完整的外交理论体系。在毛泽东外交思想的指导下，新中国秉持独立自主的和平外交政策，经历了国际风云变幻的严峻考验，取得了令人瞩目的外交成就。

（一）提出“另起炉灶”“打扫干净屋子再请客”与“一边倒”外交方针，维护了国家主权和独立

新中国成立前夕，制定和实施符合新中国外交方针和政策的全面措施，已经变成了一个急需解决的重大问题。为了彻底划清与半殖民地半封建旧中国屈辱外交的差别，毛泽东在党的七届二中全会上提出："所有这些情形，使得我们可以采取和应当采取有步骤地彻底地摧毁帝国主义在中国的控制权的方针"[①]让中国人民真正站起来。为此，他在新中国成立前后提出了“另起炉灶”“打扫干净屋子再请客”和“一边倒”的外交政策方针。在这三条方针指导下，新中国的外交原则迅速确定，并先后同十几个国家建立外交关系，迈出了外交的第一步。

“另起炉灶”，主要是指不接受国民党政府同各国建立的旧的外交关系，而要在相互尊重主权和平等互利的基础上同世界各国建立新的外交关系，帝国主义在华特权必须取消，中华民族的独立解放必须实现。1949 年 10 月 1 日，毛泽东代表中华人民共和国中央人民政府向各国政府宣布："本政府为代表中华人民共和国全国人民的唯一合法政府。凡愿遵守平等、互利及互相尊重领土主权等项原则的任何外国政府，本政府均愿与之建立外交关系。"[②]随后，周恩来以中国外交部长的名义将这一公告送达各国政府，表明了中国政府不承认过去国民党反动政府同各国建立的外交关系具有继承性，也不承认国民党反动政府驻外机构和驻外人员的合法地位的严肃立场；同时向世界各国宣布了新中国愿意在坚持原则的基础上同一切国家建立和发展外交关系的良好愿望。[③]

① 《毛泽东外交文选》，中央文献出版社、世界知识出版社 1994 年版，第 80 页。
② 同上书，第 116 页。
③ 《周恩来年谱(1949—1976)》(上卷)，中央文献出版社 1997 年版，第 235 页。

“打扫干净屋子再请客”，是指要先把帝国主义在中国的残存势力扫除掉，然后再考虑建交问题。根据毛泽东提出的这一方针，新中国对与帝国主义国家建交持有非常谨慎的态度，同时逐步清除帝国主义在中国的特权、势力和影响。这一过程包括收回外国在华驻军的权益、兵营地产权、自由经营权、内河航行权、治外法权等；同时加强海关管理，实行国家对外贸易的管制，引入进出口许可制度；对于那些与新中国没有外交关系的前外国驻华使馆人员，只将其视为普通外国侨民处理等。

“一边倒”，是指明确宣布新中国站在社会主义和世界和平民主阵营一边。新中国成立之初，由于美国政府实行了对抗中国革命的政策，并且把中国同遏制以苏联为首的社会主义阵营联系在一起，因此毛泽东选择了倒向社会主义一边的政策，坚定地站在“和平、民主、社会主义一边”。当时，中国与苏联结盟是在特定的历史条件下采取的特殊政策，是战略上的联合，其目的是保障人民革命胜利成果和反对内外敌人复辟阴谋，并且使各资本主义国家不敢妄动。但这并不意味着中国要事事听命于苏联，服从于苏联的战略需要。事实上，中国在处理对苏关系中，仍然保持了新中国外交的独立自主地位，从未在重大原则问题上做出过有损主权的让步。

毛泽东提出的上述方针，从根本上解决了新中国外交所遇到的基本问题，包括怎样独立自主地建立起新的对外关系，怎样有步骤地清除帝国主义国家的影响和处理同他们的关系，以及怎样保护国家独立、尊严、主权和领土完整。这些措施使新生政权经受住了扑面而来的惊涛骇浪，并对于中华人民共和国创建新型对外关系具有特殊重要的意义。

（二）倡导和坚持和平共处五项原则，确立新中国处理国际关系的基本准则

新中国成立之初，毛泽东提出了创建新型国际关系的思想，旨在打破以强权主导的旧国际关系，促进各国之间的平等相待、和平共处和互相尊重。1950 年 2 月 14 日，周恩来以外长身份与苏联外长维辛斯基签署《中苏友好同盟互助条约》，规定了双方必须以友好合作的精神，遵照平等、互利、互相尊重国家主权和领土完整，不干涉内政的原则来巩固和发展中苏两国之间的经济和文化关系[①]。这是和平共处五项原则的最初源头。随后,周恩来在1953年印度方面主动提出协商处理两国关系谈判时,首次完整提出了“五项原则”,该原则于次年4月被正式写入《关于中国西藏地方和印度之间的通商和交通协定》,成为国际规则[②]。此后,通过两次部分调整,和平共处五项原则于1955年召开的亚非会议上被最终确定下来。

和平共处五项原则的第一项内容是相互尊重主权和领土完整。主权是一个国家存在的物质基础,是维护生存和发展的基本权益,同时保护领土完整是主权的核心内容。在国际社会中,国家之间应该平等相待,不论领土大小、国力强弱以及意识形态和社会制度的差异,其主权都应该受到尊重,其领土不应受到外来侵犯,享有平等的权益。第二项是互不侵犯,强调各国在经济、文化、军事、教育等各方面也必须相互尊重,不容侵犯。第三项是互不干涉内政,强调一个国家的发展应由其本国人民决定,其他国家不得干涉,以保护一国政治发展的独立性。第四项是平等互利,强调各国应在平等基础上实现互利共赢,是“五项原则”的精神内核。最后一项是和平共处,强调各国国际行为应遵循和平共处的原则,避免冲突和对抗。这五项原则作为新型国际关系的基本原则,是促进世界和平、促进国家繁荣的重要保障。

毛泽东一贯主张,国家无论大小、贫富、强弱,都应当相互尊重、平等相待、友好相处,各个国家的事情应当由各个国家的人民自己去管,任何外国无权干涉。这是新中国外交倡导和平共处五项原则的由来和主要依据。由此出发,在和平共处五项原则的基础上,发展同一切国家的关系就成为新中国外交的一个基本准则。

(三)提出“两个中间地带”的战略思想,反对霸权主义,维护世界和平

“中间地带”理论是毛泽东国际战略思想的一个重要组成部分,在不同的时期,“中间地带”这个概念所指的具体内涵也有所不同。1946

---

① 《建国以来重要文献选编》第1册,中央文献出版社1992年版,第120页。

② 《周恩来年谱(1949—1976)》(上卷),中央文献出版社1997年版,第344页。

年8月，毛泽东在与美国记者安娜·斯特朗的谈话中提到了“中间地带”，这被认为是毛泽东首次公开提出这个概念。当时，毛泽东指的是美国和苏联之间广阔的地带，其中包括了欧洲、亚洲和非洲的许多资本主义国家、殖民地和半殖民地国家。① 1954年，毛泽东再次提到了“中间地带”，但是所指范围不断缩小。起初，它是指介于美国和社会主义阵营之间的地带，随后又变成介于帝国主义阵营和社会主义阵营之间的地带，并且逐渐演变成了关于社会主义、帝国主义和民族主义的“三个主义”的思想。随着中苏矛盾的激化和美国与其盟国的分化，毛泽东在1963—1964年提出了“两个中间地带”或“两个第三世界”。第一个“中间地带”是指亚洲、非洲和拉丁美洲等经济落后的国家，而第二个“中间地带”则是指以欧洲为代表的帝国主义国家和发达的资本主义国家。②

从概念提出的整个过程中可以看出，毛泽东对“中间地带”的理解受到国际战略格局变化的影响，特别是美苏力量对比和中美、中苏关系的变化，但是“中间地带”的具体内涵始终包括亚非民族国家。毛泽东将“中间地带”作为建立反帝、反霸国际统一战线的外交战略，作为中国反帝、反霸国际统一战线的联合对象，强调“中间地带”应该团结起来，以最大限度地利用矛盾应对主要之敌，这一思想体现了毛泽东对建立反帝、反霸国际统一战线的重视和对最大限度利用矛盾的战略智慧。

“中间地带”理论是毛泽东“统一战线”思想在国际关系领域的运用和重要体现，也是“三个世界”划分战略思想的理论基础，体现了党和国家领导人在探索国际关系理论方面的深刻思考，同时也为中国在国际事务中的表现提供了重要的理论支持，为中国的外交事业做出了重要贡献。

（四）提出“三个世界”划分理论和“一条线”战略，团结一切可以团结的力量

20世纪70年代，世界呈现多极化的趋势。为了解决越南战争的困

---

① 《建党以来重要文献选编（1921—1949）》第23册，中央文献出版社2011年版，第385页。

② 《毛泽东文集》第8卷，人民出版社1999年版，第343页。

局，美国开始实行战略收缩。西欧国家加强了一体化合作，日本则崛起成为世界第二大经济体。东欧各国对苏联霸权主义行径强烈不满，而中国的国际战略地位也随之提高。在这种新的世界格局下，毛泽东在"中间地带"理论基础上发展出"三个世界"划分的思想。1974 年 2 月 22 日，毛泽东在会见赞比亚总统卡翁达等人时首次正式提出了这一思想，他认为美国、苏联是第一世界，中间派——日本、欧洲、澳大利亚、加拿大是第二世界，中国是第三世界。"美国、苏联原子弹多，也比较富。第二世界，欧洲、日本、澳大利亚、加拿大，原子弹没有那么多，也没有那么富，但是比较第三世界要富。第三世界人口很多。亚洲除了日本，都是第三世界。整个非洲都是第三世界，拉丁美洲也是第三世界。"①同年 4 月 10 日，邓小平在联合国大会第六届特别会议上也对"三个世界"划分的思想进行了全面系统的阐述，并郑重声明"中国属于第三世界"②。

"三个世界"划分理论是对"中间地带"理论的进一步发展，内涵更加丰富。首先，该理论的提出表明毛泽东最终放弃了两个阵营对抗的基本观点和传统理论中以社会制度和意识形态定亲疏的标准。其次，毛泽东"三个世界"划分理论的主旨是联合一切可以联合的力量，建立广泛的反对霸权主义的国际统一战线。最后，毛泽东认为反对霸权主义斗争的主要力量是第三世界国家，他看到了第三世界人民中蕴藏的巨大能量。毛泽东强调中国属于"第三世界"，要坚决支持一切被压迫民族和被压迫人民争取和维护民族独立，发展经济，反对殖民主义、帝国主义、霸权主义的斗争。在 20 世纪 70 年代，中国的外交政策重点是发展和扩大与"第三世界"国家的友好合作关系，并取得了显著的成就。

"一条线"外交战略是中国领导人根据国际国内形势变化而制定的，旨在对抗苏联的军事威胁，改变中国双重围困的劣势局面，维护国家安全。该战略的核心是联合美国共同抗击苏联，沿着中国、日本、巴基斯坦、伊朗、土耳其到欧洲再到美国这一条线上的国家形成国际反霸统一战线。1973 年 2 月 17 日，毛泽东在与时任美国总统特使基辛格的

---

① 《毛泽东年谱：1949—1976》第 6 卷，中央文献出版社 2013 年版，第 520—521 页。

② 《邓小平年谱（1904—1974）》（下），中央文献出版社 2009 年版，第 2011—2012 页。

会晤中正式提出了“一条线”外交理论。[①] 毛泽东从苏联扩张的角度出发，劝说美国加强同该条线上所有国家的团结，而不是仅仅孤立、遏制中国，忽视威胁世界和平的根本危险。1974 年 1 月，毛泽东在会见日本外务大臣大平正芳时，又提出了“一大片”外交构想，即团结“一条线”周围的国家，共同抵制苏联霸权主义。简而言之，中国 20 世纪 70 年代的“一条线”外交战略通过联合美国、团结第二世界和第三世界国家的力量，构建了最广泛的反对苏联霸权主义国际统一战线，为维护国家安全发挥了重要作用。

“三个世界”划分理论的提出以及“一条线”外交战略的实施在多个方面对中国产生了积极的作用。这些作用包括打破了中国的外交孤立状态，为中美建交提供了机遇，促进了中国与其他国家之间的外交关系，逐步摆脱了外交困境并有效地维护了国家安全；同时有助于推动中国在联合国恢复合法席位，并把国家利益置于意识形态之上，为后来中国确立新时期外交政策坚持国家利益至上原则产生了深远影响。

二、习近平外交思想及其实践探索

习近平作为新时代中国特色大国外交的总设计师，洞察国际风云、把握时代脉搏、引领世界潮流，提出一系列原创性外交战略策略和重大理念倡议，创立了习近平外交思想。其核心要义概括起来包括：坚持以维护党中央权威为统领加强党对对外工作的集中统一领导，坚持以实现中华民族伟大复兴为使命推进中国特色大国外交，坚持以维护世界和平、促进共同发展为宗旨推动构建人类命运共同体，坚持以中国特色社会主义为根本增强战略自信，坚持以共商共建共享为原则推动“一带一路”建设，坚持以相互尊重、合作共赢为基础走和平发展道路，坚持以深化外交布局为依托打造全球伙伴关系，坚持以公平正义为理念引领全球治理体系改革，坚持以国家核心利益为底线维护国家主权、安全、发展利益，坚持以对外工作优良传统和时代特征相结合为方向塑造中

---

① 《毛泽东年谱(1949—1976)》第 6 卷，中央文献出版社 2013 年版，第 469 页。

国外交独特风范。[①] 习近平外交思想明确了新时代中国对外工作的历史使命、总目标和必须坚持的一系列方针原则,深刻揭示了新时代中国特色大国外交的本质要求、内在规律和前进方向。

(一)作出“世界百年未有之大变局”的重大论断,明确新时代中国特色大国外交的历史方位

党的十八大以来,习近平科学研判世界格局和中国与世界关系的历史性变化,精准把握国际体系转型过渡期与我国发展历史交汇期相互交织的阶段性特征,作出“世界正经历百年未有之大变局”的重大论断,为推进新时代中国特色大国外交发展指明了方向。

国际力量对比发生重大变化。首先,一些发展中国家迅速崛起,成为全球经济增长的重要引擎。中国、印度、巴西等发展中国家在国际舞台上的地位越来越重要。这些国家积极推进经济、科技、文化等领域的合作交流,加强了南南合作,对于推动全球发展和变革具有重要意义。其次,发达国家的实力相对衰落。经济危机、内部政治矛盾等问题使得发达国家的国际影响力下降;新兴市场国家在人工智能、5G 通信等科技领域的发展,也在一定程度上打破了发达国家的技术垄断。再次,全球治理格局发生变化。随着国际关系的复杂化和全球化程度的加深,传统的国际组织和机制的运作已经难以应对多重挑战。在这种情况下,一些新型的国际合作机制和机构应运而生,比如亚洲基础设施投资银行、金砖国家合作机制等,这些机制的建立也反映了新兴市场国家在全球治理中的作用不断增强。最后,国际安全格局不稳定。恐怖主义、民族主义、分裂主义等问题不断浮现,一些国家的战略利益相互矛盾,国际冲突和矛盾不断升级。

中国与世界关系发生历史性变迁。中国的国际地位和国际角色正在发生深刻的变化,不仅对中国自身发展产生深远影响,也对全球治理格局和世界各国产生重要影响。首先,中国已成为世界上最大的贸易国和第二大经济体,国际金融危机爆发以来,中国经济增长对世界经济

---

① 《习近平谈治国理政》第 3 卷,外文出版社 2020 年版,第 427 页。

增长的贡献率年均在30%以上。[①] 随着中国经济的快速发展，中国已成为全球各国最重要的贸易伙伴之一，越来越多的国家愿意与中国加强经济合作。同时，中国还积极参与全球治理，推动构建人类命运共同体，提出一系列全球治理和全球化的新理念、新倡议和新方案，对全球治理和国际体系的重构提出了中国方案。其次，中国在应对全球性挑战和解决地区热点问题等方面扮演着越来越重要的角色。中国作为世界上最大的发展中国家，克服自身经济、社会等方面的困难，实施了一系列应对气候变化的战略、措施和行动，为推进全球气候治理做出了重要贡献。再次，中国还积极参与多项国际冲突调解、和平谈判和援助重建行动，得到了国际社会的广泛赞誉。最后，中国的国际地位和国际形象得到了前所未有的提升。中国成功举办了2016年杭州20国集团峰会、2022年北京冬奥会等一系列国际盛事，展现了中国强大自信和实力。

全球进入动荡变革期，不稳定和不确定性明显增加。首先，在全球范围内各种挑战和矛盾交织，地区和国际安全形势错综复杂。世界面临的安全威胁越来越多元化。恐怖主义、极端主义、难民潮、地缘政治风险、贸易保护主义、气候变化等问题的存在，使得世界面临的挑战日益严峻。其次，国际秩序发生重大变化。“冷战”后新的全球治理体系尚未完全形成，各方之间的关系更加错综复杂。国际格局从两极、单极逐渐演变为多极竞争，各国在国际事务中的地位和影响力此消彼长。最后，经济全球化和科技革命的快速发展对世界格局和国际体系带来重大影响。信息技术、人工智能、机器人、互联网金融等新兴产业的快速崛起，加快了国际竞争的步伐，许多传统产业也受到了前所未有的冲击。

（二）推动构建人类命运共同体，为建设更加美好的世界贡献中国智慧、中国方案、中国力量

2013年3月23日，习近平在莫斯科国际关系学院发表重要演讲，首次提出了人类命运共同体的理念，传达了开放尊重、互利合作，共同

---

① 《习近平谈治国理政》第2卷，外文出版社2017年版，第546页。

发展的外交思想。2017 年 1 月，习近平在联合国日内瓦总部发表的主旨演讲，详细阐述了中国为何要推动构建人类命运共同体、要构建一个什么样的人类命运共同体以及怎样构建人类命运共同体三个基本问题。[①] 2018 年 3 月，“构建人类命运共同体”被写入中国的《宪法》序言。人类命运共同体理念作为习近平外交思想的核心内容，其基本目标概括起来就是建设持久和平、普遍安全、共同繁荣、开放包容、清洁美丽的世界，强调以共商共建共享进行全球治理，是不同于传统全球治理的新的国际交往和全球治理理念，为国际秩序的变革、全球治理和新型国际关系的建设提供了指导思想和新的路径。

在全球化和多极化的今天，各国之间相互依存、相互影响已成为不可避免的趋势。习近平强调：“让和平的薪火代代相传，让发展的动力源源不断，让文明的光芒熠熠生辉，是各国人民的期待，也是我们这一代政治家应有的担当。中国方案是：构建人类命运共同体，实现共赢共享。”[②]这个理念深刻体现了中国对世界和平与发展的愿景，也表达了中国对全球问题的责任担当。

为实现这个愿景，中国提出了一系列“中国方案”，例如“一带一路”倡议、亚洲基础设施投资银行、丝路基金等。这些方案不仅为中国自身的发展带来了巨大机遇，同时也让更多国家和人民分享了发展的红利。在推动构建人类命运共同体的过程中，习近平强调了“中国智慧”的重要性。这就是将中国的历史文化和现代发展经验，与当今国际社会的需求相结合，为全球治理提供有益的参考和借鉴。

总之，推动构建人类命运共同体，为建设更加美好的世界贡献出中国智慧、中国方案、中国力量，已经成为中国外交的一个核心理念，也是习近平外交思想的重要组成部分，体现了中国作为一个负责任大国的担当和使命。

---

① 习近平：《共同构建人类命运共同体——在联合国日内瓦总部的演讲》，载《人民日报》2017 年 1 月 20 日。

② 《习近平谈治国理政》第 2 卷，外文出版社 2017 年版，第 539 页。

（三）推动构建相互尊重、公平正义、合作共赢的新型国际关系，旨在探索国与国交往的新型模式

近年来，习近平在多个场合阐述了构建新型国际关系的理念和原则。2017年10月，习近平在党的十九大报告中强调，要“坚定不移在和平共处五项原则基础上发展同各国的友好合作，推动建设相互尊重、公平正义、合作共赢的新型国际关系”①。2022年10月，习近平在二十大报告中再次强调，“中国坚持在和平共处五项原则基础上同各国发展友好合作，推动构建新型国际关系，深化拓展平等、开放、合作的全球伙伴关系，致力于扩大同各国利益的汇合点”②。新型国际关系作为中国在新时代倡导的一种国际政治模式，是和平共处五项原则在新的时代条件下的丰富和发展。

新型国际关系的三个关键词是相互尊重、公平正义、合作共赢。其中，相互尊重是基础，需要坚持国家不分大小、强弱、贫富一律平等，尊重各国人民自主选择发展道路的权利；公平正义是准则，需要顺应历史潮流，摒弃丛林法则，反对干涉别国内政，推动国际秩序朝着更加公正合理的方向发展；合作共赢是目标，需要各国同心协力，妥善应对各种问题和挑战，以合作取代对抗，以共赢取代独占，共同维护和平，促进发展。这一理念强调了国际关系应该建立在平等、互惠、尊重和合作的基础上，不应以强权压制弱小，不应搞零和博弈，而应推动全球治理体系朝着更加公正合理的方向发展。

在推动构建新型国际关系过程中，中国为探索国与国交往的新型模式做出了重要贡献。中国作为一个负责任的大国，始终坚持走和平发展道路，致力于推动国际合作。中国坚持多边主义和开放包容的理念，在联合国等多边机制中发挥建设性作用，在全球治理体系改革中提出中国方案，在应对气候变化等全球性问题中承担责任，在“一带一路”倡议等区域合作框架中深化互利合作，在人文交流等领域增进相互了

---

① 《习近平谈治国理政》第3卷，外文出版社2020年版，第45页。

② 习近平：《高举中国特色社会主义伟大旗帜　为全面建设社会主义现代化国家而团结奋斗——在中国共产党第二十次全国代表大会上的报告》，人民出版社2022年版，第61页。

解与信任。总之,构建相互尊重、公平正义、合作共赢的新型国际关系是推动全球治理体系朝着更加公正合理的方向发展的关键所在。在这个过程中,中国将继续发挥重要作用,为建设更加美好的世界贡献出中国智慧、中国方案、中国力量。

(四)提出“一带一路”倡议,倡导共商共建共享,创建互利共赢的新型国际合作平台

习近平在2013年秋天访问哈萨克斯坦和印度尼西亚时,分别提出了建设丝绸之路经济带和21世纪海上丝绸之路的重大倡议,即“一带一路”倡议。这个倡议是习近平根据历史和现实的需要,从全球发展大局的高度,为促进沿线各国共同繁荣而提出的。在习近平的指导和推动下,“一带一路”倡议不断深化实施,成为高质量发展的重要实践平台,也成为推动构建人类命运共同体的重要途径。共建“一带一路”新平台是中国积极参与全球化进程、为促进全球发展繁荣所做出的重大贡献,得到各相关国家和地区积极响应。

“一带一路”倡议是全球经济发展的新机遇,为沿线各国提供了共商共建共享的合作平台。在倡议下,中国与沿线国家开展了大量的基础设施、产业投资和贸易合作,实现互利共赢。例如,中巴经济走廊建设已经取得了一系列的成果,其中包括拉合尔至卡拉奇高速公路建设,巴基斯坦港口城市瓜达尔港的扩建等。此外,在防灾减灾、环保、能源等方面,中方与沿线各国也积极开展合作,共同应对全球挑战。“一带一路”新平台推动沿线国家和地区经济繁荣的同时,更为全球化进程注入了新动力,为构建更加开放、包容、合作、共赢的全球治理体系做出了重要贡献。

“一带一路”不仅是一个经济计划,也是一个跨越不同国家、民族的文化交流新平台,为沿线各国开展人文交流和民间合作提供了新机遇。在“一带一路”倡议框架下,中国与各相关国家和地区加强了文化、教育、旅游、科技、体育等领域的交流与合作,推动文明互鉴,促进不同文化之间的理解和交流。例如,中国与伊朗在语言、文学、哲学、历史等领域加强了交流合作,帮助两国人民更好地了解对方的历史与传统文化。同时,“一带一路”倡议也为沿线各国的民间合作提供了更广阔的平台,方便各国的民间团体深入开展交流合作，共同推动“民心相通”。

总之，“一带一路”倡议作为一项涉及多个国家和地区的计划，其意义不仅在于经济发展，还在于推动各国人民的友好交往、文化互鉴和民间合作，进一步促进和平、稳定和发展。

（五）弘扬和平、发展、公平、正义、民主、自由的全人类共同价值，促进各国人民相知相亲

习近平在党的二十大报告中向全世界呼吁，要“弘扬全人类共同价值”①，表明了中国维护世界和平、促进共同发展的坚定决心，发出了与世界各国携手前行、共建人类命运共同体的时代强音。和平、发展、公平、正义、民主、自由是全人类共同的价值，这些价值对于世界的未来具有至关重要的作用。和平是世界的基石，没有和平就没有发展，没有和平就没有公平和正义。发展是人类不断追求的目标，所有国家都应该享有平等的发展权利，通过合作共赢的方式实现共同发展。公平和正义是国际关系的基本准则，国际社会应该遵循公正和平等的原则，促进各国之间的平等和互利。民主和自由是人类的基本权利，所有人都应该享有自由和平等的政治权利，而不受种族、性别、信仰或国籍的限制。

实际上，全人类共同价值是各国人民在价值追求上异中之同，是各国人民价值追求的最大公约数。一方面，各国历史、文化、制度、发展水平不尽相同，但各国人民都追求和平、发展、公平、正义、民主、自由的全人类共同价值，和平与发展是全人类的共同事业，公平正义是全人类的共同理想，民主自由是全人类的共同追求。另一方面，全人类共同价值也是联合国的崇高目标，早已体现于《联合国宪章》之中。因此，坚守和弘扬全人类共同价值，就是要继承和弘扬《联合国宪章》的宗旨和原则，努力使联合国的崇高目标早日得到实现。

在全球化的时代，各国之间的联系越来越密切，需要更多的理解、合作和共享。和平、发展、公平、正义、民主、自由的全人类共同价值可

---

① 习近平：《高举中国特色社会主义伟大旗帜　为全面建设社会主义现代化国家而团结奋斗——在中国共产党第二十次全国代表大会上的报告》，载《人民日报》2022 年 10 月 26 日。

以帮助我们在全球化的时代推动人类的进步和发展。这些价值观不仅是国际关系的基本准则，也是全球治理体系的基础。只有在这样的价值观的指引下，才能建立一个更加公正、和谐、繁荣的世界。

三、习近平外交思想对毛泽东外交思想的守正创新

习近平外交思想与毛泽东外交思想既一脉相承又与时俱进。习近平外交思想继承了毛泽东外交思想的战略眼光和判断力，并根据国际力量对比的变化，作出“世界百年未有之大变局”的科学论断，明确中国特色大国外交的战略布局和任务。习近平外交思想坚持了毛泽东外交思想的基本原则，并根据国际形势的变化，提出构建人类命运共同体、推进全球治理体系变革、促进“一带一路”国际合作等新理念和倡议。习近平外交思想发展了毛泽东外交思想的理论创新和实践探索，并根据国际规则和秩序的变化，提出构建新型国际关系、推动构建相互尊重、公平正义、合作共赢的新型大国关系等新理论和实践。习近平外交思想深化了毛泽东外交思想的独立自主精神，如坚持走自己的路，不随波逐流，不受他人干涉等，并根据国际社会的变化，提出积极参与全球治理、维护多边主义、推动构建开放型世界经济等新举措和方案。习近平外交思想承续了毛泽东在国际上坚持“一个中国”的原则和捍卫国家统一的严正立场，并有效遏制了外部势力干涉港澳台事务和分裂中国的图谋。习近平外交思想为中国传统外交理念赋予更加鲜明的时代精神，为新时代大国外交实践和中国对外工作提供了根本遵循和行动指南。

（一）从奉行独立自主外交到全面推进中国特色大国外交，继承了毛泽东战略眼光和判断力，同时明确了新时代中国外交的使命任务。

毛泽东针对当时国际环境对中国相当不利的局面，主张中国必须坚持独立自主的外交政策，不接受任何大国的控制和干涉，坚定维护国家的主权独立和民族尊严。进入新时代，基于对世界大势的敏锐洞察和深刻分析，习近平提出了“世界百年未有之大变局”重大论断，并多次强调，中国必须有自己特色的大国外交。在 2023 年 12 月中央外事工

作会议上,习近平系统总结了新时代中国特色大国外交的历史性成就和宝贵经验,深刻阐述新征程对外工作肩负的历史使命。他强调,外交守正创新是新征程上开创中国特色大国外交新局面的必然要求,是更好支撑中国式现代化的必然要求。

在实践中,中国特色大国外交积累了一系列宝贵经验,并展现以下主要特点:第一,强调坚持原则,对于关乎人类前途命运和世界发展方向的核心议题,必须旗帜鲜明地站稳立场,牢牢占据国际道义制高点,同时团结争取世界上大多数国家。第二,强调大国责任,体现大国担当,坚持弘扬独立自主精神,引领和平与发展的潮流,致力于推动全球稳定与繁荣。第三,强调系统观念,坚持以正确的历史观和大局观把握大势,统筹兼顾,掌握主动权。第四,强调守正创新,坚守中国外交的优良传统和根本方向,开拓进取,推进理论与实践创新。第五,强调斗争精神,坚决抵制任何形式的强权政治和霸凌行为,坚决捍卫国家利益和民族尊严。第六,强调制度优势,坚持在党中央集中统一领导下,实现各地区各部门的高效协作,形成强大合力。

当前,世界大变局加速演进,世界之变、时代之变、历史之变正以前所未有的方式展开。中国作为世界第二大经济体,正逐步走近世界舞台中央。展望未来,中国发展面临新的战略机遇和挑战。新征程上,中国特色大国外交将进入一个可以更有作为的新阶段。全面推进中国特色大国外交,必须毫不动摇坚持外交大权在党中央,自觉坚持党中央集中统一领导。在对外工作中,必须以习近平新时代中国特色社会主义思想特别是习近平外交思想为指导,对标中国式现代化目标任务,坚持自信自立、开放包容、公道正义、合作共赢的方针原则,围绕推动构建人类命运共同体这条主线,与时俱进加强战略部署,深化完善外交布局,以更加积极主动的历史担当、更加富有活力的创造精神,开创中国特色大国外交新局面。

在新时代的征途上,中国特色大国外交将继续奉行独立自主的和平外交方针,捍卫国家利益和民族尊严,同时不断创新外交理论与实践,强化原则立场,展现大国担当,推动世界和平与发展。在全球格局深刻变化的背景下,中国将以更加开放包容的姿态,积极参与国际合作，共同构建人类命运共同体，为世界和平与发展贡献中国智慧和中国方案。

（二）从高举反帝、反殖、反霸旗帜到推动构建人类命运共同体，坚持了毛泽东外交思想的基本原则，同时牢牢占据了国际道义制高点。

毛泽东思想强调独立自主的和平外交政策，反对帝国主义、殖民主义、霸权主义和强权政治，特别是在亚洲、非洲和拉丁美洲等发展中国家中，中国积极推动反殖民主义、反帝国主义和不结盟运动，赢得了这些国家的支持和信任。在20世纪六七十年代国际关系纷繁复杂的局面下，毛泽东审时度势、战略运筹，分析全球风云的演变机理，把握各种矛盾的内在关系，为反对帝国主义、殖民主义和霸权主义，将统一战线理论成功运用于国际舞台，提出了“三个世界”划分的理论。进入新时代，习近平拓宽了中国外交理论的视野，从维护中国和世界共同利益以及全人类福祉的角度出发，提出了构建人类命运共同体的重要理念，表明了中国在国际舞台上的愿景和责任感，也反映了中国作为一个负责任的大国担当，日益得到国际社会的广泛支持与认同，牢牢占据了国际道义制高点。

首先，强调全球视野。习近平指出：“各国相互联系、相互依存，全球命运与共、休戚相关。”①只有抱着全球视野，才能够充分认识到全球性问题的严重性和紧迫性，才能够找到应对问题的根本出路。因此，推动构建人类命运共同体的理念，可以帮助各国跳出单一国家的视野，更加全面地看待全球性问题。

其次，强调合作共赢。人类社会的发展是伴随着合作与竞争的历史演进而逐步实现的，习近平指出，“只有各国行天下之大道，和睦相处、合作共赢，繁荣才能持久，安全才有保障”②。在当今世界，各国之间不应该仅仅追求自己的短期利益，而是应该共同面对全球性问题，实现合作共赢。只有通过共赢，才能够实现人类命运的共同体。在具体实

---

① 《习近平关于总体国家安全观论述摘编》，中央文献出版社2018年版，第247页。

② 习近平：《高举中国特色社会主义伟大旗帜　为全面建设社会主义现代化国家而团结奋斗——在中国共产党第二十次全国代表大会上的报告》，人民出版社2022年版，第62页。

践中,习近平提出了“一带一路”倡议,旨在促进沿线国家的合作共赢,打造互利共赢的区域合作格局,以此推动构建人类命运共同体的实现。

再次,强调公正平等。推动构建人类命运共同体,需要尊重各国的独立自主、平等相待,促进多元文化的交流与发展,反对各种形式的霸权主义。习近平在联合国日内瓦总部的演讲中指出,“主权平等,是数百年来国与国规范彼此关系最重要的准则,也是联合国及所有机构、组织共同遵循的首要原则”。他进一步强调:“世界命运应该由各国共同掌握,国际规则应该由各国共同书写,全球事务应该由各国共同治理,发展成果应该由各国共同分享。”[①]这即是为了构建公正平等的国际秩序,推动世界各国的共同发展。在具体实践中,习近平倡导加强各国在联合国等多边机制中的合作,通过平等对话、协商解决分歧,共同应对全球性挑战。

最后,强调共同责任。习近平指出:“人类也正处在一个挑战层出不穷、风险日益增多的时代。”“到目前为止,地球是人类唯一赖以生存的家园,珍爱和呵护地球是人类的唯一选择。”[②]各国都应该承担起共同的责任,共同面对全球性问题。这即是要求各国在发展中关注全球公共利益,推动可持续发展,保护环境,应对气候变化等全球性问题。在具体实践中,习近平提出了中国的减排目标,并积极参与联合国气候变化框架公约,推动各国达成全球性的减排协议。此外,习近平还提出了中国的南南合作倡议,帮助发展中国家提高自主发展能力,积极参与全球治理体系改革,促进全球治理体系更加公正合理。通过这些具体实践,中国为推动构建人类命运共同体的实现贡献了中国智慧和中国方案。

(三)从强调自力更生到实行互利共赢开放战略,发展了毛泽东外交思想的理论创新和实践探索,同时促进了中国与世界的繁荣发展

自力更生是中华民族自立于世界民族之林的奋斗基点。正如毛泽东

① 《习近平主席在出席世界经济论坛2017年年会和访问联合国日内瓦总部时的演讲》,人民出版社2017年版,第22页。

② 同上书,第21页。

深刻指出的那样:“我们中华民族有同自己的敌人血战到底的气概,有在自力更生的基础上光复旧物的决心,有自立于世界民族之林的能力。”① 在面临外部威胁和内部困难的时候,中国必须坚持自力更生,摆脱对外国的依赖,走自己的路,必须依靠自己的力量才能够真正地解放和发展。进入新时代,习近平继续强调自力更生的重要性,但也更加注重国际合作。习近平指出:“没有哪个国家能够独自应对人类面临的各种挑战,也没有哪个国家能够退回到自我封闭的孤岛。”②世界各国应该在平等、互利、共赢的基础上开展合作,形成相互尊重、公平正义、合作共赢的新型国际关系,推动构建人类命运共同体。

第一,共建“一带一路”,实现互利合作。习近平提出“一带一路”倡议,通过加强区域和国际经济合作,推动亚洲和世界的共同繁荣发展,实现从自力更生到合作共赢的转变。习近平在推进“一带一路”建设工作 5 周年座谈会上指出:“共建‘一带一路’顺应了全球治理体系变革的内在要求,彰显了同舟共济、权责共担的命运共同体意识,为完善全球治理体系变革提供了新思路新方案。”③“一带一路”倡议不仅是一个地区性合作平台,而且是一个具有全球意义的战略构想。通过与沿线国家的合作,中国可以促进国内经济结构的升级和优化,推动产业的国际化发展,加强与国际社会的互动与交流,为构建人类命运共同体做出贡献。

第二,推进全球化进程,实现共同发展。经济全球化是历史大势,促成了贸易大繁荣、投资大便利、人员大流动、技术大发展。21 世纪初以来,在联合国主导下,借助经济全球化,国际社会制定和实施了千年发展目标和 2030 年可持续发展议程,推动 11 亿人口脱贫,19 亿人口获得安全饮用水,35 亿人口用上互联网等,还将在 2030 年实现零贫困。④ 这充分说明,经济全球化的大方向是正确的。习近平强调:“2008 年爆

① 《毛泽东选集》第 1 卷,人民出版社 1991 年版,第 161 页。
② 《习近平谈治国理政》第 3 卷,外文出版社 2020 年版,第 46 页。
③ 同上书,第 486 页。
④ 《习近平主席在出席世界经济论坛 2017 年年会和访问联合国日内瓦总部时的演讲》,人民出版社 2017 年版,第 27 页。

发的国际金融危机启示我们,引导经济全球化健康发展,需要加强协调、完善治理,推动建设一个开放、包容、普惠、平衡、共赢的经济全球化,既要做大蛋糕,更要分好蛋糕,着力解决公平公正问题。”①

第三,积极参与全球治理,彰显负责任大国作用。主张共商共建共享的全球治理观,坚持以公平正义为理念引领全球治理体系变革,推动国际秩序朝着更加公正合理的方向发展。积极参与全球性议题讨论,认真履行相关国际责任和义务。中国在环境保护、气候变化、反腐败等领域发挥了积极作用,并为诸如防控疫情、推动疫苗等全球性问题作出努力。例如,在应对新冠疫情中,中国积极向国际组织捐赠口罩、防护服等医疗物资,并与全球各国分享自己的抗疫经验。

总之,习近平外交思想更加注重建立全球伙伴关系、推动经济全球化、推进全球治理等国际合作。这种强调多边主义与对外开放的外交思想,与中国不断走向世界、成为全球影响力日益增强的大国密切相关。

(四)从倡导和平共处到构建新型国际关系,深化了毛泽东外交思想的独立自主精神,同时开拓了中国特色大国外交全新实践

在国际交往中,为维护主权独立与国家利益,外交斗争有时是难以避免的。毛泽东从不回避外交斗争,认为国际关系是阶级斗争和政治斗争的表现形式,倡导通过国际援助,支持第三世界民族解放和革命运动。但同时毛泽东也强调国与国之间和平共处的重要性,坚持“有理有利有节”及争取“斗而不破”的策略,并通过这些外交原则和策略,维护了国家主权和尊严,为世界和平与稳定作出了贡献。进入新时代,习近平把中国发展和世界发展结合起来,把中国人民的利益同世界人民的共同和根本利益结合起来,团结一切可以团结的力量,调动一切积极因素,在斗争中争取团结,在斗争中谋求合作,在合作中实现共赢。在习近平外交思想指引下,中国坚定不移走和平发展道路,推动构建相互尊重、公平正义、合作共赢的新型国际关系,始终做世界和平的建设者、

---

① 《习近平主席在出席世界经济论坛2017年年会和访问联合国日内瓦总部时的演讲》,人民出版社2017年版,第28页。

全球发展的贡献者、国际秩序的维护者，从而开拓了中国特色大国外交的全新实践。

首先，加强联合国作用，维护国际和地区和平与安全。在当前国际环境下，各种不稳定因素和不确定性因素日益增多，各国之间的矛盾和冲突不断加剧，维护和平成为各国共同的责任。习近平强调："中国是联合国创始成员国，是第一个在联合国宪章上签字的国家。中国将坚定维护以联合国为核心的国际体系，坚定维护以联合国宪章宗旨和原则为基石的国际关系基本准则，坚定维护联合国权威和地位，坚定维护联合国在国际事务中的核心作用。"[①]呼吁各国坚持《联合国宪章》的宗旨和原则，加强对联合国的支持和维护，倡导各国在联合国等多边机构中开展对话和协商，共同应对全球性挑战。

其次，推动国际关系民主化，推动建立更加公正合理的国际秩序。当前国际体系中存在不合理和不公正的因素，对广大发展中国家而言，往往处于不利地位。习近平强调：要推进国际关系民主化，不能搞"一国独霸"或"几方共治"。[②] 推进国际关系民主化是人心所向、大势所趋。各国应该在平等和相互尊重的基础上，建立全球伙伴关系，加强在全球治理、安全、经济等领域的合作，推动建立更加公正、合理、有效的国际治理体系。

再次，加强文化交流，增进各国人民之间的了解和友谊。建立新型国际关系需要通过与国际社会的交流和对话来实现。习近平指出："人类文明多样性是世界的基本特征，也是人类进步的源泉。""文明没有高下、优劣之分，只有特色、地域之别。文明差异不应该成为世界冲突的根源，而应该成为人类文明进步的动力。"[③]在构建新型国际关系的过程中，文化交流是不可或缺的一环。各国应该尊重彼此的文化传统和差异，开展多层次、多形式的文化交流，加强文化交流的软实力，推动各国

---

① 《习近平主席在出席世界经济论坛2017年年会和访问联合国日内瓦总部时的演讲》，人民出版社2017年版，第33页。

② 《习近平谈治国理政》第2卷，外文出版社2017年版，第540页。

③ 《习近平主席在出席世界经济论坛2017年年会和访问联合国日内瓦总部时的演讲》，人民出版社2017年版，第28—29页。

人民之间的相互理解和尊重。

最后,弘扬全人类共同价值,致力于稳定国际秩序。中国主张不将自己的价值观和模式强加于人,不搞意识形态对抗,反对一切形式的单边主义、保护主义,反对一切形式的霸权主义和强权政治。习近平指出:“我们要顺应历史大势,致力于稳定国际秩序,弘扬全人类共同价值,推动构建人类命运共同体。”①对全人类共同价值的弘扬,彰显了中国负责任大国的担当。和平、发展、公平、正义、民主、自由等全人类共同价值凝聚了全人类的基本价值认同,超越了差异和分歧,构建了一个价值上的共同体,突显了各国人民对美好生活的共同期盼。这为推动构建人类命运共同体提供了价值支撑,为人类文明正确发展注入了强大的精神动力,也为共同建设美好世界提供了正确的思想指引。

概言之,习近平外交思想作为新时代中国特色社会主义外交思想的重要组成部分,是以习近平同志为核心的党中央治国理政思想在外交领域的重大理论成果,是对毛泽东外交思想的承续与发展。习近平外交思想在继承毛泽东外交思想的核心原则和优良传统的基础上,提出了一系列符合时代要求和国际形势变化的新理念、新主张、新举措,升华了中国历代领导集体的外交思想,拓展了新中国的外交理论体系。习近平外交思想将独立自主和平外交方针、和平共处五项原则等传统理念与新时代中国特色大国外交实践相结合,上升到人类命运共同体、新型国际关系、全球治理体系变革等历史新高度,不仅丰富了中国特色社会主义理论体系,也为世界和平与发展作出了重要贡献。

① 《习近平谈治国理政》第4卷,外文出版社2022年版,第487页。

第十六章
意识形态工作是党的一项极端重要的工作

——习近平对毛泽东意识形态观的守正创新

毛泽东对意识形态工作非常重视,习近平继承、创新发展毛泽东意识形态观,不仅强调“意识形态工作是党的一项极端重要的工作”,而且在直面问题、解决问题的过程中提出了一系列理论,采取了许多有力举措,赋予毛泽东意识形态观以新的时代内涵,并亲自部署、狠抓落实,推出意识形态工作责任制等重大举措,把党对意识形态工作的重视提升到一个新的历史高度。

一、毛泽东意识形态观及其实践探索

毛泽东意识形态观是对马克思主义意识形态理论的坚持与发展,主要内容包括:社会主义意识形态建设的重要地位、根本目的、组织保障、工作方法、重要手段等。

(一)“掌握思想教育,是团结全党进行伟大政治斗争的中心环节”,阐述了意识形态建设的重要地位

毛泽东指出:“掌握思想教育,是团结全党进行伟大政治斗争的中心环节。”[①]“伟大政治斗争的中心环节”表明毛泽东从全党高度认识思想教育的重要性,并把对人民大众的思想教育工作作为做好其他一切工作的前提,要掌握思想教育就是要加强意识形态工作。新中国成立

① 《毛泽东选集》第3卷,人民出版社1991年版,第1094页。

后，维护国家安全、建设社会主义是当时关键性工作，面对新中国成立初期种种思想问题，毛泽东越发觉得意识形态建设工作极为重要。1955年12月，他在《严重的教训》一文中提出了“政治工作是一切经济工作的生命线”①，政治工作的核心就是改变思想认识，要在旧制度上建设新的社会制度，就必须要对原来的制度上的思想残余进行彻底的改造。这里所说的政治工作就是指意识形态方面的工作，这项工作必须做好做细致，绝不能简单粗暴。1957年，毛泽东提出了“社会主义意识形态”并对其进行深刻阐述，社会主义意识形态概念的提出，凸显了当前建设的急迫性。1958年，毛泽东对思想政治工作的重要性开展进一步阐述：“思想和政治又是统帅，是灵魂。只要我们的思想工作和政治工作稍为放松，经济工作和技术工作就一定会走到邪路上去。”②思想政治工作是经济建设和技术发展的灵魂指导，必须把以思想政治工作为核心的意识形态工作作为党在长期革命和建设实践中的首要任务。意识形态工作的建设是十分重要的，毛泽东站在政权稳固的高度提出要重视意识形态工作。

（二）“是替新政治新经济服务的”，指出了意识形态建设的根本目的

毛泽东指出：“至于新文化，则是在观念形态上反映新政治和新经济的东西，是替新政治新经济服务的。”③毛泽东对观念形态的文化进行了深刻阐述：“一定的文化（当作观念形态的文化）是一定社会的政治和经济的反映，又给予伟大影响和作用于一定社会的政治和经济。”④这些论述阐明意识形态在经济社会中的作用显而易见。社会的经济发展是社会意识形态的表现，意识形态为经济发展和政治行动提供思想引领。1958年，毛泽东在《工作方法六十条草案》中又明确指出：“思想工作和政治工作，是完成经济工作和技术工作的保证，它们是为经济基础服务

① 《毛泽东文集》第6卷，人民出版社1999年版，第449页。
② 《毛泽东文集》第7卷，人民出版社1999年版，第351页。
③ 《毛泽东选集》第2卷，人民出版社1991年版，第695页。
④ 同上书，第663—664页。

的。”[①]以马克思主义为指导的社会主义意识形态建设，必须服务于社会主义经济社会发展。如果政治思想有所放松，意识形态出了问题，必然会引起经济工作和技术工作偏离正轨，甚至会出现脱轨的严重后果。社会主义意识形态建设要引导全国各族人民树立社会主义和共产主义的理想信念，为社会主义建设贡献自己力量，保障社会主义事业的经济工作和技术工作顺利完成。社会主义意识形态建设要让广大人民群众认识到我们为什么要走社会主义道路，在社会主义建设过程中为什么需要无产阶级和共产党领导等一系列关乎国家稳定的重大思想问题，充分发挥人民群众在社会主义建设过程中的积极性和创造性，促使广大人民群众在共产党的领导下团结一致巩固和发展社会主义经济基础，为建设社会主义事业提供源源不断的动力。

（三）“组成一支强大的理论队伍”，明确了意识形态建设的组织保障

在探索意识形态建设进程中，毛泽东多次强调理论队伍建设的重要性，毛泽东指出，“我们要在党内外五百万知识分子和各级干部中，宣传并使他们获得辩证唯物论，反对唯心论，我们将会组成一支强大的理论队伍，而这是我们极为需要的，这又是一件大好事”[②]。毛泽东要求理论队伍不仅需要用马克思列宁主义武装头脑，运用马克思列宁主义立场、观点、方法正确分析问题、解决问题，而且需要对种种实际问题给予科学的解释，让马克思列宁主义在经济、政治、文化、科技等各个领域站得住、扎下根，保证意识形态建设顺利开展。毛泽东为此将理论工作的干部与理论队伍作出明显的区分。毛泽东指出：“我们现在有许多做理论工作的干部，但还没有组成理论队伍，尤其是还没有强大的理论队伍。”[③]为不断夯实巩固无产阶级理论队伍基础，毛泽东对理论队伍建设进一步细化。毛泽东指出：“必须有自己的教授、教员、科学家、新闻记者、文学家、艺术家和马克思主义理论家的队伍。这是一个宏大的队

① 《毛泽东文集》第 7 卷，人民出版社 1999 年版，第 351 页。
② 《毛泽东文集》第 6 卷，人民出版社 1999 年版，第 395 页。
③ 同上书，第 395 页。

伍,人少了是不成的。”①一支强大的理论队伍教育改造更多的知识分子,让他们树立马克思列宁主义的世界观、人生观和价值观,站稳无产阶级立场,为意识形态斗争中保持话语权、主动权和领导权提供坚实的组织保障。毛泽东还十分关注理论队伍内部的思想政治教育。毛泽东认为:“提高劳动生产率,一靠物质技术,二靠文化教育,三靠政治思想工作。后两者都是精神作用。”②无产阶级理论队伍不断加强理论学习和思想教育,用先进的、正确的思想抵御落后的、错误的思想,始终保持理论队伍旺盛的生命力和强大的战斗力。

(四)“充分说理的,有分析的,有说服力的”“团结大多数”“孤立极少数”等组合拳,展现了意识形态建设的方式方法

新中国成立后,社会主义意识形态建设方法主要参照苏联两个榜样:一是斯大林时期,从严建设社会主义意识形态;二是赫鲁晓夫时期,放松了社会主义意识形态建设。毛泽东在充分分析苏联经验的前提下,立足中国现实情况,开展符合实际的中国社会主义意识形态建设工作方法,为亟须解决当时意识形态领域复杂且严峻的疑难问题提供了切实有效的方案。1957 年 3 月,在《在中国共产党全国宣传工作会议上的讲话》一文中,毛泽东指出:“无产阶级和资产阶级之间在意识形态方面的谁胜谁负问题,还没有真正解决。我们同资产阶级和小资产阶级的思想还要进行长期的斗争。不了解这种情况,放弃思想斗争,那就是错误的。”③毛泽东对无产阶级和资产阶级之间意识形态斗争的长期性、艰巨性有着清晰客观的认识。意识形态斗争长期性,表明短时间内资产阶级和小资产阶级思想一直存在,胜负还未明朗,一旦放松警惕,就可能让资产阶级和小资产阶级思想“占上风”;意识形态斗争艰巨性,表明资产阶级和小资产阶级思想力量较大且形态复杂多变,应采取正确引导、科学批判的方式方法,防止错误思潮滋生蔓延。在意识形态斗争过程中,毛泽东提出“这种批判,应该是充分说理的,有分析的,有说服

① 《建国以来重要文献选编》第 15 册,中央文献出版社 1997 年版,第 310 页。

② 《毛泽东文集》第 8 卷,人民出版社 1999 年版,第 124—125 页。

③ 《毛泽东选集》第 5 卷,人民出版社 1977 年版,第 417 页。

力的，而不应该是粗暴的、官僚主义的，或者是形而上学的、教条主义的”[①]。意识形态斗争要有理、有利、有节，不能进行简单粗暴地批判，以起到扶正祛邪的目的。在批判和分化错误思潮上，毛泽东讲究“以利争取中间派”[②]的策略，让中间派明辨是非，加以思想教育改造，使其端正思想、提高觉悟，以达到“团结大多数”“孤立极少数”[③]的目的。在抢占意识形态阵地方面，毛泽东认为，“不是无产阶级的红旗，就是资产阶级的白旗”[④]，这需要与资产阶级开展果断而坚决的斗争，将意识形态阵地牢牢掌握在无产阶级手中。“不敢挺身而出，不敢想、不敢说、不敢做”[⑤]是不可能占领意识形态阵地。在意识形态发挥引领作用方面，毛泽东提出“我们既不要做不懂业务的空头政治家，也不能做迷失方向的实际家”[⑥]。在调动意识形态建设工作积极性方面，毛泽东主张依靠人民群众，要发动人民群众去反击对社会主义的攻击，在农村，要依靠广大贫农雇农去“批判富裕中农的资本主义思想和个人主义思想”[⑦]。毛泽东所探索的社会主义意识形态建设的“组合拳”相互配合、相得益彰，确保我国社会主义初期阶段意识形态建设稳定有序发展。

（五）“在政治战线和思想战线上，进行经常的、艰苦的社会主义革命斗争和社会主义教育”，提出了意识形态建设的教育手段

毛泽东提出，“在政治战线和思想战线上，进行经常的、艰苦的社会主义革命斗争和社会主义教育”[⑧]。社会主义改造完成后，为不断加强深化对社会主义制度的认识和理解，建构社会主义意识形态强大的引领力、凝聚力，开展社会主义教育，从思想层面保障广大党员干部在开展伟大政治斗争中沿着正确的方向前进十分迫切。毛泽东指出，“只要我们的思想工作和政治工作稍为一放松，经济工作和技术工作就一定

---

① 《毛泽东选集》第5卷，人民出版社1977年版，第417页。

② 《中共中央文件选集（1949.10—1966.5）》第25册，人民出版社2013年版，第388页。

③ 《毛泽东年谱（1949—1976）》第3卷，中央文献出版社2013年版，第175页。

④ 同上书，第355页。

⑤ 同上书，第356页。

⑥ 《毛泽东文集》第7卷，人民出版社1999年版，第352页。

⑦ 《毛泽东年谱（1949—1976）》第3卷，中央文献出版社2013年版，第192页。

⑧ 《毛泽东文集》第7卷，人民出版社1999年版，第268页。

会走到邪路上去”①。思想工作和政治工作是经济工作和技术工作的“统帅”和“灵魂”。思想教育不到位,思想政治工作就容易出现松懈。确保社会主义意识形态建设正确政治方向,思想教育发挥着“中心环节”的重要作用。加强党内思想教育,增强党员干部对党和国家事业发展的信心,激发党员干部团结奋斗、干事创业的热情,促使党员干部积极投身于社会主义建设火热实践中。“开展整党整风运动”以加强党内思想教育。毛泽东在党内开展的“整党整风运动”要求全党加强学习马克思主义理论,针对在特定时期党内所出现的思想、组织和作风等方面的问题,按照“惩前毖后、治病救人”的原则,以开展批评与自我批评的方式,通过有计划、有步骤地开展经典著作、党内文件报告集中学习,纠正全党存在的消极思想、不良作风、错误行为。毛泽东开创和领导的整党整风运动,推进党员干部加强马克思主义理论教育,提高党员干部的理论水平,有效增强全党的先进性、纯洁性和战斗力。

二、习近平关于意识形态工作重要论述及其实践探索

党的十八大以来,习近平极为重视意识形态工作,坚持与发展马克思主义意识形态理论,提出了一系列具有许多新的历史特点的新理念、新思想、新战略,阐明了意识形态工作的地位意义、根本任务、原则要求、方向导向、重点领域。

(一)“意识形态工作是党的一项极端重要的工作,是为国家立心、为民族立魂的工作”,明确新时代意识形态工作的地位意义

习近平指出:“意识形态工作是党的一项极端重要的工作,是为国家立心、为民族立魂的工作,事关党的前途命运,事关国家长治久安,事关民族凝聚力和向心力。”②“一项极端重要的工作”标志了习近平对于意识形态工作的重视程度达到一个新高度,警示着全党、全军和全国各

① 《毛泽东文集》第7卷,人民出版社1999年版,第351页。

② 《习近平新时代中国特色社会主义思想学习纲要》,学习出版社、人民出版社2023年版,第187页。

族人民对意识形态工作要有清晰的认识和深刻的理解。“二立”体现了意识形态工作与国家民族的前途命运休戚相关,决定着国家的精神品格和民族的生命支柱。“三个事关”阐述了在新形势面临新考验的环境下意识形态工作的根本性、战略性、全局性意义,揭示了意识形态工作在党、国家和民族存续发展中发挥举足轻重的关键作用。历史和现实都警示我们,意识形态建设出现不可逆转的问题,将会造成不可挽回的政治局面,国家社会的动荡、分裂,执政党的执政地位不仅无法巩固,而且面临丧失危险。“一个政权的瓦解常常从思想文化领域开始,政治动荡与政权更迭可能在一夜之间发生,但思想演化却需要很长时间。思想领域内的混乱最难治理,思想防线一旦被攻破,其他防线很难守住。”①习近平多次谈及东欧剧变、苏联解体的惨痛教训,其核心问题就出在意识形态上。当前,社会思潮多元化对人民群众思想观念的冲击很大,尤其是一些西方敌对势力企图对我国政权进行抹黑常常用自由民主的假面具侵蚀人民群众的思想,想借此渗透操控我国意识形态,从根本上破坏中国和平发展。加强意识形态建设、维护我国意识形态安全刻不容缓。在以中国式现代化全面推进中华民族伟大复兴进程中,必须时刻紧绷意识形态安全之弦,发挥好社会主义意识形态强大的凝聚和引领作用,为新时代开创党和国家事业新局面提供坚实的精神支撑。

(二)“两个巩固”,为新时代宣传思想工作锚定正确航向

习近平指出:“宣传思想工作就是要巩固马克思主义在意识形态领域的指导地位,巩固全党全国人民团结奋斗的共同思想基础。”②“两个巩固”从本质上揭示我国意识形态建设必须坚持以马克思主义为指导。历史和实践反复证明,马克思主义指导中国共产党取得革命、建设、改革等一系列重大胜利,并也将指导中国共产党不断取得新的胜利。因此,意识形态建设要巩固马克思主义地位。在习近平提出的“四个自信”中,理论自信就是要对马克思主义理论,特别是中国特色社会主义

---

① 秦宣:《意识形态工作是党的一项极端重要的工作——学习习近平总书记8·19重要讲话体会之一》,载《前线》2013年第9期。

② 《习近平谈治国理政》第1卷,外文出版社2014年版,第153页。

理论体系的科学性和真理性充满自信。当前一些反马克思主义思潮不止不休，认为马克思主义过时了、是伪科学、外来文化无用论等，目的就是要动摇我们对马克思主义的信仰。我们必须予以坚决回击，敢于同反马克思主义思潮作斗争，坚决捍卫马克思主义指导思想地位。全党全国人民团结奋斗的共同思想基础就是在中国共产党领导下全国各族人民实践过程中凝聚的思想共识。中国共产党的初心使命就是为中国人民谋幸福、为中华民族谋复兴，这符合广大人民群众的根本利益，这也是中华儿女的共同企盼。全国各族人民要在中国共产党的领导下紧紧团结起来，为实现人民幸福、国家富强、民族复兴这一目标共同奋斗。当前，一些党员干部在信仰上不够坚定、在精神上消极懈怠、在工作上动力不足、在生活上贪图享乐，根本是思想意识出了问题。习近平指出：“对马克思主义的信仰，对社会主义和共产主义的信念，是共产党人的政治灵魂，是共产党人经受住任何考验的精神支柱。”①在实现中华民族伟大复兴中国梦的伟大进程中，必须坚持不懈发挥马克思主义教化引领作用，坚定不移用习近平新时代中国特色社会主义思想武装全党、教育人民、开展工作，持续不断培育和弘扬社会主义核心价值观，凝聚起全党全国人民团结奋斗的磅礴正能量，确保中国特色社会主义事业不偏离正确航道。

（三）“坚持党性和人民性相统一”与“以立为本、立破并举”，提出了新时代意识形态工作的原则要求

习近平指出：“坚持党性和人民性相统一。”②党性和人民性的关系是意识形态领域中一个重要问题，尤其对中国共产党来说，它不仅是一个理论问题，还是一个关乎党的建设方向的实践问题。意识形态工作如何姓党，关键是“坚持正确政治方向，站稳政治立场”③：就是要在思想上政治上行动上同党中央保持高度一致。意识形态工作要做到坚持人民性，就要坚持人民利益至上。习近平指出：“人民是历史的创造者，

---

① 《习近平谈治国理政》第1卷，外文出版社2018年版，第153页。

② 《习近平关于社会主义文化建设论述摘编》，中央文献出版社2017年版，第26页。

③ 《习近平谈治国理政》第1卷，外文出版社2018年版，第154页。

是决定党和国家前途命运的根本力量。必须坚持人民主体地位，坚持立党为公、执政为民，践行全心全意为人民服务的根本宗旨，把党的群众路线贯彻到治国理政全部活动之中，把人民对美好生活的向往作为奋斗目标，依靠人民创造历史伟业。"[①]这些重要论述充分彰显了我们党始终坚持以人民为中心的价值追求和执政为民的责任担当，切实解答了"为了谁"的根本问题。在我国，社会主义意识形态是在中国共产党的领导下，人民群众经过长期探索而形成的，代表最广大人民的根本利益、诉求与社会共识，其本质是党性和人民性的统一。党性与人民性相统一，即党性与人民性是社会主义意识形态的根本属性和根本要求，具有相互联系、紧密交织的内在规定性。习近平强调的意识形态建设的党性与人民性相统一，既是一个重大的理论问题又是一个重大的实践问题。这是站在马克思主义理论的高度与坚持中国特色社会主义道路的伟大实践中提出的，也是在新形势下对加强党对意识形态工作中的领导权、管理权、话语权的重要判断，为党的意识形态工作明确了根本原则。习近平指出："我们必须坚持以立为本、立破并举，不断增强社会主义意识形态的凝聚力和引领力。"[②]在意识形态领域，"立"就是倡导主旋律，传播正能量，凝聚精气神。"破"就是对错误、负面能"务虚名而得实祸""要有一套制度防止修正主义"等组合拳，展现了意识形态建设的科学工作方法。"立"与"破"不是对立关系，而是辩证统一的。只有立得稳、立得牢固，破才有支撑，才能增强破的动力；只有破得深、破得透，立才能更准、更持久。秉持和凸显以立为本、立破并举的逻辑主线，坚持立与破的辩证运用，为坚定不移做好新时代意识形态工作提供了根本遵循。就要通过巩固壮大主流思想舆论，弘扬主旋律和传播正能量，积极营造风清气正的舆论氛围，将社会健康向上的风尚转化为激发全社会奋进新时代的内生动力，凝聚起以中国式现代化全面推进中华民族伟大复兴的强劲力量。面对国内外意识形态领域斗争复杂尖锐的

---

① 习近平：《决胜全面建成小康社会　夺取新时代中国特色社会主义伟大胜利——在中国共产党第十九次全国代表大会上的报告》，人民出版社 2017 年版，第 21 页。

② 《习近平谈治国理政》第 3 卷，外文出版社 2020 年版，第 311 页。

严峻形势，要敢于亮剑，敢于随时随地亮明身份，旗帜鲜明地抵制各种错误观点和思潮，引领全国各族人民秉持同中国特色社会主义现代化建设相协调相匹配的价值取向，积极投身于实现民族伟业的征程中去。

（四）“必须把意识形态工作的领导权、管理权、话语权牢牢掌握在手中”，体现了党对意识形态工作总揽全局的领导核心地位

习近平指出：“我们必须把意识形态工作的领导权、管理权、话语权牢牢掌握在手中，任何时候都不能旁落。”[①]这一重要论断要求我们党旗帜鲜明、全面系统地加强对意识形态工作的领导，既要毫不动摇坚持党管宣传、党管意识形态、党管媒体，还要在意识形态斗争中毫不松懈守好意识形态主阵地这个“红色地带”，敢于在充斥负面言论的“黑色地带”亮剑斗争，大张旗鼓地争取转化特征不明显、性质不明确、影响难判断的“灰色地带”。习近平强调，理想信念“是共产党人的政治灵魂，是共产党人经受住各种考验的精神支柱”[②]。面对国内外意识形态领域斗争复杂尖锐的严峻形势，共产党人要撇开疑云擦亮眼，坚决维护党的领导，坚持走中国特色社会主义道路，培育中国特色社会主义意识形态的塑造力，提高应对多样化社会思潮侵袭的能力，推进思想政治引领，使全国各族人民对社会主义制度优势形成更广泛共识，凝心聚力。习近平强调，做好宣传思想工作，一条根本的、坚决不能动摇的大原则，就是要“坚决同党中央保持高度一致，坚决维护中央权威”[③]。要坚决维护党中央权威和集中统一领导、坚决维护党的团结统一，充分体现党的意志、坚持党的方向、反映党的主张，在思想上、政治上、行动上同党中央保持高度一致，牢牢掌握意识形态工作的领导权。还要充分深入基层群众，反映人民的心声，用正确的舆论导向引导人，用优秀的作品鼓舞人，树立以人民为中心的工作导向，实现“党性”与“人民性”高度统一，始终将坚持党性原则和维护人民根本利益作为宣传思想工作的重要准则。习近平强调：“各级党委要把做好意识形态工作摆在重要位置，加强组

① 《习近平关于社会主义文化建设论述摘编》，中央文献出版社2017年版，第21页。

② 同上书，第31页。

③ 同上书，第24页。

织领导……对各种错误思想必须敢于亮剑,帮助人们明辨是非,牢牢掌握意识形态工作主动权。"[①]要始终坚持马克思主义的指导地位,时刻高举党的旗帜,把高举旗帜与敢于亮剑结合起来,切实提高把方向、抓导向、管阵地的能力,确保新时代意识形态工作始终沿着正确方向行稳致远。

(五)"全面繁荣新闻出版、广播影视、文学艺术、哲学社会科学事业",突出新时代意识形态工作的重点领域

习近平指出,"全面繁荣新闻出版、广播影视、文学艺术、哲学社会科学事业"[②]。习近平对统揽全局新闻出版、广播影视、文学艺术、哲学社会科学事业等重点领域的意识形态工作提出明确要求。在新闻出版方面,新时代党的新闻舆论工作要担负起"高举旗帜、引领导向,围绕中心、服务大局,团结人民、鼓舞士气,成风化人、凝心聚力,澄清谬误、明辨是非,联接中外、沟通世界"[③]的职责和使命。要始终坚持以马克思主义为指导,把马克思主义新闻观作为新闻出版工作的"定盘星",牢牢把握新闻出版的政治方向,提高政治站位,积极满足人民群众精神文化新需求,弘扬主旋律,传播正能量,不断增强承载中国话语的出版物的国际影响力、感召力、塑造力。在广播影视方面,习近平提出,"紧扣时代脉搏、坚守人民立场、坚持守正创新,用情用力讲好中国故事,创作出更多无愧于时代、无愧于人民的优秀作品"[④]。广播影视作品要用情用力描绘新时代新征程的好故事,全方位全景式展现新时代昂扬奋进的精神气象,在满足人民群众精神需求的同时增强人民群众的精神力量,让中国故事、中国声音成为提高国家文化软实力和中华文化影响力的重要载体。在文学艺术方面,习近平提出"必须坚持以人民为中心的创作导向,在深入生活、扎根人民中进行无愧于时代的文艺创造"[⑤]。扎根人

---

① 《习近平关于社会主义文化建设论述摘编》,中央文献出版社 2017 年版,第 53 页。

② 《习近平谈治国理政》第 4 卷,外文出版社 2022 年版,第 311 页。

③ 《习近平谈治国理政》第 2 卷,外文出版社 2017 年版,第 332 页。

④ 习近平:《用情用力讲好中国故事　创作出更多无愧于时代无愧于人民的优秀作品》,载《人民日报》2021 年 12 月 26 日。

⑤ 《全面建成小康社会重要文献选编》(下),人民出版社、新华出版社 2022 年版,第 989 页。

民、扎根生活是文艺创作根本、最关键、最牢靠的办法。文艺创作要切实反映时代要求和人民心声，从人民伟大实践和丰富生活中汲取文艺创作的营养，始终把人民的冷暖、幸福放在心中，把人民的喜怒哀乐倾注于文艺创作之中。在哲学社会科学方面，习近平指出“世界上没有纯而又纯的哲学社会科学”①。当代中国哲学社会科学必须一以贯之地坚持马克思主义指导，哲学社会科学工作者要将马克思主义基本原理和贯穿其中的立场、观点、方法以及中国化的最新理论成果，转化为清醒的理论自觉、坚定的政治信念、科学的思维方法。同时，坚持以人民为中心的学术导向，让哲学社会科学的学术逻辑、学术语言、学术概念成为人民群众释法析理、答疑解惑的重要工具，提高哲学社会科学研究的人民群众满意度，善于从人民群众实践中汲取理论养分和智慧，在服务人民中推动哲学社会科学繁荣发展。

三、习近平对毛泽东意识形态观的守正创新

事实表明，强调意识形态工作的极端重要性并常抓不懈、持续发力，是习近平继承、发展和创新毛泽东意识形态观，对意识形态工作重要性认识不断深化的必然。习近平关于意识形态重要论述是紧密结合新的时代条件、历史方位、实践要求等全面推进马克思主义实践创新、理论创新的重要体现，是理论创新和实践创新相结合的典范，不仅解决了改革开放以来意识形态领域出现的问题，而且在进行具有许多新的历史特点的伟大斗争中明确了党和国家前进的航向，为沿着正确道路进行伟大斗争、建设伟大工程、推进伟大事业、实现伟大梦想提供了正确的思想指导。

（一）以马克思主义世界观和方法论作为意识形态工作的基本遵循，不断夯实意识形态工作的思想基础

马克思、恩格斯指出：“统治阶级的思想在每一时代都是占统治地

---

①《习近平关于社会主义文化建设论述摘编》，中央文献出版社2017年版，第78页。

位的思想。”[①]也就是说，任何社会形态、任何时代的主流意识形态从来都是一元的。马克思主义者历来不回避意识形态的鲜明阶级性，且具有高度重视意识形态阵地的意识。毛泽东指出，“人民民主专政的国家制度和法律，以马克思列宁主义为指导的社会主义意识形态”[②]，阐明了社会主义国家意识形态要以马克思主义为指导，这是区别于西方国家的显著标志。毛泽东继承和发展了马克思主义意识形态理论，认为以马克思主义为指导的社会主义意识形态在推动社会主义建设上具有积极作用，使我们党能够在中国革命、建设和改革中不断纠正各种错误倾向，有效克服各种非无产阶级思想，成功破解思想、政治和组织等方面遇到的各种难题。党的十八大以来，习近平站在历史和全局的高度，整体思考意识形态的传统历史和现代发展、意识形态的基本内容和实践路径、意识形态的国内和国际形势等问题，提出“宣传思想工作就是要巩固马克思主义在意识形态领域的指导地位”，表明在意识形态工作上我们党必须坚持把马克思主义作为指导思想。尤其是将意识形态工作置于统筹推进“四个全面”战略布局、协调推进“五位一体”总体布局和实现中华民族伟大复兴中国梦的现实实践中去思考和把握。新的时代条件下，我国社会思想领域仍然存在各种非马克思主义和反马克思主义的思潮，巩固马克思主义在意识形态领域的指导地位面临着各种严峻挑战。从意识形态的内部挑战来看，思想理论领域学派纷呈，马克思主义“过时论”“无用论”不绝于耳；随着互联网等新媒体的发展，马克思主义话语权呈现弱化趋势。就意识形态的外部斗争而言，西方意识形态通过非政府组织、媒体、宗教、外交等途径，采取各种隐蔽的方式，不断实行经济、政治、思想文化的全面渗透。形势越是严峻，思潮越是多元，越要坚持马克思主义在意识形态领域的指导地位。新时代坚持马克思主义在意识形态领域的指导地位，关键就在于广大党员干部应坚决抵制一切非马克思主义和反马克思主义的意识形态思潮，要拥有崇高的革命理想并始终坚守“革命理想高于天”。

---

① 《马克思恩格斯选集》第1卷，人民出版社1995版，第98页。

② 《毛泽东文集》第7卷，人民出版社1999年版，第215页。

（二）以党的全面领导作为意识形态建设的根本保证，持续发挥党管宣传、党管意识形态的政治优势

毛泽东提出：“必须把民主党派（政治界）、教育界、新闻界（包括一切报纸和刊物）、科技界、文艺界、卫生界、工商界的政治改造工作和思想改造工作完全掌握在自己手中。”充分说明只有党完全掌握意识形态，以科学的理论和先进的思想教育引导各民主党派和各领域开展思想改造和政治改造，才能统筹调动一切积极力量建设好新中国。毛泽东提出，“由于现时中国革命不能离开中国无产阶级的领导，因而现时的中国新文化也不能离开中国无产阶级文化思想的领导，即不能离开共产主义思想的领导”①，体现了党领导意识形态工作的重要性。如果意识形态建设失去党的领导，必将危及无产阶级领导权，甚至出现“变质”的危险。党的十八大以来，习近平反复强调：“我们必须把意识形态工作的领导权、管理权、话语权牢牢掌握在手中，任何时候都不能旁落。”②这一论断为守护好意识形态领域安全提供了根本保障。意识形态作为一项极端重要的工作，是规制我国改革方向的观念力量，是我国国家治理体系和治理能力现代化的重要组成部分。意识形态安全是我国社会稳定安全的重要组成部分。我国的意识形态安全治理只能坚持走中国特色意识形态安全治理道路，这就是中国共产党领导下的治理格局。在社会主义意识形态的安全治理中，多元主体是显著特征，比如中国共产党、人民政府、人民团体、社会组织和普通大众等参与到我国意识形态治理中。在多元主体中，中国共产党居于领导地位，发挥着重要的领导作用。意识形态工作是一项复杂的工作，需要进行各种力量的协调，各方利益的分配和各种情况的应对，只有中国共产党才能协调处理好。不断提高我国意识形态安全治理能力现代化，是我们新时代意识形态工作的关键。进入新时代以来，我国意识形态领域中存在的新形势新情况新问题已迫使我们改变之前意识形态的传输引导方式，由单纯的单向输出型变为多维互动型，以构建社会主义意识形态强大的凝聚力

① 《毛泽东选集》第1卷，人民出版社1991年版，第705页。

② 《习近平关于总体国家安全观论述摘编》，中央文献出版社2018年版，第100页。

和引领力，形成建设中国特色社会主义的磅礴之力。制度是根本保障。一方面，要建立防范和化解意识形态风险的体制机制，在协调治理的过程中，分层预警、分层研判、分层处置，落实主体责任，防范和化解意识形态的风险；另一方面，运用法治思维和法治方式，进一步完善意识形态工作的相关法律法规，让参与意识形态治理的各个主体都能够有法可依。

（三）以人民至上作为意识形态建设的价值取向，坚定站稳意识形态工作的人民立场

意识形态的建设和实现都离不开人民这个主体，坚持以人民为中心，既是毛泽东在意识形态建设上坚持的价值导向，也是习近平关于做好党的意识形态工作一以贯之的重要思想。毛泽东指出："我们是站在无产阶级的和人民大众的立场。"[①]为了人民，就必须依靠人民，只有为了人民、依靠人民，才能不断巩固人民群众当家作主的地位，促使人民更加自觉地发挥自己主人公的积极性、主动性和创造性，把个人的荣辱兴衰与国家、与民族的荣辱兴衰紧密相连。"文化大革命"在意识形态上错误地夸大增强阶级斗争的程度和范围，脱离了为人民服务这一立根固本的宗旨，给党、国家和人民带来挫折和损失。"文化大革命"的教训深刻揭示，意识形态建设必须坚持以人民为中心，始终为人民服务的本质要求。习近平指出："要树立以人民为中心的工作导向，把服务群众同教育引导群众结合起来，把满足需求同提高素养结合起来。"[②]习近平关于坚持以人民为中心的重要论断，一方面，强调人民群众是意识形态建设的主体，社会主义意识形态建设要充分发挥人民群众的积极性、主动性和创造性，倘若离开人民群众，意识形态建设将难以逃脱失败的命运；另一方面，意识形态建设着眼于促进人的自由而全面的发展，对人民群众的现实生活给予深切的人文关怀，要建设好人们的精神家园。党经历百年的反复实践检验证明，党的意识形态工作只有以群众喜闻乐见的话语体系构建意识形态工作的理论体系，使人民听得懂、产生共

---

① 《毛泽东选集》第 3 卷，人民出版社 1991 年版，第 848 页。

② 《习近平关于社会主义文化建设论述摘编》，中央文献出版社 2017 年版，第 26 页。

鸣,才能真正实现意识形态与人民性的有机统一。建设社会主义意识形态,必须坚持以人民为中心,既要开展政策宣传、解疑释惑、化解矛盾的春风化雨工作,又要帮助群众解决思想认识问题,解决群众生产生活中的实际困难,引导所联系群众积极支持参与经济社会发展,画出民心民愿的最大同心圆;利用论坛、微博、微信等社交媒体做好与人民群众的沟通,进一步丰富拓展人民群众的途径,及时掌握人民群众的诉求,解决好人们在思想意识上、价值观念上、心理情感上、行为实践上存在的偏差,凝聚人们的共识,进而集中起人民的无穷智慧和力量。

(四)以强烈的问题意识、鲜明的问题导向作为意识形态建设的思维品质,赓续发扬意识形态领域的斗争精神

毛泽东指出:“我们同资产阶级和小资产阶级的思想还要进行长期的斗争。不了解这种情况,放弃思想斗争,那就是错误的。”①这体现了意识形态领域斗争长期性、坚决性及复杂性。坚持问题导向,强化问题意识,是开展复杂的意识形态斗争的基础。坚持问题导向,是中国共产党人的优良传统和作风之一。毛泽东关于意识形态重要性的论述凸显了强烈的问题意识、问题导向,面对国际、国内出现的新情况、新问题,1957 年 2 月,经过深入调研后,毛泽东在最高国务会议第十一次(扩大)会议上发表了重要讲话《关于正确处理人民内部矛盾的问题》,特别强调指出“我国社会主义和资本主义之间在意识形态方面的谁胜谁负的斗争,还需要一个相当长的时间才能解决”②。正是在毛泽东的指挥部署下,社会主义意识形态工作呈现良好开端。党的十八大以来,习近平将社会意识领域斗争视为最关键、最重要的斗争。习近平指出,“在意识形态领域斗争上,我们没有任何妥协、退让的余地”③,彰显意识形态斗争取得全面胜利的决心信心,要求我们在意识形态领域要敢于斗争、善于斗争,不断取得斗争的坚实胜利。习近平站在党和国家生死存亡的高度强调意识形态斗争的重要性、严峻性,警醒全党要高度重

---

① 《毛泽东文艺论集》,中央文献出版社 2002 年版,第 187 页。

② 《毛泽东文集》第 7 卷,人民出版社 1999 年版,第 231 页。

③ 《习近平关于总体国家安全观论述摘编》,中央文献出版社 2018 年版,第 118 页。

视、认真做好意识形态工作，体现了一位杰出的共产党领袖、人民领袖高度的政治敏锐性、政治坚定和敢于担当的优秀品格。习近平坚持问题导向，在充分认知“问题是事物矛盾的表现形式，我们强调增强问题意识、坚持问题导向”①的基础上，坚决同意识形态领域深层次矛盾和问题开展以“抢占制高点”与“占领主阵地”战略目标的斗争，坚决打赢意识形态领域斗争主动仗。党员干部要坚持站稳政治立场，深入把握意识形态领域长期和短期问题、整体性和边界性问题、原则性和隐蔽性问题的关联特征，精准抓住意识形态领导权、管理权和话语权上的问题“要害”，弄清问题性质、找到症结所在，以敢于亮剑、敢于斗争、敢于胜利的信念和决心破解意识形态领域各种问题，勇于站在风口浪尖，关键时刻不失语、重大问题不缺位，做政治原则问题的“强硬派”，维护好国家意识形态安全，绝不能纵容所谓的“自由”，切实把社科理论阵地、文化传播阵地、艺术传播阵地等管好用好。对于任何哲学社会科学类论坛、讲座，党员干部要端正态度，不留争议；对于各种存在导向错误、内容低俗的文艺节目和出版物，党员干部要坚决抵制，果断叫停；对于所有互联网空间的反动言论、噪音杂音，党员干部要盯住盯死，坚决斗争。当然也不能矫枉过正，要注意区分政治原则问题、思想认识问题、学术观点问题。政治原则问题上坚决维护，对群众的批评监督要认真听取、切实改正；思想认识问题上要实事求是，加强正面宣传、针对性地引导；学术问题上百家争鸣，发扬民主、以理服人。

---

① 《习近平关于协调推进“四个全面”战略布局论述摘编》，中央文献出版社 2015 年版，第 86 页。

第十七章
党的领导是革命和建设事业胜利的根本所在

——习近平对毛泽东党建思想的守正创新

毛泽东党建思想是毛泽东思想的重要组成部分,是马克思主义党建理论在中国的实际运用和创性发展。党的十八大以来,以习近平同志为核心的党中央继承和发展了毛泽东党建思想,在党的政治建设、思想建设、组织建设、作风建设、纪律建设、制度建设、反腐倡廉建设等方面提出一系列新思路新观点新方法,不断推进马克思主义党建理论的创新发展。

一、毛泽东党建思想及其实践探索

毛泽东党建思想是以毛泽东同志为主要代表的中国共产党人在长期加强党的自身建设的过程中,不断丰富发展马克思主义党建理论,所逐步形成的具有中国特色的党建学说。毛泽东党建思想的主要内容包括以下几个方面。

(一)党的领导是革命和建设事业胜利的根本所在

中国共产党的坚强领导是社会主义事业兴旺发达的根本所在。中国共产党是严格按照马克思主义建党理论所提出的建党原则建立起来的工人阶级的先锋队。坚持党的全面领导是历史的选择也是人民的选择。毛泽东指出:“领导中国民主革命和中国社会主义革命这样两个伟大的革命到达彻底的完成,除了中国共产党之外,是没有任何一个别的政党（不论是资产阶级的政党或小资产阶级的政党）能够担负的。”[①]例如，在新民主主义革命时期，正是有了马克思主义建党理论的指引，我们党才能“把马克思主义的普遍真理具体化在中国的土壤上，生长出来成为群众的力量”[②]，才能够制定并实行正确的政治路线和军事路线，才能够实现原则坚定性与策略灵活性的有机统一，才能够从根本上统一全党全军思想、凝聚全党全军力量，党才能领导人民最终取得新民主主义革命胜利。对此，毛泽东指出：“中国共产党是全中国人民的领导核心。没有这样一个核心，社会主义事业就不能胜利”[③]，“领导我们事业的核心力量是中国共产党”[④]。也正是因为有了党的坚强领导，我们才能迎来从站起来到富起来再到强起来的伟大飞跃。

（二）政治建设是我们党不断发展壮大、从胜利走向胜利的重要保证

以毛泽东同志为主要代表的中国共产党人在长期的革命斗争中，对加强党的政治建设进行了艰苦探索。毛泽东曾告诫全党“不注重思想和政治，成天忙于事务，那会成为迷失方向的经济家和技术家，很危险”[⑤]。1929年，针对党和红军中存在的种种错误思想，毛泽东提出了“思想建党、政治建军”的建党和建军的根本原则。古田会议决议第一条就明确规定，“政治观念没有错误（包括阶级觉悟）”[⑥]。“一个政党要引导革命到胜利，必须依靠自己政治路线的正确和组织上的巩固。”[⑦]在社会主义革命和建设时期，为防止修正主义、防止党的旗帜改变颜色，毛泽东一如既往地强调要加强党的政治建设。

（三）把思想建设放在党的建设的首位

我们党始终高度重视党的思想建设，以毛泽东同志为主要代表的

---

① 《毛泽东选集》第2卷，人民出版社1991年版，第652页。

② 《建党以来重要文献选编（1921—1949）》第26册，中央文献出版社2011年版，第391页。

③ 《毛泽东文集》第7卷，人民出版社1999年版，第303页。

④ 《毛泽东著作选读》（下册），人民出版社1986年版，第715页。

⑤ 同上书，第803页。

⑥ 《建党以来重要文献选编（1921—1949）》第6册，中央文献出版社2011年版，第737页。

⑦ 《毛泽东思想年编：1921—1975》，中央文献出版社2011年版，第158页。

中国共产党人强调要把思想建设放在首位。毛泽东指出:"一个政党领导一场伟大的革命运动,没有革命理论就不能取胜。"①我们党通过加强思想建设不断发展完善自身,毛泽东在《关于纠正党内的错误思想》指出:"党内错误思想的表现形式,要求共产党员通过无产阶级意识形态同各种非无产阶级意识形态的全面对抗和决战,进行党的无产阶级化。"②古田会议初步回答了"在党员队伍以农民成分为主体的情况下,如何着重从思想上建设党以保持无产阶级先锋队性质"③的问题。中国共产党始终把思想理论建设摆在党的建设的最高位置,以思想理论建设保障和发展党的建设。毛泽东强调:"指导一个伟大的革命运动的政党,如果没有革命理论,没有历史知识,没有对于实际运动的深刻的了解,要取得胜利是不可能的。"④毛泽东强调,全党要不断加强理论学习,要推动党的理论发展,这也大大促进了党在思想上、理论上的逐步成熟。

(四)组织建设是实现党的各项任务的可靠保证

党的组织建设是党的建设的一个重要方面,是实现党的各项任务的可靠保证。毛泽东认为:"党是无产阶级按照民主集中制建立起来的有组织的部队,'党应当是组织的总和'(并且不是什么简单的算术式的总和,而是一个整体)。"⑤从组织上建设党,主要依靠民主集中制原则和严格的纪律,这样才能把党建设成为坚强的无产阶级政党。"民主集中制原则是民主和集中的辩证统一,是中国共产党的根本原则,只有坚持民主集中制原则,才能保证党的思想上的统一,组织上的巩固和发展。"⑥民主集中制将民主与集中有机结合起来,不仅能最大限度地激发全党的创造活力,还统一了全党的思想和行动,有效地防止和克服了分

---

① 《毛泽东选集》第1卷,人民出版社1991年版,第65页。

② 同上书,第85页。

③ 《〈关于新形势下党内政治生活的若干准则〉〈中国共产党党内监督条例〉辅导读本》,人民出版社2016年版,第4页。

④ 《毛泽东选集》第2卷,人民出版社1991年版,第533页。

⑤ 金钊:《十三届四中全会以来的执政党建设》,人民出版社2006年版,第67页。

⑥ 田克勤、李彩华、孙堂厚:《中国化马克思主义通论》,人民出版社2013年版,第451页。

权协商解决不了问题的情况。各级领导干部要推动和落实民主集中制各项制度,“完善和落实民主集中制的各项制度,坚持民主基础上的集中和集中指导下的民主相结合,既充分发扬民主,又善于集中统一”①。同时,毛泽东强调“政治路线确定后,决定因素是干部”②,明确提出“才德兼备”的干部标准和“任人唯贤”的干部路线③。

(五)三大作风是中国共产党区别于其他政党的显著标志

作风建设是党的自我建设的重要组成部分。以毛泽东同志为核心的党的第一代中央领导集体将马克思主义党建理论和中国实际相结合,创新性地提出了党风建设这一理论。党的作风建设是毛泽东在1937年5月召开的苏区党代表大会上正式提出的。毛泽东指出:“我们的党组织要在全国发展,要有意识地培养几万名干部和几百名最优秀的群众领袖。这些干部领袖懂马列主义,有政治远见,富有精神。有自我牺牲精神,能独立解决问题,遇难不屈,忠于国家、阶级、党,这些人不应该自私、个人英雄主义和张扬、懒惰和被动。他们是无私的英雄民族阶级,这是共产党员、党员干部的担当,是党的领导人应有的品格和作风。”④1945年4月,毛泽东在《论联合政府》的政治报告中总结概括出我党“理论和实践相结合的作风,和人民群众紧密地联系在一起的作风以及自我批评的作风”⑤的三大作风。这是我们党第一次明确把理论联系实际、密切联系群众、批评和自我批评确立为党的三大优良作风。这标志着我们党三大优良作风的正式形成。新中国成立前夕,毛泽东把夺取全国政权比作“进京赶考”,在党的七届二中全会上号召“务必使同志们继续地保持谦虚、谨慎、不骄、不躁的作风,务必使同志们继续地保持艰苦奋斗的作风”⑥。告诫全党要注意抵御资产阶级“用糖衣裹着的炮弹”的攻击。新中国成立后,以毛泽东同志为核心的党的第一代中央

① 《毛泽东选集》第2卷,人民出版社1991年版,第603页。
② 同上书,第526页。
③ 《十九大以来重要文献选编》(上),中央文献出版社2019年版,第559页。
④ 《毛泽东选集》第1卷,人民出版社1991年版,第277页。
⑤ 《建国以来重要文献选编》第5册,中央文献出版社1993年版,第107页。
⑥ 《十六大以来重要文献选编》(上),人民出版社2004年版,第257页。

领导集体在全党开展了大规模的整风运动,较好解决了党的作风建设各方面存在的问题。三大作风高度概括了我们党的工作作风的优良传统,集中反映了中国共产党人对待马克思主义、对待人民群众和对待自己的科学态度,是我们党区别于其他政党的显著标志。

(六)纪律是执行党的路线的保证

纪律建设是党的建设的基础工程。加强党的纪律要坚持紧盯“关键少数”和管住“绝大多数”相结合。土地革命战争时期,毛泽东为中国工农红军制定《三大纪律八项注意》。1929 年,毛泽东在《关于纠正党内的错误思想》中指出:“党的纪律之一是少数服从多数。”①1938 年,毛泽东在党的六届六中全会报告中首次提出了“纪律是执行路线的保证”的科学论断。解放战争时期,毛泽东发现许多地方存在的无组织无纪律状态影响了党的工作的开展。毛泽东提出:“必须坚决地克服许多地方存在着的某些无纪律状态或无政府状态,即擅自修改中央的或上级党委的政策和策略,……将自己管理的地方,看成一个独立王国。”②毛泽东注重加强纪律性,在《论人民民主专政》中指出,必须要建设有纪律的党,这样革命将不断取得胜利。

(七)反腐倡廉要注意打尽老虎,不要松劲

腐败是危害党的生命力和战斗力的最大毒瘤,反对腐败、建设廉洁政治,是我们党一贯坚持的鲜明政治立场。在各个历史时期,我们党始终坚持从严管党治党,坚持不懈同消极腐败现象作斗争,确保党永葆旺盛生命力和强大战斗力。毛泽东对腐败十分憎恶,发誓不做李自成,也不允许下属学刘宗敏。在中华苏维埃共和国时期,严惩了谢步升、唐仁达、左祥云、刘仕祥等一批贪污腐化分子。1941 年,《陕甘宁边区施政纲领》提出“厉行廉洁政治”③,明确“共产党员有犯法者从重治罪”④,边区依法严惩黄克功、肖玉璧等违法乱纪、贪污腐败分子,保证了党员干部队伍的清正廉洁。社会主义革命和建设时期,以毛泽东同志为主

---

① 《毛泽东选集》第 1 卷,人民出版社 1991 年版,第 90 页

② 《毛泽东选集》第 4 卷,人民出版社 1991 年版,第 1332 页。

③ 逄先知、金冲及主编:《毛泽东传》第 2 卷,中央文献出版社 2011 年版,第 614 页。

④ 同上。

要代表的中国共产党人提出执政条件下党的建设的重大课题，严防党员干部腐化变质、脱离群众。这一时期，党紧紧依靠群众，运用整党整风这一自我革命的有效方式，“在扫除旧社会的污泥浊水、保持党和国家机关清正廉洁方面，取得了举世公认的成就”①。在长期领导中国革命和建设的实践中，毛泽东始终高度重视反腐倡廉。

二、习近平关于党的建设重要论述及其实践探索

习近平关于党的建设重要论述极大丰富和发展了马克思主义党建理论和毛泽东党建思想，在政治建设、思想建设、组织路线、作风建设、制度建设、反腐倡廉建设等方面提出了一系列原创性的新观点。

（一）政治建设是党的根本性建设

以党的政治建设为统领是我们党对历史经验的总结，也是新时代党的建设的重要保证。习近平在党的十九大报告中把党的政治建设纳入新时代党的建设总体布局，强调“把党的政治建设摆在首位”②，“以党的政治建设为统领”③。党的二十大报告指出，“以党的政治建设统领党的建设各项工作”④，实现了马克思主义党建理论的新飞跃，标志着我们党对自身建设规律的认识达到了新高度。“党的政治建设是党的根本性建设”⑤，在党的建设总体布局中，政治建设是“灵魂”和“根基”，“加强党的政治建设，严明政治纪律和政治规矩，落实各级党委（党组）主体责任，提高各级党组织和党员干部政治判断力、政治领悟力、政治执行力”⑥，从而不断提高党的执政能力和领导水平，确保全党统一意志、统一行动、步调一致向前进。“坚持党中央权威和集中统一领导是

① 《十四大以来重要文献选编》（上），中央文献出版1996年版，第406页。

② 《深入学习习近平关于教育的重要论述》，人民出版社2019年版，第151页。

③ 《十九大以来重要文献选编》（上），中央文献出版社2019年版，第795页。

④ 同上书，第825页。

⑤ 《习近平关于“不忘初心、牢记使命”论述摘编》，中央文献出版社2019年版，第112页。

⑥ 《党的二十大报告辅导读本》，人民出版社2022年版，第58页。

党的政治建设的首要任务”[①]，最重要的是坚决维护以习近平总书记党中央的核心、全党的核心地位，坚决维护党中央权威和集中统一领导。不能空喊口号，要拿出行动、见到实效。

（二）以思想建设补足党员干部的精神之钙

习近平强调：“必须坚持把思想建设作为党的基础性建设，淬炼自我革命锐利思想武器。”[②]思想建设在党的建设系统工程中占据重要位置，只有加强党的思想理论武装，解决好党员干部的理想信念问题，补足党员干部的精神之钙，才能充分发挥思想建设的基础性作用。“我们党之所以能够历经苦难而不断前行，一个重要的原因就是我们党始终坚持思想建党、理论强党，使全党始终保持统一的思想、坚定的意志、协调的行动、强大的战斗力。”[③]党的二十大报告指出：“全面加强党的思想建设，坚持用新时代中国特色社会主义思想统一思想、统一意志、统一行动，组织实施党的创新理论学习教育计划，建设马克思主义学习型政党。”[④]要把思想建党和制度建党要紧密结合起来，“有些干部连一些基本规矩都不讲，毫无制度意识，毫无敬畏之心”[⑤]，我们必须认识到只有思想建党和制度治党紧密结合、同频共振、聚焦发力，才能充分发挥思想教育的引领、评价和支撑作用，发挥制度的根本性、稳定性、全局性和长期性作用，使我们党永葆生机活力。

（三）贯彻新时代党的组织路线

党的力量来自组织，党的全面领导、党的全部工作要靠党的坚强组织体系去实现。“组织路线对坚持党的领导、加强党的建设、做好党的组织工作具有十分重要的意义”[⑥]，“组织是‘形’，思想是‘魂’。加强党的组织建设，既要‘造形’，更要‘铸魂’”[⑦]。党的十八大以来，以习近平同志为核心的党中央在推进新时代党的建设新的伟大工程的壮阔进程

① 《十九大以来重要文献选编》（上），中央文献出版社 2019 年版，第 538 页。
② 《习近平谈治国理政》第 4 卷，外文出版社 2022 年版，第 550 页。
③ 《党的二十大报告辅导读本》，人民出版社 2022 年版，第 567 页。
④ 同上书，第 58 页。
⑤ 《十八大以来重要文献选编》（上），中央文献出版社 2014 年版，第 350 页。
⑥ 《习近平著作选读》第 2 卷，人民出版社 2023 年版，第 191 页。
⑦ 《十九大以来重要文献选编》（中），中央文献出版社 2021 年版，第 597 页。

中，形成了新时代党的组织路线。2018年全国组织工作会议首次提出了新时代党的组织路线："全面贯彻习近平新时代中国特色社会主义思想，以组织体系建设为重点，着力培养忠诚干净担当的高素质干部，着力集聚爱国奉献的各方面优秀人才，坚持德才兼备、以德为先、任人唯贤，为坚持和加强党的全面领导、坚持和发展中国特色社会主义提供坚强组织保证。"[①]新时代党的组织路线推动把党的组织建设得更加坚强有力，保障党始终发挥中国特色社会主义伟大事业坚强领导核心作用。

（四）作风建设永远在路上

坚持与发扬优良作风是中国共产党区别于其他政党的显著标志，也是百年大党立于不败之地的宝贵经验之一。"党的作风是党的形象，是观察党群干群关系、人心向背的晴雨表。党的作风正，人民的心气顺，党和人民就能同甘共苦。"[②]党的十八大以来，以习近平同志为核心的党中央引领广大党员干部加深对党的光荣传统和优良作风的认识和理解，要求广大党员干部立志做党的光荣传统和优良作风的忠实传人，不断厚植党执政的群众基础。把新时代党的作风建设进行到底，持之以恒加强党的作风建设，教育引导广大党员干部以学正风，当好良好政治生态和社会风气的引领者、营造者、维护者，以好的作风振奋精神、激发斗志、树立形象、赢得民心。

（五）纪律建设要摆在更加突出的位置

纪律是管党治党的"戒尺"，也是党员、干部约束自身行为的标准和遵循。党的十八大以来，以习近平同志为核心的党中央全面加强纪律建设，两次修订党纪处分条例，明确了管党治党的尺子。党内法规是建设社会主义法治国家的有力保障。治国必先治党，治党务必从严，从严必依法度。2014年5月，习近平在参加河南省兰考县委常委班子专题民主生活会时强调，"我们提出那么多要求，要多管齐下、标本兼治来落实，光靠觉悟不够，必须有刚性约束、强制推动，这就是纪律"[③]，"党的

---

① 《中国共产党第二十次全国代表大会文件汇编》，人民出版社2022年版，第82页。

② 崔耀中等编著：《不忘初心　走向复兴：新时代　新思想　新征程》，人民出版社2018年版，第272页。

③ 《习近平关于依规治党论述摘编》，中央文献出版社2022年版，第4页。

团结统一靠什么来保证？要靠共同的理想信念，靠严密的组织体系，靠全党同志的高度自觉，还要靠严明的纪律和规矩”①。2015 年 1 月，习近平在十八届中央纪委五次全会上强调，“我们党的党内规矩是党的各级组织和全体党员必须遵守的行为规范和规则”②。我们必须坚守好党的纪律这一条刚性约束。习近平在二十届中央纪委二次全会上强调，“要把纪律建设摆在更加突出位置”③。

（六）全方位扎牢制度的笼子

习近平提出“要把制度建设摆在党的建设的重要位置，以制度建设巩固思想建设、组织建设、作风建设、反腐倡廉建设成果”④。党的十八大以来，以习近平同志为核心的党中央始终强调从全面战略高度谋划加强，党内法规制度建设取得了历史性成就：党内法规制定力度大、出台数量多、制度权威高。其中，制定修订的党内法规主要有《关于新形势下党内政治生活的若干准则》《中国共产党廉洁自律准则》《中国共产党中央委员会工作条例》《中国共产党党内监督条例》《中国共产党巡视工作条例》等 20 多项。这些党内规则的出台，标志着党内法规体系的不断完善，实现了纪律建设的与时俱进，也深化了我们党对依规治党的认识，有力地推进了党内法规制度建设。党的二十大报告强调“坚持制度治党、依规治党”⑤，并将其作为完善制度规范体系的一项重要举措。

（七）反腐倡廉建设要摆在重要位置来抓

全面从严治党是新时代党的自我革命的伟大实践，反腐败斗争是其中的关键一役。腐败是危害党的生命力和战斗力的最大毒瘤，反腐败是最彻底的自我革命。习近平指出，“要发扬彻底的自我革命精神，永远吹冲锋号，把严的基调、严的措施、严的氛围长期坚持下去，把党的

---

① 《习近平关于全面从严治党论述摘编》，中央文献出版社 2021 年版，第 323 页。

② 《习近平总书记系列重要讲话读本》，学习出版社、人民出版社 2016 年版，第 119 页。

③ 《在第十八届中央纪律检查委员会第六次全体会议上的讲话》，人民出版社 2016 年版，第 17 页。

④ 《习近平关于依规治党论述摘编》，中央文献出版社 2022 年版，第 10 页。

⑤ 《中国共产党第十九届中央委员会第六次全体会议文件汇编》，人民出版社 2021 年版，第 56 页。

伟大自我革命进行到底”[①]。党的十八大以来,全面从严治党的实践充分证明,必须从关系人心向背、关系党生死存亡的高度,认识把握反腐败斗争的重要性、紧迫性、严峻性,坚决消除一切损害党的先进性和纯洁性的因素,清除一切侵蚀党的健康肌体的病毒,一体推进不敢腐、不能腐、不想腐,永葆清正廉洁的政治本色。

三、习近平对毛泽东党建思想的守正创新

习近平关于党的建设的重要论述在继承毛泽东党建思想基本内容的基础上,立足当下,结合实际,在理论层面和实践层面作出了许多创新和发展,实现了对毛泽东党建思想的守正创新。

(一)“把政治建设摆在首位”,坚决维护党中央权威和集中统一领导

我们党一贯重视政治建设,把政治建设作为党的建设的重要组成部分,是党的建设的一个重要的基本原则。中国共产党作为马克思主义政党必须讲政治。毛泽东结合中国实际情况,作出总结“党的建设过程,党的布尔什维克化的过程,是这样同党的政治路线密切地联系着,是这样同党对于统一战线问题、武装斗争问题之正确处理或不正确处理密切地联系着的”[②],进一步指出“党更加布尔什维克化,党就能、党也才能更正确地处理党的政治路线”[③],以“帮助建设一个全国范围的、广大群众性的、思想上政治上组织上完全巩固的布尔什维克化的中国共产党”[④]。在坚决维护党中央权威和坚持党中央集中统一领导方面,毛泽东明确指出要确立领导核心,同时强调:“要知道,一个队伍经常是不大整齐的,所以就要常常喊看齐,向左看齐,向右看齐,向中看齐。我们要向中央基准看齐,向大会基准看齐。看齐是原则,有偏差是实际生活,有

---

① 《习近平新时代中国特色社会主义思想学习纲要》,学习出版社、人民出版社 2023 年版,第 119 页。

② 《毛泽东选集》第 2 卷,人民出版社 1991 年版,第 605 页。

③ 同上书,第 605 页。

④ 同上书,第 602 页。

了偏差,就喊看齐”[①]在严肃党内政治生活方面,毛泽东在古田会议上就提出要“使党员的思想和党内的生活都政治化,科学化”[②]的要求。

就党的建设而言,加强党的政治建设绝不是一个小问题,而是关系到党的性质是不是马克思主义政党的根本性问题。中国特色社会主义进入新时代,以习近平同志为核心的党中央高度重视党的政治建设,将政治建设置于党的建设首位,明确要求以党的政治建设为统领,是对马克思主义建党学说的坚持和发展,也是对毛泽东关于党的政治建设思想的传承发展。在坚决维护党中央权威和集中统一领导方面,我们党提出确立习近平同志党中央的核心、全党的核心地位,确立习近平新时代中国特色社会主义思想的指导地位,要求广大党员干部做到“维护习近平总书记党中央的核心、全党的核心地位,坚决维护党中央权威和集中统一领导”[③],引领广大党员干部不断提升思想自觉、政治自觉、行动自觉。在严肃党内政治生活方面,习近平反复强调:“党要管党必须从党内政治生活管起,从严治党必须从严肃党内政治生活严起。”[④]在丰富党的政治建设概念方面,面对党的建设出现的新问题、新情况,习近平提出了“政治方向”“政治立场”“政治定力”“政治意识”“政治能力”“政治纪律”“政治规矩”“政治底线”“政治生态”“政治鉴别力”“政治敏锐性”等一系列政治建设概念,进一步丰富发展了党的政治建设的内涵和话语体系。只有把党的政治建设摆在首位,才能为有效应对重大挑战、抵御重大风险,为民族复兴提供坚强政治保证。

(二)“勇于自我革命是马克思主义政党的本质属性”确保了党长期的执政资格和执政能力,保证了党和国家的各项事业朝着正确的方向发展

党的领导是革命、建设和改革取得胜利的根本保障。中国共产党

① 徐中林等著:《学党章党规　学系列讲话　做合格党员》,中共党史出版社 2016 年版,第 35 页。

② 《毛泽东选集》第 1 卷,人民出版社 1991 年版,第 92 页。

③ 《十九大以来重要文献选编》(上),中央文献出版社 2019 年版,第 798 页。

④ 《中国共产党第十八届中央委员会第六次全体会议公报》,人民出版社 2016 年版,第 4 页。

是具有勇于自我革命精神的革命党。为了实现最远大的理想和最崇高的使命，中国共产党在惊涛骇浪和惊心动魄的伟大实践中，根据形势变化不断地实现自我革命。习近平指出："我们党作为世界第一大党，没有什么外力能够打倒我们，能够打倒我们的只有我们自己。"①我们的前途命运掌握在我们自己手中，振兴党、强党、确保党永葆活力，就必须敢于革命自己，真正认识自己、建设自己、坚强起来。党的先进性和纯洁性决定了党能够勇于自我革命，"党没有任何自己的特殊利益"②，这一论断表明自我革命有坚定立场基础。毛泽东指出："要革命，就必须有革命党。没有革命党，没有按照马克思列宁主义的革命理论和革命作风建立起来的革命党，就不能领导全党。"③"共产党是不怕批评的，因为我们是马克思主义者。"④习近平进一步提升了自我革命对于党的建设的重要性的认识，"经过不懈努力，党找到了自我革命这一跳出治乱兴衰历史周期率的第二个答案"⑤。习近平明确提出："自我革命本身就是对着问题去的，讳疾忌医是自我革命的天敌。无论什么时候，问题总是客观存在的，怕就怕对问题熟视无睹、视而不见，结果小问题变成大问题，小管涌变成大塌方。"⑥共产党人要敢于面对自己的缺点和错误，要敢于正视和主动改正。对于别人的缺点和错误，要敢于指出并帮助改进。对于同志的提醒批评，要闻过则喜、虚心接受。同时，我们党以坚定的自我革命实践彰显了勇于自我革命的特质。习近平指出："世界上那么多执政党，有几个敢像我们党这样大规模、大力度、坚持不懈反腐败？有些人吹捧西方多党轮流执政、'三权鼎立'那一套，不相信我们党能够刀刃向内、自剜腐肉。中国共产党勇于自我革命的实践给了

---

① 《十九大以来重要文献选编》（中），中央文献出版社 2021 年版，第 120 页。

② 《党的二十大报告辅导读本》，人民出版社 2022 年版，第 239 页。

③ 《毛泽东文集》第 3 卷，人民出版社 1996 年版，第 568—569 页。

④ 《建国以来重要文献选编》第 10 册，人民出版社 1994 年版，第 118 页。

⑤ 《中国共产党第二十次全国代表大会文件汇编》，中央文献出版社 2022 年版，第 12 页。

⑥ 《习近平关于"不忘初心、牢记使命"论述摘编》，中央文献出版社 2019 年版，第 164 页。

他们响亮有力的回答。”①习近平总书记在二十届中央纪委三次全会上，从统筹“两个大局”的高度，深刻阐述了党的自我革命的重要思想，科学回答了关于党的自我革命的三个重大问题，明确提出推进自我革命“九个以”的实践要求，即：以坚持党中央集中统一领导为根本保证，以引领伟大社会革命为根本目的，以习近平新时代中国特色社会主义思想为根本遵循，以跳出历史周期率为战略目标，以解决大党独有难题为主攻方向，以健全全面从严治党体系为有效途径，以锻造坚强组织、建设过硬队伍为重要着力点，以正风肃纪反腐为重要抓手，以自我监督和人民监督相结合为强大动力。这个九个问题从我们党为什么要自我革命、为什么能自我革命出发，鲜明提出未来怎样深入推进自我革命的一系列实践要求，这是我们以伟大自我革命引领伟大社会革命的根本遵循，必须在理论与实践结合的角度深刻领会、精准把握。“九个以”的实践要求贯通我们党为什么要自我革命、为什么能自我革命、怎样推进自我革命等重大问题，为新时代新征程深入推进党的自我革命提供了根本遵循，其内在要求健全全面从严治党体系、推进党的自我革命一体化、提升百年大党执政本领、强化百年大党历史认同。这四个方面既是“九个以”实践要求的具体贯彻，也是把握“九个以”实践要求的应有维度。党的十八大以来，面对党内存在的各种尚未解决的问题，以习近平同志为核心的党中央采取战略举措，全面从严治党，以自我革命的勇气，永葆我们党的先进性和纯洁性，“中国号”这艘巨轮必将劈波斩浪，驶向梦想的彼岸。

（三）“坚持思想建党和制度治党紧密结合”，进一步丰富和发展马克思主义党建理论，不断推动党的建设迈向科学化、规范化、制度化

抓好思想建设，才能筑牢发展根基。中国共产党自成立以来，高度重视自身的思想建设。革命时期，由于当时党员大多出身农民和其他小资产阶级，加之党长期处于农村斗争环境，党的建设迫切需要解决的是怎样使党真正成为具有马克思主义理论品格的无产阶级政党的问题。毛泽东强调，要着重从思想上建党，用马克思主义改造主观世界，

---

① 《习近平谈治国理政》第 4 卷，人民出版社 2022 年版，第 543 页。

加强广大党员干部的党性修养,不断建设两个先锋队。毛泽东通过提出“掌握思想领导是掌握一切领导的第一位”①,“需要展开一个无产阶级对非无产阶级的思想斗争”②,“要把全党变成一个大学校”③,通过一系列思想建设实践提高了全党马克思主义理论水平,实现了党内思想高度统一。新中国成立后,毛泽东更加注重思想理论建设,提出“坚持把思想理论建设放在首位,提高全党的马克思主义水平。始终以思想理论建设为根本建设,坚持党的思想路线,解放思想、实事求是、与时俱进,坚持真理、修正错误,不断推进马克思主义中国化、时代化、大众化”④。

思想理论是灵魂,制度建设是保障。在新时代,习近平同样强调要注重思想建党,认为“思想建设是党的基础性建设”⑤,强调要加强以理想信念教育为首要任务的思想建设。党组织建设必须既着眼于当下,又放眼于未来。既要拥有解决意识形态的问题,又能拧紧自身的“总开关”,善于解决制度问题和监督自身的能力。对此,在党的群众路线教育实践活动总结大会上,习近平提出“思想建党和制度治党紧密结合”⑥这一重大命题。“从严治党靠教育,也靠制度,二者一柔一刚,要同向发力、同时发力。”⑦因此,想要更好地进行思想教育就必须要结合当前的制度建设来搭配进行。“制度不在多,而在于精,在于务实管用,突出针对性和指导性”⑧,“要使加强制度治党的过程成为加强思想建党的过程,也要使加强思想建党的过程成为加强制度治党的过程”⑨。习近平反复强调党要管党、从严治党,高度重视党的思想建设和制度建设。思想建设是让党能够一直保持纯洁性和先进性的重要因素,只有

① 《毛泽东文集》第 2 卷,人民出版社 1993 年版,第 435 页。
② 《毛泽东选集》第 3 卷,人民出版社 1991 年版,第 875 页。
③ 《毛泽东文集》第 2 卷,人民出版社 1993 年版,第 185 页。
④ 《毛泽东文集》第 1 卷,人民出版社 1993 年版,第 461 页。
⑤ 《习近平谈治国理政》第 3 卷,外文出版社 2020 年版,第 49 页。
⑥ 《习近平关于全面从严治党论述摘编》,中央文献出版社 2016 年版,第 104 页。
⑦ 《十八大以来重要文献选编》(中),中央文献出版社 2016 年版,第 94 页。
⑧ 《十八大以来重要文献选编》(中),中央文献出版社 2016 年版,第 95 页。
⑨ 《十八大以来重要文献选编》(中),中央文献出版社 2016 年版,第 95 页。

坚持思想建党和制度治党紧密结合,才能形成强大合力,夯实全党上下团结统一的思想基础。

(四)"全面从严治党"是新时代党的自我革命的伟大实践

中国共产党对加强自身建设重要性有着深刻的认识,从成立之初,毛泽东就对如何治党有着深刻理解。在党的一大通过的《中国共产党纲领》中就有关于党员管理的明文规定。毛泽东提出要建设一个"有战斗力的党"①,虽然其对于"从严治党"四个字没有提出具体的有关要求,但其关于治党的思想开始初步形成,主要内容为以下几个方面。一是严格党员要求。毛泽东强调,"我们共产党不是谁想入就能入,党章规定要经过支部大会表决通过,入党是有条件的"②,提出想要成为一名合格的党员需要根据具体的党章来记性考核,必须杜绝一切投机分子。二是严明党的纪律。毛泽东强调只有党和军队"加强纪律性",才能实现"革命无不胜",对于党员要求"铁的纪律就非执行不可"。三是严肃党的作风。毛泽东强调我们党必须坚持"理论和实践相结合的作风,和人民群众紧密地联系在一起的作风以及自我批评的作风"③,并且要牢记"两个务必","务必使同志们继续地保持谦虚、谨慎、不骄、不躁的作风,务必使同志们继续地保持艰苦奋斗的作风"④。四是惩治腐败。毛泽东提出:"一切从事国家工作、党务工作和人民团体工作的党员,利用职权实行贪污和实行浪费,都是严重的犯罪行为。"⑤新中国成立初期的刘青山和张子善案,就很好地体现了我们党严惩贪污腐败分子的决心。

在新时代,习近平继承和发展了毛泽东从严治党的思想。2014 年 12 月,习近平在江苏调研时首次提出"全面从严治党",并把它作为"战略布局"的重要内容。"治国理政、改革开放的考验市场经济、党所面临的外部环境将长期存在,思想松懈、能力不足、脱离群众的危险、被动腐

---

① 《毛泽东文集》第 2 卷,人民出版社 1993 年版,第 179 页。
② 《毛泽东文集》第 3 卷,人民出版社 1996 年版,第 385 页。
③ 《毛泽东选集》第 3 卷,人民出版社 1991 年版,第 1094 页。
④ 《毛泽东年谱:1893—1949》(下),中央文献出版社 1993 年版,第 464 页。
⑤ 《毛泽东文集》第 6 卷,人民出版社 1999 年版,第 208 页。

败的危险将长期存在"[①]面对这些突出矛盾和问题,党中央把全面从严治党纳入"四个全面"战略布局,以"得罪千百人、不负十四亿"的使命担当和无畏勇气,刀刃向内、刮骨疗毒,猛药祛疴、重典治乱,使党在革命性锻造中变得更加坚强有力,全面从严治党取得重大成果。新时代党的建设从各个方面体现了"全面从严"的要求:"第一,抓政治建设从严,提出从党内政治生活严起;第二,抓思想建设从严,要求补足精神之钙;第三,抓组织建设从严,贯彻新时代好干部标准;第四,抓作风建设从严,强调作风建设永远在路上;第五,抓纪律建设从严,要求把纪律特别是政治纪律和政治规矩挺在前面;第六,抓制度建设从严,注重把制度建设贯穿政治建设、思想建设、组织建设、作风建设、纪律建设之中;第七,抓反腐斗争从严,坚持以零容忍态度惩治腐败。"[②]"健全全面从严治党体系,这是强化管党治党全面系统布局、协同高效推进的重大举措,对于坚定不移全面从严治党、深入推进新时代党的建设新的伟大工程具有重要意义。"[③]习近平总书记在二十届中央纪委三次全会上强调,"以学习贯彻新修订的纪律处分条例为契机,在全党开展一次集中性纪律教育。纪律是管党治党的'戒尺',加强纪律建设是全面从严治党的治本之策。作为党的纪律部队,要切实肩负起维护党纪的重要职责,全面从严深化党的纪律建设,持续强化监督执纪问责"。要深入开展纪律教育,认真落实《关于建立领导干部应知应会党内法规和国家法律清单制度的意见》,以学习贯彻新修订的纪律处分条例为重点,把党纪条规教育寓于日常监督之中,引导党员干部强化纪法意识、增强纪法思维,着力解决对党规党纪不上心、不了解、不掌握等问题。习近平总书记明确指出,"要巩固拓展教育整顿成果,进一步筑牢政治忠诚,任何时候任何情况下都要同党中央同心同德"[④]。要加强纪检监察干部队伍建设,

---

① 《党的二十大报告辅导读本》,人民出版社 2022 年版,第 570 页。

② 杨振闻:《习近平新时代中国特色社会主义思想对毛泽东思想的继承与发展》,载《毛泽东研究》2021 年第 3 期。

③ 《党的二十大报告辅导读本》,人民出版社 2022 年版,第 552 页。

④ 《习近平在二十届中央纪委三次全会上发表重要讲话强调 深入推进党的自我革命 坚决打赢反腐败斗争攻坚战持久战》,《人民日报》2024 年 1 月 9 日。

常态化清除害群之马，坚决防治‘灯下黑’，努力做自我革命的表率、遵规守纪的标杆，打造一支让党中央放心、让人民群众满意的纪检监察铁军。”①要深刻理解对纪检监察干部队伍严管就是厚爱，始终坚持严的基调不动摇，常态化严格监督管理，永不止步地纯洁思想、铸牢忠诚，纯洁组织、整肃队伍，检视问题、狠抓整改，敢斗善斗、担当尽责，严管严治、关心厚爱，打造忠诚干净担当、敢于善于斗争的纪检监察铁军。以习近平同志为核心的党中央作出战略部署，健全全面从严治党的基本体系，提出任务目标的具体实践要求。我们要始终坚持党要管党、从严治党的方针政策，这是我们党的一大创举，也是立党立国、兴党强国的一大法宝。

---

① 《习近平在二十届中央纪委三次全会上发表重要讲话强调 深入推进党的自我革命 坚决打赢反腐败斗争攻坚战持久战》，《人民日报》2024 年 1 月 9 日。

后　　记

为了纪念毛泽东同志诞辰 130 周年，深入研究习近平新时代中国特色社会主义思想对毛泽东思想的继承与创新，湖南省社会科学院（湖南省人民政府发展研究中心）专门成立课题组开展研究，历时两年，本书就是这一研究的重大课题成果。

全书由钟君、汤建军确定写作提纲，组织院（中心）内外专家集体撰写而成，共分十九个部分，写作分工如下：序言钟君，导论马纯红，第一章邝奕轩，第二章侯喜保、唐文玉，第三章杨畅、尤世豪，第四章蔡建河、刘海涛，第五章宋春艳，第六章张颖，第七章汤建军，第八章周树辉，第九章陈扬、杨霖雨，第十章蒋俊毅，第十一章郑自立，第十二章姚选民，第十三章彭秋归，第十四章李寒秋，第十五章谢晓军，第十六章谢振华，第十七章刘謦瑜。钟君、刘建武、汤建军、杨畅、马纯红、蒋俊毅、彭秋归等同志参加了修改、统稿和定稿工作。

本书的研究出版得到了中国社会科学院当代中国研究所、当代中国出版社的大力支持，罗小凡、李佑新、黄显中、杨振闻等同志提出了宝贵意见。由于时间紧、任务重，书中难免存在疏漏与不足，敬请各位读者批评指正。